초대 교부들 이야기

초대 교부들 이야기

- 1판 1쇄 발행 | 2019년 3월 30일 인쇄

- 지은이 | 이은선
- 펴낸이 | 이정현
- 펴낸곳 | 도서출판 지민(指民)
- 등록번호 | 140-90-13084

- 주소 | 경기도 시흥시 배곧3로 27-8, 802-1601호(배곧동)
- 전화번호 | 431-4817
- 팩시밀리 | 031-432-4818
- e-mail | jimin60@hanmail.net

* 도서출판 지민(指民)이란, 글자그대로 혼탁한 세상속에서 글로써
하나님의 백성들을 인도하고 지도한다는 뜻이다.

- ISBN | 978-89-93059-46-5   93230

값 20,000원

초대 교부들 이야기

철학박사 이 은 선 교수 지음

도서출판 지민(指民)

들어가는 말

예수 그리스도의 지상에서의 공사역 이후에 오순절 날 성령강림의 역사를 통해 예루살렘 교회가 탄생하였다. 예루살렘 교회가 탄생한 후에 예수님의 12제자였던 사도들과 사도 바울 등을 통하여 복음은 로마 제국 전역으로 퍼져나갔다. 이러한 12사도들 가운데 마지막으로 사도 요한이 100년 전후에 세상을 떠났다. 사도 요한은 요한계시록을 기록할 때 밧모섬에 귀양을 가 있었는데, 이때가 도미티아누스 황제(81-96)가 통치하던 시기라고 여겨진다. 그러므로 사도 요한은 그의 통치가 끝난 무렵을 전후해서 주님께 부름을 받은 것으로 보인다. 그가 죽은 후에 교회는 새로운 지도자들의 시대로 접어들었다. 2세기 이후부터 교회의 신학적 토대를 세우면서 활동했던 초대교회의 지도자들을 일반적으로 교부들이라고 일컫는다. 이 책에서는 초대교회의 교부들을 다루기 때문에 5세기 기독론 논쟁이 마무리 될 때까지의 교부들을 다루고자 한다.

초대 교회사에서 이러한 교부들은 크게 보아 기독교가 박해받던 시대와 313년 밀라노 칙령으로 기독교가 공인받고 325년에 열린 니케아 공의회를 기준으로 구분할 수 있다. 그래서 325년 이전에 활동했던 교부들을 니케아 공의회 이전 시대 교부들이라고 부르고, 초대교회에서 가장 중요한 삼위일체에 대한 중요한 결정이 내려졌던 325년의 니케아 공회의에서 활동했던 교부들과 그 이후 시기의 교부들을 니케아 공의회 이후의 교부들로 구분한다.

밀라노 칙령으로 기독교가 공인되기 이전에 활동했던 초기 기독교 교부들은 크게 두 부류로 구분할 수 있다. 첫째는 2세기에 활동했던 속사도 교부들과 변증가들이 있다. 속사도 교부들은 2세기에 주로 교회 안에서 활동하면서 교회가 박해와 이단 발생 등으로 내부에서 직면한 문제들을 해결하고자 수고했던 교회지도자들이다. 대표적인 속사도 교부들은 로마로 끌려가는 과정에서 7개의 편지를 썼던 안디옥의 감독 이그나티우스, 86세에 순교했던 폴리갑이 있고, 당시 교회지도자들이 썼던 중요한 저술들로는 디다케(12사도의 교훈), 바나바의 편지, 헤르마스의 목자 등이 있다. 또한 변증가들이 있는데, 이들은 기독교 밖에서 기독교에 가해지던 비난과 공격에 대항하여 교회를 지키고자 변증서를 썼던 지도자들이다.

둘째로 2세기 후반부터 3세기에 동방의 알렉산드리아 지방을 중심으로 활동했던 클레멘스와 오리겐, 그리고 서방의 카르타고를 중심을 활동했던 터툴리안과 키프리안이 있다. 클레멘스와 오리겐은 일반적으로 알렉산드리아 학파라고 불리며, 동방에서 발전된 헬라 철학과 기독교의 관계를 정립하고자 노력하였다. 터툴리안과 키프리안은 일반적으로 라틴학파로 불리며, 로마문화를 바탕으로 기독교의 제도적인 발전에 기여하였다.

니케아 이후 교부들 가운데는 삼위일체 논쟁에서 중요한 역할을 했던 교부들과 기독론논쟁에서 중요한 역할을 했던 교부들, 교회 발전에 기여한 교부들로 나누어 볼 수 있겠다. 삼위일체 논쟁에서는 아타나시우스와 갑바도기아의 3인이라고 부르는 대 바질과 나지안주의 그레고리, 그리고 닛사의 그레고리, 서방의 힐라리우스가 있다. 기독론논쟁에서 중요한 역할을 했던 인물들은 알렉산드리아 지방의 아폴리나리우스와 키릴, 안디옥지방의 네스토리우스 등이 있다. 그리고 교회 발전에 기여한 동방교회 지도자는 시릴과 크리소스톰이 있고, 서방교회에는 암브로시우스와 제롬이 있으며, 서방 신학을 종합한 어거스틴이 있다.

　이 책에서는 이러한 교부들을 중심으로 초대교회의 역사를 이해해 보고자 한다. 초대교회 역사를 중요한 사건들을 중심으로 이해할 수도 있겠지만, 초대교회에 활동했던 중요한 인물들을 통해 이해할 수도 있다. 본서는 후자의 입장에서 각 시기와 장소와 주제 별로 중요한 역할을 했던 대표적인 인물들을 선별하여 초대교회를 이해해 보고자 한다.

　이 책은 교회의 성도님들과 신학교에 입학해서 공부를 시작하려는 학생들에게 교부들의 생애와 저술, 그리고 중요한 신학사상을 소개하려는 목적으로 저술되었다. 그래서 지금까지 국내외 학자들이 연구한 성과들을 종합해서 알기 쉽게 소개하는 수준에서 저술되었다.

　이 책을 쓰면서 가장 어려운 문제 가운데 하나가 교부들의 이름을 어떻게 표기할 것인가? 하는 문제이다. 최근 학계에서는 동방의 교부들은 헬라어 표기 이름을, 서방의 교부들은 라틴어 표기 이름을 표준으로 사용하고 있다. 그런데 지금까지의 교회사 개설서나 일반인들에게는 영어식 표기의 이름이 알려져 있다. 그래서 이 책에서도 영어식 이름을 사용하면서 처음에 헬라교부의 경우에는 헬라어 표기의 이름을, 라틴 교부들의 경우에는 라틴어 표기의 이름을 사용하고자 한다.

　여러 가지로 미흡한 이 책이 한국교회의 성도들과 신학을 공부하려는 분들에게 조금이나마 기여를 하기를 기대하며 부끄러운 책을 내 놓는다.

2019. 3. 16

목 차

들어가는 말 – 2

제1장 속사도 교부 – 안디옥의 감독 이그나티우스 12
    1. 이방인 선교의 중심지 안디옥 13
    2. 이그나티우스의 7개의 편지 15

제2장 변증가 – 저스틴 마터 29
    1. 회심 과정 30
    2. 제1변증서 35
    3. 유대인 트리포와의 대화 43

제3장 가울의 이레니우스 57
    1. 생애 58
    2. 저술 59
    3. 신학사상 60
    4. 사도적 설교의 논증 83

제4장 터툴리안 87
    1. 생애 88
    2. 저술 89
    3. 신학사상 91

제5장 키프리안 113

1. 생애 114
2. 저술 116
3. 북아프리카 교회의 분열과 키프리안의 배교자 처리 117
4. 교회일치론과 세례론 논쟁 122

제6장 클레멘스 130

1. 생애 131
2. 저술 132
3. 신학사상 135

제7장 오리겐 144

1. 생애 145
2. 저술 149
3. 신학사상 162

제8장 아타나시우스 178

1. 일생을 통한 니케아 신경을 위한 싸움 179
2. 저서 185
3. 신학사상 192

제9장 예루살렘 감독 시릴 197

1. 생애 198
2. 저술과 신학사상 200

제10장 가이사랴의 바질 215

1. 생애 216
2. 저술 219
3. 삼위일체론 - 우시아와 휘포스타시스의 구별 221

제11장 나지안주스의 그레고리 226

1. 생애 227
2. 저술과 신학사상 230

제12장 닛사의 그레고리 239

1. 생애 240
2. 저술 242
3. 신학사상 244

제13장 4세기의 삼위일체 논쟁 252

1. 삼위일체론 논쟁의 진행 과정 253
2. 아리우스의 등장과 정죄 256
3. 니케아 종교회의 소집과 니케아 신앙고백서 작성 261
4. 콘스탄틴과 콘스탄티우스 2세 통치기의 삼위일체 논쟁 265
5. 유사파의 득세 - 시르미움 제2신조(357) 268
6. 성령훼방파의 등장과 유사본질론자들과 동일본질론자들의 연합 271
7. 콘스탄티노플 공의회의 소집과 콘스탄티노플 신조 작성 275

제14장 크리소스톰 280

    1. 생애 281
    2. 저술과 성경해석과 설교 288
    3. 성직론 290

제15장 암브로시우스 300

    1. 생애 301
    2. 저술 304
    3. 신학사상 307

제16장 제롬 314

    1. 생애 315
    2. 성경번역과 저술 319
    3. 금욕주의와 수도원 생활 322
    4. 고전과 기독교 326
    5. 성경 주석과 설교 328

제17장 아우구스티누스 335

    1. 교육과 회심과정 336
    2. 카시키아쿰에서의 삶의 정리와 초기 저술들 344
    3. 성직자로서의 활동 353
    4. 『고백록』의 구조와 내용 354
    5. 마니교와의 논쟁과 악의 기원 358
    6. 교회관: 도나투스 논쟁 359
    7. 펠라기우스 논쟁 361

8. 자유의지 사상　365
    9. 은총론　367
    10.『신국론』에 나타난 역사 이해　370
    11. 인식론과 삼위일체론　374
    12. 어거스틴의 공헌　377

제18장　알렉산드리아 학파와 안디옥 학파의 기독론논쟁　381

    1. 알렉산드리아학파와 안디옥학파의 기독론　382
    2. 아폴리나리우스의 가르침과 이단정죄　384
    3. 네스토리우스 논쟁　386
    4. 제3차 에베소 공의회(431)　389
    5. 유티케스 소송사건 – 단성론 논쟁　391
    6. 제4차 칼케돈 공의회(451)와 칼케돈 신조　392

제1장

속사도 교부
- 안디옥의 감독 이그나티우스

(Ignatius, (?)-(?))

제1장 속사도 교부 – 안디옥의 감독 이그나티우스

사도 요한이 세상을 떠난 후인 2세기에 각 지역에서 교회를 이끌었던 지도자들을 속사도교부들(Apostolic Fathers)라고 부른다. 속사도 교부들에 속하는 여러 인물들과 저술들이 있지만, 이 책에서는 속사도교부들 가운데서 가장 많은 저술을 남겼던 안디옥의 감독 이그나티우스에 대해서 살펴보고자 한다.

1. 이방인 선교의 중심지 안디옥

이그나티우스는 2세기 초에 순교한 안디옥의 감독이다. 안디옥은 사도행전에서 몇 가지 사건으로 잘 알려져 있다. 첫 번째는 사도행전 11장에서 예수님을 따르는 사람들을 처음으로 기독교인이라고 부르기 시작한 장소이다. 사도행전 7장에서 스데반이 긴 설교를 한 후에 순교 당하게 되었고, 그 후에 사도들을 제외하고 각 지역으로 흩어진 기독교인들에 의해 복음이 전파되는 과정에 있었다. 이 흩어진 성도들 가운데 일부가 베니게와 구브로와 안디옥에 이르러 복음을 전하였다. 이들은 복음을 전파하는데 유대인들에게만 복음을 전했는데, 그 중에 구브로와 구레네 몇 사람이 안디옥에 이르러 헬라인들에게도 말하여 주 예수를 전파하였더니 그들 중에서 믿는 자들이 생겨났다. 이 안디옥이 중요한 것은 이와 같이 유대인들뿐만 이방인인 헬라인들에게도 복음이 전파되었다는 사실이다. 이렇게 안디옥 지역에 복음이 전파되자 예루살렘 교회에서는 바나바를 파송하였고, 바나바는 다소에 가서 사울을 데리고 와서 둘이 일년간 큰 무리를 가르쳤더니 제자들이 안디옥에서 비로소 그리스도인이라는 이름을 얻게 되었다(행11:26). 그러므로 안디옥 교회는 유대인들뿐만 아니라 헬라인들인 이방인들까지 포함한 교회였고 그리스도인이라는 이름을 얻는 중요한 교회로 성장하였다.

안디옥교회는 이렇게 이방인들로 구성된 교회였기 때문에, 바로 이방인 선교의 출발지가 되었다. 사도행전 13장 1절에 안디옥 교회에 선지자들과 교사들이 있으니 곧 바나바와 니게르라 하는 시므온과 구레네 사람 루기오와 분봉왕 헤롯의 젖동생 마나엔과 사울이라. 이렇게 다섯 명의 중요한 지도자들이 있었는데, 이들 가운데 바나바와 사울을 선교사로 선발하여 파송하면서 바울의 3차에 걸친 이방인 선교가 시작되었다. 바울과 바나바는 안디옥 교회에서 출발해서 선교활동을 하다가 활동이 끝나면 다시 안디옥 교회에 돌아와서 보고하고 재출발하였다. 1차 전도여행을 마치고 안디옥 교회에 돌아와 하나님이 함께 행하신 모든 일들과 이방인들에게 믿음의 문을 여신 것을 보고하고 제자들과 함께 오래 있었다.(행14:27-28) 바울은 이 안디옥 교회를 이방인 선교의 전초기지로 삼고 그 이후에도 계속해 선교활동을 하였다.

이와 같이 안디옥 교회가 이방인 선교의 중심지 역할을 하고 있었는데, 안디옥 교회 안에서 유대 기독교인들과 이방인 기독교인들 사이에 갈등이 발생하였다. 갈라디아서 2장에 보면 바울과 게바(베드로) 사이에 이 문제로 다툰 일이 기록되어 있다. 베드로가 안디옥 교회에서 이방인 기독교인들과 함께 식사를 하고 있었다. 베드로가 이방인 기독교인들과 식사를 한 것은 예수님을 믿는 신앙 안에서 유대인과 이방인 사이의 장벽이 무너진 것을 의미하였다. 그런데 예루살렘에서 야고보가 보낸 어떤 이들이 온다는 소식을 들은 베드로가 이방인들과 함께 식사를 하다가 그 자리를 떠나갔다. 그가 이방인들과의 식사 자리를 떠난 것은 예루살렘에 있는 유대 기독교인들은 아직도 유대인들이 지키던 식사 규정, 즉 이방인들과 같이 식사해서는 안 된다는 규정을 지켜야 한다고 주장하고 있었기 때문이었다. 그래서 바울은 믿음으로 구원을 받는다는 이신칭의의 원칙을 주장하며 베드로의 외식을 비판하였다. 그리고 이방인들이 예수님을 믿을 때에 유대인들의 율법의 규칙인 안식일 규정, 음식 규정, 할례 규정 등을 지킬 것인가를 둘러싸고 논쟁이 일어나 사도행전 15장의 예루살렘 종교회의를 열었다. 예루살렘 종교회의는 이러한 논쟁에 대해 "다만 우상의 더러운 것과 음행과 목매어 죽인 것과 피를 멀리하라"는 규정만을 정하였다.(행15:20)

이와 같이 초대교회에서 안디옥은 이방선교의 중심지였을 뿐만 아니라, 이방인들이 믿음으로 구원받기 때문에 이방 기독교인들이 유대인들의 할례, 음식 규정, 안식일 등과 관련된 의식법을 지킬 필요가 없다는 예루살렘 결정을 내리게 만들었던 중요한 교회였다. 그러므로 안디옥 교회는 예루살렘 교회에 이어 초대교회에서 매우 중요한 교회 가운데 한 교회였다. 그러므로 사도들이 세상을 떠난 후에 로마제국이 기독교를 박해하기 시작할 때에 안디옥의 감독은 중요한 박해의 대상이 되었다. 2세기 초에 기독교를 박해하는 과정에서 체포되어 순교했던 유명한 인물이 바로 안디옥교회의 감독이었던 이그나티우스였다. 이그나티우스는 안디옥의 감독으로 있던 중에 로마의 군인들에 의해 체포되어 로마까지 끌려갔다. 그는 로마까지 끌려가는 과정에서 주변의 6개의 교회들과 폴리캅에게 편지를 보냈고, 지금까지 그가 보냈던 7개의 편지들이 남아 있어 초대교회의 신앙생활을 아는데 귀중한 자료가 되고 있다. 이그나티우스가 보낸 7개 편지들을 분석하면서 2세기 초기의 교회들의 신앙생활을 고찰해 보자.

2. 이그나티우스의 7개의 편지

그는 안디옥에서 소아시아 지방을 거쳐 가는 과정에서 빌라델비아를 통해 서머나로 가는 길로 따라가게 되었다. 따라서 자신이 지나가지 않게 된 남쪽 지방에 있는 교회들(트랄레스, 마그네시아, 그리고 에베소 교회들)이 서머나에 대표단을 보내 그를 맞이했던 것으로 보인다. 그러므로 그는 도움을 받았던 이 세 교회에 대해 감사하는 편지를 보냈고, 자신이 지나갔던 빌리델비아와 서머나 교회, 그리고 자신이 가던 목적지인 로마교회 성도들에게 편지를 보냈으며, 당시 서머나 교회의 감독이었던 폴리갑에게 편지를 보냈다. 그는 서머나를 지나 드로아에 이르렀을 때 자신이 체포된 후에 많이 걱정을 했던 안디옥 교회가 회복되었다는 소식을 들었다. 그는 소아시아를 지나 빌립보 교회에서 따뜻한 영접을 받은 후에 그에 대한 기록은 역사에서 사라진다. 아마 로마에 가서 순교한 것으로 보인다.

이그나티우스는 이 편지들에서 초대교회의 가장 중요했던 세 가지 문제들에 큰 관심을 두고 있었다. 첫째는 교인들에게 참다운 성도의 삶을 살 것을 권면하면서, 교회 안에 있는 거짓 교사들인 이단들에 반대하는 싸움을 하도록 격려하였다. 둘째는 외부로부터의 박해와 내부의 이단들의 위협을 극복하기 위해 감독을 중심으로 교회가 연합할 것을 강조하였다. 셋째로 자신의 임박한 죽음을 둘러싼 순교에 대한 문제였다. 이 세 가지 문제에 대해 그가 어떤 입장을 제시했는지를 그의 편지를 통해 알아보자.

첫째 이그나티우스는 그리스도인들에게 주님을 닮아가는 삶의 모습을 권면하였다. 그가 쓴 에베소서 10장에서 불신자들 안에 회개에 대한 소망이 있으므로 그들을 위해 기도하고, 그들이 에베소 교인들의 행동에 의해 가르침 받도록 하라고 권면한 후에 그들의 삶에 대해 다음과 같이 지시한다.

그들의 분노에 대한 반응으로 온유하십시오. 그들의 자랑에 대한 반응으로 겸손하십시오. 그들의 욕설에 대한 반응으로 기도하십시오. 그들의 오류에 대한 반응으로 '신앙으로 굳게 서십시오.' 그들의 잔인함에 대한 반응으로 부드럽게 대하십시오. 그들에 대항하여 복수하는데 열심을 내지 마십시오.

그는 성도들에게 지금이 종말의 때이므로 '다가오는 진노를 두려워하거나 임재해 있는 은혜를 사랑하라'고 말한다(엡11:1). 그러할 때에 방종하지 않고 하나님의 자녀답게 살 것 될 것이다. 성도들에게 믿음은 시작이고 사랑은 마지막이므로, "나무는 열매로 안다"는 주님의 말씀과 같이 그들의 행동으로 인정받아야 한다.(엡14:1-2). 불신자들은 이 세상의 도장을 가지고 있는데 반해, 사랑 안에 있는 신자들은 예수 그리스도를 통하여 하나님 아버지의 도장을 가지고 있어야 한다.(트랄레스서 5:2) 하나님 아버지의 도장을 가진 사람들은 "그리스도의 제자들이 되면서, 기독교의 원리들을 따라 사는 것을 배웁시다. 이 이름 이외의 다른 이름으로 불리는 사람들은 하나님께 속하지 않기 때문입니다"라고 경고한다.(트랄레스서 10:1) 이그나티우스는 기독교인들이 박해받는 속에서 그리스도를 본받는 제자의 삶을 살아서 오히려 불신자들이 그들의 행동에 의해 영향을 받도록 하라고 권면하고 있다.

그는 이렇게 교회의 가르침에 따라 건전한 신앙생활을 할 것을 가르치면서 잘못된 이단들의 가르침을 따르지 말 것을 분명하게 경고하였다. 이그나티우스가 활동하던 시대에 가장 교회를 위협하던 이단은 가현설과 유대주의였다. 가현설은 예수 그리스도께서 육체를 입고 오신 것이 사실이 아니라고 부정하는 견해였다. 당시에 영지주의자들을 중심으로 많은 사람들은 하늘에서 오는 메시야가 육체를 입을 수 없다고 믿고 있었다. 그래서 이미 사도 요한 시대에도 이러한 이단들이 있었기 때문에 사도 요한은 요한복음 1장 14절에서 말씀이 육신이 되었다고 서술하였다. 그리고 요한일서에서 당시에 가장 큰 이단이 바로 그리스도께서 육신으로 오신 것을 부인하는 것이요 그들을 적그리스도라고 설명하였다 (요일4:2-3; 요이1:7).

이러한 가르침은 바로 이그나티우스 시대에도 교회를 위협하는 이단이었다. 그는 이단들에 대해 "하나님에 대하여 어울리지 않는 다른 일을 하는" 자들로서 "피해야할 맹수"요 "비밀리에 물어뜯는 미친 개들"이라고 말한다.(엡7:1) 이그나티우스는 "그리스도께서 가현적으로(외형상으로) 고난당했다"[1]고 말하는 그들은 '무신론자' 이고 '불신자' 라고 부른다.(트랄레스10; 서머나2) 그러므로 '주께서 육신을 소유하고 있다는 것을 고백하지 않는 것' 은 곧 '그분을 모욕' 하는 것이고 '그분을 부인' 하는 것이다.(서머나5:2) 그는 "보이던 보이지 않던 천상의 존재들과 천사들과 권세자들의 영광조차 그들이 그리스도의 피를 믿지 않으면 심판을 받는다"고 경고하고 있다.(서머나6:1) 그런데 이러한 가현설을 주장하는 자들은 "성찬이 우리의 죄를 위해 고난당하셨고 아버지께서 그의 선하심으로 부활시키셨던 우리 주 예수 그리스도의 살이라는 것을 인정하기를 거절하므로, 기도와 성찬을 회피"하는 잘못을 범하고 있었다.

가현설을 주장하는 자들이 그리스도께서 육신을 소유한 것을 부정하기 때문에, 이그나티우스는 그의 편지를 통해 곳곳에서 그리스도께서 육체로 오신 것은 적극적으로 주장하였다. 그는 에베소에 보낸 편지 7장에서 야수들과 같은 이단들을 피하라고 권면하면서 예수님에 대해 "육신이시면서 동시에 영이시고, 나신 분이시면서 스스로 계신 분이시고, 인간 안에 계신 하나님이시며, 죽음 가운데 있는 참된 생명이시며, 마리아와 하나님으로부터 나시고, 처음에 감성이 있으나 후에는 감성이 없는

---

1) 가현설은 예수님께서 십자가에 달려 고난당하실 때, 영이신 그리스도는 떠나가고 인간 예수의 육신의 외형만 고난을 받았다고 주장한다.

유일하신 한 분 의사이신 예수 그리스도 우리 주님이십니다"라고 설명한다. 예수님은 육신이시면서 동시에 영이시고, 나신 분이시며, 인간 안에 계신 하나님이시며, 감성을 가진 분이라고 기술하여 그가 육신으로 오신 것을 강조하며 가현설을 부정한다. 그는 에베소에 보낸 편지 19장에서는 "하나님께서 영원한 생명의 새로움을 주시려고 인간의 모습으로 나타나셨을 때로부터 모든 마술과 주문이 사라졌습니다. 사악한 것들에 대한 무지도 사라졌고 고대 왕국들은 무너졌습니다"라고 서술한다. 여기서는 그리스도께서 영원한 생명을 주시려고 인간의 모습으로 나타나셨을 때 세상에서 일어난 변화가 설명되고 있다. 그는 에베소서 20장에서는 "육신으로는 다윗의 혈통이시고 사람의 아들이면서 하나님의 아들이라고 묘사하였고" 로마서 1장 3절을 인용하여 "육신으로 다윗의 혈통"이라는 것을 강조하고 있다. 그는 마그네시아인들에게 보내는 편지 8장에서는 그리스도는 예언의 성취라는 것을 기술하고 있다. "이상한 교리들과 아무런 유익이 없는 고대의 신화들에 의해 기만당하지 마십시오. … 신적 영감을 받은 예언자들은 그리스도 예수에 대한 기대 속에 살았습니다. 그들은 그러한 이유 때문에 또한 박해를 받았습니다. 그들은 그리스도의 은혜로 영감을 받았는데, 불순종하는 자들에게 한 분 하나님이 계시다는 것을 충분히 설득할 목적으로 영감을 받았습니다. 이 하나님은 그의 영원하신 말씀이신 그의 아들 예수 그리스도를 통하여 자신을 나타내셨습니다."

그는 트랄레스 9장에서 사도신경에 나오는 그리스도에 대한 고백과 유사한 내용을 기록하고 있다. "예수 그리스도는 다윗의 혈통에서 나셨고, 또한 마리아에게서 나셨으며, 참으로 태어나셨고, 먹고 마셨다. 그는 참으로 본디오 빌라도 아래서 박해를 받으셨고, 참으로 십자가에 못 박히셨으며, 참으로 하늘과 땅과 땅 아래 있는 존재들이 보는 앞에서 참으로 죽으셨고, 참으로 죽은 자로부터 살아나셨다." 그러면서 그는 10장에서 "몇몇 무신론자들, 즉 불신자들이 말하는 바와 같이, 그가 외형으로만 고난을 당했다면, 내가 왜 쇠사슬에 매여야 합니까? 내가 왜 야수들에게 넘겨져야 합니까?"라고 반문하며 외적인 육체로만 고난받았다고 하여 말씀의 성육신을 부정하는 가현설을 비판하고 있다.

그는 서머나인들에게 보낸 편지 1-2장에서 그리스도의 성육신의 확실성을 강조한다. "우리 주와 관련하여 전체적으로 여러분이 확신하는 대로, 그는 참으로 육신으로는 다윗의 가문에 속하고 신적인 의지와 능력으로는 하나님의 아들이시고, 참으로 처녀에게서 나셨고, 그에 의해 모든 의가 성취되도록 요한에게서 세례를 받으셨으며, 참으로 본디오 빌라도와 분봉왕 헤롯 아래서 우리를 위하여 육신으로 십자가에 못박히셨습니다."

이그나티우스는 거의 모든 편지에서 당시에 유행하던 가현설을 반박하고자 그리스도가 다윗의 혈통에서 마리아에게서 나셨고, 우리와 동일하게 먹고 마셨으며, 본디오 빌라도 하에서 십자가에 못 박혀 죽으셨다가 부활하신 것을 반복하여 기록하고 있다. 이러한 기록으로 볼 때 그는 거의 사도신경에 나오는 예수님에 대한 신앙고백과 유사한 내용으로 그리스도의 성육신의 탄생, 수난, 부활을 가르치고 있었다.

그는 그리스도의 성육신을 강하게 주장하기 때문에 동시에 성찬의 중요성을 강조하고 있다. 가현설자들이 그리스도의 육신을 부정하기 때문에, 그의 살과 피를 나타내는 성찬을 회피하고 있었으므로, 이들의 잘못을 드러내고 주님의 교훈을 실천하기 위해 이그타니우스는 성찬의 중요성을 강조하고 있다.

초대 교회 예배에서는 성찬식이 중시되고 있었다. 예수님께서 마지막 만찬을 행하시면서 이것을 행하여 나를 기념하라고 말씀하셨고, 사도행전 2장을 보아도 예루살렘 교회에서 그들이 모일 때마다 떡을 떼며 성찬식을 행한 것을 볼 수 있다. 이러한 성찬식에 대하여 이그나티우스도 매우 소중하게 여겨 강조하고 있다. 그는 에베소 교인들에게 보낸 편지 13장에서 자주 모여 성찬식을 행하여 평안하도록 설명하고 있다.

그러므로 하나님께 대한 감사(성찬)와 영광을 돌리기 위해 좀 더 자주 모이도록 노력합시다. 여러분이 자주 만날 때, 사단의 능력들이 전복되고 그가 계획하는 파괴는 여러분의 신앙의 조화에 의해 시행되지 못합니다. 평안보다 더 나은 것이 없으며, 평안에 의해 하늘과 땅의 적들의 모든 전투가 사라지게 됩니다.

빌라델비아 교회에 보낸 편지 4장에서는 하나의 성찬을 지키라고 권면한다.

하나의 성찬을 지키기 위해 주의하십시오. 왜냐하면 우리 주 예수 그리스도의 하나의 살과 그의 피로 연합을 나타내는 하나의 잔이 있기 때문입니다. 하나의 제단이 있습니다. 나의 동료 사역자들인 장로회와 집사들과 나란히 한 분의 감독이 있는 바와 같습니다. 그래서 여러분이 무엇을 하든지 간에 여러분은 하나님의 뜻을 따라 그것을 시행해야 합니다.

그는 성찬에 대해 "하나님의 빵"(엡5; 롬7장), "부패할 수 없는 사랑인 그의 보혈"과 주님과의 "연합"의 수단(롬7장; 빌4장), "불멸의 의약품,"(엡20장), 성찬(eucharist)(빌4장; 서6, 8장; 엡13장 참조), "하나님의 좋은 선물"(서7장)의 다섯 가지 용어로 부른다. 이러한 성찬론은 그의 예수님에 대한 이해에 토대를 두고 있다. 그는 에베소서 5장에서 "어떤 사람이 제단 안에 있지 않다면, 그는 하나님의 빵을 빼앗긴 것입니다"라고 말한다. 예수님이 요한복음 6장에서 자신을 생명의 빵이라고 했는데, 이그나티우스는 이것을 토대로 성찬식을 하나님의 빵이라고 부르고 있다.

그는 로마서 7장에서 "나는 썩을 음식이나 이 세상의 쾌락을 즐거워하지 않습니다. 나는 하나님의 빵을 원하는데, 그것은 다윗의 씨이신 그리스도의 살입니다. 나는 음료로 그의 피를 원하는데, 그것은 부패하지 않는 사랑입니다."라고 설명한다. 그리스도의 살과 피를 하나님의 빵과 하나님의 음료라고 부르고 있다. 그는 서머나서 6장에서 "그들이 성찬이 우리의 죄를 위하여 고난당하셨고 아버지께서 그의 선하심으로 부활시키셨던 우리 주 예수 그리스도의 살이라는 것을 인정하기를 거절하므로, 기도와 성찬을 회피합니다"라고 하여 직접적으로 그리스도의 살을 부정하는 가현설을 비판한다.

   그는 성찬을 하나님의 빵인 음식으로 묘사할 뿐만 아니라, 한 잔으로 받는 주의 보혈인 그가 소망하는 영적 음료에 대하여 말하고 있다. 그가 잔(다시 말해, 잔 안에 있는 그리스도의 보혈)이 주님과의 연합의 수단이라고 말하는 점이 주목된다. 그는 빌립보 4장에서 "우리 주 예수 그리스도의 하나의 살과 그의 피로 연합을 나타내는 하나의 잔이 있다"고 말하여 '그의 피로 연합을 나타내는 잔'을 언급한다. 성찬은 그리스도와의 연합으로 인도하는 영적인 음식과 음료일 뿐만 아니라, 우리가 영생하도록 만드는 우리의 치료를 위한 약품이다. 그는 에베소서 20장에서는 "불멸의 약이고 우리를 죽음으로부터 보호하여, 우리가 그리스도 안에서 영원히 살게 하시는 하나의 동일한 빵을 뗀다"고 설명한다. 그리스도는 죽음의 질병으로부터 우리를 치료하시기 위하여 불멸의 약을 주시는 '의사'이시다. 이그나티우스는 에베소서 6장에서 "유일하신 한 분 의사이신 예수 그리스도 우리 주가 계신다"고 설명하고 있다. 이그나티우스는 성찬이 하나님의 선물이므로 이것을 부인하는 자는 멸망할 것이고 선물이므로 신자들은 사랑과 감사로 받아야 한다고 강조한다.

   이그나티우스가 반박했던 두 번째 이단은 유대주의이다. 그는 빌라델비아인들에게 보낸 편지에서도 "어떤 사람이 여러분에게 유대주의에 대해 설명한다면, 그에게 귀를 기울이지 말라"고 하였고(6:1), 마그네시아인들에게 보낸 편지에서도 "무익한 이상한 교리들이나 오래된 신화들에 기만당하지 말자"고 말한다. 여기서 이상한 교리들은 가현설을 가리키고 오래된 신화들은 유대교를 가리키는 것으로 보인다. 그는 "여러분이 유대주의를 따라 계속 산다면, 우리는 우리가 은혜 받지 못했다는 것을 받아들이는 것이다"라고 선언한다(마그네시안8:1). 하나님의 은혜를 받은 자들은 유대주의를 벗어나게 된다는 것이다. 기독교인은 유대주의, 즉 율법을 따라 사는 것에서 벗어나야 한다는 것이다. 이그나티우스 시대, 다시 말해 2세기 초에 이르면 이미 유대주의는 하나님의 은혜를 받지 못한 것으로 이단으로 간주되고 있다.

그러면 이그나티우스가 그러한 유대주의로 간주하는 것이 무엇인가? 그는 안식일을 지키며 사는 것을 유대주의로 간주한다. 그러므로 기독교인들은 "이제 안식일을 지키지 않고 주의 날을 지키며 살아간다." 그는 "주의 날에 우리의 생명 역시 그리스도와 그의 죽음에 의해 다시 일어난다"고 이해한다.(마그네시안9:1) 이그나티우스는 예수 그리스도를 고백하면서 유대주의를 따르는 것을 터무니없는 것이라고 지적한다. 기독교인들은 유대주의를 포용하지 않았다는 것을 강조한다.(마그네시아10:3) 이그나티우스는 유대주의를 안식일을 지키는 것으로 지목하고 기독교인들은 주일을 지킨다는 것을 강조하고 있다.

둘째로 이그나티우스는 교회가 내부적인 이단의 위협과 외부적인 로마 제국의 박해를 극복하기 위해서는 감독의 권위 아래 모든 성도들이 순종하여 하나로 통일을 이루어 단결할 것을 강조하고 있다. 그는 에베소 교회에 보낸 편지 2장 끝부분에서 "그러므로 마땅히 여러분은 여러분을 영화롭게 하신 예수 그리스도를 모든 방식으로 영화롭게 해야 하며,

일치된 순종으로 여러분이 감독과 장로회에 순종하여, 모든 점에서 거룩해져야 합니다"라고 권면하고 있다. 그리고 같은 편지 3장에서 "나는 여러분 모두가 하나님의 뜻에 순종하여 연합할 것을 권면합니다. 우리의 분리할 수 없는 생명이신 예수 그리스도가 하나님의 드러난 뜻이시고, 세상의 땅 끝까지 모든 곳에 세워진 감독들 역시 예수 그리스도의 뜻에 의해 세워졌기 때문입니다"라고 연합을 권면하고 있다. 4장에서는 "그러므로 여러분은 마땅히 여러분의 감독의 뜻에 일치하여 연합해야만 합니다. 그리고 여러분은 연합하는 일을 하고 있습니다. 하나님께 합당한, 여러분의 매우 존경스러운 장로회가 현이 하프에 맞추듯이 정확하게 감독들에게 맞추기 때문입니다"라고 설명한다. 그리고 5장에서는 "교회가 예수 그리스도에게, 예수 그리스도가 성부 하나님께 연합되듯이 여러분이 감독에게 연합되어 모든 일들이 연합 안에서 일치를 이루고 있는 것을 너무나 기쁘게 여깁니다"라고 그들을 칭찬하고 있다. 그리고 "교회 집회에 오지 않는 사람은 스스로를 분리시키는 사람이므로, … 우리는 하나님께 순종하고자 감독에게 반대하지 않도록 주의하자"고 경고하고 있다. 그는 마그네시안들에게 보낸 편지 6장에서 "여러분의 감독들이 하나님을 대신하여 다스리고, 여러분의 장로들이 사도들의 총회를 대신하여 다스리는 동안에 나는 여러분이 경건한 조화 속에서 모든 일들을 열심히 하라고 권면합니다"라고 서술한다. 그리고 7장에서는 "주께서 스스로든, 사도들을 통해서든 그와 연합되어 있는 아버지가 없이는 아무 것도 하지 않았던 바와 같이, 감독과 장로회가 없이는 아무 것도 하지 말라"고 권면한다. 트랄레스인들에게 보낸 편지 2장에서는 "여러분이 예수 그리스도께 하듯이 감독들에게 복종하기 때문에, 나에게는 여러분이 인간적인 표준이 아니라 예수 그리스도를 따라 사는 것으로 나타납니다. … 그러므로 여러분들이 참으로 하고 있는 바와 같이 감독 없이 아무 것도 하지 말아야 하며, 우리의 소망이신 예수 그리스도의 사도들에게 하듯이 장로회에게 복종해야 한다"고 말한다. 그는 빌라델비아 교회에 보낸 편지 3장에서 "하나님과 예수 그리스도에게 속한 사람들은 감독과 함께 하는 사람들이고, 회개하고 교회의 일치 안으로 들어오는 사람들은 예수 그리스도와 일치하여 살고자 하여 하나님께 속하는 것입니다. … 어떤 사람이 분열을 일으키는 자들을 따른다면 그는 하나님의 나라를 상속받지 못할 것입니다"라고 경고하고 있다. 서머나인들에게 보낸 편지 8장에서는 "악의 시작인 분열을 피하십시오. 여러분은 예수 그리스도께서 아버지를 따른 것같이 감독들을 따르고, 여러분들이 사도들을 따른 것같이 장로회를 따라 가야 합니다. 어떤 사람도 감독이 없이 교회와 관련된 어떤 일을 해서도 안됩니다"라고 경고하고 있다. 그는 당시에 박해와 이단의 발흥으로 교회가 분열하여 위험에 처할 상황이었기 때문에, 감독과 장로들을 중심으로 그들에게 순종하고 연합할 것을 강조하고 있다. 교회가 연합되어야 내부의 이단과 외부의 박해를 견뎌낼 뿐만 아니라 그리스도의 한 몸인 교회의 통일을 지킬 수 있었기 때문이다.

   셋째로 이그나티우스는 자신의 순교를 열망하고 있다. 초대교회에서 박해가 일어날 때, 순교는 가장 존경받는 행위였고, 자신의 신앙의 순수성과 진정성을 입증하는 고귀한 행위였다. 그는 자신이 끌려가고 있는 목적지였던 로마교회에 미리 편지를 보내 자신을 구하려고 애쓰지 말라고 부탁하고 있다. 오히려 자신이 순교할 수 있도록 기도하라고 권면한다. 그는 로마인들에게 보편 편지 4장에서 아래와 같이 순교하게 해 달라고 부탁하고 있다.

     나는 교회들에 편지를 써서 여러분이 나를 방해하지 않는다면 나는 자발적으로 하나님을 위해서 죽으려고 한다는 것을 그들 모두에게 명심시키려고 합니다. 나는 나에 대한 부적절한 호의를 보이지 말라고 여러분에게 간청합니다. 나에게 야수들의 밥이 되는 것을 허용하십시오. 그러한 수단을 통해 하나님께 이르는 것이 허용될 것입니다. 나는 하나님의 밀이니 야수들의 이빨로 으스러져 내가 그리스도의 순수한 빵으로 발견되게 하십시오. 오히려 짐승들을 유혹하여 그들이 나의 무덤이 되고 내 몸의 어떤 것도 남지 않아서, 내가 죽었을 때, 내가 어떤 사람에게도 짐이 되지 않게 하십시오.

그가 이렇게 로마인들에게 자기를 구출하지 말고 순교할 수 있게 해달라고 부탁했던 것은 자신의 신앙의 진실성을 입증하고자 했기 때문이었을 것이다. 로마 제국이 기독교를 박해하기 위하여 고위급 지도자였던 이그나티우스를 체포하여 로마로 끌고 갔는데, 그가 풀려 나온다면 어떤 방법을 통해서 가능할까? 그것은 이그나티우스가 자신의 신앙을 배교하고 로마제국에 굴복할 때 일 것이다. 그러므로 이그나티우스는 자신이 순교의 길을 통해 자신의 신앙의 진실성을 입증하기를 원했기 때문에 자신을 구하려고 하지 말라고 요구하면서 순교자의 길을 가고자 하였던 것으로 보인다.

그래서 로마서 5장에서 다음과 같이 말하고 있다.

시리아에서 로마로 가면서 나는 바다와 육지에서 밤낮으로 열 마리의 표범에게 묶여서 야수들과 싸우고 있습니다. 열 마리의 표범들은 혜택을 받을 때에도 더욱 악해져가는 군인들의 무리를 가리킨다. 그러나 내가 그들의 해악들에 의해 의로워진 것은 아니지만 더욱 그리스도의 제자로 행동하도록 가르침을 받고 있습니다. … 나는 무엇이 나를 위해 유익한지 알고 있습니다. 이제 나는 제자가 되기 시작합니다. 가시적인 것이든 불가시적인 것이든 어떤 것도 내가 예수 그리스도에게 이르는 것을 시기하지 못하게 하십시오. 불과 십자가, 야수들의 무리들, 찢는 것과 깨뜨리는 것과 뼈들의 뒤틀림, 사지의 절단, 온 몸의 부서짐, 사단의 무서운 고통들이 나에게 오는 것을 허용하십시오. 다만 내가 그리스도에게 이르는 것을 허용하십시오.

이와 같이 아타나시우스는 순교의 길을 통해 배교자가 아니라 제자가 되는 길을 가고자 하였다.

이그나티우스는 2세기 초에 안디옥의 감독으로 활동하다 체포되어 순교당하였다. 그는 당시의 교회를 혼란스럽게 만드는 가장 중대한 이단 가운데 하나인 가현설을 비판하였다. 그래서 그리스도의 성육신, 고난, 부활의 실재성을 강조하였다. 그리고 이러한 외부의 박해와 내부의 이단들을 극복하려면 감독과 장로들을 중심으로 순종하여 교회가 하나로 연합되고 통일되어야 한다는 것을 강조하였다. 그와 함께 자신의 신앙의 순결함을 보존하기 위하여 로마에서 순교하기를 원한다는 것을 강력하게 피력한다. 이러한 순교 신앙의 배경에는 당시 로마제국이 박해하는 과정에서 체포된 교회지도자가 석방되는 길은 자신의 신앙을 배교하는 길 외에는 없었으므로, 그는 순교를 열망하였던 것이다. 그는 동시에 성찬론이 그리스도의 성육신을 입증하는 중요한 수단이자, 우리에게 영생을 약속하는 불멸의 약이요 그리스도와 연합시키는 보혈의 잔을 강조하고 있다.

더 읽어야 할 책들과 논문들

J. B. 라이트푸트 · J. R. 하머. 『속사도교부들』. 이은선 역. 기독교문서선교회, 1994.

김선영 역. 『초기 기독교 교부들』. 두란노 아카데미, 2011.

공성철. "안티오케이아의 감독 이그나티우스(?)의 로마 교회에 보낸 편지 연구."「韓國敎會史學會誌」, Vol.28 (2011): 7-33.
김광채. "이그나티우스의 구속사 신학."「개신논집」, Vol.3 (2002): 233-262.
김용준. "기독교에서 주일성수 문제: 이그나티우스의 '주의 날'에 대한 해석을 중심으로."「성경과신학」, Vol.72 (2014): 123-154.
김유준. "안디옥의 감독, 이그나티우스의 구약 성서 이해."「Canon& Culture」, Vol.5 No.2, (2011): 123-154.
주재용. "사도교부 이그나티우스의 생애와 사상 -그의 일곱 서신을 중심으로- ."「신학연구」, Vol.10 (1967): 203-233.
채승희. "안디옥의 이그나티우스의 교회 일치를 위한 포용성에 관한 연구 : 마그네시아와 필라델피아 교회에 보내는 서신을 중심으로."「선교와 신학」, Vol.27 (2011): 485-511.
채승희. "속사도 교부 안디옥의 이그나티우스의 기독론 연구."「신학과 목회」, Vol.36 (2011): 5-27.

제2장

변증가 - 저스틴 마터

(Justin Martyr, 100-165)

변증가들은 2세기 중엽부터 후반기에 걸쳐 외부인들의 공격으로부터 기독교를 변증했던 사람들을 가리킨다. 여러 명의 변증가들이 있지만, 그 중에서 가장 많은 저술이 남아 있는 저스틴 마터(Justin Martyr, 100-165)에 대해 알아보고자 한다.

1. 회심 과정

저스틴은 영어식 이름이고 라틴어로는 유스티누스(Iustinus)라고 부른다. 마터는 순교자를 의미한다. 그러므로 그는 이름 자체가 이미 순교자 저스틴이어서 순교자라는 사실을 나타내고 있다. 그는 진리를 찾아 스토아철학, 소요학파, 피타고라스학파, 플라톤철학을 거쳐 진정한 철학인 기독교를 신봉하게 되었다. 저스틴은 야곱의 우물의 근처에 있는 팔레스틴 지방의 플라비아 네아폴리스(Flavia Neapolis)에서 100년경 전후에 태어났다. 그는 헬라인 가문에 속하는 인물이었으며, 헬라 문화에서 상당히 훌륭한 교육을 받아 헬라어에 익숙하였다. 그는 자신의 회심 과정을 트리포와의 대화 1-9장에서 설명하였다. 그가 어느 날 아침 크시스투스(Xystus) 출신 친구와 함께 산보를 하고 있는 도중에, 여러 명의 친구들을 동반한 어느 한 사람이 그를 만나 "안녕하세요? 철학자 선생님!" 하고 말했다. 저스틴은 그에게 "무슨 중요한 일이 있느냐?"라고 물었다. 그러자 그가 다음과 같이 대답했다.

아르고스(Argos) 시에 있는 소크라테스 문하생인 코린투스(Corinthus)가 가르치기를 이러한 복장을 차려입고 다니는 사람들을 멸시하거나 차별하지 말고 친절하게 대하고 그들과 교제 하라고 했습니다. 그러면 아마도 어떤 그러한 사람이나 나 자신과의 교제로부터 유익을 얻을 것입니다. …그래서 당신과 같은 긴 옷을 입은 사람들을 만날 때마다 나는 기쁘게 그들에게 다가갔고, 지금 그러한 이유로 반갑게 당신에게 말을 걸었습니다. 이런 말을 하면서 그들은 나를 따라오면서 유익한 무엇인가를 듣고 싶어 했습니다.

그래서 당신이 누구냐? 라고 물었더니 자신은 할례받은 유대인인 트리포라고 대답했다. 자신은 자신의 거주지에서 최근에 일어나 전쟁을 피해서 지금 그리스에 머무는데 주로 고린도에서 지낸다고 하였다. 이러한 대화의 내용으로 볼 때, 저스틴이 트리포와의 대화를 저술할 때는 그리스의 고린도 지역에 거주했던 것으로 보인다. 그리고 그는 철학자들과 같이 긴 옷을 다니면서 가르치고 있었던 것을 알 수 있다.

저스틴은 트리포에게 "율법 수여자와 선지자들뿐만 아니라 철학에게서도 무슨 혜택을 얻을 수 있을까요?"라고 물었다. 그러자 트리포는 다음과 같이 대답한다. "철학자들도 하나님을 전심으로 논의하지 않습니까? 하나님의 일치와 섭리에 대해 계속해서 질문하지 않습니까? 이것이 정말로 신을 연구하는 철학의 의무가 아닙니까?" 이 답변에 대해 저스틴은 동의하면서 이런 말을 덧붙인다. "우리도 역시 그렇다고 믿어요. 그러나 대부분의 사람들은 한 신이 있는지 아니면 여러 신이 있는지에 대해 생각하지도 않거나 또 그 신들이 우리 각자를 위해 관심을 가지고 있는지에 대해 생각하지 않습니다. 그 이유는 이런 지식이 그들의 행복과 아무런 관련이 없어 보이기 때문이죠." 이와 같이 대부분의 사람들은 철학이 행복과 관련이 없다고 생각해서 관심이 없다. 그렇지만 저스틴은 철학이 우리를 하나님에게로 이끌어 주고, 뿐만 아니라 철학은 행복, 즉 진리를 찾는 길이라고 여기고, 그는 훌륭한 청년들이 일반적으로 추구했던 바와 같이 철학을 공부하고자 하였다. 그의 참된 진리에 대한 갈증으로 당시 여러 철학과 사상들을 다양하게 배우게 되었다. 구체적으로 그는 스토아철학, 소요학파(Peripateticism), 피타고라스학파

(Pythagoreanism), 그리고 플라톤주의를 섭렵했지만 그것들 중 어떤 것도 그의 영적 갈증을 해갈시켜주지 못했다. 스토아 철학자는 자신도 알지 못했고 하나님에 대한 가르침들은 불필요하다고 말하여 하나님에 대하여 깊이 있는 지식을 얻지 못했기 때문에 그를 떠나게 되었다. 아리스토텔레스 철학을 추종하는 소요학파 철학자는 진리를 가르치는 것보다 등록금을 받는데 혈안이 되어 있었기 때문에 그를 떠났다. 그는 특별한 철학을 듣고자 열망하여 피타고라스학파의 철학자를 찾아갔다. 피타고라스 철학자는 음악, 천문학, 그리고 기하학에 보다 큰 관심을 가지고 있어 이러한 학문들을 알고 있는지 물었다. 저스틴이 모른다고 대답하자 그 철학자는 그를 무시했다. 그렇지만 그는 열심히 배워 보려고 하다가, 너무 시간이 지체될 것 같아 참을 수가 없었다. 이러한 소망 없는 상태에서 그는 우연하게 매우 명성있는 플라톤주의자들을 만나게 되었다. 그리고 그는 자신의 고향에 정착한 한 플라톤주의자에게 배우면서 비물질적인 세계에 대하여 사고하게 되었으나, 그것이 마지막이었고 하나님을 알 수 없었다.

 그가 플라톤 철학에서 진리를 발견하지 못하여 공허함을 가진 채로 바닷가를 거닐다가 어느 나이 많은 분을 만났는데 그 노인은 저스틴이 이전에 깨닫지 못했던 것들에 대해 플라톤의 생각이 얼마나 무력한지를 정확하게 알려주었다. 그 노인이 "철학자들이 신을 보지도 못했고 듣지도 못해 그를 알지 못할 때, 그들이 어떻게 신에 대하여 올바르게 판단할 수 있거나 진리에 대하여 말할 수 있겠는가?"라고 물었다. 그는 "신은 플라톤이 말한 바와 같이 단지 눈으로 볼 수 없고 마음으로만 분별할 수 있다"고 대답했다. 이와 같이 저스틴이 플라톤의 이론을 말하자, 그 노인은 철학자들 또한 하나님의 도움을 받지 않은 이성을 통해 완전한 영적 진리에 이를 수 없다고 알려 주었다. 그 노인은 또한 영혼은 그 자체의 본성에서 불멸하지 않다는 것을 말하였다. 이러한 진리들은 플라톤이나 피타고라스에게 알려져 있지 않았다. 이들 속에도 진리가 없다면, 그러면 어디에서 도움을 받아야 하는가?라는 질문에 대해 그 노인은 철학자들보다 먼저 있었고, 성령으로 예언을 했던 예언자들에게서 진리를 구해야 한다고 말하였다. 예언자들은 창조주, 만물의 하나님 아버지를 영화롭게 하였고, 그의 아들, 성부께서 보낸 그리스도를 선포하였다. 노인은 이러한 일들을 말한 후에 저스틴을 떠나갔는데, 선지자들에게 관심을 기울이라고 명령하였다. 즉시로 내 영혼에 불이 붙었는데, 선지자들에 대한 사랑, 그리고 그리스도의 친구들인 그러한 사람들에 대한 사랑이 나를 사로잡았다. 저스틴은 이렇게 선지자들을 연구하면서 이것이 참되고 유익한 철학이라는 것을 알아 이것을 연구하고 가르치는 철학자가 되었다. 그는 선지자들에 대한 연구를 통해 그리스도를 믿는 기독교인이 되었다.

그러므로 저스틴은 기독교인이 되기 전에 당시 헬레니즘 문화를 대표하던 다양한 철학적 조류들을 연구하였다. 자연법에 따른 질서정연한 로마제국의 윤리의 토대를 형성했던 스토아 철학, 그리고 아리스토텔레스 철학, 피타고라스 철학, 마지막으로 플라톤의 철학까지 공부하여 이러한 모든 철학들을 섭렵하였다. 그렇지만 그는 그러한 헬레니즘의 고대 철학들 속에서 참다운 진리, 하나님에 대한 참된 지식을 발견하지 못하였다. 그는 이렇게 헬레니즘 철학에서 참된 진리를 찾지 못해서 방황하다가 132년경 해변 가에서 어떤 노인을 만나 그와 대화하면서 참된 진리를 선지자들에게서 찾아야 한다는 것을 알게 되었다. 그래서 그는 구약성경을 연구하면서 선지자들의 가르침을 통해 기독교가 참된 진리를 가르치는 참된 철학이라는 것을 알게 되었다. 그러므로 저스틴은 2세기 중엽에 기독교인들 가운데서는 찾아보기 힘든 대표적인 지식인이었다. 그는 그리스 철학, 구약성경, 그리고 기독교에 대한 정확한 지식을 가지고 있었고, 그러한 지식을 활용하여 기독교에 관한 변증서들을 쓰게 되었다. 그는 제1변증서와 제2변증서, 그리고 유대인 트리포와의 대화를 저술하였다. 두 개의 변증서는 거의 유사한 논리로 기독교인들에 대한 부당한 박해를 중단할 것을 호소하고 있다.

전승에 의하면 저스틴은 기독교로 개종한 이후에도 철학자를 자처하며 살았다. 그는 150년경에 기독교를 가르치기 위해 로마에 도착했을 때, 철학자의 복장을 하고 기독교를 가르쳤다. 그는 스스로를 철학자라고 주장하면서 철학자들이 입는 외투를 걸치고 순회 설교자가 되어 돌아다니면서 기독교 진리를 강론했다. 그래서 그는 로마의 그리스도인들 사이에서 논쟁거리였고 사람들의 입에 자주 오르내리는 인물이 되었다. 저스틴의 글들을 보면 과거 자신이 플라톤 철학자임을 내세웠던 것처럼 스스로 그리스도교 철학자 혹은 그리스도교에 관한 철학자임을 주장하고 있다. 그리고 그는 플라톤의 스승인 소크라테스를 "그리스도 이전의 그리스도인"이라고 말했다. 그는 여러 면에서 그리스도교와 그리스(헬라) 철학은 서로 양립할 수 있다는 것을 전제하고 있다.

그는 헬라문화 속에 살고 있는 사람들에게 기독교의 윤리성과 합리성을 보여주고자 그들이 이러한 목적을 위해 사용하던 합리적인 대화인 변증을 이용하였다. 트리포와의 대화에서와 같이 대화의 방식을 사용한 것은 단순하게 반박하거나 비난하려는 것이 아니라 상호간의 진지한 이해를 도모하려는 것이었다. 그들은 로마 제국과 문화를 전면적으로 부정하지 않는다는 것을 설명하고 있었다. 그는 기독교가 로마 제국과 그 문화를 어떤 면에서는 긍정하지만, 어떤 면에서 인정하지 않는지를 설명하여 그들에게 기독교를 이해시키고 더 나아가 설득시키고자 하였다. 저스틴은 이 목적을 달성하고자 철학이라는 외투를 사용하였다. 특히 당시 로마제국의 황제를 비롯한 지식인들에게 기독교를 당시의 철학적인 용어를 사용하여 설명함으로써 그들에게 다가가고자 하였다. 그는 기독교가 헬라 철학과 어떤 면에서 연속성이 있고, 어떤 면에서 불연속성이 있는지를 설명하려고 하였다.

저스틴이 사형을 당하게 된 이유와 죄명에 대해 여러 문헌들을 통해 추측을 해 본다면, 그가 로마에서 당시 대중적 지지와 인기가 높았던 견유주의 철학자 크레스켄스(Crescens)와 대중 앞에서 논쟁을 벌이곤 했는데, 그가 항상 이겼다. 어느 날 크레스켄스는 저스틴과 공개 토론을 하는 과정에서 수치스러운 패배를 당하자 그를 로마 당국에 그리스도인이라고 밀고한다. 165년경, 저스틴과 그의 제자들은 그리스도인이라는 죄목으로 체포되어 불법적인 종교를 가르친다는 이유로 재판에 회부되었다. 그는 자신이 그리스도교인 이라는 혐의들을 모두 인정했고 제자들과 함께 참수당한다. 그러나 그가 그리스도인이라는 죄 외에 다른 윤리적이거나 범법한 죄를 찾을 수 없었고, 그래서 그 이름 앞에 '순교자'라는 수식어가 붙게 되었다. 로마인들이 그를 '순교자'라고 불렀다는 것은 그들이 그리스도교를 새롭게 보기 시작했다는 것을 의미한다.

2. 제1변증서

이 책의 46장에 그리스도가 150년 전에 태어났다는 사실이 언급되는 것을 통해 이 책이 150년경에 저술되었음을 알 수 있다. 저스틴은 기독교를 합리적 철학으로 변호하고자 제1변증서를 저술하였다.

제1변증서는 68장으로 구성되어 있는데, 1-12장까지는 인사와 함께 반기독교 비방자들에 대한 반론이고, 13장은 기독교예배의 대상인 삼위일체 하나님을 설명한다. 14-20장은 자연과 철학에 대한 기독교의 가르침, 21-22장 그리스도에 대한 합리적 믿음에 관한 이교도의 거짓말, 23장 그리스도의 신성에 관한 탄원, 24-29장 사기꾼들의 편협에 대한 탄원, 30-53장 실현된 예언의 증거들로 구성되어 있다. 54-55장은 이교 신화의 기원과 십자가의 상징, 56-58장은 마귀가 일으키는 박해와 이단, 59-60장은 플라톤이 모세에게 빚진 것과 그의 십자가 이론, 61-68은 초대교회의 세례, 성찬, 예배를 설명한다.

1) 기독교에 대한 변증 방식과 내용

이렇게 철학적 지식을 갖춘 저스틴은 기독교가 박해받던 상황에서 당시 기독교를 박해하던 황제 안토니우스 피우스, 그의 아들인 철학자 베리시무스, 피우스의 양자이며 학문을 사랑하는 철학자 루키우스, 원로원 의원들에게 변증서를 쓰고 있다. 그는 부당하게 미움 받고 지나치게 학대당하는 기독교인들에 대해 정확하고 엄격한 탐구를 한 후에 판단해 달라고 부탁하고 있다. 그는 그리스도인들이 악한 행위자들로 유죄판결을 받거나 악한 사람으로 입증되지 않는 한 그들에게 어떤 악도 자행될 수 없다는 입장을 밝힌 후에 황제께서 우리를 죽일 수 있으나 우리를 해치지 말아 달라고 요청하고 있다.

그는 3장에서 기독교인들에 대한 고발이 조사되어 입증되면 처벌하는 것이 당연하지만, 그렇지 않은 경우에 나쁜 소문 때문에 잘못이 없는 사람들을 처벌하는 것을 참된 이성이 황제께 금지한다고 주장한다. 그리스도인을 합법적인 죄명을 밝히지 않고 즉결 처리하는 박해의 법령을 바꿔 줄 것을 간청하기도 하였다. 저스틴은 당시 기독교인들은 그들이 행동으로 범한 악행 때문이 아니라 기독교인이라는 이름 때문에 부당하게 정죄 당하고 있다고 지적한다. 그는 기독교인들은 삶에서 훌륭한 국민들이므로 이름이 아니라 그들의 행실을 조사하여 처벌하는 것이 정의라고 주장한다.(4장) 기독교인들이 로마인들이 섬기는 여러 신들을 섬기지 않으므로 무신론자라고 고발당하고 있으나, 자신들이 이성과 진리 안에서 성부, 성자, 성령을 예배하며 경배하므로 무신론자라는 주장을 반박한다.(5-6장) 그는 일부 기독교인들이 부도덕한 행동들을 범한다는 것을 인정하나, 관리들이 이러한 자들을 기독교인들로서가 아니라 악행을 한 자들로서 처벌하라고 촉구한다.(7장)

우리는 영생과 천국을 위해 하나님에 대한 신앙을 고백한다. 플라톤도 라다만투스와 미노스가 사악한 자들을 천년 동안 심판한다고 말하는데, 우리는 그리스도의 손에서 영원한 처벌을 받는다고 말한다.(8장) 저스틴은 당시 헬레니즘 문화 속에서 플라톤이 사용한 헬라 신화에 나오는 라다만투스와 미노스와 같은 심판자가 있다는 것을 예로 들면서 그러한 심판자들보다 훨씬 더 명확한 심판자가 그리스도라는 것을 설명하여, 그리스도에게 관심을 가지도록 유도하고자 한다.

그는 무신론자라는 비난에 대해 기독교인들이 "가장 참된 하나님, 공의와 온유와 미덕의 아버지, 악의 흔적이 없는 하나님"에 대해서가 아니라, 로마 신들을 향하여 무신론자라는 주장한다. 기독교인들은 사람들이 만들어서 신전에 모셔두고 신이라고 부르는 그러한 신들에게 희생 제물과 화관을 드리지 않아 소위 제국에 대한 불충성자가 된다. 기독교인들이 다른 왕국의 구성원들이 되는 것을 찾으나, 이 왕국은 인간의 왕국이 아니라 하나님의 왕국에 속한다. 기독교인들은 하나님의 눈 아래에서 살아가기 때문에 평화를 조성하는데서 황제의 조력자들이고 동맹자들이다.

그는 13장에서 그리스도는 자신을 둘째 지위에 유지하고, 예언의 성령을 셋째 자리에 유지하는 참된 하나님의 아들이라는 배웠으므로, 우리가 하나님을 합리적으로 예배한다고 설명한다. 그는 14장에서 마귀들이 기독교 교리들을 왜곡시킨 것을 말한 후에 15장에서 그리스도께서 가르치신 것은 행동뿐만 아니라 마음까지 올바르게 가질 것을 말씀하신 것을 설명한다. 음란한 마음을 가지고 여인을 바라보는 것은 이미 간음한 것이다. 인내와 맹세에 대하여, 시민적인 영역에서의 순종에 대하여 그리스도께서 가르치신 내용을 설명한다.(16-19장) 기독교인의 순종과 관련하여 예수님은 "가이사에게는 가이사의 것들을, 하나님에게는 하나님의 것들을 바치라"고 말씀하셨다. 그러므로 기독교인들은 하나님만을 예배하지만, 다른 일들에서는 황제를 왕들과 사람들의 통치자로 인정하고, 기쁘게 황제를 섬긴다고 말한다.(17장)

18-19장에서는 부활의 가능성을 논의하고, 20-22장에서는 기독교와 이교도의 사이의 유사점을 들어 설명한다. 20장에서는 기독교의 창조와 마지막의 불타서 해체되는 교리는 플라톤의 창조와 스토아 철학의 마지막의 해체의 가르침과 유사하다고 지적한다. 그러면서 기독교인들이 다른 철학자들보다 더 명확한 근거를 가지고 자신들의 주장을 증명하는데, 왜 다른 사람들보다 더욱 부당하게 증오를 당하고 있는가?라고 반문한다.

21-22장에서는 그리스도의 역사(history)와 아들 됨에 대한 가르침들의 많은 것들이 이교도의 신화에 있는 비슷한 이야기와 평행을 이룬다고 언급하여 동시대 이교도들이 기독교인들을 박해하는 것을 불합리하게 만들었다. 그는 그리스도를 하나님의 아들로 믿는 것은 로마인들이 많은 신들을 제우스의 아들들이라고 믿는 것과 같다고 말한다. 더구나 하나님의 아들이라고 부르는 예수 그리스도는 일반적인 출생으로는 인간일지라도 지혜 덕분에 하나님의 아들이라고 부르는 것은 이상한 일이 아니다. 왜냐하면 그리스 시인들은 하나님을 사람들과 신들의 아버지라고 부르기 때문이다. 이와 같이 저스틴은 그리스의 다양한 신화들을 이

용하여 그들의 신화의 내용들이 그들에게 유용한 것으로 받아들여진다면, 그와 유사한 것을 가르치는 기독교가 박해를 받는 것이 부당하다고 주장하고 있다. 그는 유사점만을 말하면 결국 그리스 신화의 다신론에 빠질 위험성이 있으므로, 차이점도 분명하게 지적한다. 예수 그리스도의 삶을 전하는 복음의 내용이 시인들이 가르치는 신화의 내용보다 우월하다. 그리스의 신들은 부도덕한 행위들을 하는 반면에, 예수 그리스도는 거룩하고 흠 없는 삶을 살았기 때문이다. 유스티누스는 당시 그리스 신화와 복음을 비교하면서 한 면에서는 신화와의 유사성을 통해 예수 그리스도가 하나님의 아들이라는 내용이 이상할 것이 없다고 주장하는 반면에, 다른 한 면에서는 그리스도는 거룩하고 흠이 없는 생활을 하여 그리스 신화의 신들보다 우월하다는 점을 강조한다. 그러면 왜 그리스 신화는 이렇게 타락하고 왜곡되었는가? 그는 변증서 54장에서 시인들이 신화를 만들 때에 악령들이 그들을 타락시켰기 때문이라고 설명한다. 이와 함께 변증서 54장과 55장에서 유대교 랍비들이 구약의 예언들을 왜곡하는 것도 악령들의 영향이라고 주장한다. 이러한 설명들을 통하여 로마인들에게 복음의 우수성을 설명하며 복음을 받아들이도록 설득하고 있다.

2) 로고스론

저스틴의 가장 중요한 주제들 가운데 하나는 로고스이다. 이 주제는 저스틴의 기독교 변증을 이해하는데 매우 중요하고, 기독교 변증서를 쓰는데서 획기적인 서술이다. 저스틴은 그 이전의 철학적 교훈에 의존하여 이성과 지식의 질서인 로고스에 대해 기술하면서, 예수 그리스도가 로고스의 성육신이라고 주장한다. 그는 기독교를 진정한 철학이라 보았다. 플라톤은 영원한 실재인 이데아의 세계를 주장하고, 철학자들에게 있는 진리의 편린을 인정하였으며, 이것을 로고스 교리로 설명하였다. 로고스는 말씀(Word)과 이성(reason)을 의미하며, 인간 지성은 우주적 이성에 참여해 진리를 이해한다. 저스틴은 그리스 철학의 로고스에 관하여 그리스도교적으로 설명한 최초의 그리스도교 철학자이다. 그는 그리스의 우주적 로고스를 그리스도에 연계시키는 아주 독창적인 사상가였다. 성육신은 우주적 이성인 말씀이 육신을 입은 것이다. 제4복음서에 의하면 이 로고스가 모든 이들을 비추는 참 빛이고, 성육신 전에 모든 진리의 근원이다. 바울은 히브리인들의 신앙은 그리스도에 기초하는데 성육신 전에도 그들에게 계시되었다고 설명한다(고전10:1-4). 완전한 로고스이신 그리스도의 강림 이전에도 소크라테스, 헤라클리투스 같은 헬라 철학자들의 사상과 아브라함, 다니엘의 세 친구, 엘리야 같은 히브리인들에게서 부분적인 진리의 계시가 있었으며, 이교도 신화와 신비종교들은 귀신의 위조품이라고 비판하였다. 플라톤의 진리는 모세에 기반을 두고 있다. 고대 철학자들은 진리를 부분적으로 알았지만 기독교인들은 성육신을 통해 온전하게 알게 되었다. 이러한 주장은 이성을 가지고 말하는 어떤 개인이라도, 심지어 그리스도 이전에 살았던 사람들조차 그리스도의 형태 속에 있는 로고스와 연결되고, 이렇게 해서 사실상 기독교인이 되는 증명으로 그를 인도한다.(46장) 그러나 저스틴은 이러한 교훈들이 전체적인 로고스의 부분과만 연결되기 때문에 단지 부분적인 진리만을 나타낸다는 주장을 한다. 저스틴에게 있어서, 기독교는 의미있는 철학일 뿐만 아니라, 지식과 이성의 최고 수준을 성취하고자 이전 사상을 완성하고 교정한다는 것을 의미하기 때문에, 충분한 진리(로고스)를 나타낸다.

3) 초대교회의 성례와 예배

제일변증서는 61-68장에서 당시 기독교 실천에 대한 가장 상세한 설명을 제공한다. 그는 세례를 신앙을 통해 새롭게 변화되었을 때 그것을 외부로 나타내는 의식이라고 말한다. 우리가 가르치고 말한 것들을 진리로 받아들여 믿는 사람들, 그리고 그것에 따라 살 수 있는 힘을 가지겠다고 약속하는 사람들은 그들의 과거의 죄를 용서받기 위해 하나님께 기도하고 간구하고 금식하도록 교육받는다. 그 후에 우리는 세례받는 사람들을 물이 있는 곳으로 데리고 가며, 거기서 그들은 우리 자신들이 다시 태어나는 중생의 동일한 방식으로 다시 태어난다. 왜냐하면 그들은 그 때에 성부이시고 만물의 주인이신 하나님, 우리 구주 예수 그리스도, 그리고 성령의 이름으로 물로 씻겨 지기 때문이다.(61장)

세례를 논의한 후에, 저스틴은 후에 성찬의 시행에 대해 설명한다. 성도들은 세례받은 사람과 모든 장소에 있는 모든 다른 사람들을 위한 진심어린 공동의 기도를 드린다. 기도를 드리는 목적은 이제 우리가 진리를 배웠으므로 우리의 행동을 통해 선량한 시민이고 계명을 준수하는 사람들로 인정받아 영원한 구원을 받게 하려는 것이다. 기도가 끝나면 우리는 서로서로 입맞춤을 하면서 인사한다. 그 다음에 형제들의 대표자에게 빵과 물을 섞은 포도주 잔이 건네진다. 그는 그것들을 받아서 아들과 성령의 이름으로 만물의 아버지께 찬양과 영광을 돌리고 아버지의 손에서 빵과 포도주를 받기에 합당한 자로 받아주신 것에 대하여 길게 감사기도를 드린다. 그가 기도와 감사를 마쳤을 때, 참석한 모든 사람들은 아멘이라고 말하여 동의를 표현하다. 그 후에 집사들이 참여한 각자에게 빵과 물을 섞은 포도주에 참여하도록 나누어주고 참석하지 못한 사람들에게는 그들이 한 부분을 가져다준다.(65장)

감사(Eukaristia)라고 부르는 이 음식에는 우리가 가르친 것들이 진리라고 믿고 죄 용서와 중생을 위해 씻음 받았고, 그리스도께서 명령하신 대로 살고 있는 사람들 이외에는 어느 누구도 참석을 허락받지 못한다. 왜냐하면 그리스도의 성육신과 비슷한 방식으로, 그 기도로부터의 변형에 의해 양육 받는 그 음식은 육신이 되셨던 그 예수의 살과 피라고 가르침 받기 때문이다. 예수가 떡을 가지사 축복하시고 "나를 기념하여 이것을 행하라, 이것이 내 몸이다"라고 말씀하셨고, 동일한 방식으로 잔을 가지사 축복하시고 "이것이 내 피다"라고 말씀하시고 제자들에게만 그것을 나누어 주셨다(66장).

마지막으로 그는 기독교인들의 주중의 예배에 대하여 설명한다. 우리는 그 후에 서로서로에게 이러한 일들에 대하여 지속적으로 상기시킨다. 그리고 우리들 가운데 있는 부유한 사람들은 가난한 사람들을 돕는다. 우리는 항상 함께 모이고, 우리가 공급받은 모든 것들에 대하여, 그의 아들 예수 그리스도와 성령을 통하여 만물의 창조주를 송축합니다. 주일이라고 부르는 날에, 도시나 지방에 사는 모든 사람들이 한 장소에 함께 모여 시간이 허락하는 한, 복음서나 예언자들의 저술들을 읽는다. 봉독을 마친 후에 대표자가 말로 강론하고 이러한 선한 일들을 본받으라고 권면한다. 그 후에 우리 모두가 함께 일어나 기도하고 전에 말한 바와 같이, 기도를 마친 후에, 빵과 포도주를 가져오고, 대표자가 비슷한 방식으로 그의 능력에 따라 기도와 감사를 드린 후에 사람들이 아멘으로 동의한다. 감사를 드린 예물을 각자에게 분배하고 사람들이 참여한다. 참석하지 못한 사람들에게는 집사들이 한 부분을 전달해 준다. 부유한 사람들은 각자가 적합하다고 생각하는 것만큼 자발적으로 제공한다. 수집된 것은 대표자에게 맡겨진다. 대표자는 고아들과 과부들, 질병이나 어떤 다른 이유 때문에 어려운 형편에 있는 사람들, 갇혀 있는 사람들과 우리들 가운데 머무르는 나그네된 사람들을 돕고, 한 마디로 어려운 형편에 있는 모든 사람들을 돌본다.

그러나 주일은 하나님께서 어둠과 혼돈을 변화시켜 세상을 만드신 첫째 날이기 때문에 우리 모두가 공동 집회를 가지는 날이다. 예수 그리스도 우리 구주께서 바로 같은 날에 죽은 자로부터 부활하셨다. 왜냐하면 그는 토성의 날(토요일) 전날에 십자가에 못 박히셨고, 토성의 날 다음 날, 태양의 날에 사도들과 제자들에게 나타나셔서, 그리스도께서 그들에게 우리가 여러분에게 숙고하도록 전해주는 이러한 일들을 가르치셨기 때문이다.(67장)

그는 제1변증서의 결론 부분에서 다음과 같이 부탁하면서 경고한다. "이러한 일들이 여러분에게 합리적이고 진실하다고 여겨지면, 그러한 것들을 존중하십시오. 그러나 만약 그런 일들이 무의미 해 보인다면, 그런 일들을 무의미한 것으로 경멸하더라도, 여러분은 원수들을 대적하는 것처럼 잘못하지 않은 사람들에 대한 죽음을 명령하지 마십시오. 왜냐하면 우리는 여러분이 불의한 일을 계속한다면 다가오는 하나님의 심판을 피하지 못할 것이라고 여러분에게 경고하기 때문입니다. 우리는 스스로 하나님을 기쁘시게 하는 일들을 하라고 여러분을 초대합니다."

3. 유대인 트리포와의 대화

유대인 트리포와의 대화는 현재 남아 있는 2세기 문헌 가운데 그리스도인과 유대인 사이의 토론을 담고 있는 가장 오래된 글이다. 이 글에서 제일 변증서가 언급되는 것으로 볼 때, 그것보다 늦게 저술된 것으로 보인다. 트리포와의 대화는 132-135년 사이에 일어난 제2차 유대 전쟁이 벌어지던 시기에 이루어진 것으로 보인다. 트리포는 이 때 에베소로 피신한 유대인으로 보이며 저스틴은 에베소에서 그를 만나 이틀 동안 대화를 한 것으로 보인다. 이 때 대화를 토대로 20년이 지난 후에 기독교를 변증하기 위해 그와의 대화라는 형식으로 저술된 글이 유대인 트리포와의 대화이다. 이 글은 크게 보아 다섯 부분으로 나누어지는데, 1-9장은 저스틴이 받은 교육과 개종 과정을 설명하고 있다. 둘째 부분인 10-30장은 그리스도인들이 모세의 율법을 지키지 않는 이유를 설명하고 셋째 부분인 31-118장은 그리스도가 참된 메시아임을 입증하고 넷째 부분인 119-141장은 그리스도인들이 참된 약속의 상속자임을 밝히면서 마지막 부분인 142장은 작별 인사를 한다.

1) 그리스도인과 율법

저스틴은 먼저 기독교인들이 율법을 준수하지 않는 이유를 설명한다. 트리포는 스스로 경건하다고 고백하는 그리스도인들이 생활 방식을 이방인과 다르게 바꾸지도 않았고, 절기나 안식일도 지키지 않았으며, 모세의 율법이 요구하는 할례도 준수하지 않는 것을 보고 무척 당혹스러워했다. 트리포는 할례에 대한 저스틴의 비판이 하나님에 대한 불순종이요, 이것의 결과는 율법에 따라 하나님의 백성으로부터의 추방을 의미하기 때문에 중요하다고 보았다. 트리포는 하나님의 율법을 준수하지 않으면서 하나님으로부터 무엇을 얻으려고 하는지 설명을 요구한다(10장). 저스틴은 기독교와 유대교의 차이가 율법의 준수 문제인데 새 율법이 옛 율법을 대체했다고 말하고, 예레미야 31장 31절을 인용하여 기독교인들의 율법을 준수하지 않음을 정당화한다(11장). 유대인들은 율법의 의미를 잘못 해석하여 영원한 언약을 어겼고, 유대교의 정결의식을 통해 정결해 질 수 없으므로, 그것을 믿는 것은 헛된 것이다(12-3장). 사죄함이란 죄에 대한 철저한 부정에 바탕을 둔 근원적인 생명의 회복을 의미하는 것이며, "너희는 스스로 씻으며 스스로 깨끗하게 하여 내 목전에서 너희 악한 행실을 버리며 행악을 그치고"(사1:16)라는 말씀을 근거로 유대인들은 예수 그리스도를 피를 믿으며 기독교 세례를 인정하고 받아들여야 한다. 그러므로 의는 유대인의 의식 속에 있는 것이 아니라 그리스도의 세례 속에서 주어진 마음의 회심에 자리 잡고 있다.(14장) 참된 금식은 이사야의 말씀과 같이 행실을 고치는 것이고, 참된 할례는 마음에 받아야 하는데, 하나님께서 외적 할례만 받은 이스라엘 백성들의 완악함을 책망하신다(15-6장). 유대인들은 그리스도와 그리스도인들을 받아들이는 대신에 전 세계에 그들을 비방하기 위하여 사람들을 파송하고 있다.(17장) 할례를 비롯한 율법들은 이스라엘 백성들의 범죄와 마음의 완악함 때문에 더한 것이며, 세례는 더 이상 유효하지 않은 할례를 대체하는 새로운 의식이다.(18장) 유대인들이 그렇게 완악함으로 준수하라고 강요하는 할례와 안식일 등의 규정을 기독교인들은 지킬 수 없다(19장). 할례가 구원에 있어 필요하다면 하나님은 아담을 할례 받지 않는 채로 창조하지 않았을 것이다. 모든 율법이 유대인들에 주어진 것은 단지 그들의 완악함 때문이었다.(20장) 안식일도 의의 행동을 위한 것이 아니라 하나님의 이름이 더럽혀지는 것을 막으려고 백성들의 죄 때문에 제정되었다(21장). 예수 그리스도 이후에 희생제물은 더 이상 필요치 않다(22장). 하나님은 유대인들에게 그들의 죄 때문에 율법과 성전을 주셨고 우상숭배를 피하고 하나님을 올바르게 섬기라고 주셨다.

그렇다고 할례 이전의 하나님과 할례를 주신 하나님이 다르고, 안식일을 비롯한 다른 율법들을 제정하신 하나님이 다른 하나님이라고 말하는 것은 넌센스이고, 같은 하나님이 같은 목적을 가지고 다른 시대의 사람들에게 다른 것을 말씀하신 것이다(23장). 하나님은 항상 같은 분이시기 때문에 각 사람들에게 요구한 것은 궁극적으로 같다. 할례는 아브라함이 의로움을 나타내는 증표였을 뿐이지 그가 할례로 인해 의로워진 것은 아니다. 그리고 아담은 창조되었을 때 할례 받지 않았으며 여자 역시 할례를 받을 필요가 없었음에도 불구하고 의롭다함을 받았다. 결과적으로 의를 얻기 위해서는 믿음이 필요한 것이지 할례가 필요한 것은 아니다. 하나님은 아브라함에게 그의 믿음의 증거로 할례를 주신 반면, 유대인에게는 같은 징표가 징벌을 위한 예고였다. 유대인들은 할례의 징표를 자신들의 구원의 징표로 믿으며 할례 없는 구원은 불가능하다고 믿는다. 하지만 우리 시대에 할례의 피는 필요없게 되었으며 우리는 그리스도의 구원의 피를 신뢰한다. 아브라함의 믿음에 기초한 기독교인들의 영광은 유익한 징표로서 육체적 할례는 더 이상 필요 없게 되었다(24장). 누구든지 죄를 지은 자는 용서가 필요하며 그 용서는 세례를 통해서 가능하다. 그리스도와 기독교인들의 죄를 비방하고 이를 떠들어 대는 자들은 반드시 회개해야 하며, 이 훼방의 범주 안에 회당저주도 포함된다. 그러므로 그리스도를 저주하는 회당예배에 참여하는 모든 유대인은 죄인이며, 기독교로의 개종이 반드시 필요한 자들이며, 오직 세례만이 회당 예배자들을 구원할 수 있다(25장). 그리스도를 박해해 왔고 박해하는 사람들은, 회개하지 않는다면, 거룩한 산에서 아무 것도 상속하지 못할 것이다. 그러나 비록 그들이 안식일을 지키지 않고 할례를 받지 않고 축제일을 지키지 않아도, 그를 믿고 그들이 범한 죄를 회개하는 이방인들은 조상들과 예언자들과 함께, 야곱의 후손인 의로운 사람들과 함께 상속을 받을 것이다(26장).

따라서 마음의 할례는 회심과 동일하며 기독교인들의 마음의 할례는 예레미야 4장의 명령에 따른 것이고, 유대교는 윤리적 종교가 되었으며, 오직 선하고 유용한 할례만이 의의 영원한 진리로 인도할 것이다. 따라서 세례가 할례를 대체한 것 같이 이방인들 가운데 임한 은혜는 이제 유대인들의 희생 제사를 대체하였다(28장). 저스틴은 이방인들은 그리스도를 믿음으로 구원받기 때문에, 유대인들과 같이 할례, 안식일, 음식법을 지킬 필요가 없다는 것을 주장한다.

2) 메시아 예수 그리스도

31-118장에서 저스틴은 트리포에게 구약성경에 나타난 메시아가 바로 그리스도이심을 논리적으로 설명했다. 2세기 교부들은 유대인들의 구약성경 해석과 구별되는 기독교의 구약성경의 해석을 제공해야 하는 위치에 있었다. 다른 한 편에서는 영지주의와 가현설을 비롯한 이단들의 잘못된 성경해석을 비판하며 극복해야 했다.

그는 그리스도의 현재와 재림 때의 위대한 능력을 언급한다. "그러나 그리스도의 고난의 경륜의 시대를 뒤따라오면서 매우 위대한 권세가 전시된다면, 그분의 영광스러운 출현에는 얼마나 위대한 능력이 전시되겠습니까? 그는 다니엘이 예언한 것같이 인자처럼 구름타고 올 것이고 그의 천사들이 그와 함께 올 것입니다."(31장) 그러나 트리포는 그리스도의 첫 번째 오심은 십자가의 비참함이라고 반박하자 저스틴은 초라한 초림과 영광스러운 재림을 구분하여 설명한다.(32장) 그리스도는 멜기세덱의 서열을 따른 영원한 대제사장이다. 유대인들은 이 시편 110편을 히스기야에게 적용하지만, 그것은 잘못된 것이고, 이 시편은 그리스도에게 적용되며 그의 재림을 묘사한 것이다.(33장) 유대인들은 시편 72편을 솔로몬에게 적용하지만 그리스도에게 적용되어야 한다.(34장) 트리포가 기독교인들 가운데서도 잘못된 가르침을 가르치는 자들이 있다고 지적하자 예수님께서 이단자들이 올 것이라고 예언한 말씀이 성취되는 것으로, 당시의 마르시온, 발렌티아누스, 바실리데스 등의 이단자들이 있다고 인정한다.

그는 그리스도를 하나님이자 만군의 주라고 부른다는 것을 입증한다. 솔로몬이 언약궤를 성전으로 옮겼으므로 유대 해석자들은 메시야에 대한 언급들을 솔로몬에 대한 것으로 해석하는데, 이는 어리석은 것이다. 땅과 거기 충만한 것이 주의 것이라는 시편 24편에 근거하여 볼 때 그리스도가 만군의 주라고 불린다.(36장). 시편 46편과 98편에 근거할 때 그리스도가 만군의 주라는 것이 입증된다(37장). 그리고 그리스도가 경배받는 것이 유대인들에게는 혐오스러운 것이나, 시편 45편에 근거할 때 합당한 것으로 증명된다.(38장) 유월절 어린양은 예수 그리스도의 모형이고, 고운 밀가루들의 봉헌은 성찬식의 모형이다.(40-41장) 제사장들의 옷에 붙어 있는 종들은 사도들의 모형이다.(42장) 그러므로 율법은 처녀에게서 태어나는 그리스도 안에서 마침이 되었다.(43장) 트리포가 지금 율법을 지키면 구원받느냐?는 질문에 저스틴은 그것은 의에 아무런 기여를 하지 못한다고 대답한다.(45장)

46장과 47장에서 율법 준수의 문제를 다룬다. 유대인들의 율법 준수는 형식적이었지만, 동시에 모세율법은 예수 그리스도의 강림 이후에도 여전히 복종해야 할 영원한 가르침을 포함하고 있다. 따라서 모세의 율법을 지키는 자는 당연히 그가 행해야 할 바를 하는 것이다. 만약에 율법을 준수하는 자가 그리스도를 고백하고 세례를 받아들였다면 그를 기독교 공동체에 받아들이지 않을 이유가 없다. 그리고 저스틴은 율법을 지키기 때문에 기독교인 됨을 거절하는 것에 대해 강력히 비판하고 또한 율법을 인정하지 않기 때문에 기독교인 됨을 거절하는 자에 대해서도 불만을 표시하였다. 선천적 유대인들이나 그들에게 영향 받은 이방인들이 율법을 지키는 것에 대해서 허용될 수 있으나 유대-기독교인들이 이방인 기독교인들에게 율법을 지키도록 설득하는 일에 대해서는 금지해야 한다. 다만, 이방인들이 자신의 결정으로 지킨다면 그것은 허용되어야 한다. 저스틴은 이러한 해석을 통해 기독교가 유대교보다 우월하다는 것을 입증하면서 개종주의의 입장에서 경쟁관계에 있던 유대교를 견제하려는 목적도 있었다.

트리포는 48장에서 만세 전에 하나님으로 존재했던 그리스도가 "그 후에 태어나서 사람이 되셨지만, 사람에게서 난 사람이 아니라고 주장할 때, 이 주장은 역설적 일뿐만 아니라 어리석어 보인다"고 질문한다. 저스틴은 유대인들에게 이 주장이 역설적이라는 점을 인정하면서 대화를 이어간다. 49장에서 트리포가 엘리야가 아직 오지 않았느냐?라고 질문하자, 저스틴은 엘리야의 영이 세례 요한에게 임하여 그리스도의 선구자가 된다고 말한다. 그는 이사야 40장의 광야에서 외치는 소리를 인용하면서 세례요한이 그리스도의 선구자라는 것을 입증한다.(50장) 이러한 예언의 말들에 대한 그의 해석이 모호하다는 트리포의 질문에 대해 저스틴은 그리스도께서 더 이상 선지자들은 없다고 하면서 너희가 받고자 한다면 세례 요한이 엘리야라고 하셨으므로 예언이 성취되었다고 설명한다.

이후에 유대인 철학자 트리포가 어리석다고 생각하는 그리스도교의 성육신 사상이 어떻게 하나님은 한 분이라는 믿음과 양립하는지에 관한 그의 신학적인 설명을 하고 있다. 저스틴은 61장에서 그리스도교 신앙을 해설하기 위해 그리스도를 하나님의 로고스 개념으로 탐구하고 설명하고 있는데 그에 의하면 로고스는 예수 그리스도로 성육신한 선재(先在)했던 하나님의 영이다. 그는 여기서 인간이 하는 말과 불의 유비를 사용하여 로고스를 아버지 하나님과 연관시켜 설명한다. 첫째 우리는 어떤 말을 내 보낼 때, 우리는 말씀을 낳는다. 우리가 말을 내 보낼 때 우리 안에 (남아있는) 말씀을 축소시킬 정도로 이탈에 의해 말하는 것이 아니다. 우리가 말을 할 때 말을 해도 우리 안에 말이 변함없이 남아 있는 것이 아들이 아버지에게서 낳는 것과 같다는 것이다. 둘째로 불에서부터 불이 붙는 것처럼 "불이 아무리 많은 불을 붙이더라도 그 불은 아무런 감소함이 없이 그대로 남아 있기" 때문에 아버지로부터 아들이 나와도 아버지는 감소하지 않는다는 개념으로 신플라톤주의의 유출 개념을 극복한 유출의 개념으로 말하면서 트리포에게 아버지로부터 아들(로고스)의 발현은 전혀 아버지를 감소시키지 않는다고 말한다. 여기서 저스틴은 성자가 성부로부터 나오는데 아버지를 감소시키지 않고 나와서 성부와 성자가 구별된다는 것을 설명한다.

그는 성자가 지혜의 말씀이라는 잠언을 인용하고 있다. 그리고 "우리가 사람을 만들자"라는 창세기의 말씀이 지혜의 말씀이라는 잠언의 말씀과 일치한다고 말한다. 창세기의 이 말씀으로부터 우리는 하나님께서 숫자적으로 그 자신으로부터 구별되는 어떤 분, 또한 합리적인 분과 대화했다는 것을 분명하게 배울 수 있다.(62장) 저스틴이 이 하나님이 성육신했다는 것을 증명하라고 요구하자 그는 이미 증명했다고 하면서(63장) 유대인들에게도 그리스도가 필요하다는 것을 입증하고자 시편 99편과 72편 등의 성경 본문들을 인용한다.(64장) 트리포가 하나님께서 자신의 영광을 다른 존재에게 주지 않는다고 주장하자 저스틴은 성경이 모순된다고 주장하는 것은 잘못된 것이라고 지적하면서 성경은 하나님께서 그리스도에게만 영광을 주신다고 주장하면서 이사야 45장 18절을 인용한다.

그는 이사야 7장 14절을 인용하여 하나님이 처녀로부터 태어났다는 것을 증명한다. 트리포는 이 구절은 처녀가 아닌 젊은 여인에게서 났다는 말로 히스기야에게 적용된다고 주장하고, 처녀에게서 났다는 것은 그리스 신화의 페르세우스와 유사하다고 지적하며 어리석다고 비난당하지 않도록 조심하라고 경고한다. 그는 차라리 율법을 잘 지켜 하나님의 선택된 존재가 되었다고 말하는 것이 나을 것이라고 지적한다. 저스틴은 그리스도가 율법을 지켰지만 그것을 통해 의로워지려는 것이 아니라 하나님의 경륜을 이루기 위한 것이라고 설명한다.(67장) 68장에서 트리포가 "너는 믿을 수 없고 거의 불가능한 이야기, 즉 하나님이 태어나서 사람이 되었다고 하는 이야기를 증명하려 한다"는 고발에 대응하여 70장까지 동정녀 탄생에 대하여 논의한다. 그는 여기서 헬라인들의 신화에 있는 바쿠스, 헤르쿨레스, 미트라스 등의 신화를 통해 동정녀 탄생을 왜곡시킨 것을 설명하며 성경의 동정녀 탄생을 옹호한다. 저스틴은 71-74장에서 유대인들이 70인역 성경에서 성경본문을 왜곡시킨 것들을 지적하며 교정하고 있다. 75-79장에서 예수님의 탄생에 대하여 더 논의하였고 80-81장은 종말의 천년에 대하여 논의한다. 82-88장은 동정녀 탄생을 중심으로 그리스도와 관련된 성경들을 해석한다.

89-96장에서는 십자가상의 죽음의 문제가 다루어진다. 저스틴은 92장에서 성경이 하나님의 크신 은혜를 통해 이해되지 않는다면 하나님께서 언제나 동일한 의를 가르치신 것으로 나타나지 않는다고 지적한다. 그는 58장에서 구약성경을 올바르게 이해하기 위해서는 하나님의 은혜가 필요한데, 그는 모든 사람들과 함께 자신이 받은 은혜를 나누기를 원했다. 그는 그 은혜가 모든 사람들에게 적용되는지를 말하지 않았지만(38장) 개종에는 그 은혜가 전제되어야 하며, 은혜는 구원을 위해서도 필수적이라고 말한다(64장). 이러한 은혜를 받지 못한 유대인들은 진실한 구약성서 해석이 무엇인지를 이해하지 못하고, 이러한 태도 때문에 기독교의 진리를 받아들이지 못한다. 저스틴은 하나님의 은혜를 받아야 율법에 매여 있는 유대인들과 달리 그리스도를 중심으로 성경의 의미를 제대로 이해할 수 있다고 강조한다.

나무에 달린 자가 받은 저주의 의미를 설명한 후에 저스틴은 그리스도가 우리에게 마땅한 저주를 스스로 짊어지셨다고 설명한다(94-5장). 유대인의 회당에서는 그리스도로부터 기독교인들로 명명되는 모든 이들을 저주하고 다른 민족들은 기독교인 됨을 받아들인 모든 이들을 죽임으로서 유대인들의 저주를 효과적으로 실현하고 있다(96장). 여기서 저스틴은 기독교에 대한 회당의 저주가 단순히 추상적인 단계에 머물지 않고 소아시아에서 기독교를 불법적인 종교로 내몰아 박해하여 현실화시키고 있다고 비난한다.

그는 97-106장에서 그리스도인들이 시편 22편을 어떤 방식으로 고난과 부활의 시각으로 해석하는지를 설명하고 107-109장에서는 요나의 표적을 시편 22편의 시각으로 해석하는 것과 이방인의 회심으로 해설한다. 구약 예언의 일부는 그리스도인들 안에서 성취되었고 나머지 부분은 제2의 강림에서 성취될 것이며(110장), 2번의 강림과 첫 번째 강림의 모형들이 설명되고(111장), 유대인들이 중요하지 않은 것에 집착하여 예언들을 잘못 해석하거나 이해하는 문제점이 지적된다(112장). 여호수아는 그리스도의 모형이고(113장) 동형동성론적인 표현을 비롯하여 예수님에 대한 예언들을 해석하는 몇 가지 규칙들이 언급되며(114장), 스가랴 예언을 중심으로 그리스도의 대제사장직이 취급된다(115-8장).

3) 언약의 상속자인 그리스도인(이방인)

119-125장에서는 새로운 하나님의 백성으로서의 이방인들을 논한다. 이방인들이 믿는다는 사실에서부터 그가 그리스도라는 것이 명백하다(121장). 내가 너를 이방의 빛으로 삼아 네가 땅 끝까지 그들의 구원이 될 것이다. 유대인들은 이 성경 구절을 이방인들과 유대교 회심자들을 언급하는 것으로 생각하나, 저스틴은 그리스도에 의해 조명 받은 그리스도인을 언급한다고 지적한다. 유대교로의 개종은 구약성서에서 말하는 범우주적 선교의 예언을 성취할 수 없다(122장). 왜냐하면 그들이 예수 그리스도를 믿지 않기 때문이다. 이어서 유대인의 고난과 이방인의 희망

을 이야기하는데, 유대인들은 그리스도를 미워하고 체포당하게 한 장본인들이며, 이방인들과 비교해서 유대인들은 예수 그리스도를 통한 구원의 특별한 은혜와 깨달음, 그리고 하나님 아버지가 허락하신 진리의 깨달음의 능력을 허락받지 못했다. 이러한 것이 유대인들이 성서에 관한 해박한 지식을 가지고 있으면서도 기독교로 돌아서지 않는 이유를 보여주는 증거이다. 그러므로 독자들은 랍비의 가르침과 영향에 대해서 조심해야할 것이다.

율법이 이방 나라들과 그 백성들을 깨우칠 수 있다면, 새로운 언약이 왜 필요한가? 그러나 하나님이 새로운 언약과 영원한 율법과 계명을 주실 것을 미리 발표하셨으므로, 우리는 이것을 옛 언약과 개종자들이 아니라 그리스도와 그의 개종자들, 곧 그가 조명한 우리 이방인들과 관련하여 이해한다. 저스틴은 여기서 옛 언약과 새 언약을 서로 구별했다. 옛 언약은 유대인에게 해당되는 것이고, 그리스도 안에서 모든 민족을 위한 "새로운 법"과 "영원한 언약"(122장)이 세워질 것이라고 선지자들이 예언했다고 설명한다.

123장에서 저스틴은 개종자들이 유대교 공동체에 완전히 동화되었다고 지적하며 그는 분명하게 할례받은 이방인이 유대인과 같이 되었음을 인정한다. 하지만 할례를 통한 개종이 일어나도 그들은 아무런 유익을 얻지 못한다. 오히려 유대인들의 제의적 관습에 관한 모든 비판은 유대교 개종자들에게도 적용된다. 그는 트리포를 통해 존재성을 인정받은 유대교 개종자들은 구약성서 외의 다른 새로운 계명을 소유할 수 없고, 그들은 아직 구원의 희망에서 먼 곳에 있는 자들이라고 말한다. 유대인들이 아닌 기독교인들이 진정한 이스라엘이며 구약성서에서 언급된 언약들은 유대인들이 아니라 기독교인들에게 주어진 것이다(124장). 하나님의 약속을 받은 '이스라엘'이란 단어가 가지는 힘은 그리스도에게 적합하다(125장).

신인양성에 따른 다양한 이름들이 설명되고 이를 통해 그가 하나님이시고 족장들에게 나타났다는 것이 드러난다(126장). 구약의 신현과 관련된 성경의 이러한 문단들은 성부가 아니라 말씀에 적용되고, 말씀은 무생물의 능력이 아니라 아버지의 실체로부터 낳아진 인격으로 파송된다(127-8장). 유대인과 이방인의 선택이 다루어지고(130-6장) 마지막 호소를 하면서 결론을 내린다(137-142장).

저스틴은 변증가로서 로마 제국의 지도자들과 유대인들에게 기독교의 정당성을 옹호하고자 하였다. 로마 제국의 지도자들에게는 로고스론을 이용하여 기독교를 변증하고자 하였다. 저스틴은 성경에 비교할 수는 없지만 그리스 철학 또한 하나님으로부터 나온 것이라고 믿었기 때문에 성경과 그리스철학의 개념들을 상호 연결시켜 설명하고 있다. 이러한 가운데 저스틴은 로고스(예수 그리스도)의 선재와 아버지로부터 로고스가 나심과 로고스가 육신으로 오심에 대해 시도한 설명들은 2세기 그리스도교의 변증에서 중요한 역할을 하였다.

저스틴이 그리스도교와 그리스 철학에 대해 상호일치를 시도하는 것은 그의 학문적 이해와 필요성 때문이기도 하지만, 그 시대적 상황의 관점에서 이해해 볼 수 있다. 그는 로고스(예수 그리스도)가 유대 예언자들과 그리스 철학자들을 통하여 말하였다고 주장하면서 성경과 그리스 철학의 대립과 경쟁의 구도에서 파생되는 갈등, 특히 그리스도교에 대한 로마의 박해와 오해를 해소하고자 노력하고 있었다. 당시 로마인들은 그리스도 교인들을 무지한 야만인들로 인식하고 있었고, 그리스 철학을 최고의 학문과 교양으로 생각하고 있었다. 그는 이러한 편견을 깨기 위해 하나님께서 각 개인들에게 "씨앗으로서의 로고스(Logos spermatikos)"를 심었다고 하였다. 이 "씨앗으로서의 로고스"는 모든 인류와 모든 진리의 근원이라고 설명하면서 당시 그리스도교에 대한 편향적이고 부정적인 로마인(이방인)들에 대해 그들의 중심사상이었던 '로고스' 개념이 그리스도교의 '로고스' 개념과 일치하고 있음을 증명하면서 동시에 그리스도인들에게도 그리스의 철학에 대해 배타적일 필요가 없다는 것을 설명하고자 시도하였다. 그리스도인들과 로마인들 간의 오해와 갈등을 풀고 화해와 화합을 끌어내고자 하였다.

그는 그리스 철학을 포함한 모든 진리는 하나님으로부터 나온 진리라고 포용하면서 그리스도인들이 한 분 하나님을 거부함 없이 예수 그리스도(둘째 하나님)를 하나님으로 믿고 예배할 수 있는 이유를 설명하고자 했다. 그는 그리스 철학에도 부분적인 로고스의 진리가 들어 있지만, 그리스도인들만이 이 로고스를 온전히 알 수 있다고 주장했는데, 로고스가 예수 그리스도 안에서 육이 되었기 때문이다.

이러한 방식으로 그는 로고스 기독론을 제시하여 로고스 기독론의 전통을 확립하였고 이 전통은 후에 삼위일체 교리로 발전하는 토대가 된다. 이러한 그의 주장과 이론들은 후대 그리스도교 변증가들인 아테나고라스(Athenagoras), 테오필루스(Theophilus), 터툴리안(Tertullian), 펠릭스(Minucius Felix) 등에게 지대한 영향을 미쳤다. 또한 그의 이단들과의 논쟁과 그에 대한 단호한 자세는 영지주의와 단일신론(Monarchianism)과 맞섰던 헤게시푸스(Hegesippus), 이레니우스(Irenaeus), 히폴리투스(Hippolytus)에게로 이어진다.

더 읽어야 할 책과 논문들

김선영 역. 『초기 기독교 교부들』. 두란노 아카데미, 2011.

박용규. "An Examination and Evaluation of the Source of the

Logos Doctrine in the Theology of Justin Martyr." *CHONGSHIN THEOLOGICAL JOURNAL*, Vol.2 No.2 (1997): 127-154.

서원모. "Justin's Demonlogy with Reference to Plutarch's Demonology." *Korea Journal of Theology*, Vol.4 (2004): 93-131.

양승환. "유스티누스 신학에 나타난 변증적 논제로서의 윤리."「韓國敎會史學會誌」, Vol.44 (2016): 7-36.

이경직. "순교자 유스티누스의 그리스 신화 이해."「역사신학 논총」, Vol.8 (2004): 10-39.

최현준. "순교자 유스티누스의 '트리포와의 대화'(Dialogue with Trypho)에 나타난 율법해석과 종교적 갈등."「韓國 中東 學會 論叢」, Vol.35 No. 2 (2014): 87-118.

제3장
가울의 이레니우스

(Irenaeus, 130-202)

이레이우스는 동방에서 출생하여 공부한 후에 서방의 가울에서 봉사했던 교부이다. 이레니우스는 당시에 발생했던 영지주의자들이 구약과 신약의 하나님이 다르다고 주장하는 것을 극복하기 위하여 구약과 신약의 하나님이 동일한 하나님이시며, 동일한 구원의 하나님이시라는 구원사의 신학을 전개하였다. 이러한 구원이 예수 그리스도 안에서 이루어지는 과정을 총괄갱신으로 설명하였다.

1. 생애

속사도 교부들과 변증가들의 시대 이후에 최초의 교부였던 이레니우스(Irenaeus, 130-202)는 소아시아 동북 지중해안의 서머나 지방에서 출생했다. 서머나는 소아시아 일곱 교회가운데 하나가 자리 잡은 곳이었고, 2세기 중엽인 155년에 이곳의 감독이었던 폴리캅이 순교하였다. 폴리캅은 사도 요한의 제자였다. 이레니우스는 폴리캅에게서 배웠다고 언급하는 것으로 보아 그의 제자였던 것으로 보인다. 이레니우스는 예수님에게서 사도요한, 폴리캅을 통해 전해진 사도들의 전승의 충실한 계승자였다고 말할 수 있겠다.

그는 154년 부활절 날짜 문제로 인한 동방과 서방 교회의 갈등을 해결하기 위해 폴리캅이 로마에 갈 때 그를 따라갔다.[2] 그는 로마에서 공부

---

[2] 부활절 날짜에 대해 당시 동방교회들은 유대교의 니산월의 유월절을 기준으로 하여 부활절을 지키고자 하였고, 서방 교회는 니산월 이후의 주일을 부활절로 지키고자 하여 갈등이 생겨났다. 154년에 로마 교회의 아니케투스와 사도 요한의 제자로 여겨지는 서머나교회 폴리캅 사이에 부활절 날짜에 대해서 서로 다른 의견이 있었다. 예수님이 니산월 14일에 고난 받으시고 3일 만에 부활하셨기 때문에 동방교회에서는 3일째 되는 날을 주일이 아닐지라도 부활절로 지켰지만, 로마 교회는 부활절이 주일이 아닐 경우 돌아오는 첫 번째 주일을 부활절이라고 주장하였다.

를 한 후에 선교적인 열정 때문에 가울의 리용에 선교사로 파송받아 활동하였다. 그는 이곳에서 감독이었던 포티누스 밑에서 성직자로 임직을 받아 장로가 되었다. 당시 황제였던 마르쿠스 아우렐리우스 황제 때인 177년 큰 박해가 일어나 포티우스 감독이 다음 해 순교하였다. 그의 순교 직후 이레니우스는 리용의 감독이 되었고 주변의 비엔느 지방까지 관장하게 되었다. 그가 활동하던 시기에 로마 빅토르 감독과 동방교회 사이에 부활절 논쟁이 발생하였다. 로마교회는 부활절을 주일에 지키려고 했던 반면에 동방교회는 유월절을 기준으로 지키려고 하여 충돌이 발생했는데, 이레니우스는 로마의 빅토르 감독에게 동방교회에게 관용을 베풀도록 요청하기도 하였다. 그는 202년경에 일어난 박해 가운데 순교하였다.

2. 저술

이레니우스는 동방에서 출생하여 그곳에서 교육을 받아 헬라어에 능통하였고, 헬라어로 저술을 하였다. 그래서 독일의 교부 연구의 대가인 캄펜하우젠(Hans von Campenhausen)은 그를 동방교부로 분류하기도 한다. 이레니우스는 동방출신이면서 서방에서 활동하여 서방신학의 발전에 기여하였다. 이레니우스의 작품들 가운데 현재까지 전해오는 것은 두 가지이다. 하나는 일반적으로 『이단반박론(*Adversus Haeresis*)』으로 부르는 저술인데, 정식 명칭은 『사칭되는 영지에 대한 간파와 반박』(*On the Detection and Refutation of the So-called Gnosis*)이다. 이 책은 원래 헬라어로 저술되었는데, 현재 헬라어 책은 단편들이 남아 있다. 이 헬라어 책을 제롬이 라틴어로 번역했는데, 그 번역책 제목이 『이단반박론』이었다. 이 책은 그 이후 번역책의 제목이 널리 알려져 그렇게 부르고 있으며, 현재는 이 라틴어 번역본이 온전하게 전해오고 있다. 이 책은 5권으로 구성되어 있으며, 책 제목이 보여주는 바와 같이 당시의 가장 중요한 이단들을 철저하게 반박한 책이다. 다른 하나의 책은 『사도적 선포에 대한 논증』인데 헬라어로 저술되었는데 현재는 아람어 역본만이 남아 있다. 그는 이 책에서 구약의 예언들이 신약의 복음에서 성취되었다는 것을 증명하고자 하였다.

3. 신학사상

이레니우스는 변증가들과는 달리 주로 성경에 근거하여 영지주의자들의 가장 중요한 오류를 반박하고자 하였다. 이들은 구약의 창조주인 데미우르고스와 신약의 사랑의 하나님이 다르다고 주장하였다. 2세기 중반에 등장한 이단들인 마르시온과 영지주의가 구약과 신약의 하나님이 다르다고 주장하고 구약의 정경성 문제 등에 도전하자 이러한 도전들을 해결하기 위하여 전체적인 교리 체계를 취급할 필요성이 생겨났다. 이러한 도전에 대한 응전으로 저술을 했던 첫 번째 인물이 리용의 감독인 이레니우스였다.

이레니우스의 신학사상을 그의 두 저술을 중심으로 살펴보고자 하는데 가장 중요한 것은 『이단반박론』에 나타난 그의 신학사상을 고찰하는 것이다. 『이단반박론』은 당시 중요한 이단들을 체계적으로 반박한 책이다. 이 책은 5권으로 구성되어 있는데, 1권은 당시의 이단 해설이었고, 2권은 이단들에 대해 이성에 근거한 철학적 논박을 전개했으며, 3권은 성경적 입장에서 논박하고 성경과 전통에서 기독교 교리의 기초 제시인 하나님의 통일성과 그리스도로 말미암는 구속을 해설하였고, 4권은 구약과 신약의 두 언약의 통일성과 마르시온 반박이며, 5권은 구속론과 부활, 천년왕국과 재림의 종말론을 취급하였다. 『이단반박론』이 이렇게 조직적으로 이단들을 반박했기 때문에 이레니우스는 '교의학의 아버지' 또는 '교회의 최초의 위대한 조직신학자'라 불린다.

　이레니우스는 2세기에 교회를 위협하고 있던 다양한 이단들을 정리하여 종합적으로 분석했는데, 그 이단들의 가장 중요한 특성이 영지주의라는 점이었다. 영지주의자들은 성경의 가르침과 헬라 철학을 혼합하는 이단이었기 때문에, 영지주의를 반박하려는 목적으로 저술하면서 그는 기독교를 진정한 철학으로 설명하려고 시도했던 변증가들과 전략을 달리하여 헬라적 사색의 도움을 동원하지 않았다. 또한 계시의 내용이 단순히 새로우면서도 보다 나은 철학에 불과하다는 자들과도 견해를 달리했다. 그는 가장 중요한 것은 성경에 대한 교회의 올바른 해석전통이었다. 그는 사도적인 전통(가르침)은 성경에서 발견되고 교회에 보존되어 왔으며 따라서 "진리를 보기 원하는 사람은 온 세계에 분명하게 된 사도들의 전통을 어느 교회에서나 분명하게 볼 수 있다"고 주장하였다. 교회의 전통에 대한 이레나우스의 호소는 정경(正經) 형성과 깊은 관련을 갖는다. 그는 4복음서를 의심 없이 수용하고 있는데 이것은 4복음서가 그의 시대에 교회에서 일반적으로 받아들여졌음을 보여주는 것이다. 그는 일생 동안 영지주의를 논박하고 하나님의 구원 역사 계획을 역사 신학 내에서 진지하게 설정하였으며 신약을 구약과 같은 권위로 보면서 성경을 총체적으로 사용한 최초의 그리스도인이었다. 그는 창조와 구속을 연장선상에 있는 것으로 이해함으로써 구속사(救贖史)라는 관점에서 구약과 신약을 통일시키고 있어 구속사관을 제시한 최초의 역사신학자로도 평가받는다. 이런 그의 통시적인 역사 이해는 창조주와 그리스도의 아버지는 하나이며 같은 하나님임을 확신하는데서 출발한다.

1) 영지주의에 대한 반박

이 책 1권에서 이레니우스는 영지주의의 대표적인 유형인 발렌티누스(Valentinus)와 그의 제자 프톨레매우스(ptolemaeus)의 제자들의 가르침을 집중적으로 파헤치고 있다. 역사적 성육신에 기초한 이런 통시적인 구속사와 신구약의 연속성의 개념은 '에피데이키스'(Epideixis)라고 불리는 단편작품인 『사도적 선포에 대한 논증』에 더욱 구체적으로 나타난다. 이 작품에서 이레니우스는 창조에서 최후의 완성에 이르기까지 구원의 역사를 제시했다.

그가 활동하고 있을 때 교회는 내적으로는 여러 이단들이 일어나서 교회를 혼란스럽게 하였고, 외부적으로는 로마제국의 박해가 지속되는 어려움을 겪고 있었다. 이러한 어려움 가운데 교회들은 이러한 문제들을 해결하기 위하여 감독의 권한을 강화하여 교회의 통일성을 유지하고자 하였고, 신앙의 표준을 만들었는데, 사도신경도 로마제국의 신앙의 표준이었다. 이단들의 잘못된 성경 해석을 비판하고 올바른 교회의 입장을 정립하기 위하여 신약정경의 확립을 서둘렀으며, 교회가 연합되어 유기적인 제도가 되도록 인도하였다. 사도신경은 영지주의자들이 구약의 신이 만든 물질세계는 악하다고 주장하므로, 그것을 극복하기 위해 "전능하사 천지를 만드신 하나님"이라고 고백하였다. 그리고 성부, 성자, 성령이 하나님이시라는 것을 고백하여 삼위일체에 대한 신앙을 정립하였고, 성자에 대한 고백에서 영지주의의 가현설을 극복하고자 하였다. 사도신경은 로마교회가 당시의 여러 이단들의 잘못된 교훈을 극복하고 성도들에게 올바른 신앙을 심어주기 위하여 원래는 질문과 응답형태로 만들었다. 당신은 전능하사 천지를 만드신 하나님을 믿습니까? 이러한 질문형태가 로마제국이 기독교 국가가 되어 대부분의 국민들이 유아세례를 받아 성인 세례가 축소되어 갈 때 예배 시의 신앙고백 형태로 바뀌었다. 사도신경은 동방에서는 사용하지 않고 서방에서만 사용하고 있다.

이레니우스는 서문에서 이 책을 쓰게 된 동기와 목적에 대해 다음과 같이 설명한다. 자신이 발렌티누스의 제자라는 사람들이 쓴 책들의 주석을 읽고 그들과 접촉하여 그들의 교리를 알게 되었다. 그는 이 책을 읽는 사람들이 그들과 연결된 모든 사람들에게 그들의 가르침을 설명하여 그들이 광기의 그러한 심연과 그리스도에 반대하는 신성모독을 피하도록 권면하게 만들고자 이 작업을 하고 있다.

이레니우스가 활동할 때 교회의 가장 중요한 이단은 영지주의였다. 이레니우스는 『이단반박론』에서 20여개의 이단들의 목록을 제시하고 있다. 영지주의는 다양한 사상들의 종합된 혼합주의였는데, 다음의 네 가지 특징을 가지고 있었다. 첫째는 물질은 악하고 정신은 선하다는 이원론이었다. 이러한 이원론은 페르시아의 조로아스터교의 빛과 어두움의 이원론의 영향을 받아 형성되었다. 둘째로 물질이 악하기 때문에 구약의 창조의 하나님은 신약의 사랑의 하나님보다 열등하고 악하다고 보았다. 영지주의자들은 창조의 하나님을 데미우르게라고 부르고 로고스이신 신약의 하나님보다는 열등하다고 주장하였다. 셋째로 영지주의는 완전하고 선한 영인 일자는 악한 물질의 세계를 창조할 수 없으므로, 일자보다 못한 존재들의 유출을 주장하였고, 이러한 유출을 통하여 순수한 영의 세계와 순수한 물질세계를 연결하는 중간 세계를 창조하였다. 이레니우스가 가장 집중적으로 비판하였던 발렌티아누스는 이 중간적인 존재로 33개의 에온을 설정하였다. 넷째로 이들은 이러한 악한 물질세계에서 벗어나 영적인 존재들과 연합할 수 있는 비밀스러운 영적인 지식을 자신들이 가지고 있어 그러한 지식을 전수해 준다고 주장하였다. 이레니우스 당시에 이러한 영지주의는 다양한 형태를 띠고 활동하고 있었다.

먼저 바실리데스는 120-130년경에 그리고 발렌티누스는 135-160년경에 로마에서 활동했다. 바실리데스는 "나지 않으신 아버지가 마음을 처음에 낳고 마음은 이성을, 이성을 중용을, 중용은 지혜와 권세를, 지혜와 권세는 미덕, 프린스 그리고 천사를 낳았다"는 유출설을 주장하였고, 발렌티누스 33개의 에온들의 유출을 주장하였다.3)

로마에 와서 활동하다 144년에 교회로부터 출교당한 마르시온은 구약의 하나님과 신약의 하나님이 다르다고 주장하였고, 새투르니누스는 시리아지역 출신인데 "천사들과 천사장들과 덕을 만든 알려지지 않은 하나의 아버지가 존재하며 모든 만물들을 어떤 천사 즉 7명의 천사들에 의해 지음받았다"고 가르쳤다. 또 하나의 영지주의는 에비온파인데, 유대인 출신가운데 출현한 이단으로 그리스도의 신성을 부정하였다. 이레니우스는 이단반박론 1권에서 이러한 다양한 영지주의 이단들을 설명한 후에 모든 영지주의자들을 반박하는데, 자신이 활동하던 당시에 활동했던 발렌티누스와 구약의 신과 신약의 신이 다르다고 주장하는 마르시온을 집중적으로 비판하였다.

---

3) 이 실체가 에온들의 플레로마 밖에 놓이고 그 어머니가 그녀의 적절한 결합체로 회복된 후에, 그들은 아버지의 신중한 생각에 따라 행동하는 모노게네스가 (모든 이온이 소피아와 비슷한 재앙에 빠지지 않도록) 플레노마를 강화시키고 강하게 하려는 목적으로, 그리고 동시에 이온의 수를 완성하는 또 다른 부부, 즉 그리스도와 성령을 낳았다고 우리에게 말한다. 그 후에 그리스도께서는 그들에게 연합의 본성에 관해 가르치고 그들에게 Unbegotten에 대한 이해력을 가진 사람들은 스스로를 위해 충분하다고 가르치셨습니다.(1권 2장 5절) 그러나 성령은 그들에게 그들 자신들 가운데서 모두가 동등하게 된 것에 대하여 감사하라고 가르쳤고, 그들을 참된 휴식의 상태로 인도했다. 이렇게 해서, 그 후에, 그들은 에온들이 형태와 감정에서 서로서로 동등하게 구성되었으며, 그래서 모두가 누스, 로고스, 그리고 안드로포스, 그리고 그리스투스가 되었다고 우리에게 말한다. 여성 에온들은 역시 모두 알레테이아(진리), 조에(생명), 스피리투스, 그리고 에클레시아가 되었다.(1권 2장 6절)

2) 창조론

이레니우스는 영지주의자들의 창조에 대한 견해를 비판하면서 무로부터의 창조 교리를 확립하였다. 당시의 영지주의자들은 첫째로 물질을 창조한 구약의 하나님은 신약의 하나님보다 열등하다고 주장하였고, 둘째로 물질세계는 악하기 때문에 최고신의 직접적인 창조물이 될 수 없으므로 양자 사이를 중재하는 존재들의 유출을 주장하였다. 셋째로 물질세계는 악하기 때문에 창조와 구원 사이에 절대적인 이원론이 존재한다. 이들은 물질세계에 속하는 육체의 부활을 부인하였다. 넷째로 열등한 신이 창조한 물질세계는 그 자체로 악하다고 주장한다. 그러므로 이레니우스는 이들의 주장을 반박하기 위하여 성경에 근거하여 물질세계가 선하며 창조주 하나님과 신약의 구원의 하나님이 동일하다는 것을 논증해야만 했다. 그와 함께 인간의 육체의 부활의 정당성을 논해야 했다.

이레니우스는 창조와 관련하여 첫째 물질세계를 포함하여 하나님께서 창조한 모든 것이 선하다는 신앙을 정립하였다. 이레니우스는 기독론에 기초하여 피조된 세계 전체에 대한 긍정적인 입장을 가질 수 있었다. 만일 하나님께서 자신의 아들 안에서 인간의 육체적 실체를 취하셨다면 창조된 어떤 것도, 참으로 물질적인 어떤 것도 영지주의의 이원론적인 해석과 같이 비실체적인 것이나 근본적으로 악한 것으로 폄하할 수 없다. 둘째로 그는 창조와 관련하여 하나님께서 무로부터 창조하셨음을 확신했다. 물론 안디옥의 테오필루스(Theophilus of Antioch)나 다른 사람들이 이레니우스보다 먼저 그런 주장을 하였다. 그렇지만 이레니우스는 누구보다도 철저하게 무로부터 창조를 주장하였다. "참으로 사람들은 무로부터 어떤 것을 만들 수 없고, 이미 존재하는 질료로부터 만 어떤 것을 만들 수 있는 반면에, 하나님께서는 이 점에 있어서 사람들보다 훨씬 뛰어나셔서, 하나님 자신은 창조의 실체를 그 전에 존재하지 않았을 때에 존재하게 하셨다"(Against the Heresies, II.10.4). 이레니우스는 창조라는 하나님의 자유로운 행동에 앞서 존재하는 어떤 것도 없어야 하는데 만일 필연성이나 운명 같은 무엇이 있었다면 그것이 하나님에게 모종의 제한을 가하였을 것이며 그렇게 되면 하나님의 자유와 전능성과 상충되게 된다고 주장하였다 (II.5.4). 이레니우스의 전능성에 대한 개념은 운명이나 필연성에 굴복하는 헬라 신들과 달리 어떤 것이라도 할 수 있다는 사실에 호소하는 추상적인 개념이 아니다. 그의 하나님은 예수의 성육신과 생애와 죽음과 부활에서 일어난 일을 보면 하나님은 전능하시다. "이것은 존재하도록 요청된 일들의 창조를 위하여 다른 도구들을 필요로 하지 않는 하나님의 독특한 탁월성이다. 하나님 자신의 말씀은 만물의 형성을 위하여 적절한 동시에 충분하다"(II.2.4). 이레니우스에게 있어서 하나님의 주권 개념은 하나님께서 특별히 그리스도의 성육신과 부활 가운데 나타내셨던 자유로운 관계가 지닌 함축성을 고려하는 곳에서 나온 것이기 때문에 기독론이 이러한 특징의 기초가 된다.

그의 창조론에서 두 가지 측면이 중요하다. 첫째 이레니우스는 하나님께서 두 손인 성자와 성령을 통해 창조하셨다고 반복적으로 말하는 바와 같이 삼위일체론적인 모체를 통해 중재신학을 발전시켰다. 그는 이러한 설명을 통해 하나님께서 하나님 아닌 존재들과 관계를 맺는 방법에 대한 명확한 설명을 제시할 수 있었다. 둘째 그의 창조론은 하나님께서 피조된 우주에 대해 가지고 계신 자유를 설명해 준다. 하나님께서 자신의 영을 통해 창조하시므로 자신의 목적을 성취하고자 자신과 세계 사이의 중간 존재를 요구하지 않으신다는 점에서 영지주의의 신들이나 신플라톤주의의 일자와 다르다. 즉 성자와 성령은 하나님이시기 때문에 자신의 두 손을 통해 창조하신다는 것은 하나님 자신이 창조하심을 의미한다. 따라서 이것은 헬라의 존재의 등급 교리를 극복한 중재의 신학이다. 기독교 역사에서 창조주 하나님과 피조 세계라는 두 존재의 등급만이 존재하는 고전적인 기독교가 처음으로 등장한다. 창조는 하나님께서 직접적으로 만드신 실재의 세계이고, 그의 성자와 성령의 두 손으로 붙들고 계신 하나님과의 관계에서만 지속적으로 실재적일 수 있을 뿐이다. 그러므로 이레니우스는 창조하시는 하나님의 자유와 창조된 것들의 선함의 양자를 함께 주장할 수 있었다. 그는 『이단반박론』IV.20.1에서 다음과 같이 설명한다: "하나님께서 진흙으로 우리를 만드셨으므로(창2:7) 우리를 만드신 분은 천사들도 아니고, 주님의 말씀 이외의 그 어떤 누구도 아니다. 왜냐하면 하나님께서는 마치 자신의 손을 소유하지 않으신 것처럼 이들 [존재]들을 필요로 하지 않으신다. 그들을 통해 그리고 그들 안에서 자유롭고 자발적으로 만물을 만드신 성자와 성령이 항상 하나님과 함께 계셨기 때문이다." 그는 이와같이 삼위일체론에 근거하여 무로부터의 창조교리와 창조의 선함을 주장할 수 있었다.

3) 신론

이레니우스는 이단반박론 2권에서 발렌티누스의 성경해석의 잘못이 사도들의 성경해석을 담고 있는 신앙의 규칙을 따르지 않는데 있다고 비판하고 있다. 발렌티누스파는 세계의 기원을 설명하면서 "하나님의 능력의 결핍을 탓하는 것을 방지하기 위해"(II.13.3) 하나님께서 세상을 창조하셨다는 것을 부인한다. 완전하신 하나님이 세상에 악이 등장하는 것을 막지 못하셨다고 비난하는 것을 피하고자 하였다. 그러므로 영지주의자들은 악의 원인을 하나님께로 돌리는 것을 막으려고 구약의 창조주를 "열등하고 무지하며 속임을 당하는 데미우르고스(Demiurgos)"로 바꾸었다. 이레니우스는 이러한 영지주의자들에 주장에 대해 성경과 전통을 모두 부정하는 것이라고 비판한다.(III.1.2-III.2.2) 이들은 요한복음 1장을 해석하면서 요한이 "전능하신 한 분 하나님과 유일하신 독생자 예수 그리스도"를 선포하는 것을 보지 못할 뿐만 아니라 교회의 신앙의 규범을 해석의 원칙으로 삼지 않는데서 해석의 오류를 범하였다. 교회가 가지고 있던 신앙의 규범이 성서의 올바른 해석을 위한 표준이자 교회의 해석 전통이다.

이레니우스는 그의 신론을 창조주 하나님으로 시작한다. 그는 이방인들보다도 영지주의자들이 더 나쁘다고 비판한다. 이방인들은 "하나님보다 피조물을 더 섬기고"(롬1:25) "신이 아닌 것들"(갈4:8)을 섬긴다. 그러나 영지주의자들은 이 세상의 창조자가 결점의 산물이라고 주장하고 하나님을 동물의 본성을 가진 존재와 자신보다 위에 있는 능력을 알지 못하는 존재로 묘사한다.(II.9.2) 이들은 왜 이러한 신관을 주장하고 있는가? 영지주의자들은 철저한 이원론자들로서 영적 세계와 물질세계를 대립적으로 묘사하기 때문이다. 발렌티누스파의 신적 세계는 30개의 에온들로 구성된 불멸적이고 영적 세계로 플레로마(Pleroma)라고 불린다. 물질세계는 이 플레로마 밖에 존재하는데, 이 세계는 가장 어린 에온인 소피아(Sophia)의 타락과 그것이 플레로마로부터 제외되어 생겨난 것이다.(I.2.2; I.4.1) 데미우르고스는, 플레로마가 소피아를 치유하려고 보낸 새로운 유출인 구원자의 도움으로 형성된 소피아의 피조물이다. 이 데미우고스의 정념인 무지, 비통, 공포와 당황에서 물질세계가 지어졌다는 것이다. 이들은 세계 질서 속에서 물질과 혼과 영이 섞여 있지만 최종적으로는 영만이 플레로마에 들어간다는 것이다. 그러므로 이들은 영적 세계인 플레로마의 창조자와 물질세계의 창조자인 데미우르고스를 다른 신으로 보았다.

이레니우스는 영지주의자들의 이러한 이원론적인 주장을 반박하고자 하나님의 유일성과 세계의 단일성을 주장하였다. 그는 창조자는 영적 세계의 창조자와 물질세계의 창조자가 다른 것이 아니라 물질세계의 조물주(Demiurgos)가 바로 "모든 것의 하나님이시며 창조자"이심을 보여주고자 하였다.(II.31.1) 우리의 필멸할 몸을 소생시키면서 나타낸 하나님의 능력은 영지주의자들의 이원론적인 신의 기만성을 드러낸다. 성경은 보이는 세계와 보이지 않는 세계를 창조한 한 분 하나님을 말하여, 영적 존재를 만드신 그 분이 스스로 (영지주의자들의 주장과 같이) 동물적인 본성을 가지실 수가 없으므로, 영지주의자들의 무시무시한 오류가 전복된다.(II.30.6)

4) 구약과 신약의 하나님의 동일성

이레니우스에게 있어서 성부 하나님과 창조주 하나님의 동일성은 구약과 신약의 하나님의 동일성과 직접 관련된다. 영지주의자들은 구약의 창조주를 신약의 하나님보다 열등한 하나님이라고 주장하였다. 특히 마르시온파는 구약의 하나님은 율법과 복수심에 불타는 하나님으로 예수에 의해 계시된 하나님과는 상충된다고 주장하였다. 이와 같이 이들은 구약의 하나님과 신약의 하나님이 다른 하나님이라고 주장하였다.

이레니우스는 하나님의 유일성을 증명하고자 구약과 신약의 통일성을 제시하였다. 그는 "구약과 신약이 한분 동일하신 하나님으로부터 나왔다는 것을 증명"하고(IV.32.1) 구약에서 사바오트(Sabaoth), 아도나이 등의 여러 개의 표현들이 등장하지만, 이러한 종류의 모든 표현들이 한 분 동일하신 존재의 명칭이라는 것을 배워야 한다고 지적한다.(II.35.3) 더구나 성령께서도 구약을 통해 참된 하나님을 제외하고 어떤 다른 하나님도 주도 언급하지 않는다.(III.6.1) 신약에서 그리스도와 사도들도 한 하나님 아버지께서 만물의 창조자라고 설교하였다.(III.5.1)

그러므로 "한분 동일하신 하나님, 천지의 창조자가 선지자들이 예언하였고, 복음서에 의해 선포된 분이시다."(III.9.2) 이레니우스는 구약에서 천지를 창조하신 하나님이 바로 신약의 복음서에 선포된 그 하나님이라고 선언한다.(IV.6.4)

구약의 하나님은 심판의 하나님이고 신약의 하나님은 사랑의 하나님이라는 마르시온파의 주장에 대해 이레니우스는 하나님은 선하실 뿐만 아니라 공의로우시다고 선포한다. 하나님은 구원하셔야 할 자를 구원하시고 심판받아야 할 자를 심판하신다.(III.25.3) 유일하신 한 분 하나님 창조자가 계시는데, 그는 율법이 선포하고 선지자가 설교하며 그리스도가 계시하시고 사도들이 우리에게 알리신 하나님이시며, 우리 주 예수 그리스도의 아버지이시다.(II.30.9) 이레니우스는 자신의 이러한 논의를 통해 구약과 신약의 하나님이 한분 동일하신 하나님이시오 유일하신 하나님이시라는 것을 밝혀 영지주의자들의 잘못된 신관을 반박하였다.

5) 악의 문제에 대한 답변

이레니우스는 IV.38.1에서 "하나님께서 처음부터 사람을 완전하게 드러내실 수 없었는가?" 라고 질문하면서 다음과 같이 답변하고 있다. "하나님께서 자신과 관련하여 참으로 언제나 동일하시고 태어나지 않은 분이신 한, 그에게 모든 일들이 가능하다. 그러나 창조된 것들은 늦은 기원의 바로 그 사실로부터 그들을 창조한 분보다 열등해야만 한다. … 그들이 창조된 것인 한에서, 바로 그러한 이유 때문에 그들은 완전할 수 없다. 창조된 것들은 늦은 기원에 속하는 바와 같이, 그렇게 그들은 유약하다. 그래서 그들은 완전한 훈련에 익숙하지 않고 훈련되어 있지 않다. 아이에게 강한 음식을 제공하는 것이 틀림없이 어머니의 권한 속에 있지만, 그러나 어린 아이가 아직 더욱 실질적인 양식을 받아들일 수 없으므로, (어머니는 그 음식을 제공하지 않는다). 이와 같이 역시 하나님께서 스스로 처음부터 사람을 완전하게 만드는 것이 가능했으나, 사람은 아직 어린 아이이므로 이 (완전함)를 받을 수 없었다."

이레니우스는 인간이 하나님이 창조하실 때 완전한 존재로 창조한 것이 아니라 발전 가능한 존재로 만들었다고 설명한다. 창조된 존재는 처음부터 완전한 존재가 될 수 없다는 것이 이레니우스의 설명이다. 인간은 처음에 완전하지 않은 존재로 만들어지고 나서 그 후에 훈련을 통해 더 나은 존재가 될 수 있다는 것이다. 따라서 인간은 처음에 아이였고 그의 마음은 아직 충분히 성숙하지 않았으며, 그래서 그는 미혹하는 자에 의해 쉽게 미혹되었다.(Apostolic Preaching 12) 인간은 이와 같이 자신의 자유의지를 잘못 사용하여 범죄함으로 타락하게 되었다. 그러므로 이레니우스는 악은 하나님에게 나온 것이 아니라, 처음에 완전하지 못하게 창조된 인간이 성숙해 가는 과정에서 실수하여 생겨난 것이라고 보았다.

6) 이레니우스의 기독론

이레니우스는 영지주의자들이 육체를 악한 것으로 보아 인간 예수와 구원자 그리스도를 구별하는 것을 비판하였다. 이들은 육체를 악한 것으로 보았기 때문에 그리스도의 참된 성육신을 부정하였다. 영지주의자들은 예수는 물이 관을 통과하듯이 마리아의 몸을 통과하였다고 하였다. 예수가 세례를 받을 때에 그리스도가 비둘기의 모양으로 그 위에 임하였다고 주장하였다. 이들은 이러한 가현설적인 기독론을 가지고 있었으므로 영적 존재인 그리스도가 고통 받는 것은 불가능하다고 보았다.

이레니우스는 영지주의자들의 이러한 가현설을 강력하게 비판하였다. 왜냐하면 성경의 가르침은 이들의 주장들과 정면으로 반대되기 때문이다. 구약성경은 그리스도의 오심을 수없이 예언하였고 요한복음은 그 성육신을 분명하게 선포하고 있다. 그에게 있어서 예수 그리스도의 성육신은 구속에 필수적인 요소였다.

이레니우스는 기독론과 관련하여 영지주의자들의 두 가지 이단들을 반박하였다. 하나는 그리스도의 성육신을 부정하는 가현설 이단이고 다른 하나는 그리스도의 신성을 부인하는 유대의 에비온 분파 이단이었다. 그는 『이단반박론』 3권 16-25장에서 육체로 오신 한 분 예수 그리스도를 강조하였다. 그는 3권 16장에서 "모든 점에서, 또한 예수 그리스도는 사람이고, 하나님의 형상이다. 그러므로 그는 자신 안에 사람을 취하셔서 불가시적인 것이 가시적인 것이 되고, 이해할 수 없는 것이 이해할 수 있게 만들어지며, 고난 받을 수 없는 것이 고난 받을 수 있게 되며, 말씀이 육신이 되어 이렇게 자신 안에서 모든 것들을 종합한다"고 설명한다. 우리는 예수 그리스도의 성육신을 통해 볼 수 없었던 하나님을 볼 수 있게 되었다. 그의 성육신으로 고난 받을 수 없는 하나님이 우리를 위해 고난 받을 수 있게 되었다.

이레니우스는 그리스도의 성육신을 강조하여 그의 참된 육체를 부정하는 영지주의자들을 비판하고자 하였다. 영지주의자들은 영적인 사람은 원래부터 영적인 사람이기 때문에 구원을 받고 혼적인 사람은 올바르게 살고 열심히 정진하며 구원을 받을 수 있으나, 육적인 사람은 구원받을 가능성이 없다고 하였다. 영지주의자들이 영육이원론에 근거하여 이렇게 육체를 부정적으로 평가하는 것에 반하여 이레니우스는 예수 그리스도의 성육신을 통하여 인간의 육체도 하나님과의 연합을 누릴 수 있다고 강조하였다. 그리고 혼적인 사람이 구원을 받는다면 그들의 육체도 선행에 가담했으므로 육체도 구원받을 것이기 때문에, 육적인 사람이 구원받지 못한다는 그들의 주장은 모순된다고 지적하였다. 그리고 영적인 사람이 영적인 존재이기 때문에 구원받는다면, 그리스도의 강림과 그에 대한 믿음은 전혀 필요 없을 것이고 말한다. 영지주의자들이 천상의 그리스도와 지상의 예수를 구분한 것에 대하여 이레니우스는 고린도전서 8장 6절을 통하여 예수 그리스도는 한 분 주님이시므로 그들의 주장은 잘못되었다고 비판한다.

7) 이레니우스의 총괄갱신(recaptulatio)

이레니우스의 총괄갱신은 성부, 성자, 성령, 교회, 종말과 연결되어 제시된다. 이 교리는 하나님에 대한 진리와 인간의 처지를 보여주려는 목적으로 집약된 비유다.

(1) 성부 하나님과 총괄갱신

그는 하나님을 목자로 생각하여 목자가 양 떼를 이끌 듯이 피조계를 사랑하셔서 창조하셨다고 보았다. 인류역사 전체는 신적인 목자가 피조 세계를 최종 목적까지 끌고 가시는 과정이다. 창조의 정수는 인간창조이며, 인간은 책임 있는 존재로 만들어졌으며, 어린아이같이 성장하여 하나님의 뜻과 성품에까지 자라 친밀한 교제를 나누는 것이 가능한 존재였다. 인류는 천사들보다 못했으나 성장하며 더 우월해질 왕자 같은 존재였으며 하나님의 양손인 말씀과 성령에 의해 교훈 받아 하나님같이 되어야 했다.

이레니우스는 하나님은 창조주로서 전능하신 하나님이심을 강조하였다. 영원한 주, 전능하신 하나님의 초월성과 오직 한 분이신 아버지 하나님, 모든 만물을 창조하신 보이지 않는 조물주 하나님은 가장 높으신 분이시며, 이 하나님 외에는 어떠한 다른 신은 없다고 주장하였다. 이레니우스에 따르면 피조 세계는 자신이 지으신 물질세계에 의존하지 않으시는 하나님의 독립성을 보여주는데, 하나님은 이러한 모든 것들을 필요로 하지 않으시기 때문이다. 오로지 하나님 한 분만이 피조 세계에 대한 계획과 창조하려는 뜻을 가지고 계시며, 하나님께서 창조하실 때 다른 어떤 존재의 도움도 받지 않고 그 분의 양손이신 아들과 성령과 함께 창조하셨다. 이레니우스는 하나님의 뜻은 처음부터 끝까지 자연법에 나타나 있으며, 십계명에서도 발견되고, 두 개의 위대한 계명(신구약 성경)에 잘 요약되어 있다고 설명한다. 따라서 창조주와 구속주는 한 분 하나님이시므로 영지주의자들이 창조와 구속을 분리시키려고 했던 것을 거부하고 비판하였다. 그러므로 이레니우스에게서 성부 하나님의 총괄갱신은 창조주와 구속주가 한 분이므로 창조와 구속을 하나로 통합하고 구약과 신약을 하나로 묶어준다.

하나님의 영광은 살아있는 인간이며, 인간의 생명은 하나님을 바라보는 것이다. 이 지구상에 살아있는 모든 생명체에게 생명을 부어주신 하나님이 이러한 피조세계를 통하여 잘 드러나 보인다고 하면, 하나님은 바라보는 자들, 즉 말씀을 통하여 생명이 부여된 존재들을 통해서는 그 분의 모습이 더욱 확연히 보이지 않겠는가!(IV. 20. 7)

이와 같이 이레니우스에게 있어서 구원의 다른 한 측면은 하나님을 바라보는 것이다. 그는 "생명이 없이 존재할 수는 없다. 그런데 이 생명은 하나님에게 참여함으로부터 온다. 하나님에게 참여한다는 것은 하나님을 바라보며 그 분의 자비하심을 기뻐하는 것이다. 따라서 하나님을 바라보는 사람은 살게 될 것이고 영원히 죽지 않게 될 것이다. 그리고 심지어 하나님께 도달하게 될 것이다"라고 하였다.(IV.20.5-6) 하나님을 바라보는 하나님과의 교제는 인간의 영혼뿐만 아니라 인간의 육체도 포함하는 것이다. 그러므로 인간의 구원은 인간의 영혼뿐만 아니라 인간의 육체까지 포함하는 것이다.

(2) 성자 예수님과 총괄갱신

이레니우스는 예수 그리스도 안에서의 구속사적 회복(총괄갱신)의 개념에 대해 『이단반박론』 3권에서 다음과 같이 간략하게 설명한다.

성자께서 성육신하셔서 인간이 되셨을 때, 인간 존재들의 긴 계통을 새롭게 시작하셨으며, 우리에게 간결하나 포괄적인 방식으로 구원을 제공하셨다. 그럼으로써 우리가 아담 안에서 잃어버렸던 것, 즉 하나님의 형상과 모양을 따라 존재함을, 그리스도 예수 안에서 회복할 수 있게 되었다.(III. 18. 1)

그는 그리스도의 총괄갱신은 그리스도의 삶의 단계들을 통해 우리가 하나님과의 교제에 참여하게 되는 것이라고 보았으며, 그 전체적인 능력은 죄를 소멸하고 죽음의 능력을 빼앗아 사람을 살리는 것이라고 하였다.

그의 구원론을 대변하는 총괄갱신은 우리가 첫 사람(아담)과의 연대성으로 말미암아 타락했기에 우리가 그리스도와의 연대성으로 말미암아 회복될 수 있다는 것이다. 이레니우스는 이 개념을 인류가 아담 안에서 잃은 것을 그리스도 안에서 회복한다는 "그리스도 안에서 만물을 총괄한다"는 바울적 개념(엡1:10)에서 차용한 것으로 설명한다(III.16.6). 그리스도는 "그의 측량할 수 없는 사랑 때문에 우리를 그 자신과 같이 되도록 하기 위하여 우리같이 되셨다."(V preface) 이것이 총괄갱신의 원리와 목적을 규정한다. 그리스도의 성육신을 통하여 우리는 총괄갱신이 가능하게 되었으며, 그 목적은 우리가 하나님과 같이 되는 신화라는 것이다.

신화라는 말의 의미는 인간이 어린 아이 상태이면서 자유를 가진 존재로 창조되어 점차로 성장하여 하나님같이 되는 것을 의미한다. 하나님같이 된다는 것은 불멸의 상태가 되어 하나님과 교제할 수 있는 상태를 말한다. 당시 영지주의자들이 인간의 자유의지를 부정하였고 스토아 철학은 운명론을 주장하고 있었으므로, 이러한 사조들을 극복하고 인간은 자유의지를 가져 하나님의 말씀에 순종할 수 있다는 것을 가르치고자 이레니우스는 인간의 자유의지를 강조하였다. 이 총괄갱신에서 이레니우스는 아담과의 연대성을 강조하는데, 인간이 그와 연대하여 타락했으며, 그리스도와 연합으로 회복되는데, 그리스도의 대속도 일정한 역할을 하지만, 더 중요한 역할을 하는 것은 그리스도를 본받아 순종하는데 더 무게의 중심이 있다.[4] 이러한 순종을 통한 영적인 성장의 목표는 하나님과 같이 되어 불멸의 능력을 얻어 하나님과 교제하는 것이었다. 이것은 창조 당시에 계획되었던 것을 그리스도의 구원을 통해 다시 성취해 가는 과정이다.

성육신은 그의 총괄갱신의 기초이다. 아담과의 연대성에서 아담이 모든 후손을 포함하여 그들을 죄인 되게 만들었듯이, 이제 그리스도는 자신과의 연대성 속에 모든 언어와 모든 세대를 총괄갱신하신다. 이레니우스의 주장처럼, "만물이 그 분 안에서(in Him) 모든 것이 총괄되는 것"이 구원이고, 따라서 모든 것을 그 분 안에서(in Him) 해결되는 구조를 만들려면 이와 같이 그리스도의 십자가나 부활이 중심이 아니라, 그분의 인생 전체가 필요한 것이다. 그러므로 가장 중요하게 되는 것이 그가 우리에게 오신 사건인 성육신이고, 성육신이 가장 중심이 되어야 하는 것이다. 이러한 그의 구원론은 아담의 불순종을 그리스도께서 순종함으로 해결했다는 점에 초점이 맞추어지고, 십자가 사건도 아담의 선악과나무

---

4) 초대교회에서는 종교개혁자 루터의 이신칭의와 같이 그리스도의 십자가 구속의 은혜를 믿음으로 구원받는다는 주장에 이르지 못하였고, 주님을 믿고 순종하며 사랑하여 구원에 이른다는 입장에 있었다.

위에서 일어난 불순종을 나무 위에서 해결했다는 순종에 초점이 맞추어진다. 이러한 성육신 중심의 구원론은 영지주의자들의 가현설에 대한 비판의 의미를 가지고 있고, 영지를 주장하던 영지주의를 비판하여 하나님이 우리의 몸을 입고 오셔서 우리에게 하나님에 대한 참된 지식을 전해주셨고, 그의 십자가 순종을 통해 우리에게 새로운 생명과 불멸의 생명의 유익을 준 것을 강조하여 이신칭의에는 이르지 못하는 한계를 가지고 있다.

그의 말씀이 육신이 되어 우리와 교제하러 오지 않으셨다면, 우리가 하나님으로부터 아들을 통하여 하나님 자신과 관련된 그 교제를 받지 않았더라면, 우리가 무슨 방식으로 양자됨에 참여할 수 있겠습니까? 그러므로 그리스도는 또한 하나님과의 모든 교제를 회복하시면서 삶의 모든 단계들을 통과하셨다. …하나님께서 자신 안에서 인간의 옛날 구조를 새롭게 하심으로 죄를 소멸하시고 죽음에게서 능력을 빼앗으시고 인간에게 생명을 주셨다. (III.18.7)

이레니우스에게 그리스도의 구속사적 회복(총괄갱신)의 개념은 둘째 아담으로서 그리스도의 사역에 관한 것이다. 그리스도는 아담의 타락의 결과들을 원래의 상태로 되돌릴 뿐만 아니라, 아담 안에서 정지된 인간의 발전을 다시 회복하여 완성시키는 것이다. 이러한 측면에서 이레니우스의 총괄갱신 개념에는 하나님같이 되어 하나님에게 참여함이라는 동방신학의 신화개념이 나타난다. 여기서 하나님같이 된다는 개념은 하나님이 된다는 것이 아니라 하나님과 교제할 수 있는 상태가 되어 하나님과 교제를 나누며 불멸의 상태에 도달하는 것을 말한다. 인간은 창조되었을 때 불멸을 소유하고 있지 않았다는 것이 이레니우스의 생각이다. 인간은 하나님께 순종할 때 불멸을 소유하게 된다는 조건이었는데, 그가 불순종하여 불멸을 잃어버렸다. 그런데 그리스도께서 오셔서 우리가 다시 불멸을 얻게 하셨으므로 인간의 구원의 모습은 창조 때보다 더 나은 재창조의 선물을 얻게 되었다. 그런 점에서 예수 그리스도께서는 "우리를 그 자신과 같이 되도록 하기 위하여 우리같이" 되셨다.(V. Preface)

영지주의자들은 본성에 의한 구원을 말하는데 이것은 영지를 통한 구원과 동일한 말이다. 영지를 얻어 원래의 영적 본성을 회복하는 것이 구원이다. 이에 대하여 이레니우스는 성경은 하나님께서 구약에서부터 신약까지 구원의 역사를 펼치신다는 것을 강조한다. 하나님께서는 인간을 창조하시고, 그 다음에 인간을 완전케 하신다. 그는 이러한 구원의 역사를 펼치시기 위해 인간에게 네 개의 언약을 주셨다고 말한다. 첫째는 홍수 이전에 아담 아래서, 둘째는 대홍수 후에 노아 아래서, 셋째는 모세 아래서 율법을 주시면서, 넷째로 인간을 새롭게 하시고 복음을 수단으로 그 안에서 모든 것을 총괄하며, 인간들을 날개에 실어 하늘 왕국으로 들어 올리신다.(III.2.8) 성자께서는 모든 것을 "적절한 때에 완전한 질서와 순서로" 성취하시므로 "때가 차매"(갈4:4) 성육신하셨다.(III.16.7) 그럼으로써 그 분은 "우리 구원의 예정된 계획"을 완료하셨다.(III.18.2)

이와 같이 이레니우스의 총괄갱신은 성부 하나님으로부터 시작되었지만, 그것의 가장 결정적인 출발점은 예수 그리스도의 성육신이었다. 그는 총괄갱신이란 용어를 회복, 요약, 반복이라는 의미로 사용하였다. 회복은 창조와 구속을 연결시키는 개념으로 사용되었고, 요약과 반복은 그리스도께서 인류의 전 과정을 다시 거슬러 올라가는 것인데, 아담이 실패한 것을 그리스도께서 승리하심으로 회복하는 것을 말하는 것이다. 그리스도께서 제2의 아담이 되어, 아담이 실패한 것을 모든 부분에서 총괄 갱신하시되 완전한 승리의 결과를 가져온 회복을 이루셨다. 이레니우스는 그리스도의 총괄갱신에서 인간의 육체의 구원을 강조하였다. 영지주의자들은 인간의 육체를 부정하고 육체는 부활할 수 없다고 주장하였다. 그러므로 이레니우스는 이들의 잘못된 교훈을 바로 잡고 육체의 영원불멸에 참여하게 하려는 목적으로 하나님의 아들, 하나님의 말씀, 제2의 아담이 육체가 되셨다는 것을 강조했다. 이러한 측면에서 볼 때 그의 총괄갱신 신학은 목회적이고 실제적인 성격을 가지고 있다.

예수 그리스도의 구속적인 총괄갱신에서 그 중심을 차지하는 창조와 구속의 경륜은 모든 피조된 질서에 대한 하나님의 전적인 주권을 드러내준다. 창조와 구속을 분리하는 영지주의에 대항하여 이레니우스는 구원을 성육신의 결과로 보았으며 주님의 만찬에서의 떡과 포도주에 중심을 둔 공동체에서의 생명의 열매로 보았다. 이러한 생명은 하나의 결과로서 육체 안에서의 생명의 중요성을 포괄하는 것이다.

8) 이레니우스의 로고스론

이레니우스의 로고스의 성육신은 변증가들의 로고스론과 연결되어 있다. 이에 대해 하르낙은 로고스의 성육신 교리를 헬라사상의 영향을 받은 복음의 변질이라고 보았다. 이레니우스의 총괄갱신 사상과 헬라교부들의 신화사상은 헬라적인 특성을 가지고 있다고 보았다. 이것의 기본적인 특성은 인간이 신적인 존재를 향해 갈망, 영원한 생명에 대한 갈망, 신적 존재와의 합일 내지는 교제에 대한 갈망과 연결되어 있었다. 따라서 이러한 사상은 영지주의나 플라톤주의의 신과 동화됨으로써 불멸을 얻는다는 사상과 너무나 흡사하다는 것이다.

그러나 이들의 로고스 사상은 로고스의 성육신에 입각한 구속적 성육신주의적 요소를 포함하고 있다. 로고스는 당시 헬라 사상에서 우주적 이성, 보편적 진리의 이성이었으며, 중재자였다. 즉, 변증가들은 하나님의 로고스(Logos)인 그리스도, 즉 성육하신 하나님의 이성(로고스)은 인간에게 구원을 얻게 하는 지식을 전해주는 인류의 교사이자 '새 율법의 수여자'로 계시되었다. 이레니우스 역시도 "말씀 (Logos)이신 우리의 스승이 사람이 되지 않고는 우리가 하나님에 관하여 배울 길이 없다"고 하며 성육신을 말하였다. 로고스의 성육신론은 영원한 진리가 육신을 입고 와서 우리에게 그 영원한 진리를 알게 하고, 그 진리를 배우고 실천하여 영원한 진리와 영원한 생명에게 이르게 하는 교사로서 새로운 율법을 주었다고 보았다. 그와 함께 성육신한 그리스도의 구속사역을 통해 하나님께 나아가는 길이 열리게 된다. 그러므로 이들이 당시의 로고스론과 기독교를 접목하여 헬레니즘 사상을 가진 사람들에게 그리스도교의 진리를 전파하고자 하였다. 그렇지만 헬레니즘의 로고스론과는 구별되게 로고스가 인간의 육신을 입고 와서 구원의 진리를 계시할 뿐만 아니라, 십자가 구속을 통해 하나님과의 화목의 길을 열었던 점에서 구별되는 구원론적인 요소를 가지고 있다. 그러므로 이레니우스의 로고스론은 영지주의자들의 로고스론과는 구별된다.

9) 성경관과 성경 해석 원리

이레니우스는 『이단반박론』 1.8.1에서 영지주의자들의 가르침에 대해 이단들의 사상체제는 선지자들이 예언했거나 주님이 가르쳤거나 사도들이 전했던 것에 근거하지 않고 다른 자료들에게서 끌어와서 성경 체계와의 연관성을 무시하고 진리를 해체하고 파괴하고 있다고 지적한다. 그는 이러한 영지주의자들의 주장들을 3권에서부터 5권에 걸쳐 성경에 근거하여 반박하고 있다. 그는 이러한 반박의 과정에서 거의 900가지의 성경본문을 인용하며 자신의 주장을 성경 위에 세우는 성경신학자의 면모를 보여주고 있다. 그는 구약성경은 헬라어로 번역된 70인역을 주로 인용하는데 502회 인용하였고, 외경도 몇 번 인용하고 있다. 구약은 39권 가운데 27권이 인용되고 있으며 예언서가 216회, 모세오경이 152회,

시편이 111회였으며, 책별로는 이사야 113회, 시편 98회, 창세기를 70회 인용하였다. 신약성경에서는 27권 가운데 빌레몬과 요한삼서를 제외한 25권을 905번을 인용하는데 4복음서가 반 이상이었다. 마태복음이 230회, 누가복음이 149회, 고린도전서 92회, 로마서 75회 등이 인용되었다.

그는 이렇게 빈번하게 성경을 인용하면서 70인역과 함께 신약성경을 영감된 하나님의 말씀으로 인정했으며, 신약을 구약과 동등한 권위있는 하나님의 말씀으로 인정하였다. 따라서 그는 『이단반박론』을 통하여 구약과 신약의 통일성을 처음으로 해설한 교회지도자로 평가된다. 그는 구약과 함께 사도들의 가르침을 깊이 신뢰하여 권위를 두었으며, 모든 기독교 교리의 기준이 된다고 보았다. 그가 이렇게 많은 성경 인용을 하면서 자신의 주장을 전개한 것은 그의 논쟁의 대상인 영지주의자들이 성경을 왜곡하여 해석하여 그들의 주장을 전개하였기 때문이다. 성경을 왜곡하는 교회 안의 대적인 영지주의자들을 반박하기 위하여 그들의 성경해석과 주장이 성경을 잘못 해석하는 것이라는 것을 보여주어 반박하고자 하였다. 이단들의 잘못된 성경 해석을 비판하면서 그가 성경을 풍성하게 인용하는 목적은 3권 서문에서 누가복음 10장 16절을 인용하면서 설명한 바와 같이 "오직 참되며 생명력있는 신앙"을 변호하고 선포하려는 목적이었다.

신약의 정경화 문제가 언제 대두되었는지 명확하지 않으나, 바로 영지주의자들과의 논쟁에서 생겨난 것으로 이해된다. 특히 마르시온이 구약성경이 정경이라는 것을 부인하고 신약성경 가운데서도 누가복음과 바울의 10개 서신만을 정경으로 인정하였다. 이렇게 성경의 권위를 부인하는 이단자들이 등장하면서 성경의 권위를 올바르게 세우고자 하는 정경성 논의가 시작된 것으로 보이며, 그러한 작업을 시작한 대표적인 인물이 이레니우스인 것으로 보인다. 그는 정경목록을 기록하지는 않았지만, 오늘날 27권의 신약정경 가운데 25권을 인용하는 것을 볼 때, 그의 마음속에는 정경으로 인정하는 목록들을 가지고 있었던 것으로 보인다.

이레니우스는 영지주의자들의 성경 해석을 반박하기 위하여 신앙의 유비와 성경 전체의 일체성을 성경해석 원리로 사용하였다. 마르시온은 구약성경을 악신에게서 유래한 것으로 보아 거부함으로써 교회에서 받아들인 성경의 일체성을 부인했고, 그들의 영지주의 사상에 맞추어 성경을 우의적으로 해석했으며, 자신들이 사도들로부터 은밀한 전승을 물려받았다고 주장했다. 그는 이러한 마르시온과 영지주의자들의 잘못된 해석을 극복하기 위해서 다음과 같은 성경 해석의 기준들을 제시한다. 첫째, 성경 해석은 교회의 신앙의 규범(regula fidei)에 부합해야 한다. 초대교회 신자들은 세례 때에 교회의 신앙의 규범을 배웠고 이것을 고백했는데, 이러한 신앙의 규범에 맞는 성경해석이 올바른 해석이다. 교회의 신앙의 표준적 규범에 맞게 성경을 해석해야 한다는 것이다. 둘째, 신앙의 규범은 사도들과 교부들을 통한 교훈의 전통에 근거한 것이다. 그러나 영지주의자들도 그들 자신이 사도들의 전승을 물려받았다고 주장하므로, 이레네우스는 예수님의 교훈을 직접 받았던 사도들과 교부들의 가르침에 근거한 교회 전통에 맞게 성경을 해석해야 한다고 강조하였다. 공교회를 통한 가르침과 다른 비밀한 해석전통은 수용할 수 없다는 것이다. 그는 폴리갑에 대해 다음과 같이 설명한다. "폴리갑은 또한 사도들에게서 가르침을 받았고 그리스도를 본 많은 사람들과 대화를 하였을 뿐만 아니라 소아시아에서 사도들에 의해 서머나(Smyrna)에 있는 교회의 감독으로 임명되었다. … 그는 또한 그가 사도들로부터 배운 것, 교회가 전해준 것, 유일하게 참된 것을 가르쳤다.(III.3.4)" 셋째로 성경의 다른 본문들과 조화를 이룰 수 있는 해석이 올바른 해석이다. 성경은 하나님의 말씀이므로 하나님이 저자이신 성경의 그 부분들은 서로 모순될 수 없기 때문이다. 넷째로 성경을 해석하는 데에 있어서, 그 의미가 명확한 부분으로부터 불분명한 부분들을 설명해야 한다. 이렇게 할 때에 오류에 빠지지 않고, 성경의 모든 부분 안에 들어 있는 진리를 온전히 보전할 수 있다.

4. 사도적 설교의 논증

『사도적 설교의 논증』(The Demonstration of the Apostolic Preaching)은 이 글에서 『이단반박론』이 언급되는 것으로 보아, 이 책보다 후에 저술되었다. 이 책은 기독교 교리를 먼저 설명하고 선지자들로부터 이런 교리들을 찾아내었다고 강조하면서 교리의 진실성을 나타냈다. 이 책은 100장으로 구성되어 있는데, 2부로 구성되어 있다. 1부 앞에 서론이 있고, 2부 뒤에 결론이 붙어 있다. 1부는 "사도적 설교"를 다루고 있는데, "하나님과 인간에 대하여," "구원을 위한 준비," "하나님의 아들에 의해 이루어진 구원"의 세 부분으로 되어 있다. 2부는 "예언자들로부터의 증명"을 다루고 있으며, "예수 그리스도의 영원한 존재," "예수 그리스도의 인간적 출생," "예수 그리스도의 기적들, 수난 그리고 영화"의 세 부분으로 되어 있다.

그는 이 글에서 하나님과 연합되어 하나님의 나라로 인도하는, 하나님의 빛에 의해 조명된 길과 하나님과 인간을 분리시켜 죽음으로 인도하는 어둡고 이탈된 길인 두 길이 있다고 말한다. 그는 인간이 영혼과 육체로 구성되어 있다는 견해를 수용하면서, 우리가 타락하지 않기 위하여 신앙의 규준(regula fidei)을 지켜야 한다고 말한다.

하나님과 창조와 관련하여 하나님은 영원히 계시며 모든 만물은 하나님께 종속된다고 말한다. 하나님은 모든 것들을 창조하였고 조성하였으며 존재하지 않는 것을 만들었으며 모든 것을 포함하지만 그분만이 만물에 포함되지 않는다.(Apostolic Preaching 4). 그는 여기서 무로부터의 창조를 말하고 있다. 그는 성부에 대해 "하나님, 아버지, 창조되지 않고 포함되지 않고 보이지 않는 한 하나님, 만물의 창조자"이신데, 이것이 우리 신앙의 첫째 조항이라고 말한다.

다음으로 성자와 관련하여 "하나님의 말씀, 하나님의 아들, 그리스도 예수 우리 주, 그는 예언자들에 의해 그들의 예언의 특징에 따라, 아버지의 경륜의 본질에 따라 계시되었다. 그에 의해 모든 것들이 만들어졌으며, 마지막 때에, 모든 것들을 회복하시고, 사망을 폐지하시며, 생명을 증명하시고, 하나님과 인간 사이의 교통을 이루시기 위해 인간들 가운데 한 인간이 되어 보일 수 있고 만질 수 있게 되었다"고 한다. 그는 여기서 총괄갱신의 회복 사상을 말한다.

셋째로 성령에 대해 "성령은 그를 통해 예언자들이 예언을 했으며, 족장들이 하나님의 일들을 배웠으며, 의인들이 의의 길로 인도를 받았던 분이며, 그리고 그는 새로운 방식으로 인류에 부어져서 온 세상에서 인간을 하나님을 향해 새롭게 하였다"고 하였다. 그는 이 세 가지를 우리의 신앙의 세 조항이라고 하였다.

인간 창조에 대하여 인간을 하나님처럼 되게 하기 위하여 하나님의 형상에 따라 만들어졌다고 하였다. 인간은 어린 아이로 창조되어 완전한 사고를 가지지 않아 쉽게 유혹되었다. 인간은 에덴동산에서 하나님의 계명을 지키면 불가사적인 존재가 되고, 불순종하면 가사적인 존재로 창조되었다고 말한다. 주님은 인간을 회복시킬 때, 인간처럼 화육의 동일한 경륜을 받아들였다. 하나님은 그의 의지와 지혜에 의해 그를 처녀(the Virgin)에게서 태어나게 하셨다. 이레네우스는 선악과나무와 십자가 나무를 대비시켰다. "그가 나무에 달려서 죽기까지 순종한 그 순종에 의해 그는 나무에 의해 생긴 예전의 불순종을 해결하였다.(Preachig 34). 이레니우스는 아브라함과 대화한 천사가 바로 성자라고 하였고, 이러한 해석은 어거스틴은 비롯한 많은 교부들에 의해 수용되었다.

 그는 성부와 성자의 관계에 대해 존재(hyostasis)와 능력과 본질(ousia)에 있어서 한 하나님이 나타나, 우리 구원의 경륜(oikonomia)에 따라 성부와 성자가 있다고 하여 본질의 동일함과 경륜에 따른 차이를 구별하고 있다. 이레니우스는 휘포스타시스와 우시아를 구별하지 않고 있지만, 경륜에 따라서 성부와 성자의 위격을 구분하고 있다.

더 읽어야 할 책과 논문들

김선영 역. 『초기 기독교 교부들』. 두란노 아카데미, 2011.
헨리 비텐슨. 『초기 기독교 교부』. 박경수 역. 크리스챤 다이제스트, 1997.
김용국. "이레니우스의 총괄갱신 신학." 「역사신학논총」, Vol.2 (2000): 101-118.
박찬호. "이레니우스의 창조론." 「창조론오픈포럼」, Vol.5 No.1 (2011): 1-7.
유정우. "이레네우스 신학의 이해." 「평택대 論文集」, Vol.15 (2001): 3-14.
이양호. "이레네우스의 「사도적 설교」에 나타난 신학 사상." 「교회사학」, Vol.12 No.1 (2013): 153-172.
이호우. "『이단들에 대항하여』 안에 나타난 이레니우스의 성경 사용에 관한 연구." 「역사신학논총」, Vol.13 (2007): 193-233.

임원택. "이레니우스의 신론."「역사신학논총」, Vol.5 (2003): 53-74.
장도곤. "이레니우스와 오리겐의 자연관과 현대복음주의의 생태신학정립의 필요성."「한국개혁신학」, Vol.6 No.1 (1999): 212-234.
주승민. "이레네우스의 생태신학."「韓國敎會史學會誌」, Vol.26 (2010): 35-68.
주재광, "이레니우스의 기독론 -에큐메니칼 신학형성의 근거모색을 위하여-."「신학연구」, Vol.11 (1968): 133-164.
주재용. "이레니우스의 사상 : 성령론, 삼위일체론, 교회론, 성례전, 부활론을 중심으로."「한신논문집」, Vol.8 (1991): 5-19.
최진. "이레네우스가 본 인간성장을 위한 창조." Torch Trinity Journal, Vol.21 No.1 (2018): 33-49.
최진. "이레네우스의 언약 및 구원의 칭의."「신학논단」, Vol.86 (2016): 7-34.
최진. "케린투스-이레네우스와 "사도서신"으로 본 영지주의 생존의 중심인물."「韓國敎會史學會誌」, Vol.36 (2013): 11-46.
허숭. "이애칭의(以愛稱義)의 역사에 대한 비판적 소고: 고대교회를 중심으로."「역사신학 논총」, Vol.31 (2017): 156-222.

제4장
터툴리안

(Tertullian, 150/160-222/223)

라틴학파는 기독교가 서방에 전파되어 로마제국의 법률제도와 연합하여 발전하면서 형성되었다. 라틴학파는 헬레니즘에서 발전한 철학이 기독교를 합리적으로 이해하려고 하면서 여러 이단들이 발생하자 철학을 불신하였고 기독교 교리의 역사성을 강조하였다. 이들은 기독교 교리의 사도계승의 법률적 성격을 강하게 주장하였다. 라틴학파의 대표적인 인물인 터툴리안과 키프리안은 구체적인 현실 생활, 즉 그리스도와 이교도를 구별짓는 근본적인 생활양식을 강조하였다. 다시 말해, 알렉산드리아 학파는 구원의 객관적인 의미를 강조하여, 로고스 위에 모든 신학과 이론을 전개시켰던 반면 아프리카 신학은 구원의 주관적인 의미를 강조하여 각 개인의 삶 안에서의 구체적인 행동과 실천 즉 죄를 거슬러 싸워야 하는 그리스도인의 복음적인 생활에 그 관심의 초점을 맞추었다. 이들은 헬레니즘 문화 속에서 헬라어를 사용하지 않고 라틴어로 저술했던 인물들이다. 이들에 의해 신학용어로서 라틴어가 사용되기 시작하였다.

1. 생애

테르툴리아누스(Tertullianus)는 라틴어식 이름이고 영어로는 터툴리안(Tertullian, 150/160-222/223)이라고 한다. 그는 150-160년 사이에 북아프리카의 카르타고의 이교도 집안에서 태어났으며, 그의 아버지는 로마군 장교였다. 그는 법률과 수사학을 공부하였고 185년경부터 변호사로 활동하였다. 그는 195년경에 기독교인들이 부당하게 박해받는다고 생각하였고, 순교자들이 신앙을 지키고자 순교하는 모습에 감동받아 개종한 것으로 보인다. 그는 기독교로 개종한 후에 신앙생활에 아주 열심을 내어 "열정적인 사람"이란 칭호를 얻었다. 또한 그는 도덕적으로 엄격한 생활을 하였다. 그는 결혼을 했으나 독신생활을 결혼생활보다 더 높이 평가하였다. 그는 자기 아내에게 자기가 죽거든, 재혼하지 말라고 하였고, 재혼을 하려면 최소한 기독교인과 하라고 권면하였다. 그는 당시 교회의 도덕 생활에 느슨한 것에 불만을 느껴 207년 혹은 208년에 몬타누스파에 가담하였다. 그 후 213년이 지나면서 터툴리안은 정통교회를 떠나 몬타누스파로 완전히 넘어간 것으로 보인다.

몬타누스파는 도덕적으로 엄격한 금욕주의를 추구할 뿐만 아니라 예수님의 재림 날짜를 예언하는 열광주의를 추구하여 이단으로 정죄당했다. 터툴리안은 몬타누스운동에 가담하여 몬타누스 운동의 특성 가운데 하나인 새 예언(nova prophetia)을 수용하였다. 그는 '새 예언' 운동이 기존 헬레니즘 세계질서나 기존 교단 질서에 의존하기 보다는 예언에 의한 새로운 영적인 권위에 의한 사역 등을 강조하였다. 반면에 오리겐은 열광적, 비이성적 행태의 예언의 문제점 등을 지적하면서, 이성의 우위 및 정당성을 주장하였다. 또한 헬레니즘 문화 안에서도 이암블리코스처럼 새로운 차원의 신적인 예언을 강변한 신 플라톤주의적 흐름도 있었다. '새 예언'을 옹호하던 이들은 부패할 가능성이 있는 성직자들보다 성령의 직접적 가르침을 우선시 하였으므로, 기존 성직자들에게는 교회 질서를 위협할 수 있는 것으로 여겨졌을 것이다. 결국 몬타누스 운동이 이단시되었다는 것은 정경이 세워지면서 추가적 계시나 예언이 거부되었다는 점을 의미하였으며, 실제로 후기의 몬타누스파는 초기의 새 예언 운동과는 달리 결국 기존 교회가 우려하는 형태로 흘러갔다. 그래서 터툴리안을 교부로 평가하는데 부정적인 사람들도 없지 않으나, 그의 교리는 정통교회에서 벗어나지 않았다.

2. 저술

초대 교부들은 대부분 헬레니즘 문화권에 속하여 헬라어로 저술을 했는데 반해, 터툴리안은 라틴어를 사용하여 저술한 첫 번째 교부이다. 그는 헬라어로 저술하기도 했다고 하는데 헬라어 저술은 전해 오는 것이 없고, 라틴어로 저술된 34권이 현재 전해 오고 있다.

그의 저술들은 윤리서, 기독교의 정당성을 변호하는 변증서, 상대방의 오류를 지적하며 기독교의 올바른 교리를 주장하는 논쟁서로 분류할 수 있다. 윤리서들 가운데 몬타누스파로 넘어가기 이전에 저술한 책들로는 기독교인들이 이방인들의 연극을 관람하는 것을 금지하는 것을 주장한 『연극론』(De spectaculis), 여성들이 사치스러운 화장과 복장을 하지 말도록 권면하는 『여성화장론』(De cultu feminarum), 세례받기 전의 회개와 이후의 회개를 나누어 취급하는 『회개론』(De paenitentia), 학습교인들에게 기도하는 방법과 주기도문을 가르치는 『기도론』(De oratione), 자기 아내에게 자기가 죽은 후에 재혼하지 말거나 적어도 기독교인과 재혼하라 권하는 『부인서』(ad uxorem)가 있다. 이러한 책들이 보여주는 바와 같이 터툴리안은 기독교인들이 세상의 문화에 물들지 말고 구별된 삶을 살도록 지도하였다. 그는 몬타누스파로 넘어간 이후에는 재혼을 반대하는 등 더욱 엄격하게 금욕주의적인 삶을 주장한다. 고린도전서 7장을 주석하면서, 상처한 자신의 친구에게 재혼을 간음이라 주장하며 재혼하지 말 것을 주장하는 『정숙권면론』(De exhortatione castitatis), 공교회의 입장에 반대하여 몬타누스파의 입장을 주장하는 신자는 재혼해서는 안 된다는 『단혼론』(De monogamia), 군인은 화관을 써서는 안 된다는 『군인화관론』(De corona militis) 등이 있다.

변증서에는 이교도들에게 기독교를 변호하는 『영혼증거론』(De testimonio animae), 『이교도서』(ad nationes), 『유대인들에 대한 반론』(Adversus Iudaeo), 기독교에 대한 박해의 부당성을 주장하는 『변증서』

(Apologeticum) 등이 있다. 논쟁서에는 정통교회가 이단보다 진리의 취득시효에서 앞선다고 주장하는 『취득시효론』(De praescriptione haereticorum), 『마르시온 반박론』(Adversus marcionem), 영지주의자 헤르모게네스를 공격한 『헤르모게네스 반박론』(Adversus Hermogenem), 성부고난설을 주장하는 프락세아스를 비판한 『프락세아스 반박론』(Adversus Praxeam), 가현설을 비판하는 『그리스도의 육신론』(De carne Christi), 철학자들과 영지주의자들의 영혼론을 비판한 『영혼론』(De anima)이 있다.

이러한 저술들 가운데 아래에서 『변증서』와 삼위일체론 정립에 기여한 『프락세아스 반박론』, 『취득시효론』, 『그리스도의 육신론』, 『영혼론』 등의 내용을 살펴보고자 한다.

3. 신학사상

1) 변증서

그는 『변증서』에서 로마제국의 기독교에 대한 일관성 없는 박해를 비판하였으며, 기독교인의 윤리적이고 건전한 삶을 강조하며 기독교를 변호하였다. 『변증서』는 터툴리안이 197년경에 개인적으로 카르타고의 전집정관과 북아프리카의 지방총독에게 쓴 작품이다. 이 작품의 저술 동기는 아프리카에 임박한 박해 때문으로 추측되며, 일반적으로 이교도를 대상으로 한 작품이라기보다는 관계당국에게 쓴 그리스도교 옹호서로 보는 것이 더 적합한 것으로 보인다. 그는 195년경에 회심한 것으로 보이며, 회심한 후에 기독교인들에 대한 불공평한 박해 문제를 해결하기 위하여 『이교도서』라는 글을 통해 박해의 부당함을 간략하게 설명한 후에 더 방대한 규모로 『변증서』를 저술하였다.

50장으로 이루어진 『변증서』는 9장까지는 구체적인 범죄행위를 입증하지 않으면서 무지와 근거 없는 증오에 불타 그리스도인을 박해하는 근거와 그 행위의 정당성여부를 논한다. 10장에서 27장까지는 기독교가 무신론이라는 비난에 대해 반박한다. 그리고 28장에서 45장에서는 무신론에 근거하여 그리스도인을 대역죄로 처벌하고 무신론이 국가에 해를 끼치는 행위라는 비난에 대하여 변론한다. 끝으로 마지막 5장에서는 그리스도교의 신적기원을 토대로 그리스도교가 모든 철학보다 우월함을 주장하고 있다. 『변증서』의 내용은 크게 보아 도입부에서 그리스도인에게 적용되는 법들이 불합리하다고 지적한다. 그는 소송절차에서 불의한 것이 있다면 개정되어야만 한다고 주장한다. 이교도들이 정의에 대해 무지할 뿐만 아니라 그것을 악용하여 "기독교인이 되는 위법적이다"라는 규정에 호소하는데, 그러한 내용은 불의한 것이므로 개정되어야만 한다는 것이다. 본론과 결론에서 그리스도인뿐만 아니라 세상의 모든 사람들이 받게 될 하나님의 심판을 다루고 있다. 본론에서 터툴리안은 이교도가 그리스도인을 고소하기 위해 제시한 두 가지 주장인 살인과 근친상간에 대해 변증하고 다음으로 그리스도인이 황제에게 존경을 바치지 않고 고유한 공동체를 조직함으로써 국가의 안전을 위협한다는 주장에 대해 거짓임을 밝혀내고 있다.

2) 삼위일체론

그는 초기 삼위일체론의 토대를 놓았다. 그는 『프락세아스 반박론』에서 성부고난설이란 양태론을 비판하면서 성부, 성자, 성령이 공통으로 가지고 있는 것을 가르치기 위하여 substantia(본질)라는 용어를 사용하고, 성부, 성자, 성령의 구별되는 부분에 대하여 persona(위격)라는 용어를 사용했으며, 삼위일체에 대해 trinitas라는 용어를 사용하였다. 터툴리안이 비판의 대상으로 삼았던 프락세아스는 기본적으로 양태론적 삼위일체론을 주장하였다. 그는 성부와 성자는 같은 하나님에 대한 다른 이름에 불과하다고 주장하였다. 그러므로 구약의 성부가 신약의 성자로 나타났다고 주장하였다. 따라서 십자가에서 고난을 당하신 것은 구약의 성부라는 성부고난설을 주장하였다. 이러한 성부고난설을 수용하게 되면 성부와 성자는 실질적으로 구별이 되지 않고 외부로 나타나는 양상만이 달라진다는 양태론적 삼위일체론이 되고, 기독교의 정통삼위일체론은 무너지게 된다. 그러므로 터툴리안은 이렇게 잘못된 양태론적 삼위일체론을 주장하는 프락세아스를 반박하기 위하여 『프락세아스 반박론』을 저술하였다. 이와 함께 그는 영지주의적인 다신론을 반박하여 신적 존재의 유일성(통일성, unity)을 강조하였고, 프락세아스의 양태론적 삼위일체론를 반박하여 삼위의 구별을 강조하였다. 그는 성부, 성자, 성령은 위격(persona)에서는 구별되지만 실체(substantia)에서는 동일하다고 주장하였다. 즉 그는 하나님의 존재의 본질과 신비를 논하는 테올로기아(theologia, 신학)와 구원의 경륜과 신비를 논하는 오이코노미아(oikonomia)의 관계를 올바르게 설정하였다. 하나님은 존재에서는 하나이시지만, 경륜에서는 삼위가 구별되어 질서가 있다. 그에 따르면 "오직 한 분 하나님이 계시며, 그 다음 하나님의 경륜 아래서 한 분 하나님이 하나님으로부터 발현된 아들 곧 말씀을 가지시는데, 그로부터 만물이 창조되었다. 우리가 믿는 바, 그는 성부로부터 보냄을 받은 신인이신 사람의 아들이자 하나님의 아들, 예수 그리스도라 불리는 분이다." 그는 이런 방식으로 주로 '경륜'에서부터 삼위일체 '신학'을 정립하였다. 그는 동방교회의 카파도키아 신학자들과는 달리 삼위일체의 존재론적 구성에 있어 신성을 '성부의 위격이 아니라 하나님의 존재 자체'로부터 끌어낸다. 그리고 여기서부터 세 위격을 구별함과 동시에 하나 됨을 말하는데, 이러한 사유 방식은 항구적으로 서방교회 삼위일체론의 고유한 특징이 되었다.

그에 따르면, 성부와 성자는 동일한 본질(una substantia, consubstantia)을 가지며, '로고스'(Logos)와 '지혜'(Wisdom)는 서로 구별된 위격들이고, 동시에 성부와 성자는 "한 인격이 아니라 한 본성"이라고 하였다. 로고스는 영원부터 아버지 안에, 아버지와 함께 결합되어 있었으나 창조 때에 아버지로부터 나왔고, 이것을 아들의 "출생"이라고 했다. 이로써 그는 "아버지 안에 있는 로고스"와 "아버지로부터 나온 로고스"를 구분한다. 또한 성령 하나님이 "[성부] 하나님과 성자로부터"(a Deo et Filio) 나오신다고 하여 최초로 서방교회의 "필리오퀘"(Filioque)의 개념을 제시하였다. 즉, 성령은 "아버지로부터 아들을 통해"(a patre per filium) 나왔고, 교회 안에 머무신다. 삼위일체와 관련하여 자주 인용되는 그의 유명한 진술은 다음과 같다: "세 위격은 존재(status)에서가 아니라 등급(gradus)을 통하여, 본질(substantia)에서가 아니라 그 형식(forma)을 통하여, 권능(potestas)에서가 아니라 출현 양식(species)을 통하여 그러하며, 본질이 하나(unis substantiae)이고, 존재가 하나(unis status)이며, 권능이 하나(unis potestatis)이다." 요약하자면, 삼위일체 하나님은 "하나의 신적 실체(una substantia), 세 개의 구별된 인격들(tres personae)"이라는 것이다. 이와 같이 세 위격들은 구별되지만 나뉘지 않으며(distincti non divisi), 구분되지만 분리되지 않는다(discreti non separati). 이로써 그는 한 실체에 세 위격이라는 서방의 삼위일체 형식의 기초를 정립하였다.

그는 삼위를 구별하는 가운데 페르소나라는 용어를 도입하였다. 고대 그리스와 로마에서 연극에서 일정한 역할을 하는 사람에 대해 페르소나라는 용어를 사용하였고, 또한 페르소나는 서로 대화하는 상대방을 가리켰다. 이러한 화자결정법에 따라 페르소나를 구별하였다. 이러한 고대문화에서 사용되던 화자 결정법의 페르소나는 이레니우스와 히폴리투스가 성경 주석에 도입하였다. 창세기 1장 26절에 "우리가 우리의 형상을 따라 사람을 만들자"라는 표현에서 말하는 자와 말을 듣는 자가 있다고 생각하였고, 말하는 자는 성부이고 말을 듣는 자는 성자라고 해석하였다. 히폴리투스까지는 이렇게 화자 결정 방법으로 해석했는데, 이것을 한 단계 더 발전시켜서 일정한 역할을 하는 의미로 해석한 인물이 터툴리안이었다. 그는 이것을 삼위일체론적으로 해석하여 성부가 성자에게 말하면서 성령에게도 향하고 있다고 해석하였다. 그는 이러한 해석을 하면서 페르소나라는 단어에 일정한 역할을 하는 존재의 의미를 부여하였다.

   그는 이러한 페르소나의 개념을 가지고 프락세아스의 단일신론을 비판하였다. 프락세아스는 신은 한 분(monarchia)이어서 언제나 동일한 존재이므로 이름만 바뀔 뿐 존재는 동일하다고 주장하였다. 그러므로 이러한 견해에 입각한 단일신론(monarchianism)을 비판하기 위하여 『프락세아스 반박론』에서 터툴리안은 두 가지 설명을 하고 있다. 그는 신적 개체들의 삼위성을 강조하면서도 이러한 주장이 유일신 사상, 하나의 신적인 왕정을 해치지 않는다고 주장하였다. 이러한 입장에 대해 그는 두 가지 설명을 제공한다. 하나는 평범한 사람들의 이해를 돕기 위한 설명이다. 프락세아스가 하나님은 한 분이어서 그 안에서 구별이 불가능하다고 주장하였다. 이러한 주장을 반박하기 위하여 터툴리안은 로마제국의 모나르키아를 가지고 설명하였다. 로마제국은 황제는 하나의 군주권(monarchia) 내지는 단일통치권을 가지고 로마제국을 통치하지만, 황제는 자신의 아들과 함께 역할을 분담하여 통치하고 있다는 것이다. 그러므로 황제의 단일통치권이 유지되면서 황제와 역할(페르소나)이 구별되는 아들이 함께 통치한다는 것이다. 그러므로 모나르키아가 반드시 역할의 구별이 불가능한 단자는 아니라는 것이다. 하나님 안에서 삼위의 역할은 구별되면서도 하나님은 한 분으로 하나의 통치권을 행사한다는 것이다.

다음으로 그는 지적인 사람들을 위해 성경을 사용하여 삼위의 구별에 대하여 설명한다. 출애굽기 33장 20절에 어떤 사람도 하나님을 볼 수 없으며 본 사람은 살아남을 수 없다고 한다. 그러므로 성부는 보이는 하나님일 수 없다. 단자론자들이 성부와 성자가 하나인 것 같다고 제시하는 구절들(사45:5, 요10:30, 요14:9-11)을 터툴리안은 성부와 성자를 구별하는 구절과 대비시킨다(마27:46; 눅23:46). 그는 성경에 성부와 성자가 구별되는 구절들이 많이 있기 때문에 성부와 성자는 구별되는데, 그 구별에 대하여 페르소나라는 용어를 사용하였다. 더 나아가 성자가 성부의 우편에 앉고 성령을 보낸다는 이 모든 표현들에서 성부와 성자가 다른 것이 드러난다는 것이다. 이러한 설명을 통해 터툴리안은 성부와 성자가 동일한 단자여서 구별되지 않는다는 프락세아스의 주장을 반박하고 성부, 성자, 성령은 역할이 다른 페르소나로서 구별된다고 주장하였다.

터툴리안은 이 글에서 양성의 연합에 그리스도의 중보직의 본질이 있다는 사실을 분명하게 지적한다. 그는 이 책의 후반부에서 "우리는 한 위격에서 혼합되지 않고 결합된 이중의 상태, 하나님과 인간 예수를 본다"(videmus duplicem statum, non confusum sed coniunctum in una persona, Deum et hominem Iesum, 27장 11절)라고 언급한다. 이러한 표현은 칼케돈 공의회에서 한 인격 안에 양성의 연합이라는 형식을 만드는데 일정한 기여를 하였다.

3) 인간론과 기독론과 부활론

그는 『영혼론』(De Anima, 58장), 『그리스도의 육체론』(De carne christi, 25장)과 『육체의 부활론』(de resurrectionis carnis, 63장)을 저술하여 영혼의 실체, 그리스도의 성육신과 성도들의 육체의 부활론을 변증하였다. 그가 이러한 책들을 저술하게 된 것은 발렌티누스를 비롯한 영지주의자들의 심각하게 잘못된 인간론과 기독론을 반박하기 위한 것이었다.

터툴리안은 『영혼론』에서 영혼의 선재를 주장하는 플라톤주의자들에 반대하여 하나님이 영혼을 창조한다고 주장한다. 그는 스토아 철학의 사상을 받아들여 영혼이 유형의 본체를 가지고 있다고 주장한다. 당시 발렌티아누스파 이단들은 영혼이 본체를 가지고 있지 않다고 주장했는데, 그러한 주장을 반박한 것이다. 그는 영혼이 영적인 존재이지만 실체를 가지고 있다고 주장한다. 실체를 가지고 있지 않는 존재는 영혼이 육체에 미치는 것과 같은 영향을 미칠 수 없다. 그는 인간의 영혼이 고통을 체험할 수 있다고 기록하고 있다. 당시 이단자들과 철학자들은 인간의 육체가 완성된 후에 영혼이 더해진다고 주장하고 있었다. 이에 반하여 터툴리안은 영혼과 육체가 동시적으로 태어난다고 주장하였다. 당시 발렌티아누스파 이단자들은 인간의 영혼은 자기 자신뿐만 아니라 하나님을 모른다고 주장하였다. 그래서 발렌티우누스파 이단자들은 그리스도께서 영혼에서 온 육체를 입고 나타날 필요가 있다고 주장하였다. 터툴리안은 『그리스도의 육체론』 12장에서 영혼은 본성적으로 자기와 하나님을 알고 있다고 말한다. 그러나 영혼이 그리스도인으로 태어나는 것이 아니라, 영혼이 그리스도인이 되는 것이다. 그리스도인은 태어나는 것이 아니라 되는 것이다. 인간의 영혼은 하나님을 측정할 수 없다. 이단자들은 인간의 영혼이 하나님을 측량할 수 있다고 말하는데, 인간에 의해서 측량될 수 있는 신은 진정한 신이 아니다. 이교도들의 신들은 사후의 인간이 신격화된 존재들이고, 인간에 의해 측정되는 신들은 악마와 같은 영혼들이다. 하나님은 인간에 의해 측량될 수 없으나, 인간에게 자신을 계시하신다. 인간의 영혼에게, 성경을 통해, 그리고 예수 그리스도를 통해 자신을 계시할 때 인간은 하나님을 측량하여 알게 된다. 그리스도는 은총의 중재자이고 하나님의 가르침에 빛을 비추는 조명자이며 인류의 보호자이시다.

그는 『그리스도의 육체론』에서는 그의 육체가 우리의 육체와 동일하다는 것을 논증하였다. 당시에 그리스도의 육체를 부인하거나, 그의 육체가 사람의 것과는 다르다거나 영으로 되어 있다고 보는 사람들이 있었다. 이러한 사람들 가운데 대표적인 인물들이 마르시온과 아펠레스(Apelles)와 발렌티누스였다. 마르시온은 그리스도의 육체를 "환영(phantasma)"에 불과한 "가상적인 육체(caro putativa)"라고 보았다. 아펠레스는 그것이 별로부터 온 것으로서 사람의 육체와는 다른 천상적 실체로 여겼다. 발렌티누스는 그것이 영으로부터 온 "영적인 육체(caro spiritualis)"라고 보았다. 그는 발렌티누스와 그의 추종자들을 반박하면서 사람이 신적인 요소인 영, 정신적인 요소인 영혼, 물질적인 요소인 육체로 이루어졌다고 보는 영지주의의 관점을 정면으로 반박한다. "사람의 육체(caro hominis)"는 "사람으로부터 취한 것"이지 "영으로부터도, 영혼으로부터도, 별로부터도, 가상으로부터도" 취한 것이 아니다. 이러한 입장 가운데 그는 "영혼적 육체(caro animalis)" 혹은 "육체적 영혼(anima carnalis)"이라는 개념 자체를 부인한다. 이 시기에 아직 칼케돈 신조와 같은 발전된 기독론이 정립되어 있지 않았으나 한 인격 안에서 신인의 양성이 각각의 본성의 고유한 실체를 가진다는 입장을 분명하게 진술하였다. 그는 자신의 시대에 주장되었던 그릇된 다신론과 단일신론을 모두 논박하는 가운데 말씀이 영이라는 관점에서 성육신론을 전개하였으며 이로부터 초기 형태의 신성과 인성의 속성교통에 대한 인식에까지 이르게 되었다. 터툴리안은 이들의 주장들이 성경에 어긋나는 잘못된 주장이라는 것을 반박하면서 성경에 근거하여 그리스도의 육체가 동정녀에게서 취해진 우리의 육체와 동일한 육체라는 것을 논증하였다. 그는 이 글에서 신인양성의 두 실체와 함께 인성을 이루는 두 실체인 영혼과 육체의 연합에 대해 취급하였다. 터툴리안은 그 시대의 영지주의자들이 천상의 경륜과 지상의 경륜을 극단적으로 구별하여 다룬 것을 비판하며 한 분 하나님은 창조주시며 구속주이시기 때문에 그분의 경륜은 천상과 지상의 전체에 모두 미친다고 보았다.

터툴리안은 『그리스도의 육체론』에서 성육신한 그리스도의 육체에 대한 논의로부터 시작하여 전체 신인양성의 한 위격을 다루었다. 이 저술에서는 그리스도의 인격이 영(spiritus)으로 불리는 그의 신성과 영혼(anima)과 육체(caro)의 인성으로 이루어졌음을 주로 논하였다. 그러나 육체의 부활론에서는 성도의 부활이 주로 취급된다. 이 저술에서는 인간 육체의 "실체(substantia)"를 중점적으로 논의한다. 그리고 여기서부터 그리스도의 부활과 성도의 부활에 대한 성경적 가르침이 변증된다. 그는 이러한 저술들에서 영지주의자들을 반박할 때 철학을 사용하던 일부 변증가들과 달리 신앙규범에 따른 성경 해석을 가지고 신학 작업을 수행한다. 그는 이 책의 2장에서 이단들 혹은 기독교 내의 잘못된 사상들을 고찰한다. 당시에 부활을 부정하는 에피쿠루스와 세네카, 영혼의 윤회를 주장하는 플라톤과 엠페도클레스, 부활을 믿지 않는 사두개인들, 창조주와 구속주가 동일하지 않다고 믿어 부활을 부정하는 영지주의자들, 제3의 무엇인가로 변한다는 루칸 등의 잘못된 이단들의 부활에 대한 견해를 소개한다. 이들의 주장은 비성경적인 철학적 인간론, 특히 플라톤의 영육이원론에 입각하여 죽을 수 밖에 없는 육체는 부활할 수 없다고 주장하였다.

그는 『육체 부활론』에서는 영지주의자들의 잘못된 부활사상을 반박하고 성경적인 부활론을 정립하려는 것이었다. 발렌티누스를 비롯한 기독교 영지주의자들은 인간은 영혼과 육체와 함께 영의 요소로 구성되어 있다는 삼분설을 주장하였다. 그런데 인간의 구원은 영의 요소 혹은 영의 섬광이 영의 도움을 받아서 진리를 알게 되는 것이라고 주장하였다. 이러한 관점에서 부활이란 영적인 요소가 육체의 굴레를 벗어나는 것을 상징적으로 표현한 것에 불과한 것이다. 따라서 터툴리안은 그리스도의 육체론과 그리스도의 부활론을 저술한 것은 구원을 이와 같이 창조의 앙양 정도로 생각하는 기독교 영지주의자들의 잘못된 주장들을 반박하려는 의도였다.

터툴리안은 아담에게 "너는 흙이니 흙으로 돌아가라"(창3:19)는 말씀은 그의 육체의 기원을 언급한 것이지 실체를 언급한 것이 아니라고 말한다. 인간은 하나님의 생기가 불어 넣어져 하나님의 형상으로 지어졌으므로 영혼뿐만 아니라 육체까지 하나님의 형상이라고 주장한다. 영혼뿐만 아니라 인간의 육체까지 고귀하다. 그는 영혼과 육체가 분리되어 존재하지 않는다고 보았기 때문에 육체를 그렇게 소중하게 여겼다. 그는 인간의 육체의 부활을 주장하면서 그 부활이 하나님의 창조의 권능의 연장선에 있음을 말한다. 무로부터 창조하신 분이 재창조하시는 분이라는 것이다. 그는 인간이 영혼과 육체로 구성되어 있다고 보았기 때문에 영지주의자들이 주장하는 바와 같이 인간 안에 신적 섬광이 있다는 것을 부인하였다. 인간이 범죄 하지 않아 죄가 없었다면 육체와 영혼의 분리 곧 죽음이 없었을 것이다. 터툴리안이 부활을 재창조라고 부르는 것은 그것이 곧 원래의 창조 상태를 회복하는 것이라고 보았기 때문이다. 그는 인간은 영혼과 육체의 연합으로 구성되어 있으며, 영혼이 의로우면 육체도 의로우며, 다만 죄로 생겨난 육체의 일(갈5:19)을 벗어버려야 한다고 보았다. 영혼은 육체와 더불어 존재하는 것이고 육체 안에 존재하는 것이다. 이것이 창조주 하나님의 뜻이다. 부활은 이러한 사람, 즉 참 사람의 본질을 회복하여 이제 영원히 그 본질 가운데 살도록 하는 것이다. 그는 인간이 육체의 일을 벗어버리기 위하여 그리스도와 연합하여 먼저 죽어야 한다는 것을 말한다. 그리고 그리스도의 부활과 연합하여 우리의 육체가 부활한다는 것을 강조한다.

부활을 해석할 때, 인간의 죽음이 죄에 대한 형벌의 보응이라는 측면을 가지고 있고 부활이 그로부터 돌이킴의 상급이라는 측면이 있을 때, 양자를 하나님의 자비로우신 속성 가운데 해석해야 한다. 이와 같이 더욱 명확한 성경을 바탕으로 모호한 본문을 해석해야 한다. 그는 부활에 대한 성경의 본문들을 해석하면서 전체적으로 보면 단순하게 영적으로 해석하는 풍유적 해석의 위험을 자주 지적하면서, 문자적이고 역사적이며 신학적인 해석을 하고 있다. 그러면서도 그는 유대주의의 문자적인 해석에 치우지지 않고 구원론적이고 구속사적인 영적 해석 즉 신학적인 해석을 하고 있다. 따라서 성도들의 부활은 지금 이미 일어났거나 곧 지상의 삶 가운데 영적으로 일어날 사건이라기보다는 종말론적인 관점에서 이해되어야 한다. 물론 그리스도의 법정적인 의가 우리에게 전가되어 우리의 부활의 미래의 보장이 이루어졌다는 의미에서는 우리는 이미 부활의 백성이라고 말할 수 있다. 그리스도의 생명이 이미 우리 안에 감추어져 있고 그 분이 나타나실 때에 우리도 그와 함께 나타나리라(골3:3-4)는 말씀을 그러한 의미로 해석해야 할 것이다.

성도들의 부활의 실체와 본성을 다루면서 터툴리안은 고린도전서 15

장 40절을 인용하면서 주님의 현재의 인격에 관심을 기울인다. 주님은 천상의 실체를 가지고 있지만 영혼과 육체로 이루어진 인성을 가지고 계신다. 우리가 주님의 부활에 동참하기 때문에 "흙에 속한 자의 형상을 입은 것같이 또한 하늘에 속한 자의 형상을 입으리라"는 것이다. 우리가 육체로 영원히 사는 것이 아니라 육체의 일을 벗어버려 그렇게 하는 것이다. 그는 그리스도의 부활로부터 성도의 부활을 끌어내면서 실체에 초점을 맞춘다. 주님은 지금도 신인양성을 가지신 부활의 중보자로서 우리에게 성령을 부어주신다. 따라서 우리는 신인양성으로 부활하신 그리스도와 연합하여 죄와 사망의 육체를 죽이고 생명의 몸을 얻게 되는 것이다. 주님의 은혜 가운데 우리들은 다양한 형상을 가지고 있지만, 그 본질에 있어서는 우리 모두 동일한 존재이다. 우리는 "동일한 육체가 한 때 죄 가운데 심겨졌지만 이제는 부활의 생명 가운데 열매를 맺는다"는 사실을 믿는다. 따라서 우리의 부활한 몸은 영광에 있어서는 그리스도와 다르지만 실체에 있어서는 동일하다. 따라서 부활한 그리스도는 우리의 육체를 회복시키실 뿐만 아니라 그것을 온전케 하시는 분이시다.

『육체의 부활론』의 4장은 성도의 부활에 가장 초점을 맞추고 있다. 그리스도는 육체로 지상에 계실 때 인간에게 베푸시는 은혜를 천상에서도 베푸신다. 터툴리안은 그리스도의 은혜가 전인적이듯이 부활의 은혜도 전인적이라고 강조한다. 따라서 부활한 성도는 영혼과 육체가 온전히 부활의 은혜를 누린다. 인간이 창조될 때 영혼과 육체가 연합되어 온전한 인격을 이룬 바와 같이 부활에서도 영혼과 육체가 연합되어 온전한 인격으로 부활한다. 부활한 성도가 가지는 육체는 지상에서 가졌던 육체와 동일한 실체를 가지고 있다. 물론 부활한 육체는 지상에서의 연약함을 벗어버리고 천상에서의 불멸의 영광을 가지고 있어도 실체에서는 변함이 없다. 터툴리안은 육체의 부활을 영적 부활의 완성이라고 본다. 인간의 영혼은 처음에 믿음을 가질 때에 거듭나서 부활하였고, 신앙생활 하는 동안과 죽어 있는 동안에도 변함이 없다. 그러나 신자들의 육체는 지상에 있는 동안 죽을 몸을 가지고 있었는데, 이제 부활할 때에 죽을 몸을 벗고 영광스러운 천상의 몸을 입게 된다. 이렇게 육체가 완전하게 부활할 때 우리의 부활은 완성되는 것이다. 그는 육체가 영혼으로 변화되지 않고 실체를 보존한다는 것을 나타내기 위하여 옷을 입는다는 표현을 자주 사용하고 있다. 터툴리안은 성육신은 영이신 로고스가 인간의 영혼과 육체를 취한 것으로 해석한다. 인간에 대해서는 영과 육체가 각각의 실체를 가진 것을 강조하지만 동시에 그것이 연합하여 하나의 인격을 이루는 것을 강조한다.

그는 영혼이 육체와 결합하여 몸을 이룬다는 의미에서 영혼을 영혼적 몸이라고 부른다. 영혼은 영혼의 작용을 하는 몸이고 몸은 영혼의 작용을 받는 몸이라는 점에서 구별된다. 따라서 부활할 때에 인간의 육체는 영의 작용으로 다시 영혼과 결합하여 부활한 몸이 되기 때문에, 인간의 육체는 영적인 육체가 되는 것이다. 여기서 영적이라는 말은 육체가 영적인 실체로 변화되었다는 의미가 아니다. 오히려 육체가 영을 옷 입다는 의미이다. 영적인 실체로 변화된다고 주장했던 것은 발렌티누스와 그 추종자들인 영지주의자들의 주장이었으므로, 그들의 잘못된 주장을 비판하던 터툴리안은 육체는 끝까지 육체의 실체를 가지고 있지만, 지상에서의 연약함을 벗어버리고 천상의 영광스러움을 입은 것을 영적인 육체라고 표현하였다. 터툴리안은 그리스도의 성육신과 부활을 부정하는 마르시온보다는 그리스도의 육체와 부활을 인정하되, 육체가 영적으로 변화된다는 신화(deificatio)를 주장하는 발렌티누스가 훨씬 더 위험하다고 보았다. 그의 주장을 인정할 경우에 성육신한 육체와 부활한 육체가 달라서 그리스도의 구속사역이 무너지기 때문이었다. 지상의 육체와 부활한 육체는 종이 다른 것이 아니라 상태가 다른 것이다.

터툴리안은 육체의 부활론에서는 한 인격 안에서 신성과 인성의 연합을 이루신 그리스도의 낮아지심과 높아지심의 상태를 다루었다. 그는 이 글에서 부활을 영의 작용으로 부각시켜 그리스도께서 살리는 영으로 오셨다는 것을 강조하였다. 그리하여 당시의 영지주의자들의 잘못된 기독론을 반박하면서 한 걸음 더 나아가 그리스도의 부활과 성도의 부활을 구원론적인 관점에서 파악하였다.

4) 이단들의 성경해석에 대한 비판

터툴리안은 당시에 여러 이단들의 주장들을 반박하면서 정통교회의 교리를 변호하고자 하였다. 이러한 변호과정에서 이단들의 성경해석이 올바른 것인가? 정통교회의 성경해석이 올바른 것인가? 하는 문제가 제기되었다. 터툴리안이 이러한 질문에 대하여 정통교회에서만 정당한 성경해석의 권리가 있다고 주장한 책이 『취득시효론』(De praescriptione haereticorum)이다. 이 책의 문자적인 의미는 『이단들의 취득시효에 대하여』이다. 취득시효란 로마의 법집행 관습에 따르면 회부된 재판의 내용을 문제 삼지 않고 재판의 진행 그 자체를 문제시할 때 쓰는 용어이다. 그러므로 취득시효란 상대편이 재판절차에서 벗어났으므로 재판이 더 이상 계속될 수 없다고 주장하는 반대의견을 뜻한다. 즉, 실체법이 아닌 절차법적인 개념으로 볼 수 있다. 따라서 위 작품을 저술했던 목적은 이단들의 이론 자체를 논의하려는 것이 아니고, 이단들이 정통에 반대할 권한 자체가 없다고 부인하려는 것이다.

그러므로 터툴리안은 『마르시온 반박론』, 『프락세아스 반박론』 등 여러 종류의 이단을 반박하는 책들을 저술했는데, 성경 해석권은 정통교회에만 있다고 주장하였다. 교회의 올바른 교리는 예수 그리스도께서 사도들에게, 사도들을 통해 공교회에 전달되었다. 반면에 이단들은 성경과 전통들을 가감하거나 변조하여 새로운 가르침을 만들어내기 때문에 올바른 교회의 가르침이 될 수 없다. 따라서 예수님과 사도들로부터 올바른 성경해석 전통을 전수받은 정통교회가 성경을 해석할 정당한 권한을 가지고 있고, 중간에 생겨나 새로운 주장을 하는 이단들은 성경을 해석할 정당한 권리가 없다는 것이다.

이단들이 정통교회와 다른 주장을 하면서 헬라문화, 특히 헬라 철학을 이용하기 때문에 그는 이 책에서 기독교와 헬라 철학의 관계에 대해서 논하고 있다. 그는 이 책에서 성경에 호소하며 철학사용을 비난하였다. 여기서 그가 문제 삼은 것은 이단자들이 철학 이론을 가지고 기독교의 진리를 왜곡하려고 했기 때문에, 그러한 철학의 오용을 비판한 것이다. 그는 철학이 논리학이나 학문 탐구에 기여하는 수단으로의 역할 자체를 부인한 것이 아니었다. 그도 철학과 수사학을 비롯한 학문들을 배우고 저술에 이용하였다. 다만 그가 공격했던 것은 철학의 논리를 가지고 기독교 복음의 진리를 부정하려는 철학의 오용이었다.

따라서 이 책의 핵심 주제가 무엇이 예루살렘으로부터 있고 무엇이 아덴으로부터 있는가? 혹은 무엇이 아카데미로부터 있고, 무엇이 교회로부터 있는가?라는 문제에 대한 답변이다. 일반적으로 터툴리안이 "나는 불합리하기 때문에 믿는다(credo quia absurdum)"라고 말한 것으로 알려져 있으나, 그가 실제로 한 말은 하나님의 아들의 죽음에 대하여 "그것은 적합하지 않기 때문에 믿을 수 있다(credibile est quia ineptum)"고 하였고 장사된 자의 부활에 대하여 "그것을 불가능하기 때문에 확실하다(certum est quia impossibile)"라고 말한 것이다. "나는 불합리하기 때문에 믿는다"는 말은 『그리스도의 육체론』(*De Carne Christi*) 5장 4절의 뜻을 잘 반영한 것인데, 이 표현을 실제로 만든 인물은 키에

르케고르다. 그리고 예루살렘이냐 아덴이냐? 하는 말은 취득시효론의 주제를 잘 반영하고 있다.

이 책은 근본적으로 이단자들의 성경해석의 오류를 지적하고 있다. 성경해석의 중요한 원리는 신앙의 규범(regula fidei)이다. 신앙의 규범은 "그리스도께서 가르쳤고, 사도들이 통과시켰으며, 성경들 안에 기록되었고, 그리고 교회가 그에 따라 살았던 것"이라고 설명된다. 따라서 이단들은 그리스도와 사도로부터 올바른 가르침을 전해 받지 못했기 때문에 그들의 성경해석은 올바른 것이 아니며 그러므로 그들의 성경해석은 교회에서 배척되어야 한다는 것이다. 당시 이단들은 정통교회를 향하여 사도들은 모든 것을 알지 못했고, 또한 사도들이 과연 모든 것을 알았다고 하더라도 사도들은 모든 것을 모두에게 전승하지는 못하였다고 항변하였다. 터툴리안은 이단들이 세상의 철학으로 무장하고 성경과 그 해석을 왜곡하고 날조한다고 비판하면서 정통교회는 그리스도와 사도들로부터 전해 받은 신앙규범에 근거하여 올바른 성경해석을 소유하고 있다고 주장하였다. 철학의 세상에 대한 지혜와 성경의 계시가 제공하는 구원의 진리는 아테네와 예루살렘 사이처럼, 이단들과 그리스도인들 사이처럼 대립한다. 기독교인들은 진리를 발견할 때까지는 찾아야 하는 지식욕구가 필요하지만, 진리를 발견한 이후에는 즉시로 믿어야 하고, 믿은 다음에는 찾는 일을 필요하지 않고 진리를 잘 보존하는 것이 필요하다.

당시 이단들은 발렌티누스, 마르시온, 아펠레스를 비롯한 여러 영지주의자들이었다. 이들은 성경을 해석하는데 당시 여러 가지 철학 사상들을 성경에 혼합시켜 올바른 성경의 의미를 왜곡하면서 성경을 잘못 해석하고 있었다. 그는 발렌티누스가 에온들과 인간의 삼분설을 가르치고 있으며 플라톤의 영향을 받았다는 것을 설명한다. 마르시온은 하나님은 침묵하시는 분이기 때문에 더욱 위대하다고 주장하여 스토아철학의 영향을 받은 것을 드러낸다. 어떤 이들은 에피쿠로스의 철학에 영향을 받아 영혼이 몰락한다고 말한다. 이러한 이단들은 아리스토텔레스의 논쟁하는 기술을 배워 기독교를 대적하는 이단들을 세운다. 이들은 불안한 지식욕에 사로잡혀 이단에 빠졌고 그러한 이단의 독소의 가르침 때문에 로마교회로부터 추방당했다. 이들은 자신들의 지식욕(curiositatem, 호기심)을 정당화하기 위하여 마태복음 7장 7절을 '찾으라 그러면 찾아낼 것이다' 라는 구절을 내세웠다.

그는 이들의 주장을 반박하면서 찾으라는 이 말은 유대인들에게 성경에서 예수님을 찾기 위하여(요5:39) 올바르게 연구하라는 말이라고 주장한다. 하나님의 진리는 유대인들을 통하여 이방인들에게 왔다. 이방인들은 문 밖에 서 있었던 사람들이다. 이방인들에게는 진리가 성령을 통하여 사도들에게 그리고 사도들로부터 우리에게 전해졌다고 주장하였다. 그러므로 이방인들은 진리를 찾을 때에 해석의 키를 가지고 온전한 방법으로 찾아야 하는데, 그리스도께서 유일하며 명백한 가르침을 가지고 오셨으므로, 백성들은 그것을 찾았을 때에 믿기 위하여 찾아야 한다. 사람들은 자신들의 지식욕을 충족시키기 위하여 찾아서는 안 되고, 찾았을 때에 즉시 믿기 위하여 찾아야 한다. 그리고 찾아야 할 것은 유일하고 확실한 그리스도의 가르침이며, 이것을 찾았을 때는 즉시로 믿고, 믿고 난 후에는 이것을 더욱 잘 믿기 위하여 연구하면서 이 진리를 잘 보존해야 한다. 교회는 이제 주님으로부터 전승되어 그들이 보존하고 있는 진리를 잘 보존해야지, 그것과 다른 새로운 것들을 발견하려고 해서는 안 된다.

신앙의 규범 혹은 진리의 규범은 초대교회에서 사도들에 의해 선포된 복음(케리그마)의 내용이다. 당시에 아직 성경이 명확하게 규정되어 있지 않은 상황에서 이 신앙의 규범이 잘못된 가르침들, 특히 당시에 많이 출현했던 영지주의자들의 저술들로부터 성경을 판단하여 구별하고 성경을 올바르게 해석하는 기준이 되었다. 그러므로 초대교회에 성경을 해석하거나 교회의 가르침에서 이러한 신앙의 규범은 중요한 역할을 하였다. 성경이 수집되어 성문화되어 가면서 교회에서의 권위는 성경에게로 넘어갔고 신앙의 규범은 점차 교회의 신앙고백으로 발전하여 갔다.

이단들은 성경을 해석하는 과정에서 성경을 잘라 내거나 덧붙이거나 변조시켰다. 대표적으로 마르시온은 성경 가운데 구약을 비롯한 신약의 여러 책들을 배제시켰다. 발렌티누스는 성경을 해석하는 가운데 일부의 내용을 자신들의 철학적인 견해들에 따라 성경을 상이하게 설명하고 정정하였다. 터툴리안은 이러한 이단들은 성경의 위변조자들이라고 비판하였다. 더 나아가 이들은 성경의 해석도 위조하고 날조하였다. 따라서 터툴리안은 이러한 이단자들에게는 성경을 해석할 권리가 없다고 주장한다. 성경은 올바른 믿음을 가진 자들에게 속한다. 사도들로부터 주님이 가르쳐 주신 올바른 가르침을 전승받은 정통교회들이 성경을 소유하고 있고 그것을 바르게 해석하며 가르칠 권리가 있다. 예수 그리스도는 하나님의 아들로서 하나님에게서 올바른 가르침을 가지고 오셔서 사도들에게 그 가르침을 가르쳐서 전하셨다. 그러므로 정통교회의 교리는 하나님으로부터 예수 그리스도에게로, 예수님에게서 사도들에게로, 사도들에게서 정통교회들로 전승되어 오고 있다는 것이다. 그러므로 터툴리안은 이단들의 항변들, 사도들이 모든 것이 알지 못했고, 모든 사람들에게 전승하지 못했다는 주장에 대하여 그들이야말로 자신들의 지식욕을 충족시키고자 성경을 위변조하고 성경해석을 날조한 거짓 선생들이라고 비판한다. 정통교회는 하나님으로부터 오는 진리를 예수 그리스도와 사도들을 통하여 올바르게 전승받아 보존하고 있고 가르치는 교회이다.

그러므로 터툴리안이 예루살렘과 아테네가 무슨 관계가 있는가?라는 질문에서 제기하는 것은 이단자들이 이성에 근거한 철학을 사용하여 기독교의 진리를 왜곡하는 것을 비판하는 것이다. 철학이 이성을 최고의 권위로 내세우면서 성경의 진리를 부정하고 왜곡할 때, 신앙인들은 그러한 철학과 이성의 속임수에 속아서는 안 된다는 것이다. 성경의 진리를 부정하는 철학과 기독교 신앙은 아무런 관련이 없다는 것이다. 마리아의 동정녀 탄생이나 그리스도의 부활과 같은 성경의 진리가 이성에 맞지 않아서 믿지 않고 거부할 때, 터툴리안은 그러한 진리가 이성의 눈에 불합리하게 보여도 자신은 그것이 성경의 진리이기 때문에 믿겠다는 것이다. 그러므로 터툴리안이 이성과 철학 그 자체를 부정하는 것이 아니라, 성경의 진리를 부정하는데 잘못 사용되는 것을 반대하는 것이다. 테툴리안 자신도 로마의 수사학과 스토아 철학 등을 배워서 기독교를 위해 저술하는데 사용하였다.

이와 같은 전개 과정 한가운데 중요한 관심사가 하나 있었다. "우리는 어디서 사도적 메시지를 찾을 수 있을까?" 그리스도인들은 예수에 관한 사도들의 가르침을 참된 것과 거짓된 것을 구별하는 표준으로 꽉 붙들었다. 지역의 감독과 장로들이 가르친 내용과 다른 메시지를 가르친 자들은 사도들 중 한 사람으로 거슬러 올라가는 비밀 전통에 호소했다. "비밀 전통"을 주장하는 이런 사람들에 맞서, 그 반대자들은 기성 교회들 안에서 이루어진 가르침과 지도자의 공식적인 계승을 강조했다. 신학자 터툴리안은 이 논점을 이렇게 요약했다. 진리는 "교회들이 사도들로부터 받은 것이고, 사도들은 그리스도로부터 받은 것이며, 그리스도는 하나님으로부터 받은 것이고" 다른 모든 교리는 거짓이다. 이런 관심사 때문에 결국 사도들의 저술로 받아들여진 "정경"(신약)과 이 저술들에 담긴 메시지의 요약(믿음의 규율), 신앙 고백(사도신경), 그리고 감독과 장로들의 사도직 계승 사상이 생겨났다.

5) 터툴리안과 헬레니즘 문화와의 관계

터툴리안은 성경해석에서 공교회의 올바른 성경해석을 왜곡시키는데 철학의 논리학과 이성의 사용에 대하여 비판하였다. 그렇지만 위에서 언급한 바와 같이 수사학과 논리학이 성경해석을 위해 올바르게 사용될 때는 그 기능을 인정하였다. 그러므로 그가 철학을 비롯한 헬레니즘 문화 자체를 거부한 것은 아니었다.

그와 함께 그는 당시의 로마의 타락한 문화가 기독교의 윤리에 어긋날 때 그것에 대해서는 분명하게 비판하였다. 그는 당시의 검투사들의 잔인한 경기를 비롯한 비윤리적인 운동경기, 그리고 인간의 정욕을 자극하는 연극 등에 대하여 비판하였다. 그와 함께 여인들의 화려한 화장과 의복에 대하여 비판적이었다. 터툴리안은 이러한 귀족 여성들의 사치한 생활은 많은 사람들의 경제적인 희생 위에서 이루어지는 것이기 때문에 절제하고 금욕해야 하는 기독교인에게 타당하지 않다고 보았다. 이러한 로마의 타락한 문화에 대한 비판은 니버가 말하는 바와 같이 그리스도에 대항하는 분리된 문화관이라기보다 오히려 그 당시의 문화를 기독교적인 시각으로 변화시키려는 측면에서 해석할 수도 있다.

그는 결혼에 대해서 『정숙권면론』에서는 몬타누스파로 넘어가기 이전에 기독교인의 입장에서 재혼의 문제를 다루었다. 이 시기에는 한 번 결혼하는 것이 타당하다는 것을 주장하는데, 고린도전서 7장을 주석하는데 초점이 맞추어져 있다. 그는 배우자가 세상을 떠난 경우 고린도전서 7장 39-40절에 따라 주 안에서만 재혼할 수 있다고 한다. 그러나 몬타누스파로 넘어간 후 저술한 『단혼론』에서는 이단들은 결혼을 제거하고 육적인 사람들이라고 부르는 공교회는 여러 번 결혼하나, 보혜사의 인도를 받는 영적인 사람들인 몬타누스파는 한 번만 결혼한다고 주장하면서 단혼론을 주장한다. 그는 여기서 공교회의 입장과 다른 것을 가르칠 수 있는가? 하는 질문을 제기하고 성령의 인도를 받으면 가능하다고 주장한다. 이러한 입장은 새로운 예언을 주장하는 것과 함께 몬타누스파가 이단으로 정죄되는 요소가 되었을 것이다.

터툴리안은 라틴어로 저술활동을 한 첫 번째 신학자이므로 서방 신학이 형성되는데 상당한 공헌을 하였다. 그는 특히 삼위일체론에서 실체 혹은 본질(substantia)과 위격(persona)을 구별하여 정통 삼위일체론이 정립되는데 크게 기여하였다. 그는 취득시효론에서는 이단자들은 예수와 사도들로부터 올바른 신앙의 규칙(regula fidei)을 전수받지 못했기 때문에 성경을 해석할 정당한 권리가 없다고 비판하면서 이성과 철학을 기독교의 이성을 넘어서는 진리를 부정하는데 사용하는 것을 비판하였다. 그는 나중에 몬타누스주의로 넘어가 가톨릭교회와 결별하였고 단혼론이란 엄격한 결혼관을 주장하였다.

더 읽어야 할 책들과 논문들

헨리 비텐슨. 『초대 기독교 교부』. 박경수 역. 서울: 크리스천다이제스트, 1997.
남성현. "몬타누스 운동가 테르툴리아누스의 문화 비판 : 2-3세기 결혼 풍습-단혼, 재혼 혹은 중혼-을 중심으로." 「오순절신학논단」, Vol.4 (2005): 108-147.
문병호. "구원론적 기독론 이해의 기원: 터툴리안의 『육체의 부활론』 중심으로." 「성경과신학」, Vol.61 (2012): 275-300.
이상규. "테르툴리아누스는 그리스도인의 군복무와 전쟁을 어떻게 이해했을까?" 「헤르메네이아 투데이」, Vol.31 (2005): 43-51.

조병하. "무엇이 아덴이고 예루살렘인가? 무엇이 아카데미이고 교회인가?: 테르툴리아누스의 글 De praescriptione haereticorum을 중심으로!."「성경과신학」, Vol.59 (2011): 199-228.

제5장
키프리안

(Cyprianus, 200(?)–258)

키프리안은 3세기에 활동했던 대표적인 서방의 교부로서 데키우스 황제의 박해 때 배교했던 교인들을 다시 교회로 받아들이는 문제를 둘러싸고 분열이 일어났을 때 교회의 통일성을 강조하였다. 교회의 통일성을 강조하는 가운데 교회 밖에는 구원이 없다고 주장하여 교회의 제도적인 권위를 발전시키는 토대를 놓았다. 그는 교회의 하나됨을 강조하는 의미에서 로마감독의 우위를 인정했으나, 로마 감독들이 법적인 수위권을 주장할 때에는 감독들의 동등함을 옹호하였다.

1. 생애

키프리안은 영어식 이름이고 라틴어 이름은 키프리아누스(Cyprianus)이다. 키프리안은 200년경 카르타고의 부유한 이교도 가정에서 태어나 수사학을 공부하였다. 그는 246년경에 회심한 것으로 보이는데, 회심한 직후에 친구인 도나투스에게 쓴 『도나투스에게 보낸 편지』에서 "로마의 경기장에서 일어나는 잔혹한 살인행위들, 음란한 극장의 공연내용, 재판장들의 매수와 같은 세상의 타락과 부패에 실망하면서 하나님의 은혜와 사랑을 체험하여 회심한 것"을 설명하고 있다. 그는 회심한 후에는 자신의 많은 재산들을 가난한 사람들에게 나누어주어 신자들에게 잘 알려지게 되었다. 그는 249년에 감독이 되어 10년간 카르타고의 감독으로 있었다. 그가 회심한 지 얼마 되지 않아 아주 빠른 속도로 감독이 되자 이에 불만을 가진 사람들도 적지 않았으나, 끝까지 인내하며 관용으로 대하여 그들까지도 자신의 편으로 만들었다.

249년부터 시작된 데키우스 황제(249-251)의 박해 때는 박해를 피해 피신한 후에 편지를 통해 목회를 했다. 데키우스 황제가 즉위 후에 기독교 박해에 나선 주된 이유는 그의 통치기에 제국에 권력 암투로 인한 내

란과 알라만족, 프랑크족, 신 페르시아인들 등의 외부적인 적들의 침입, 그리고 전염병까지 큰 악재와 위협들이 생겨나 자신의 지위와 제국의 운명을 위협하고 있었기 때문이었다. 황제는 제국의 세력이 약화되고 백성들의 도덕성이 저하되자, 로마의 옛 영광을 재현하기 위해 로마의 고대 종교를 중흥 시키려고 시도했다. 그는 그리스도인들을 무신론자들이자 민심을 소란케 하는 선동자들로 간주하고, 최초로 전국적이고 체계적인 박해를 자행했다. 데키우스 황제는 로마인들이 로마 신들에 대한 충성심을 신들에 대한 제사를 통해 표현하도록 강요하였다. 그는 249년 12월부터 250년 2월까지 기독교 지도자들을 제거하려고자 이들에게 제사를 지내라는 법적인 조치를 취했다. 이 때 로마의 감독인 파비아누스는 처형당했고, 카파도키아의 첫 번째 감독이었고 예루살렘의 보좌감독이었던 알렉산더, 안디옥의 바빌라스는 옥사했다. 서머나의 감독 에우크테몬은 희생 제사를 드렸을 뿐만 아니라 다른 성도들까지 이방 신전에 희생제사를 드리도록 설득하기도 했다. 알렉산드리아의 감독 디오니시오스와 키프리안은 이 기간 동안 지하로 피신하여 박해를 피하였다. 황제는 250년 6월부터 8월에 걸쳐서는 모든 로마인들에게 신들에 대한 제사를 강요했으며, 당시 황제는 기독교인들을 배교시켜 교회를 분열시키고자 하였다. 이 기간 동안에 많은 기독교인들은 제사를 지내며 배교하였고, 일부는 헌주를 붓기만 하였고, 일부는 제사지낸 증서를 사기도 하였고, 일부는 이 제사 기간 동안에 피신하여 제사를 지내지 않았고, 일부의 기독교인들은 신앙을 고백하고 제사를 거부하면서 많은 박해를 당하였고 일부는 순교하였다. 황제가 251년에 고트족과 싸우다가 전투 중에 사망하여 박해는 끝났고, 이제 교회를 재건하는 일이 남아 있었다.

 이 때 251년 박해가 끝난 후에 그가 돌아오자 카르타고의 고백자들은 그의 피신에 대해 비난을 하였고, 로마의 감독이 처형된 후 교회를 섬기던 장로들과 집사들은 감독의 순교 소식을 전하며 그의 피신에 대해 놀라움을 표현했다. 그는 자신을 넘겨주라는 요구가 많았을 때 자신이 자리를 지키는 것이 더욱 혼란을 자초할 것이라는 생각이 들어 피신했지만, 정신적으로는 계속해서 교회의 형제들과 함께 하면서 그들을 목회적으로 돌보았다는 해명의 편지를 썼다. 그는 교회를 재건하는 과정에서 255년경에는 로마 감독 스테파누스와 이단들의 세례의 유효성에 대하여 논쟁했으며, 발렌티누스 황제가 박해 할 때 순교하였다. 발렌티수누스 황제가 257년에 다시 박해를 시작하여 기독교 지도자들에게 로마의 전통의식을 인정하는 의식을 수행하도록 명령하였다. 키프리안은 이 의식을 거부하여 그 직에서 쫓겨났다가 258년 9월에 다시 카르타고로 이송되어 와서 순교 당했다.

2. 저술

키프리안은 신학자라기보다는 목회의 실천자였으므로 그의 저술들은 대부분 실천과 관련된다. 키프리안의 저작에는 『도나투스에게 보낸 편지』와 『주기도문 해설』이 있다. 『도나투스에게 보낸 편지』라는 책은 246년 회심한 직후에 도나투스라는 기독교인 친구에게 쓴 책이다. 이 책에서 그는 로마의 경기장에서 일어나는 잔혹한 살인행위들, 음란한 극장의 공연내용, 재판장들의 매수와 같은 세상의 타락과 부패에 실망하면서 하나님의 은혜와 사랑을 체험하여 회심한 것을 설명하고 있다. 『주기도문 해설』은 당시 사람들에게 주기도문을 해설하며 실용적인 기도생활의 지침을 제공하고 있다. 주기도문은 하나님의 아들이신 예수님이 가르치신 기도문이므로 가장 하나님의 마음을 가장 흡족하게 하는 기도문이다. 하늘에 계신 우리 아버지라는 이름을 부르며 기도가 시작되는데, 우리 아버지는 죄를 용서받아 하나님의 자녀가 된 사람들이 부를 수 있는 이름이다. '일용할 양식'은 육신의 양식과 영적인 양식인 그리스도로 비유하고, 구약 속에서 의인들을 도우시는 하나님의 능력을 증거로 제시하며 하나님을 믿고 따르는 이들에게 양식이 주어질 것이라고 설명한다. 죄를 용서해 달라는 부분에서는 아벨의 순교를 언급하며 주님의 수난으로 끌고 가고, 용서하지 않고 시기함으로 형제를 죽이는 것은 순교로도 속량될 수 없는 범죄라고 해설한다.

배교자 문제를 어느 정도 해결하고 나자 아프리카 지역은 흑사병이 돌기 시작하여 다시 박해의 위기에 직면했다. 이 때 데메트리우스라는 이교도가 기독교는 흑사병의 원인이라고 공격하자, 키프리안은 이러한 황당한 주장에 반박하고자 『데메트리우스에게 보낸 편지』(*Ad Demetrianus*)와 『죽음』(*De Mortaliatate*)을 저술한다. 이러한 저술들을 통해 키프리안은 교회는 흑사병의 원인이 아니며 오히려 교회는 가난한 이들과 병든 이들을 위해 자선과 봉사를 베풀고 있다고 역설한다. 그리고 가난한 이들과 병든 자들에게 선행과 구제를 베푸는 교회의 모습을 제시한 『선행과 자선론』(*De opere et eleemosynis*)을 저술한다.

그는 251년에 북아프리카 교회에서 배교자 처리문제가 발생했을 때 이 문제에 관한 자신의 입장을 밝힌 책이 『배교자론』(*De lapsis*)이고, 북아프리카의 교회들이 배교자 처리 문제로 분열하고 노바티안파가 분리주의의 길을 걷는 혼란 속에서 보편교회의 하나됨을 주장한 책이 『보편교회의 일치론』(*De Ecclesiae catholicae unitate*)이다.

3. 북아프리카 교회의 분열과 키프리안의 배교자 처리

데키우스 황제의 박해 중에 발생한 배교자들의 처리를 놓고 교회 지도자들은 분열하였다. 당시 박해 과정에서 신앙을 정절을 지키지 못한 모든 사람들을 배교자라고 불렀고, 이들을 교회 안으로 어떻게 받아들일 것인가? 하는 문제를 둘러싸고 갈등이 발생하였다. 카르타고 지역에서도 배교자들의 숫자가 많아서 과거의 처벌의 관례, 즉 성찬에 참여하지 못하게 하거나 회중들과 같이 축도를 받지 못하게 하는 처벌을 시행하기 어렵게 되었다. 키프리안이 피신해 있던 250년 말경에 이미 배교자들 가운데서 회개하고 교회로 돌아오기를 원하는 사람들이 생겨났다. 이러한 요청이 있자 카르타고에서 북 아프리카의 교회들의 전통에 따라 신앙의 충절을 지킨 고백자들이야말로 배교자들을 선별하여서 다시 교회 공동체로 회복될 것인가를 결정 할 권위를 가졌다고 주장하면서 배교자들을 처벌 없이 회복시키기 시작했다. 그렇지만 키프리안은 배교자들을 교회에 받아들이는 것에 대해서는 고백자들의 의견을 존중했지만, 그들이 엄격한 회개를 해야 한다는 입장을 견지하였다. 고백자들은 키프리안의 입장을 수용하지 않고 노바투스 장로를 중심으로 반대파를 형성하여 포르나투스를 감독으로 선출하였다. 이들은 배교자들을 즉시 교회로 받아들일 것을 주장하면서 긴 기간의 회개를 주장하는 키프리안에 반대하였다.

251년 봄에 카르타고로 돌아온 키프리안은 노바투스의 무리를 엄격하게 금지하면서 배교자들에 대한 문제를 다룬 『배교자론』과 교회 분열의 문제를 다룬 『보편 교회의 일치론』이라는 목회적인 글들을 저술하였다. 251년 부활절 후에 카르타고에서 감독회의들이 열려 참회를 면죄해야 한다는 고백자들의 주장은 받아들여지지 않았고, 이들은 파문당했다. 회의는 배교자들을 교회로 받아들이되 그들의 죄의 경중에 따른 참회의 기간을 설정하였다. 증명서를 구입하여 황제숭배 제사에 참석하지 않는 신자는 조건 없이 교회로 받아들이고, 제사에 참석한 자들은 임종 시나 새로운 박해시기에 회개의 진실성을 보일 때 교회로 받아들이지만, 제사에 참석했고 그 후 회개의 모양이 나타나지 않으면 다시 교회로 돌아올 수 없도록 하였다. 당시 카르타고의 지도자들은 배교자들을 교회로 받아들인다는 점에서 의견이 일치하면서도 실제로 감독과 장로들 사이의 갈등으로 참회 방법론을 둘러싸고 분열하였다.

카르타고 교회가 분열할 때 로마교회에서도 분열이 발생하였다. 파비아누스 감독이 순교한 후에 251년 3월에 코르넬리우스가 새로운 감독으로 선출되었다. 그의 감독 선출에 반대하던 노바티아누스 장로가 자신을 스스로 감독이라고 선언하여 두 명의 감독이 생겨났다. 코르넬리우스는 고백자들의 견해를 존중하여 참회의 기간 없이 즉시로 배교자들을 교회 안으로 받아들일 것을 인정하였다. 그러나 노바티아누스는 코르넬리우스에 반대하여 배교자들은 교회에 들어올 수 없다고 선언하고 기존 교회의 성도들이 자신이 세운 교회에 들어오려면 재세례를 받아야 한다고 주장하였다. 이들은 결국 분리된 교회를 설립하였다. 노바티아누스는 교회를 거룩한 성도들로만 구성되어야 한다는 입장을 내세웠다. 이러한 로마교회의 분열 상황에서 키프리안은 당면한 교회 분열을 종식시키기 위하여 코르넬리우스 감독을 지지하였다. 이들은 교회의 분파를 반대하고 교회는 하나로 통일되어야 한다는 입장을 같이 하였다. 이렇게 해서 노바티아누스는 양 감독에 의해 비판을 받게 되자 배교자들의 교회 수용에 대한 자신의 입장과 정반대인 노바투스와 연합하게 되었다. 이러한 측면에서 볼 때 이들은 신학적인 입장보다는 교회정치적인 입장에서 연합하였던 것으로 나타난다.

그러므로 키프리안이 251년 5월에 『보편 교회의 일치론』을 저술할 때 가장 중요한 논쟁 대상은 노바티아누스 장로인 것으로 보인다. 키프리안이 이 책과 『배교자론』을 당시 코르넬리우스와 싸우고 있고 있던 노바티아누스와 고백자들에게 보냈기 때문이다. 특히 노바티아누스 장로의 분파적인 교회 설립은 수도인 로마에서 일어나 교회 전체에 영향을 미치고 있었기 때문이다. 키프리안이 후원하는 가운데 코르넬리우스는 251년 말에 고백자들과의 문제를 해결하였다.

당시 키프리안과 노바티아누스 장로 사이의 대립은 3세기 이후 서방 교회에서 발전해 온 교회관과 함께 참회 제도의 변화를 반영하고 있었다. 라틴 학파의 대표적인 신학자인 터툴리안은 몬타누스파로 넘어가기 이전까지 교회는 하나라는 입장을 내세웠다. 하나님이 한 분이시고 그리스도도 한 분이시며 세례도 하나인 것같이 온 세상에 있는 교회도 하나이다. 하나인 교회는 아가서가 언급한 바와 같이 그리스도의 신부이며 이 교회는 신자들의 어머니이다. 이 교회는 감독들의 가르침이 사도들로부터의 지속적인 계승을 통해 전해진 권위 있는 교회이다. 그러나 터툴리안이 3세기 초반에 몬타누스파로 넘어가면서 그의 교회관은 급격하게 변화하게 된다. 이제 교회는 가견적이고 감독들을 중심으로 위계질서에 입각하여 세워진 조직교회가 아니라 성령의 은사에 의해 지배되는 공동체이다. 그러므로 교회는 거룩한 성도들의 공동체여야 하며 교회의 권위도 감독들이 아니라 성령을 소유한 이들에게 속한다고 보았다.

교회는 성령에 의해 지배를 받는 거룩한 성도들의 공동체가 되어야 한다는 입장을 가졌던 인물은 힙폴리투스였다. 그는 교회를 거룩한 성도들의 공동체이므로 배교자들은 교회에서 추방되어야 한다고 보았다. 그러나 이와는 다른 입장은 가졌던 인물은 로마의 감독이었던 칼리스투스 1세(Callistus, 217-222)였다. 칼리스투스 1세는 교회는 거룩한 성도들의 공동체가 아니라 죄인들의 훈련 장소라고 보았으며, 그러므로 참회 제도의 변화가 이루어져야 한다고 보았다. 사도시대에도 박해 속에서 성도들은 그러한 박해를 이겨내며 신앙의 순수성을 지켜야 한다는 가르침을 받았다. 히브리서는 한 번 은혜를 맛보고 배교한 자는 회개할 수 없다고 하였다. 그러나 2세기 초에 로마에서 기록된 것으로 보이는 헤르마스의 목자는 신자들은 신앙생활 중에 범한 중대한 죄에 대한 한 번의 회개는 가능하다고 주장하였다. 2세기 말에 교회는 죄에 대해 일반적인 죄와 살인, 우상숭배와 배교, 간음과 간통과 같은 죽음에 이르는 죄로 구분하고 있었다. 그러므로 죽음에 이르는 죄에 대해서 첫 번째 회개의 기회를 주는데, 쓰라린 회개를 하며, 그것을 외적 행동으로 나타내고, 회중 앞에서 규정된 고백을 해야 했다. 당시 죽음에 이르는 죄 가운데 평화 시에는 간통죄가 박해 시에는 배교가 가장 중요한 죄였다.

이러한 엄격한 회개 제도에 변화를 가져온 인물이 칼리스투스였다. 그는 간통에 대해 두 번째 회개를 허용하면서 간음한 여인을 용서한 예수의 경우와 같은 다양한 성경적 근거를 제시하였다. 그는 죄인들이 회개하면 교회는 하나님의 자비로 받아들여야 한다고 주장하였다. 그는 마태복음 16장 18절을 근거로 베드로의 계승자로서 감독들의 죄사함의 권세를 주장하였다. 칼리스투스는 교회는 성도들의 공동체가 아니라 죄인들의 훈련장이라고 보면서 감독이 죄를 용서하는 권한을 가지고 교회를 이끌어 가야 한다고 보았다.

데키우스 황제 박해 이후에 다시 한 번 교회는 거룩한 공동체여야 한다는 노바티아누스의 입장과 배교자들의 회개를 즉시 받아 주어야 한다는 코르넬리우스의 입장이 충돌하였다. 이 때 키프리안도 회개하는 자를 교회로 받아들여야 한다는 입장을 수용하였지만, 코르넬리우스보다는 좀 더 엄격한 입장을 내세웠다. 칼리스투스는 간통죄를 용서할 수 있는 죄로 보았던 반면에, 데키우스 황제 후에는 우상에게 제사를 지내며 배교했던 사람들에게도 두 번째의 회개의 기회가 제공되어 교회로 받아들여야 한다는 입장이 정립되었다. 이와 같이 3세기 중엽에 이르면 회개제도에서 점차 사망에 이르는 죄에도 두 번째의 회개가 허용되었고 교회관은 성도들의 모임에서 점차 죄인들의 훈련장이라는 개념으로 변화하였다.

물론 키프리안은 교회의 거룩성을 유지해야 한다는 믿음에서 코르넬리우스보다는 좀 더 엄격한 회개를 요구하였다. 그렇지만 키프리안은 교회분열이 배교보다 더 악한 죄라고 보아 교회분열을 강력하게 비판하였다. 그는 사단이 교회를 파괴하기 위하여 내부적으로 일으키는 것이 교회분열이라고 보았다. 그래서 그는 교회를 분열시키는 노바티아누스를 적그리스도라고 부르기도 하였다. 그는 교회를 파괴할 적그리스도는 앞으로 올 박해자와 이미 교회 내에 존재하고 있는 거짓 선지자인 교회의 분열자들이라고 보았다. 이러한 적그리스도는 요한계시록과 요한일서에서 이미 잘 설명되어 있다. 그가 배교보다 교회분열을 더 심각한 죄악이라고 보았던 것은 당시에 황제들의 박해는 단기간에 끝나서 지속적으로 교회의 생존을 위협하지는 않았던 반면에, 교회의 분열은 지속적으로 교회에 영향을 미치면서 교회에 악영향을 미치기 때문이었다. 그는 배교자들은 회개하고 교회로 돌아오나 교회를 분열시키는 자들은 교만하여 교회의 지도자들에 대적하여 다수의 사람들을 미혹의 길로 끌고 간다고 비판한다. 당시 노바티아누스의 분파가 일어나 교회를 분열시킬 때 그는 그들의 위험성을 인식하고 『보편교회의 일치론』을 저술하였다.

4. 교회일치론과 세례론 논쟁

그는 『보편교회의 일치론』을 통하여 교회가 분열을 극복하고 하나가 되어야 한다는 것을 역설하였다. 그는 교회가 일치하여 하나됨을 설명한다. 그가 교회가 하나된다는 첫 번째 의미는 감독이 지도하는 교회가 감독과 연합하여 하나가 되어야 한다는 의미이다. 그는 이러한 감독을 중심으로 지역교회가 하나가 되는 것에서 한 걸음 더 나아가서 감독들의 연합체로서 전체 교회가 하나라는 것으로 의미를 확대한다. 하나님께서 감독들을 선출하여 세우시면서 그들이 교회를 하나로 유지하도록 그 임무를 맡기셨다. 그러므로 감독회의를 통해 교회가 하나가 되기 위해서는 감독들의 상호간의 인정이 중요하다. 여기서 키프리안은 감독들이 서로 동등하여 상호 인정해야 하는 위치로 이해하고 있다. 물론 여기서 그는 한 걸음 더 나아가 감독회의가 하나 됨이 로마 감독과의 하나 됨에서 실현된다고 설명한다. 감독회의가 하나 되는 것은 주님께서 사도적 권위를 우선 베드로에게 부여한 사실에 있다고 지적한다. 감독회의가 하나가 되는 것은 그것이 베드로의 후계자와 연합해 있다는 사실에서 나온다고 보며 로마교회를 "보편교회의 뿌리이자 모체"(서신 48.3)라고 하였다.

  로마교회는 자신들의 감독직이 가장 우월하다는 입장을 내세우면서 자신들의 지도를 따르라고 주장하였다. 255년경에 로마 감독 스테파누스와 키프리안 사이에 배교자들의 교회에 속하여 세례받은 당시 배교자들의 세례의 합법성에 대한 논쟁이 일어났다. 이러한 배교자들이 교회에서 받은 세례를 정통교회가 인정할 것인지가 중요한 논쟁점이었다. 이때 로마감독 스테파누스는 교회의 세례의 유효성은 세례주는 자의 올바른 수여와 의도를 중요시하였다. 다시 말해 배교자들의 교회에서 베푼 세례라고 하더라도 성부, 성자, 성령의 이름으로 베풀어진 세례는 정당한 세례라고 인정한다는 것이다. 그리고 그는 로마교회의 권위를 내세우며 키프리안에게 복종할 것을 요구하였다. 그러나 키프리안은 모든 감독들은 동등하다는 입장을 내세우며 그의 입장에 반대하였다. 북아프리카의 카르타고에서 목회를 했던 키프리안은 터툴리안에게서부터 이어져 온 북아프리카 교회의 전통을 따랐다. 터툴리안은 정통 교회 밖에서는 성령이 역사하지 않는다고 보았고, 그러므로 이단자들의 올바른 성경해석권을 부인하였다. 그러므로 키프리안도 정통교회 밖에서는 성령께서 역사하지 않으므로, 배교자들의 세례를 정당성을 가질 수 없다고 보았다. 그러므로 배교자들이 베푼 세례는 무효이며, 이들이 다시 정통교회로 돌아오면 재세례를 받아야 한다고 주장하였다. 로마감독 스테파누스와 키프리안은 배교자들의 교회의 세례의 정당성을 둘러싸고 이러한 논쟁을 벌였다.

키프리안은 교회가 하나임을 설명하기 위하여 마태복음 16장 16-18절과 요한복음 20장 31-33절을 인용한다. 그는 주님께서 모든 사도들에게 동등한 권한을 주셔서 세상에 파송하시지만 한 사람 위에 교회를 세우시는데, 그 목적은 교회가 하나 되게 하려는 것이라고 설명한다. 그러므로 키프리안은 교회가 하나라는 것을 강조하기 위하여 하나님께서 베드로 위에 교회를 세우시지만, 모든 사도들에게 베드로와 동등한 권한을 주셨다고 주장한다. 그러므로 키프리안은 자신이 로마교회를 교회의 모교회와 원천이라고 주장한 것을 로마교회가 자신들의 수위권으로 해석하는 입장을 수용하기가 어려웠다. 키프리안이 원했던 것은 교회가 하나가 되어야 한다는 근거로서 로마교회의 위치를 설명한 것이지, 제도적이고 법적인 차원에서 수위권을 가진다는 의미가 전혀 아니다.

키프리안은 교회가 하나가 되어야 하는 근거로 주님께서 베드로에게 '내가 이 반석 위에 내 교회를 세울 것이라'(마16:18)고 말씀하신 말씀을 토대로 삼고 있다. 여기에 대한 키프리안의 저술에 대해 수위권 사본과 공인 사본의 두 개의 사본이 전해 온다. 로마가톨릭교회는 소위 수위권 사본을 근거로 키프리안이 로마교회의 수위권을 인정했다고 주장하는 반면에 개신교 학자들은 공인본문을 근거로 로마가톨릭교회의 주장을 비판하고 있다.

수위권 사본은 다음과 같이 기록하고 있다: "베드로 역시 다른 사도들과 같은 사도였지만 베드로에겐 수위권(primatus)이 주어졌는데, 이것은 하나의 교회, 하나의 교좌가 드러나기 위함입니다. 사도가 모두 목자지만 한마음으로 목회하기 위해 그 양 떼는 하나입니다." 그러나 공인 사본에서는 이 부분을 다음과 같이 기록하고 있다. "주님께서 이렇게 하시는 이유는 하나임을 보이기 위해서다. 주님께서는 한 사람으로부터 시작하는 바로 하나님의 원천을 자기 권위로 확립하셨다. 확실히 나머지 사도들도 베드로와 동등한 직무와 권능을 분배 받았지만, 시작이 하나님께서 나아오므로 그리스도의 교회가 하나임이 드러나는 것이다." 공인 본문은 베드로의 수위권을 인정하는 구절이 없으며, 베드로 위에 교회를 세우시겠다고 말씀하시는 이유는 교회가 하나임을 보이려는 목적을 가지고 있다. 동시에 나머지 사도들도 베드로와 동등한 직무와 권능을 분배 받았다는 것이다. 그리고 이렇게 하나 된 '교회의 이러한 일치를 견지하지 않는 자가 어떻게 신앙을 보존하고 있다고 믿을 수 있느냐?'고 반문한다. 교회의 일치는 곧 진리의 보존이며, 교회가 그 진리를 보존하고 있기 때문에 교회는 하나이어야 한다. 키프리안은 다음 장에서 교회를 경건한 여인으로 묘사하며 교회로부터 분리되는 자들은 '간음한 여자'로 묘사하고, 교회 밖에 구원이 없다고 선언한다. "교회로부터 분리되어 간음한 여자를 택하는 사람은 교회로부터 받게 되는 약속 밖으로 밀려나게 되며, 그리스도의 교회를 저버리는 사람은 그리스도께로부터 상급을 받을 수 없습니다. 이런 사람은 이방인이 되고 속된 자이며 원수입니다. 교회를 어머니로 모시지 않는 사람은 하나님을 아버지로 모실 수 없습니다." 그는 다른 주장을 하면서 정통 교회로부터 분리하는 행위를 진리를 저버리는 행위로 간주한다. 예수님의 통옷과 구약의 유월절 어린 양을 한 집에서 먹는 행위, 예물로 드릴 때 쪼개지 않는 비둘기의 예를 통해 교회의 하나 됨을 강조한다. 키프리안의 교회 일치는 당시 크게 논쟁이 되었던 배교자에 대한 문제와 이단들을 대처하기 위한 특단의 조치였다.

이러한 두 사본의 관계에 대해 켈리(J. N. D. Kelly)는 교회가 로마교회로부터 출발하여 하나가 되어야 한다는 의미에서 수위권을 인정하는 사본을 키프리안이 먼저 썼는데, 스테파누스가 모든 교회들이 로마교회에 복종해야 한다는 의미에서 법적이고 제도적인 우위권을 주장하자, 키프리안이 자신의 글을 수정하여 공인본문을 썼다고 해석한다. 키프리안은 로마교회를 제도적이고 지리적인 의미에서의 로마교회가 아니라, 베드로 위에 세워진 하나 된 교회라는 명예에 따른 수위권의 의미에서 로마교회를 사용하였다.

그러므로 키프리안은 교회가 분열되는 것을 막고 하나의 교회를 유지하기 위하여 감독 중심으로 교회가 하나가 되어야 한다고 보았다. 그래서 그는 이렇게 감독 중심의 제도화된 교회 밖에는 구원이 없다고 하였고, 교회를 어머니로 모시지 않는 사람은 하나님을 아버지로 모실 수 없다고 말할 정도로 교회의 권위를 강조하였다. 그는 감독 중심으로 하나가 된 교회들은 하나 된 감독회의들을 토대로 하나의 보편적인 교회를 이루어야 한다고 보았다.

감독중심의 키프리안의 교회관에서 또한 그의 성령론이 중요한 역할을 하고 있다. 키프리안은 당시에 여러 성령론의 견해들이 대두된 상황에서 자신의 성령론을 정립해야 했다. 그는 세례관에서는 터툴리안의 영향을 받았지만, 성령론에서는 그와 견해를 달리하였다. 터툴리안은 성령을 카리스마적인 선물로 보았고, 그러므로 교회에서의 권위도 감독들보다는 성령의 은사를 받은 금욕자들, 그들이 설사 평신도들이라고 하더라도 은사받은 자들에게 있다고 보았다. 키프리안 교회 안에서 고백자들은 자신들이 성령으로부터 직접적으로 영적인 권위를 받았다고 주장하고 있었다. 이러한 상황에서 키프리나우스는 조직화된 교회 안에서 감독의 직무와 사도 계승과 관련하여 성령론을 정립해야 할 위치에 있었다. 그는 성령을 비둘기로 표현하면서 비둘기 같은 성령이 임한 교회는 하나가 되어야 하고, 각각의 그리스도인들이 평화스럽고 사랑의 관계를 나눌 수 있는 유일한 곳은 바로 교회임을 강조한다. 또한 교회는 성령이 거주하시는 울타리로 둘러싸인 정원과 같기 때문에 하나라고 말한다. 그는 초기 저술인 『도나투스에게 보낸 편지』에서 이미 신자들은 성령과 죄의 관계에서 중생을 체험해야 하고 성령의 임재 가운데 살아가야함을 강조했다. 성령과 세례의 관계는 성령과 죄의 관계보다 한 차원 더 진보한 그리스도인의 삶의 차원을 나타내고 있다고 할 수 있다. 세례에서 성령의 역사를 통해 죄 용서를 받음으로 그리스도인은 새로운 정체성의 토대를 가지게 된다. 또한 세례의 성화적 차원은 회심 체험 등을 포함하는 '고백적 차원에 기초한 경험들'과 연관이 있다는 것이다. 특히, 세례의 성화적인 차원은 그리스도인의 영적인 여정의 이상과도 깊은 관련이 있다. 이 목표에 도달하기 위해서, 키프리안은 세례 안에서 성령의 사역을 통한 교회의 일치를 강조했다. 그는 정통교회 안에서만 성령이 역사하시기 때문에 정통교회에서 세례를 받아 하나의 교회를 형성해야 한다고 보았다. 더 나아가 그에게 있어 그리스도인들의 성숙은 교회 안에서의 세례를 통해서, 삼위일체의 하나님이 계시는 곳인 교회를 통해 완성되며 그리스도의 군사로 발전되어 간다. 그는 『순교에의 권면』에서 두 종류의 세례를 말한다. 세례에는 물로 받아 죄를 사함 받는 세례와 함께 그리스도의 보혈로 받아 하나님과의 깊은 교제로 나아가게 하는 세례가 있다.

 제베르그에 따르면 이레니우스와 터툴리안의 저술에서 나타나는 교회관은 그리스도의 가르침을 믿고 따르는 교회들이었다. 그런데 3세기에 박해 속에서 배교자들이 출현한 후에 거룩성에 초점을 두고 노바티아누스, 키프리안, 스테파누스 등의 다양한 교회관들이 등장하였다. 이 때 키프리안은 성령 안에서 하나 되는 교회를 강조하고 있다. 그는 교회란 단순히 가시적인 조직체나 제도가 아니라, 그리스도와 성령과 함께 교제를 위해서 모이는 그리스도인들의 거룩한 장소라고 보았다. 키프리안은 그리스도의 영적인 지도력은 감독을 통해서 이루어지며, 이 지도력 안에서 그리스도인들은 성령의 임재를 경험하게 된다고 주장한다. 그래서 성령과 교회의 일치는 하나님의 영의 일하심을 통하여 교회의 관계적 본질(the relational nature of the church)을 나타내는 것이라고 할 수 있다. 그는 『보편 교회의 일치론』에서 성령 안에서 이루어지는 "연합의 신비(sacramentum uniotatis)"를 말하고 있다. 키프리안은 감독 안에서 교회가 하나됨을 강조하면서 동시에 성령의 역사 안에서 이루어지는 연합의 신비를 말하고 있다. 그와 함께 키프리안이 말하는 교회의 권위와 감독의 권위는 로마 감독 스테파누스가 말하는 바와 같이 로마 감독이 수위권을 가지고 있다는 위계질서에서 나오는 것이 아니라 성령의 역사를 통해 성도들을 하나님과의 깊은 교제 속으로 인도하여 그리스도를 닮아 거룩한 공동체를 이루어가는 목양적인 측면과 함께 직제로서의 감독의 양면성을 가지고 있다.

그러므로 키프리안은 제도적 통일성과 함께 교회의 영적인 통일성을 주장하는 일면을 가지고 있었다. 그는 감독들은 감독들의 감독인 예수 그리스도에게 예속된 사람들이며, 로마 감독은 다른 감독들보다 우선권은 있지만 지배적인 위치에 있는 것은 아니라고 하였다. 그는 로마감독 스테파누스가 자신의 세례론을 간섭하려고 했을 때에 그것을 거부하였다. 그는 연방제적인 감독제를 주장하였다. 그는 감독을 선출할 때는 주변 지역의 감독들이 해당 지역의 회중들을 모아 선거로 선출하도록 하였다. 이러한 그의 교회관은 후에 어거스틴에게 큰 영향을 미쳤다.

더 읽어야 할 책들과 논문들

김칠성. "키프리안의 진술과 로마 카톨릭 교회에 관한 연구."「복음과 선교」, Vol.35 (2016): 307-337.

안봉환. "키프리안의 재화의 올바른 사용."「神學展望」, No.200 (2018): 2-38.

임원택. "교회의 하나임에 대한 키프리안의 이해 -노바티아누스 분파 논쟁을 중심으로."「역사신학 논총」, Vol.17 (2009): 212-243.

조병하. "키프리안의 글「카톨릭 교회의 일치에 대하여」(de ecclesiae catholicae unitate)의 제4장의 전승의 문제와 베드로 (로마 교회 감독) 수위권에 대한 논쟁."「역사신학 논총」, Vol.1 (1999): 69-189.

채승희. "키프리안의 교회론."「신학과 목회」, Vol.48 (2017): 79-105.

최철. "키프리안의 성령 중심의 교회론."「한국기독교신학논총」, Vol.90 No.1, (2013): 63-86.

제6장
클레멘스

(Clemens, 155-215)

클레멘스와 오리게네스를 비롯한 알렉산드리아학파는 복음의 형이상학적 의미를 강조하여 신앙을 모든 것의 길잡이로 이해하며 철학과의 조화를 꾀함으로써 여러 가지 인간적 체계를 극복하려 하였다. 알렉산드리아 학파는 구원의 객관적 의미를 강조하여 '로고스' 위에 모든 신학과 이론을 전개시켰다. 알렉산드리아 학파는 당시 헬레니즘 문화가 가장 발전했던 알렉산드리아에서 형성된 학파로 이들은 철학을 이용하여 기독교의 형이상학적 진리를 규명하는데 공헌하였다. 그리고 "부자들이 구원받을 수 있느냐?" 하는 질문에 부의 종이 되면 구원받을 수 없으나, 부를 하나님을 위해 올바르게 사용하는 자는 구원받을 수 있다고 하였다. 알렉산드리아에는 기독교 진리를 가르치는 학교가 등장하였다. 2세기 중반부터 로마제국의 여러 도시에 종교 교육을 하는 학교가 생겨나기 시작하였다. 무엇보다 유스티누스는 165년경 로마에 학교를 세워 후에 그리스 문화에 대한 열렬한 반대자가 된 타티아누스(Tatianus)를 배출한다.

다음으로 한때는 스토아 철학자였다가 영지주의적 기독교인이 되었던 판테누스(Pantaenus)가 180년경 기독교인 훈련학교를 건립하였다(알렉산드리안 스쿨). 이 학교는 기독교를 진정한 철학으로 교육하였다. 그를 이에 클레멘스가 190년에, 오리겐(Origen)이 203년부터 이 학교를 담당하였다.

1. 생애

클레멘스(Clemens, 155-215)는 그리스 철학자들과 시인들에 대한 수많은 인용을 하는 등 탁월한 그리스어 능력을 가지고 있는 점으로 보아 아테네에서 이교도 부모 밑에서 태어난 것으로 보인다. 부모들은 그에게 뛰어난 교육을 시키고자 하여 헬레니즘의 문학과 철학을 공부하였다. 그는 이것으로는 진리에 대한 갈증을 해결할 수 없었고, 신에 대한 문제로 고민하다가 기독교인들의 교리와 도덕적 숭고함을 통하여 기독교로 개종했던 것 같다. 그는 개종 후 청년기에 기독교 진리를 가르쳐 줄 좋은 교사를 찾아 남부 이탈리아와 팔레스타인 등 여러 지역을 여행한 후에 알렉산드리아로 오게 되었다. 그는 180년경 알렉산드리아 정착하여 판타누스에게서 배웠고, 190년에 판테누스에 이어 '알렉산드리아 신앙 입문 학교'의 교장이 되어서 202년까지 활동하면서 많은 제자들을 양육하였다. 그는 세베루스 황제가 기독교를 박해하던 202년에 알렉산드리아를 떠나 팔레스타인에서 10여년을 보냈다. 그 후 세베루스 황제의 박해 하에서 211-215년 사이에 순교한 것으로 보인다.

2. 저술

클레멘스는 이교도들에게는 기독교를 변증하는 한편, 그리스도인들에게는 기독교 교리의 핵심(혹은 그리스도의 신비에 대한 진정한 앎)을 설명하고자 했다. 그의 저서들 중 중요한 3부작이라고 할 수 있는 『희랍인에 대한 권고』 Protrepticus, 『교사』 Paedagogus, 『잡문』 Stromata도 그러한 목적에서 저술된 것이다. 첫 번째 책은 불신자를 기독교 신앙으로 초대하는 책이고, 둘째는 초신자를 위한 책이며, 셋째는 성숙한 크리스천을 위한 책이다.

클레멘스의 3부작은 자신이 운영한 교리문답 학교의 학생들의 신앙교육을 위한 교제의 성격을 가진 것으로 보인다. 불신자를 신앙으로 인도하고, 신앙의 초보자를 위한 신앙입문 교육을 시킨 후에 3단계에서는 참된 영지로 인도하고자 하였다. 그는 영지주의자들이 말하는 영지는 참된 영지가 아니라고 보았고, 참된 영지는 사도적 전통에 기초한 지혜라고 보았다. 그는 사도적 전통이란 성경과 초대교회의 신앙의 규준이라고 보았다.

이러한 그의 저작들을 통해서 교육했던 알렉산드리아의 교리문답학교는 당시의 로마제국의 교육환경에서 상당히 중요한 위치를 차지하게 되었다. 이 학교에는 세상 학문과 기독교에 관심 있는 수준 높은 학생들이 모여들었는데, 이들은 3단계의 수준으로 체계적으로 학습을 시켰고, 기독교와 함께 고대의 자유교육과정을 통합하여 운영했기 때문이었다.

『희랍인에 대한 권고』에서는 이교도들로 하여금 자신들의 오류들을 버리고 나면 개종할 수 있다는 권면의 내용을 담고 있다. 12장으로 구성된 이 작품은 이교도들이 믿는 신앙들의 비진리성을 나타내고 그것들이 하나님을 아는데 있어 무의미할 뿐이라고 지적하며, 결론적으로 그는 완전한 진리는 선지자들과 예수 그리스도를 통해서만 알 수 있다고 제안한다. 하나님의 실재라고 하는 구조 속에서 생명과 안식을 줄 수 있는 로고스에게 오라고 헬라인들에게 호소했다. 『교사』는 기독교 신앙에 들어온 사람들에게 기독교 신앙이 무엇인지를 설명해주고 기독교인이 지녀야할 덕목과 태도를 취급한다. 기독교인의 도덕률은 일상생활의 상세한 것을 포함한다. 이 책은 인간의 3가지 필요를 제시했는데, 첫째, 회심의 필요인데, 회개와 믿음을 설명하였고 둘째, '훈육(Discipline)은 태도의 변화이며, 셋째, 교육은 내용의 전달이라고 하였다. 세 부분으로 나누어진 이 작품은 먼저 어리석은 영지주의자들과 논쟁한다. 그들은 스스로 기독교인들이 완전에 이를 수 없다고 하며 영지가 필요하다고 주장했다. 이에 따라 클레멘트는 세례로 말미암아 하나님의 자녀가 되고, 하나님을 볼 수 있는 능력이 생겨난다고 주장하고, 그 결과 완전에 이를 수 있다고 반박했다. 그리고 영지는 단순히 신앙의 발전에 불과하다고 했다. 두 번째와 세 번째 부분에서 그는 일반적인 다양한 삶의 현장들을 언급하면서 덕스러운 삶에 대한 지침을 주는 실천적인 문제들을 다룬다. 『잡문』은 중요한 주제들에 대한 짧은 글들의 모음집인데, 무질서한 구조로 되어 있어 내용을 알기가 어렵다. 그렇지만 그의 철학과 신학의 알맹이를 이 책에 기록한 것으로 보인다. 이 책에서 기독교가 도래하기 전 철학은 헬라인들을 위해 초등 학문의 역할을 감당하였다. 철학은 그리스도 안에서 완전에 이르는 이들을 위한 길을 예비하였던 것으로 설명한다. 이 책에서 그리스도인의 최고의 목표는 마태복음 5장 8절에 근거하여 하나님의 보는 것이었다. 그는 마음의 청결을 마음의 평정으로 정의하고, 이 마음의 평정은 하나님과 일치한 사람이 되었을 때 얻어지는 것이라고 보았다.

당시 알렉산드리아 교회 안에서 부자들이 구원받을 수 있는가? 하는 논쟁이 일어났다. 교회 안에서 부자가 구원받는 것은 낙타가 바늘구멍으로 들어가는 것보다 어렵다거나, 부자 청년에게 그의 재산을 팔아 가난한 자에게 나누어 주고 자신을 따라 오라는 말씀을 문자적으로 해석할 경우에 부자들이 구원받을 가능성이 없는 것으로 받아 들여질 가능성이 많았다. 이러한 문제를 해결하기 위하여 클레멘트는 마가복음 10장 17-31절의 어리석은 부자에 대한 해석을 토대로 『어떤 부자가 구원을 받는가?』라는 책을 저술하였다. 그러므로 이 책의 독자들은 불신자들이 아니라 교회 내에 있는 부자들이었고, 더 나아가 교회공동체 안에서 일반 신자들이 부자들을 어떻게 대해야 할 것인가? 하는 문제와 관련되어 있었다. 그는 이 책을 통하여 부자에 대한 예수님의 말씀들을 영적으로 해석하였다. 필로의 전통을 따라서 성경을 문자적으로 해석할 경우에 발생하는 모순들을 해결하기 위하여 문자를 넘어선 영적인 의미를 찾는 알레고리의 해석방법론을 사용하였다. 첫째로 부자들이 물질적인 부에 집착하여 탐욕의 마음으로 살아가는 것에서 벗어나야 한다. 부에 집착하여 살아가면서는 제대로 하나님을 섬길 수 없기 때문이다. 둘째로 탐욕을 내려놓고 평정심을 유지하게 되면 자신의 재산은 다른 사람들과 나누라고 잠시 맡긴 것이라는 것을 깨닫는다는 것이다. 그는 스토아 철학의 교훈을 받아들여 부에 대한 집착에서 벗어나라는 교훈으로 해석하였다. 하나님께서 자신에게 청지기 역할을 하도록 맡겨주신 것이다. 셋째로 부자들이 자신의 부를 가지고 가난한 자들과 병든 자들과 옥에 갇힌 자들에게 구제하고 나누어 주어야 한다. 이렇게 나누어 주는 것이 참된 회개의 표현이고, 하나님의 절대적인 명령을 따르는 것이다. 이와 같이 참된 회개를 하며 하나님의 명령에 순종하는 선을 행하는 부자들은 구원을 받을 수 있다고 가르쳤다. 클레멘스는 이러한 성경해석을 통하여 교회 공동체 안에서 부자 그리스도인들의 위치를 정당화시켰다는 평가를 받고 있으며, 이러한 입장은 일반적으로 초대교회에서 부자에 대한 이해의 기준의 역할을 하였다.

3. 신학사상

1) 믿음과 영지의 관계

그는 철학이 하나님을 이해하는데 도움을 주며, 하나님이 철학의 원천임을 주장한다. 영지주의 영향을 받으면서도 그 극단은 피했으며, 오히려 영지주의를 비판했다. 물질이 악함으로 물질세계는 멸망한다는 비관주의적 세계관을 비판하였고 운명론적인 것을 반대하여 자유의지를 강조한다. 기독론에서는 로고스 기독론을 주장한다. 그리스도는 하나님이 보내신 로고스이고, 로고스는 모든 인간 이성의 근원이다. 인간은 로고스를 통해 구원받으며, 그리스도는 선재하고 영원하여 성부와 구별된다고 하였다. 윤리에서는 금욕주의적인 입장을 견지하였다.

클레멘스는 잡동사니 혹은 여러 가지 주제들에 대한 잡다한 문집을 의미하는 『스트로마타』를 저술하였다. 유세비우스는 그의 『교회사』에서 이 책에 대해 다음과 같이 설명한다: "스트로마타(Stromata)에서 클레멘스는 성경뿐 아니라 유용하다고 판단되는 경우 헬라인들의 작품들까지도 엮어서 문집으로 만들었다. … 이로써 그는 스트로마타(Stromata)라는 제목이 작품 자체에 걸맞도록 했다." 그런데 스트로마타는 글의 주제나 스타일에서 체계성이 없이 혼란스러워 내용을 파악하기에 어려운 글로 유명하다. 왜 클레멘스는 이러한 방식의 글쓰기를 선택했을까? 클레멘스는 진리 즉 하나님은 알기에 너무나 어려운 분이다. 그러므로 그는 이 하나님에 대한 지식을 준비된 사람들에게는 알리면서, 준비되지 않은 사람들에게는 숨기려는 의도에서 체계성이 없는 모호한 방식으로 글을 저술하였다. 진리를 발견하려고 준비된 사람들은 이 글을 치밀하게 읽고 연구하여 진리를 발견할 것이고, 준비되지 않은 사람들은 이 글을 이해하지 못하여 진리를 발견하지 못할 것이다. 오스본은 이 책의 저술 목적을 다섯 가지로 설명한다. 첫째는 기독교의 진리를 전달하기에 적합한 비망록(1.11.1)이고, 둘째는 클레멘스가 자기 스승들로부터 받은 가르침의 기록(1.11.2)이며, 셋째는 하나님으로부터 성경과 교회 전통을 통해 전승된 위대한 유산의 일부(1.11.3)이며, 넷째는 철학자들과 이단들의 견해를 보여줌으로써 진정한 철학과 진정한 영지가 무엇인지 보여주고자 하는 것이고, 다섯째는 게으르고 자격 없는 자들에게는 기독교 진리의 어떤 측면을 감추고자 하는 것(1.21.2)이다. 고대 세계의 가르침에서 대화가 훨씬 더 유용한 수단이었지만, 더 많은 사람들에게 지식을 전달하기 위하여 저술이 이루어졌다. 그래서 클레멘스도 학교를 세워 대화를 통한 지식 전수의 방법을 사용하면서 동시에 저술을 통해 참 지식을 전달하고자 하였다. 저술을 통해 지식을 전파하되 준비된 사람들에게만 전달하고자 의도적으로 체계성이 없고 일관성이 없는 잡문의 방식으로 저술하였다.

 그러면 클레멘스는 누구를 대상으로 이 책을 저술했는가? 그가 활동하던 당시에 교회는 내부적으로는 헬라 철학을 이단의 진원지로 비판하며 배척하는 일들이 있었으므로, 이들에게 기독교 진리와 철학의 관계를 올바르게 가르쳐야 할 필요성이 있었다. 이와 함께 클레멘스가 활동했던 알렉산드리아에서는 이보다는 영지주의자들과 이교도 지식인들의 기독교에 대한 비판이 강하게 일어나고 있었다. 영지주의자들은 기독교를 자신들의 이론에 따라 왜곡하여 소개하고 있었으므로, 클레멘스는 이들의 주장들을 비판하면서 기독교가 참 진리, 참 영적인 진리(영지)라는 것을 변호할 필요가 있었다. 또 하나는 셀수스 같은 이방인 지식인의 기독교에 대한 악의적인 공격이었다. 그는 기독교는 가난한 집안 출신의 사생아를 구세주라고 믿는 다수의 어리석은 바보들과 다른 이방인들과 헬라인들의 철학과 이론들을 모방한 사기꾼들의 모임이라고 비판하였다. 그러므로 클레멘스는 이러한 영지주의와 이방인 지식들의 왜곡과 공격에 대해 기독교를 변증해야 할 필요성을 가지고 있었고, 그래서 스트로마타를 저술하였다. 이 책은 기독교를 변증하면서 기독교의 핵심진리를 설명하고자 하였다.

 첫 번째로 헬라 철학이 인류에게 해를 끼치려는 의도를 가진 악한 세력에서 생겨났다는 비판에 대하여 악한 세력으로부터는 선한 아무 것도 생겨나지 않으며, 오히려 철학은 하나님의 선한 섭리에서 생겨난 것이라는 것을 보이고자 하였다. 이 글에서 클레멘스는 철학의 기원에 대하여 세 가지 설명을 제시한다. 첫째는 헬라인들 가운데 일부가 인간이 공통적으로 가지고 있는 개념이나 지성에 의해 하나님의 생각을 일부를 알게 되었다. 헬라 철학자들이 참된 진리를 깨닫게 된 것은 여기에 더하여 로고스(성자)로부터 기인하는 특별 은총의 영향도 있었다. 그러므로 헬라 철학자들은 자신들의 능력으로 혹은 신의 영감(은총)으로 진리의 일부를 알게 되었다. 클레멘스는 심지어 피타고라스주의자들이나 플라톤도 하나님의 영감을 통해 진리의 일부를 깨달은 선지자들이라고 말한다. 이러한 견해는 그 이전에 순교자 유스티누스가 주장했던 것인데, 클레멘스는 그의 견해를 수용하였다.

둘째로 클레멘스는 헬라 철학의 진리는 구약의 율법에서 도용한 것이라고 주장한다. 그는 철학은 이방 철학, 헬라 철학, 기독교 철학으로 분류하였다. 이방 철학은 유대 철학으로, 모세의 율법에서 기인하는 것이다. 그는 이방 철학과 헬라 철학은 하나님께서 유대인과 헬라인들에게 준 일종의 언약(또는 하나님의 선물)인데, 부분적인 진리만을 가지고 있다고 보았다. 이방 철학과 헬라 철학은 부분적인 진리를 가지고 있는데, 이것을 완성시킨 것이 그리스도의 가르침이며, 이 그리스도의 가르침에서 나온 것이 기독교 철학이다. 그런데 헬라 철학보다 이방 철학이 더 우월하다고 본 인물들은 예수님과 거의 같은 시기에 알렉산드리아에 살았던 필로와 유스티누스였다. 이들의 견해를 따라 클레멘스도 헬라 철학이 이방 철학인 유대인들의 율법에서 진리를 도용하였다고 주장하였다.

셋째로 클레멘스는 하늘에서 온 천사가 사람들에게 신비한 지식을 전해주었는데, 이것이 철학의 기원이라는 것이다. 천사는 하나님에게서 신비한 지식을 훔쳐다 인간에게 주었는데, 하나님께서는 이 지식이 인간에게 유익을 줄 것을 알아서 섭리로 허용하셨다는 것이다. 그는 이러한 설명들 가운데 어느 하나만이 맞는 것이 아니라, 이 세 가지 견해들이 상호보충적이라고 주장하면서 이 세 가지 견해의 공통점을 주목하는 것 같다. 철학은 하나님 혹은 하나님의 섭리로 인간에게 주어진 것이다. 그리고 이렇게 그리스도 이전에 주어진 철학의 진리는 온전한 진리가 아니라 부분적인 진리라는 것이다. 그리고 이러한 부분적인 진리들은 궁극적으로 완전한 진리이신 그리스도에게 인도하는 역할을 한다는 것이다. 그리고 그리스도가 오신 후에도 철학은 성경해석을 위한 올바른 규칙을 제공해 준다. 이러한 성경 해석을 통한 증명으로 신앙을 갖고자 하는 사람들에게 철학은 지혜의 탐구이다. 다시 말해 철학은 성경의 진리를 이해하는데 도우미이자 보조자이다.

　이와 함께 클레멘스가 스트로마타를 저술한 목적은 기독교인들의 신앙을 변증하려는 것이었다. 당시 그리스도인들의 믿음을 올바르게 정의하는데 세 가지의 걸림돌이 있었다. 첫째는 켈수스로 대변되는 이방 철학자들로 이들은 기독교인들은 성경 말씀에 대한 합리적인 설명이나 증명도 없이 맹목적으로 믿으려고 한다고 비판하였다. 둘째는 발렌티누스로 대표되는 영지주의자들로 이들은 본성적으로 구원받는 그노시스(영지)를 가진 사람들과 일반인들을 구별하는 입장을 견지하였다. 셋째는 지식이 없는 기독교인들로 이들은 믿음을 학문적으로 설명하여 지식의 형태로 발전시키는 것을 반대하고 있었다. 그는 믿음과 그노시스(영지)의 관계를 설명하여 이러한 걸림돌들을 극복하고자 하였다. 그는 먼저 믿음을 세 가지 의미로 설명했다. 첫째 믿음은 증명의 제일 원리를 믿는 인간의 정신적 태도 혹은 특정한 형태의 직접적인 앎이었다. 이방 철학자들은 기독교인들이 아무 근거도 없이 맹목적으로 믿는다고 비난하지만, 철학이나 모든 학문들은 근본 원리에 대해서는 증명하지 못함을 인정하고 출발한다. 그는 믿음은 동의인데, 특별히 믿음은 타고나는 것이라고 주장했던 발렌티누스 같은 영지주의자들을 반박하기 위하여 자발적인 동의라고 강조한다. 믿음은 자발적인 동의인데, 명확한 어떤 대상

(즉 하나님)에 대한 동의이다. 그러므로 클레멘스는 믿음은 인간이 자발적으로 가지는 것이면서 하나님께서 선물로 주시는 것이다. 그는 이 양자의 관계를 명확하게 설명하지는 않는다. 발렌티누스가 믿음은 타고나는 것이라고 주장하는 것을 반박하기 위하여 믿음은 우리들이 자발적으로 가지는 것이라는 것을 강조하면서도, 다른 한편으로 믿음은 하나님께서 선물로 주시는 것이라고 설명한다. 그는 믿음만으로도 구원을 얻는데 충분하지만, 단순한 믿음은 아직 완전하지 않다고 보았다. 그래서 기독교인들은 연구와 해석을 통해 성경을 깊이 이해하여 성숙한 믿음인 영지(그노시스)로 발전해야 한다. 성경 말씀을 진리로 받아들이는 것이 논증의 시작이고, 성경을 연구하고 해석하는 일이 학적 논증이며, 그 결과 발견된 성경의 내적 의미가 학적 앎이 되는 것이다. 클레멘스는 탐구의 출발점으로서의 믿음을 일반적 영지(그노시스)라고 부르는 한편, 추론을 통해 확립된 학적 앎을 특별한 믿음이라고 부른다. 믿음과 영지(그노시스)의 관계를 이렇게 설명하여 클레멘스는 믿음과 영지(그노시스)가 양립 불가능하다고 주장하는 발렌티누스주의자를 반박하면서 무지몽매한 그리스도인들에게 더 나은 성경해석이 가능함을 증명하고자 하였다. 이와 같이 클레멘스는 『스트로마타』를 통해 철학과 기독교 믿음의 관계를 바르게 정립하여 당시의 기독교에 대한 잘못된 비판을 극복하고 기독교를 변증하고자 하였다.

2) 로고스 기독론

클레멘스는 하나님과 인간의 무한한 질적 차이에 바탕을 두고 하나님의 초월성을 강조하는 부정 신학을 선호했지만, 하나님께서 은혜로 자신을 계시하신다는 것을 지적했다. 하나님이 인간에게 무한히 가깝게 찾아오신다는 것이 바로 로고스의 위격과 사역이라는 것이다.

그는 로고스에 대해 초기 변증가들과 중기 플라톤주의자들과 유사하게 성부의 로고스와 성자의 로고스를 구별하였다. 성부의 로고스는 성부 안에 있는 로고스로서 성부의 마음(nous)이며 하나님의 모든 생각과 이데아가 거하는 영역이다. 성부 안에 있던 로고스가 밖으로 나와 독립한 것이 성자 로고스이다. 이 로고스가 이데아의 세계를 구성하는 단자이며, 감각 세계의 창조원리로 모든 것이 이 로고스를 통해 창조되었다.

클레멘스 이전의 로고스론은 여기서 멈추는 경우가 있었고, 저스틴은 성육신과 관련하여 논의했으나 구속론과는 깊이 있게 관련시키지 못했다. 그런데 클레멘스는 로고스의 성육신을 구속론과 깊이 있게 연결시켜 그의 위격과 사역을 논한다. 당시 알렉산드리아의 영지주의자들은 세계의 부조화가 근본적으로 신적 세계의 부조화에 근본 원인이 있다고 보았고, 그러므로 그리스도의 출현을 세계를 지배하는 법칙의 소멸, 현실 세계의 소멸이라는 부정적인 관점에서 해석하였다. 클레멘스는 영지주의자들의 이러한 부정적인 관점을 하나님과 세계의 조화라는 긍정적인 관점에서 극복하고 기독교를 구속 종교로 제시하였다. 클레멘스는 하나님과 세계의 우주적 조화의 매개자를 그리스도의 모습으로 나타난 성자 로고스로 제시하였다. 그 이전의 변증가들은 로고스를 창조의 매개자로 제시하여 그의 신성을 입증하는데 만족했지만, 클레멘스는 그리스도를 여기서 한 걸음 더 나아가 영원적이고 편재적인 우주의 통치자로 제시하였다.

그에 따르면 인간은 하나님의 창조물 가운데 하나님께서 가장 사랑하시는 고귀한 존재였다. 그러므로 세계의 통치자인 로고스가 항상 인간을 생각하는 것은 당연한 일이었다. 아담이 범죄하여 타락하고 멸망의 길로 나아간 후에, 성자 로고스는 인간을 구원하기 위하여 인류의 참된 교사의 역할을 담당하셨다. 인류의 교사이신 성자 로고스는 성육신 하시기

전에는 유대인과 헬라인에게 예비 교육을 시키셨다. 유대인들은 율법과 선지자들을 통해서, 헬라인들은 철학을 통해서 그러한 교육을 시키셨다.

이러한 예비 교육 후에 성자 로고스가 이 세상에 오셔서 새로운 백성을 위한 참된 교사, 의사, 구속자로서의 역할을 감당하셨다. 그는 특히 성자 로고스가 하늘로부터 이 땅에 육신 속으로 내려오심을 강조했다. 로고스이신 주님께서 육신 속으로 내려오심으로 신성과 인성을 모두 가지신다. 클레멘스는 로고스가 성육신할 때 가현적 존재가 되기 위하여 자기의 육신을 창조하였다고 말했는데, 9세기 포티우스는 그를 가현설자라고 비판하기도 하였다. 클레멘스는 그리스도가 육정의 지배를 받지 않는 마음의 청정 상태를 가진 인간의 원형이라는 것을 강조하고자 하였다. 그는 이러한 과정에서 그리스도의 인성을 약화시키는 표현을 사용하여 가현설자라는 비판을 받기도 한다. 그렇지만 클레멘스는 그리스도께서 우리의 동일한 육체를 가지고 우리를 위하여 고난받으신 것을 강조하며 그는 우리를 위한 대속물과 화목제물이었다고 명시한다.

클레멘스는 알렉산드리아에서 활동하면서 교리문답 학교의 3단계 교육을 위한 3권의 책들을 저술하였다. 그는 영지주의가 발전했던 알렉산드리아에서 기독교가 참된 영지요 참된 철학이라고 설명하고자 하였다. 그는 변증가 저스틴을 이어 받아 로고스론을 발전시켰다. 로고스는 헬라 철학의 진리와 유대교의 율법의 진리의 근원이면서 성육신하셔서 그리스도가 되었다. 그러므로 헬라 철학과 유대교가 그리스도에게로 가는 몽학선생이 된다는 입장이다.

더 읽어야 할 책과 논문들

공성철. "그리스도인과 재물관리 : 알렉산드리아의 클레멘스의 도움을 받아서." 「신학과 문화」, Vol. 21 (2012): 89-119.

박영희. "알렉산드리아의 교리문답학교의 특징과 교육사적 의의." 「敎育思想硏究」, Vol.32 No.3 (2018): 73-96.

염창선. "알렉산드리아의 클레멘스의 『어떤 부자가 구원을 받는가?』에 나타난 "가난과 부"에 대한 이해의 문제." 「서양고대사연구」, Vol.25 (2009): 283-300.

오유석. "생득적인가 후험적인가 -선개념(prolepsis 혹은 praenotio)에 관한 논의를 중심으로." 「동서철학연구」, Vol.62 (2011): 81-103.

이은혜. "부와 부자에 대한 초대 교부들의 이해: 연속성과 불연속성." 「성경과신학」, Vol.82 (2017): 151-178.

제7장
오리겐

(Origen, 185(?)–254(?))

오리겐은 클레멘스에 이어 알렉산드리아의 교리문답 학교를 운영했으며, 후에는 가이사랴 지방에서 교육 활동과 함께 설교 사역을 하였다. 그는 특히 2세기 후반에 헬레니즘에 입각하여 기독교를 공격했던 켈수스의 주장을 반박하는 『켈수스를 반박함』을 통해 헬레니즘 문화에 대한 기독교의 이론적인 답변을 제공하였고, 『원리론』을 저술하여 헬라 철학의 도움을 받으면서 기독교의 교리들을 체계화, 조직화하였다. 그리고 성경해석에서 육적 의미, 혼적 의미, 영적 의미의 세 가지 의미에 기초하여 성경의 문자적 의미를 넘어 영적 의미를 찾는 이론적 토대를 제공하였다.

1. 생애

오리겐은 185년경에 알렉산드리아의 기독교 가정에서 태어났다. 그는 그의 이름이 애굽의 빛의 신인 오로의 소생이란 뜻을 가진 것으로 보아 민족적으로는 애굽의 곱트족 출신인 것으로 보인다. 그는 아버지 밑에서 헬레니즘 철학과 성경 교육을 받았고, '알렉산드리아 교리문답 학교'에서 클레멘스 밑에서 공부했다. 클레멘스가 운영하던 이 학교는 202년에 박해가 일어나 클레멘스가 다른 지역으로 피신을 하면서 문을 닫았다.

그는 박해가 끝난 203년 18세 때 새로운 '알렉산드리아 교리문답 학교'를 열어 교장이 되었다. 그는 열심히 공부해서 학생을 잘 가르쳤는데, 주님의 말씀을 문자적으로 완수하고 모든 비방과 추문을 피하고 학생들을 더 잘 가르치기 위해서 '마태복음 19장 12절'을 문자 그대로 받아들여 '고자'가 되었다. 그는 이 교리 학교에서 일반교양교육을 병행하여 가르치며 기독교 교리의 기초와 기독교인의 삶에 대해 가르쳐 복음을 전파하도록 하였다. 그는 기독교 입문자들을 가르치는데 자신의 삶을 헌신하였다. 그는 자신의 휴식을 포기하면서까지 제자들을 가르쳤을 뿐만 아니라 자신의 모범적인 삶의 본보기를 통해 학생들에게 도덕적 감화를 주었다. 이러한 영향으로 그의 제자들은 공적으로 자신들을 구별하였고 심지어 순교를 당하였다.

오리겐의 아버지인 리오니데스는 셉티미우스 황제가 기독교의 메시아 대망 사상을 알게 되어 개종을 금지하고 박해를 시작했던 202년에 순교하였다. 오리겐도 순교하려고 했으나 어머니가 옷을 감추는 바람에 순교하지 못하였다. 그는 『순교에의 권면』이란 글에서 예수님은 십자가의 고통과 부끄러움을 참으시고 하나님 우편(히 12:2; 8:1)에 앉으셨음을 강조하고 성도는 하나님의 아들을 부인하거나 그와 그의 종들과 그의 말씀을 부끄러워해서는 안 된다며 신앙의 지조를 강조하고 있다.

그는 처음에 헬라 철학을 공부하여 가르쳤으나 세속 학문을 포기하여 그와 관련된 모든 책을 팔았고 성경만을 가르치며 금욕적인 삶을 살았다. 그러나 자신의 책들을 판지 얼마 지나지 않아 그는 세속적 학문분야와 철학을 연구하는 것이 성경해석과 선교활동에 매우 중요하다는 사실을 깨닫게 되었다. 그는 이 때에 플라톤주의 철학에 매우 심취하였다. 그는 210년부터 5년간 암모니오스 삭카스에게서 신플라톤주의 철학을 배웠으며, 이렇게 배운 철학 지식들을 성경을 올바르게 해석하고 신학을 체계화하는데 사용하였다.

그는 히브리어를 배웠고, 이러한 언어능력을 바탕으로 헥사플라를 편집하였다. 그의 방대한 저술은 215-220년 사이에 시작되었다. 이러한 저술의 시작은 그의 후원자가 되었던 암브로시우스라는 부자의 회심과 관련되어 있다. 그는 발렌티누스파 이단을 추종하다 오리겐에 의해 정통교회로 돌아오게 되어, 오리겐의 학문 활동을 적극적으로 후원하였다. 이 시기에 요한복음 주해의 첫 부분이 저술되었고 그 뒤 원리론이 저술되었다.

　그는 알렉산드리아에서 교사로 활동하면서 일찍부터 그 도시 밖에서 유명해져 여러 지역을 방문하였다. 그는 212년에 로마를 방문하였고, 여기서 구원자를 찬양하는 히폴리투스(Hippolytus, 170-236)의 강연을 들었다. 215년에는 알렉산드리아에서 큰 전쟁이 일어나 그는 팔레스티나의 가이사랴로 피신했다. 가이사랴의 감독인 테오크티스투스와 예루살렘의 알렉산더는 오리겐을 만나보고 나서 그의 뛰어난 성경 실력을 알고서 평신도인 그에게 공동체에서 성경을 가르쳐 달라고 요청하였다. 이 소식을 들은 알렉산드리아의 데메트리우스 감독은 평신도가 감독들 앞에서 설교하는 것은 들어본 적이 없다고 항의하였다.

　이러한 사실이 알려지자 데메트리우스 감독은 218-9년에 알렉산드리아에 돌아온 오리겐에게 교장직을 맡겼다. 교장직을 수행하면서 저술활동을 하던 오리겐은 약 230년 그리스의 아카이아 지역으로 여행을 했는데 다시금 팔레스타인의 가이사랴를 지나가게 되었다. 아테네에서는 발렌티누스파에 속하는 칸디두스와 사단의 본성과 운명에 대하여 논쟁하였다. 그 후에 가이사랴로 갔는데, 이 때 그의 친구인 테오크티스투스와 알렉산더는 그를 다시금 붙잡고 알렉산드리아 감독 데메트리우스에게 허락도 받지 않고 오리겐을 사제로 임명하였다. 이러한 임명의 목적은 오리겐을 자신들과 함께 일하게 만들고자 하였던 것으로 보인다. 가이사랴에서 성직자로 안수 받았던 그는 이 문제로 알렉산드리아의 감독 데메트리우스와 심한 갈등 관계를 가지게 되었다. 이 소식을 접한 데메트리우스는 고자는 성직자가 될 수 없다는 규정을 근거로 오리겐을 231년경에 교리문답 학교장직과 사제직에서 파직시켜, 알렉산드리아에서 활동을 할 수 없도록 만들었다. 그 이후에 오리겐은 알렉산드리아를 떠나 가이사랴에 가서 활동하게 되었다.

그의 이곳에서의 활동에 대해서는 그의 제자인 그레고리가 쓴 오리게네스 찬양 연설에 잘 나타나 있다. 그레고리는 오리겐의 강의를 통해 하나님에 대한 사랑과 스승에 대한 사랑이 불붙게 되었다고 기록하고 있다. 그는 이 글에서 오리겐의 강의 요강을 설명한다. 그의 강의는 소크라테스의 방식과 마찬가지로 논리적 변증적 방식으로 시작한다. 오리겐은 자연 과학을 가르친 다음에 신의 뜻을 다루었다. 그는 네 가지 기본 덕을 중심으로 윤리학을 강의했는데, 이론적인 훈련뿐만 아니라 실천하려고 노력하였다. 그는 세상과 세상에서 일어나는 모든 일을 하나님 중심으로 사고하였다. 인간에 대해서도 신학적 인간학으로 가르쳤고 철학을 서론으로 하여 성경연구를 가르쳤다. 그가 여기서 가르쳤던 학교는 신자들을 대상으로 가르치는 교리 학교라기보다는 아직 그리스도를 영접하지 않은 이교도 젊은이들에게 철학을 매개로 하여 그리스도를 가르치는 선교 학교였다고 볼 수 있다.

  그는 이곳에서 목회를 하며 300여편의 설교를 하였고, 다양한 저술활동을 하였다. 그는 이곳에 정착한 후에 수요일과 금요일에 설교하였는데, 매일 설교하는 경우도 적지 않았다. 그는 설교자의 임무를 교리교사의 임무와 동등하게 중요하게 생각하였다. 그의 남아있는 설교들은 대부분 도덕적이며 영적인 권면을 하는 것이며, 설교의 주된 목적은 기독교인들의 영혼을 계발시키는 영양을 공급하고 그들을 교화시키려는 것이었다. 그는 여기서 활동할 때 데키우스 황제의 박해를 만나 체포되어 심한 고문을 받았으면서도 신앙의 지조를 지켰으며, 그 고문의 영향으로 254년에 세상을 떠났다. 이와 같이 오리겐의 삶은 평생 동안 교리문답 학교와 설교를 통해 기독교를 변증하고 복음을 전파하려는 고결한 삶이었다. 또한 기회가 주어질 때마다 황제들과 귀족들에게 복음을 전하였다. 오리겐은 젊은 시절 알렉산더 세베루스(Alexander Severus) 황제의 어머니가 복음에 관심을 보이자 안디옥에 가서 복음을 전하였다. 말년에는 필립 황제가 복음에 관심을 보이자 황제와 황후에게 편지를 보내 복음을 전파하였다. 오리겐의 삶은 복음을 전파하려는 삶이었다고 해도 과언이 아니다.

그가 활동했던 알렉산드리아는 당시 로마 제국에서 헬레니즘 문화가 가장 발전했던 곳이었다. 따라서 그곳에는 신플라톤주의 철학과 함께 로마에서 발전했던 스토아 철학이 잘 알려져 있었다. 그러므로 오리겐은 당시에 발전했던 신플라톤주의와 스토아 철학의 사상들을 교육받았으며, 그러한 철학의 세계관 속에서 성경과 기독교 신앙을 해석하고자 하였다. 그러므로 오리겐은 신플라톤주의의 영육이원론적인 사상과 영혼의 선재설과 불멸설 그리고 스토아 철학의 로고스 이론과 유물론적인 세계관을 바탕으로 성경을 해석하였다. 이러한 의미에서 오리겐은 초대교회에서 가장 학문적인 깊이를 갖춘 신학자였다고 볼 수 있다. 그는 신학을 상당히 체계적이고 포괄적으로 다루었다. 그와 함께 그의 사상 속에는 당시의 다양한 이교철학적인 요소들이 많이 들어 있었다. 그는 사후인 553년에 열린 제5차 콘스탄티노플 공의회에서 종속론적 그리스도론과 영혼의 선재설, 만인 구원설을 주장했다는 이유로 이단으로 정죄 당하기도 하였다.

2. 저술

오리겐은 발렌티누스파 영지주의 이단을 따르던 암브로시우스라는 부자를 정통 기독교로 돌아오도록 인도했다. 그는 정통 기독교로 돌아온 후에 그의 부를 오리겐의 활동을 위해 제공하였고, 그리하여 많은 저술들을 할 수 있었다. 그는 성경텍스트 편집, 성경 주석, 설교, 경건 생활,

변증에 관한 다양한 책을 썼다. 그렇지만 그의 저술들은 이단으로 정죄받은 후에 대부분 소실되어 현재는 약간의 저술들이 주로 라틴어 번역본으로 전해오고 있다. 그의 가장 중요한 저작들은 교의적 주제를 주로 다룬 『원리론』(De Principiis)과 철학자 켈수스의 『참된 말씀』(Logos Alēthēs)을 반박한 변증서인 『켈수스 반박론』(Contra Celsum), 성경 해석의 근간을 제공한 『6개 언어 대역 성경』(Hexapla)이 있다.

오리겐은 평생 동안 수집한 6개 성경 사본(히브리어 본문, 히브리 본문의 헬라어 음역, 아퀼라 역, 심마쿠스 역, LXX, 테오도손 역)을 대조한 『6개 언어 대역 성경』을 편집하여 본문비평의 선구자가 되었다. 그는 카라칼라(198-217) 통치기에 이 편집을 시작했다. 그는 이 작업을 통해 구약성경의 원전을 토대로 70인역의 신빙성을 확보하고자 노력하였다. 오리겐이 『6개 언어 대역 성경』을 저술한 목적은 당시 유대인들로부터 가장 신뢰받던 70인역 성경을 기독교인들이 이방인 복음전도와 유대인들과의 논쟁에 사용하면서 생겨난 문제를 해결하려는 것이었다. 기독교인들은 당시에 유대인들과의 논쟁에서 70인역의 구약 선지서에서의 메시아에 대한 구절들을 집중적으로 사용하여 유대인들에게 기독교를 변증하였다. 그러자 유대인들은 70인역의 신빙성의 문제를 제기하여 기독교인들이 주장하는 성경에서의 메시아 주장을 무력화 시키고자 하였다. 오리겐은 유대인들의 이러한 공격에 대해 반격하고자 히브리어 원어 성경을 70인역 및 당시의 다른 세 가지 희랍어 번역과 대조함으로써 70인역의 신빙성과 유효성을 입증하여 유대인들을 대상으로 간접적으로 기독교를 변증하고자 하였다.

1) 켈수스 반박론

『켈수스 반박론』(Against Celsus)은 플라톤주의자로서 철저한 반기독교적인 인물이었던 켈수스가 170년대 후반에 8권으로 저술했던 『참된 말씀』에 대한 오리겐의 답변이다. 오리겐은 초대교회에서 기독교 변증을 위해 철학을 적극적으로 사용하였다. 초대교회에서 기독교인들은 자신들의 생활을 통하여 적극적으로 복음을 전파하였다. 그런데 2세기에 접어들어 철학의 영향 하에 있던 지식인들에게 복음을 전하기 위해 저스틴 마터가 철학을 이용하기 시작하였다. 초대 교회 당시에 가장 영향력 있는 기독교 변증론자였던 오리겐은 철학을 기독교 변증을 위한 유용한 도구로 여겼다. 오리겐은 기독교의 가르침이 당시 지식인들에게 주목받도록 활동했던 최초의 신학자였다. 오리겐은 전체 기독교를 적용 가능한 철학체계로 제시했던 유일한 사람이었다. 오리겐의 가장 유명한 기독교 변증인 『켈수스 반박론』(*Against Celsus*)은 기독교를 마음에 평안만을 주는 이전의 믿음의 차원에서 성서와 이성을 토대로 한 완전한 철학으로 인식시켜 당시의 이교도 사상가들에게 깊은 감명과 영향력을 미쳤다.

켈수스의 책은 마르쿠스 아우렐리우스 황제 치하에서 저술되었다. 켈수스가 누구인지는 거의 알려져 있지 않다. 오리겐은 그를 에피쿠로스 학파에 속한다고 말하고 있으나, 켈수스 자신은 그것을 인정하지 않고 있다. 이 책은 『참된 말씀(Alethes Logos)』 혹은 『진리』라는 제목을 가지고 있는데, 켈수스가 이러한 제목을 붙인 이유는 유대인들과 그리스도인들의 그릇된 진리에 반대하여 플라톤 철학의 진리를 제시하려는 것이었다. 그는 유대교와 그리스도교와 논쟁하기 위하여 설득력 있게 그리고 광범위하게 준비하였다. 그는 유대교와 그리스도교를 알아서 유대교의 그리스도교에 대한 비판 내용을 그리스도교를 비판하는데 이용하고 있고, 그리스도교의 다양한 분파들을 알고서 그리스도교 비판에 이용하고 있다. 그가 이 책을 쓴 목적은 첫째로 그리스도교인들과 대화를 하여 그들을 비기독교인들로 개종시키고자 하였다. 그는 그리스도교를 박해하는 것을 정당화하면서, 동시에 그리스도교인들에게 그리스도교를 떠나 오히려 기존의 로마제국의 질서와 제국의 법률과 신앙을 구할 것을 경고하면서 글을 마치고 있다.

켈수스는 그리스도교와 교회를 존재해서는 안 되는 비밀스럽고 불법적이며 야만적인 기원을 가진 사상이자 조직으로 보았다. 특히 그리스도교 교리는 타락한 희랍철학 특히 플라톤의 저술에서 따왔기 때문에 로마제국의 모든 전통을 의도적으로 버렸고 그 결과 사회의 균열을 가져왔으며 제국의 안전을 위협하는 가르침이라고 공격하였다. 켈수스는 그리스도인들은 그들이 주장하는 이론이나 실천에서 기존의 로마제국의 종교적, 관습적, 그리고 국가 정치적 질서에 대해 근본적으로 의문을 제기하고 있다고 지적한다. 그리스도교는 인간의 삶을 위협하고 황폐화시키는 가르침 중의 하나이다. 그리스도교의 핵심진리는 예수를 하나님으로 믿는 신앙과 예수에게 향한 특별하고도 광신적인 숭배에 있다. 예수는 폭동을 선동하는 사람들의 창시자이면서 동시에 주모자이다. 그리스도인들은 예수를 숭배하면서 국가의 정치질서를 부정하고 시민의 의무를 거부한다.

따라서 켈수스는 그리스도교를 설명하고자 할 때 예수에 대해서 설명하는데, 먼저 1-2권에서 유대인들을 대상으로 쓰면서 예수의 신성을 파괴하고 있다. 그는 3권에서 종교사회적인 비교를 하면서 예수에 대한 그리스도교의 신앙은 유대인의 소망, 즉 하나님 자신이 이 땅에 오거나 또는 그 아들을 보낸다는 신앙을 대전제로 하기 때문에 이를 면밀히 검토한다. 이러한 유대교적인 신앙과 연결된 사고와 내용들은 켈수스가 철학적으로 볼 때 받아들일 수 없는 것이다. 켈수스는 예수님이 사생아이며 부활은 터무니없는 그리스도교의 고집이며 주장이라고 하였다. 그가 보기에 "하나님이 자기 아들을 반드시 유대인에게만 보낼 것이다"라든지

"유대인에게 사형당한 예수가 바로 하나님이 보낸 자"라는 주장은 완전히 터무니없는 말이다. 그리스도교가 주장하는 모든 생각들은 그리스-로마 철학에서 말하는 세계와 신과의 관계론 그리고 신적인 중재자를 통한 신과 인간론과는 분명히 모순된다. 그는 당시 지식인들에게 신, 신과 세계의 관계, 신과 인간의 관계, 그리고 신과 각 민족의 관계에 대해 플라톤의 철학 속에서 설명하면서 이것이 종교적이고 철학적인 다양한 모든 전통의 옳고 그름을 가르는 유일한 기준이라고 강조하고 있다.

오리겐은 이 책이 쓰여진 지 70여년이 지난 249년 전후에 『켈수스 반박론』을 저술하였다. 이 때는 로마 건국 1000주년을 맞이하면서 로마의 전통종교의 부흥이 활발하게 논의하던 시기였다. 이러한 반박문을 써야 한다고 판단했던 인물은 오리겐의 후원자였던 암브로시우스였다. 그의 요청으로 오리겐은 이 책을 저술하게 되었다. 그는 켈수스의 책을 인용하면서 그것을 반박하는 형식으로 책을 저술한다. 이 목적을 달성하기 위해 오리겐은 켈수스 저술의 내용과 영향력을 잘 알면서 반박하여 그의 영향력을 차단하고 그의 의도를 공격해야만 했다.

오리겐은 켈수스가 그리스도교를 공격한 것 가운데 많은 부분들이 그리스도교를 알리는데 도움을 주고 있다는 사실을 보여주었고, 그를 반박하면서 당시의 새로운 종교였던 그리스도교를 정확하게 설명하여 큰 성공을 거두었다. 그는 켈수스를 비판하면서 방어에만 머물지 않고 켈수스가 설명하는 철학적인 진리와는 구별되는 그리스도교 복음의 진리를 분명하게 제시하고자 하였다. 켈수스가 그리스도교를 비판하는 준거로 사용한 고대 철학이 실질적으로 그리스도교와 상반되는 것이 아니라, 오히려 그리스도교 진리를 암시하고 있으며 동시에 수많은 훌륭한 철학자들이 찾고 있었던 그 진리가 바로 그리스도의 진리라는 사실을 제시하려고 노력하였다. 더 나아가 오리겐은 성경의 어떠한 구절과 그리스도교의 가르침도 희랍 철학에서 기원하지 않았다고 지적하면서 성서의 가르침과 그리스도교의 가르침은 고유한 것으로 희랍철학보다 훨씬 우월하다고 주장했다.

오리겐은 그리스도교 신앙의 진리됨과 독특성을 보여주려는 것이었다. 그는 켈수스의 책에 나오는 유대인의 말을 반박하면서 예언자와 율법을 믿는 유대인도 예수를 믿어야 된다고 말한다. 그는 사람들이 나오는 예언이 예수에게서 성취된 것을 볼 때 비로소 모세나 다른 예언자들이 바른 예언자로 증명된다는 것을 보여주고 있다. 오리겐은 철학이 주장하는 하나님 인식 방법이 뛰어나지만 그리스도인들은 철학자들이 이성적으로 알고자 했던 하나님에 대한 지식을 하나님으로부터 얻는다고 말한다. 켈수스가 그리스도인들이 군사적이고 정치적인 책임에 좀 더 진지해져야 한다는 비판에 대해 그리스도인들은 그가 말하는 것을 또 다른 영적 차원에서 수행하고 있다고 응답했다.

2) 원리론

오리겐의 조직신학이라고 볼 수 있는 『원리론』의 저술시기에 대해서 학자들의 견해가 아직도 일치하지 않고 있으며, 대략적으로 220-231년 사이에 저술된 것으로 추측된다. 『원리론』은 초기 그리스도교 시대에 그리스도교 신앙을 명제적으로 제시하면서 신학적으로 설명한 책이다. 특히 이 책은 모든 신학적 논증 작업과 그 토대인 성경을 자세하게 다루면서 교회의 신앙 규범인 당시의 정경 사용에 대한 풍부한 정보를 제공한다. 이 책에서 그는 구약과 신약의 내적인 관계를 다루고 있고, 인간의 영이 하나님을 찾아갈 수 있는 가능성을 논하면서 그리스도의 영성의 특성을 구상하고자 하였다.

『원리론』은 체계와 다루는 내용의 면에서 보면 그리스도교 신앙고백과 관련된 핵심 문제를 다루고 있으므로 초기 교회에 있어서 최초의 조직신학을 제시한 책이었다. 그렇지만 그리스도 신앙의 기본적인 명제 모두를 다루지 않기 때문에 신학대전이라고 할 수는 없다. 이 책은 내용을 토대로 볼 때 교양있는 그리스도인과 초기 그리스도교 신앙의 철학적 관점에 관심이 있는 비 그리스도인, 그리고 영지주의자들을 대상으로 저술되었다.

이 책의 제목인 원리론은 무슨 의미를 가지고 있는가? 여기서 원리는 두 가지를 의미를 가지고 있다. 하나는 그리스도교 신앙의 원리라는 의미이고 다른 하나는 존재와 인식에 관한 형이상학적 원리라는 의미이다. 이 두 번째 의미에 대해서는 4세기의 앙퀴라의 마르켈루스가 그렇게 해석한다. 마르켈루스는 오리겐의 원리들을 플라톤의 아르카이(arkai)와 연결 짓는다. 반면에 유세비우스는 그의 교회사에서 원리를 "모든 것을 창조하신 독생자의 아버지인 하나의 원리"라고 말한다. 플라톤학파의 철학자들은 창조되지 않고 처음부터 존재한 세 원리, 즉 하나님과 물질, 그리고 관념에 대해 인지하고 있었다. 이러한 의미에서 원리론이란 제목은 플라톤 학파에 걸맞은 것이라 할 수 있다. 물론 아리스토텔레스학파, 스토아학파 등에도 나름의 원리들이 있었다. 그러나 그리스도인인 오리겐은 물질도 창조되었고 지성적인 세상도 성자의 아버지에 의해 창세 전에 창조되었으므로 엄격한 의미에서 성부만이 유일한 원리라고 고백한다. 그렇지만 이 책이 다루는 내용이 세 실재인 세 위격의 하나님, 이성적 피조물, 세상이므로 오리겐이 플라톤의 철학의 원리에 맞춘 측면도 있다. 따라서 원리들의 주된 정의는 그리스도교 가르침에 관한 원리들과 존재의 형이상학적 원리들이란 두 가지 의미로 요약할 수 있다. 이 책은 그리스도 가르침에 관한 원리들을 다루지만 그리스도를 통한 구원과 교회를 다루지는 않는다. 그는 이 책에서 원리라는 말을 의도적으로 모호하게 사용한다. 그는 한 단어의 의미를 주된 의미로 사용하면서 주변에 변조된 의미를 배치하여 다른 의미들이 울려 퍼지게 하였다. 따라서 이 책의 계시에 관한 부분은 오늘날의 의미에서 신학적이지만, 그 시대의 철학에서 유래하는 개념과 논증법을 사용하면서 분명하게 말하기 보다는 에둘러 표현하는 방식을 사용한다.

이 책은 전통적으로 4권으로 구성된 것으로 편집되어 있다. 그런데 학자들은 이 책의 내용을 세 계열로 분류하기도 하고, 18개의 강의 주제로 분석하기도 한다. 이러한 학자들의 분석은 원리론이 오리겐의 강의내용들의 종합이라고 보는 것이다. 스타이들레(B. Steidle)는 원리론을 세 계열로 분류한다. 첫째 계열은 1권에서 2권 3장까지이고, 둘째 계열은 2권 4장에서 4권 3장까지 이며, 셋째 계열은 4권 4장이다. 첫째 계열은 하나님이신 성부, 그리스도, 성령(제1권 1-4장), 이성적 존재들(천사와 악마, 인간, 제1권 5-8장), 세상(2권 1-3장)에 대해 말한다. 둘째 계열은 다시 성부, 성자, 성령에 대한 논의(제2권 4-7장), 모든 이성적 존재(제2권 8장 – 3권 4장), 뒤이어 세상(3권 5-6장)과 성경(4권 1-3장)을 다룬다. 셋째 계열은 다시 성부, 성자, 성령으로 시작하여 물질(세상)과 이성적 존재의 불사에 대한 짧은 상론으로 이어진다. 이러한 구조를 보면 오리겐은 하나님, 이성적 존재, 세상의 구조를 세 번 반복하면서 전체를 구성한 것으로 보인다. 오리겐은 이러한 과정에서 원리가 암시하는 학문 계열을 입문과 기초, 포괄적이고 집중적인 과정, 최종적인 과정으로 나누었다. 시모네티는 같은 주제들을 재론하지만, 첫 번째 계열은 교의적 결정보다 자유로운 문제들이 더 많이 취급되고 둘째 계열은 교회의 신앙의 문제를 더 많이 다루었다고 분석한다.

하를은 원리론이 논증의 두 계열로 구분된 18개의 강의라고 분석한다. 논증의 첫 부분인 서론에서는 유일하신 하나님, 그리스도, 성령, 영혼, 부활, 자유의지, 악마와 천사, 세상의 창조와 종말, 영감된 성경이란 9가지의 사도적 선포의 항목으로 구성되어 있다. 이 부분은 고대 후기 자연학과 유사하게 신적 철학에 따른 세 가지 원리들, 신적 세 위격, 이성적 본성들, 세상과 피조물들이 다루어진다. 논증의 둘째 부분(2권 4장-4권 3장)은 서론의 아홉 항목들을 더 상세하게 다룬다. 마지막으로 요약(4권 4장)은 신적 세 위격, 세상, 이성적 존재의 불멸을 다룬다.

내용적으로 위와 같이 분석되는데, 현재 편집된 책들은 다음의 네 권의 책으로 구성되어 있다. 제1권은 하나님과 이성적인 피조물은 다룬다. 앞 부분에서는 하나님, 성자, 성령으로 삼위일체 하나님을 다루고 다음으로 강등과 타락으로 피조물과 창조, 이성적 본성들(적대 세력들), 종말과 완성, 비육체적 존재들과 육체적 존재들, 별들, 천사들을 논의한다.

제2권은 세계(세상과 그 안에 있는 피조물들), 육체적 본성의 영원성, 세상의 시작과 그 원인들, 율법과 예언서의 하나님, 그리고 구약과 신약의 하나님은 같은 한 분이심을 말한다. 그는 이곳에서 구약과 신약의 하나님이 다르다는 영지주의자들의 주장을 반박하면서 신구약의 하나님은 동일한 하나님이라고 변증하였다. 그는 마태복음 21장 33-44절에 나타난 사악한 농부의 비유는 하나님의 진노가 유대인을 향한 진노임을 표현하는 것으로 그 진노함은 구약에 나타나는 이스라엘 백성의 죄악에 대한 하나님의 진노라고 말한다. 구약의 모세와 다른 예언자들에 임했던 것과 같은 성령이 거룩한 사도들 안에 임재해 계셨다. 그러나 이를 깨닫지 못하여 유대인들과 영지주의자들은 성경을 문자적인 의미에서만 이해할 뿐 성경의 참된 영적인 의미를 이해하지 못한다고 비판하였다. 의인과 선인, 그리스도(구원자)의 성육신, 영혼, 세상과 선하거나 악한 이성적 피조물들의 움직임과 그 원인, 부활과 심판, 약속들을 취급한다.

그는 세상의 창조를 카타볼레(katabole)라고 부른 것을 주목한다. 영적 세계의 창조는 크티시스(ktisis)라고 부르는데, 물질세계는 타락하여 아래로 던져진 존재여서 카타볼레라고 부른다는 것이다. 그는 영혼의 선재를 주장하고 육체를 입고 온다고 하면서 인간의 영혼육의 삼분설을 주장한다.

제3권은 자유의지, 악마와 인류의 싸움, 지혜의 세 가지 형태, 시대 안에서 시작된 세상, 종말(세상의 완성)을 다룬다. 악은 절대로 하나님에게서 온 것이 아니다. 물질이 악의 기원이라고 하는 것도 옳지 않다. 사악함은 물질이 아니라 인간 안에 있는 의지에서 비롯된다. 선에서 멀어진다는 것은 다름 아닌 악에 떨어지는 것이다. 절대적 악 또는 실체(hypostasis)라 할 수 있는 악은 존재하지 않으며 언제나 상대적이다. 악은 선의 부분적인 결핍(缺乏)인 것이다. 그는 영지주의를 강력하게 비판한다.

제4권은 성경에 대해서 다룬다. 오리겐에게 있어서 성경은 하나님께서 직접 쓰신 영감되고 거룩한 책이다. 그러므로 성경은 읽는 사람들을 경건하게 만드는 유익을 제공한다. 그는 기독교가 세계로 거침없이 확장되고 발전되어 나가는 것이 성경의 거룩성을 증명하는 것이라고 보았다. 그는 이러한 성경을 해석하는데 자신의 전 생애를 헌신하였다. 그는 올바른 성경해석을 통해 유대인들과 영지주의자들의 잘못된 성경 해석에 대해 기독교를 변증하고자 하였다. 유대인들은 아직도 구약의 문자적인 의미에 매여 있어 안식일과 할례와 음식법에 매여 있으며, 예수그리스도를 통해 구약이 성취된 것을 이해하지 못하고 있었다.

오리겐에게 있어서 성경은 교리적 도덕적 주제를 취급할 뿐만 아니라 보이지 않는 세계의 투영이라고 보았다. 구약은 신약의 그림자이며, 성경은 현재를 살아가는 신자들에게 직접적으로 영향을 미치는 살아계신 하나님의 말씀이라고 믿었다. 오리겐은 초대 교회의 최초의 과학적인 성경해석자이다. 그는 신구약의 모든 책에 대하여 평주(scholia), 설교(homilies), 주석(commentaries)의 세 가지 형태로 석의를 하였다. 평주는 특별히 관심이 있거나 어려운 성경 구절에 대하여 간단하게 설명하는 것으로 현재는 대부분 유실되었다. 설교는 주로 가이샤라에서 대화체로 성경의 특정 장이나 구절들을 설교한 것이다. 설교는 청중을 교화시키려는 목적에서 행해지는 반면에, 주석은 과학적 석의를 위해 쓰여 졌는데 성서의 영적인 의미를 밝히려고 알레고리의 방식으로 저술되었다. 현재 마가, 로마서, 아가서 주석이 남아 있어 그의 신학 사상과 해석방법을 알 수 있는 자료가 되고 있다.

  그는 성경을 해석하는데 필로와 클레멘스의 영향을 받아서 플라톤적인 삼분법에 따라 모든 성경은 영적, 혼적, 육체적인 세 가지 의미가 있다고 보았다. 육체적인 의미는 문자적 역사적인 의미로 누구나 해석할 수 있는 문법적인 의미이며, 혼적인 의미는 도덕적인 의미로 언어, 지혜, 지식을 배우면 할 수 있는 해석이다. 특히 성령의 능력을 통해 텍스트의 더 깊은 의미를 분별하는 은사를 받은 사람들에게 이 의미가 나타난다. 혼적인 의미를 찾아내는 해석은 공동체를 유익하게 하며 신앙생활에 관한 구체적인 행동 지침을 끌어내게 된다. 영적인 의미는 알레고리의 해석으로 정확한 성경적인 근거가 없이 성경 본문에서 영적인 의미를 끌어내는 것으로 오리겐은 최고의 해석이라 하였다.

  그는 성경을 해석하는데서 먼저 문자적인 의미를 탐구하고, 이것을 통해 역사적인 상황을 이해했다. 그런데 이러한 문자적이고 역사적인 해석을 통해 이해할 수 없는 난해한 성경 구절들을 이해하기 위해서는 영적인 눈으로 읽고 이해하여 바른 교훈을 찾고자 하였다. 그는 어려운 성경구절마다 영적인 해석을 통해 인간의 상식을 초월한 하나님의 의도와 뜻을 발견하고자 하였다. 오리겐은 성경이 하나님의 영감된 책이라면 이러한 영적인 의미와 목적을 가지는 것이 당연하다고 하였다. 영감에 기초한 성경은 언제나 영적으로 읽고 해석하는 것이 합당하다. 기독교의 진리는 상존하는 빛과 같아서 모세의 율법에도 보존되어 있지만 희미하고 모호하였다. 그러나 그리스도께서 강림하신 후에 하나님의 진리는 온전한 빛을 발하게 되었다.

성경은 마지막으로 영적 해석이 필요한데, 이를 위해서는 유형론을 포함한 알레고리의 방법이 사용되어야 한다. 영적 해석을 통해서만 성경의 가장 깊은 의미에 도달할 수 있는데, 이 해석은 완전한 신앙의 경지에 이른 사람만이 할 수 있다고 하였다. 그는 고린도전서 2장 6-7절을 인용하여 영적 해석을 설명하였다. 그는 모든 성경구절이 영적인 의미를 가지는 것도 아니고, 모든 성경 구절이 문자적인 의미만을 가지는 것도 아니라고 하였다. 그러나 특히 구약성경은 문자적인 의미로는 가치를 발견하기 어렵다. 구약성경을 문자적으로만 보는 자는 그릇되고, 불합리하고, 무익한 결론으로 인도할 뿐이라고 지적했다. 오리겐은 성경의 저자, 성경의 본래의 저자이신 성령은 성경의 층에 따라 그 의미를 심어 놓았다고 보았다. 그러므로 성경의 참된 제자들은 성경에 심겨져 있는 의미를 알아내게 하는 지혜를 얻어 열매를 맺도록 훈련해야 한다. 오리겐이 영적인 해석방법을 통해 영적인 의미를 알아내야 한다고 주장하는 근거는 첫째로 모든 본문은 상징이나 비유를 통해 알려지는 신비를 가지고 있기 때문이다. 둘째로 어떤 경우에도 하나님은 부당하지 않으시며, 셋째로 모든 성경은 성경의 전체적인 윤곽에서 해석해야 하기 때문이다. 이러한 오리겐의 영적 해석 방법론은 당시에 문자적인 의미를 가지고 예수 그리스도를 배척하던 유대인들과 영지주의자들의 해석을 극복하고 신약의 예수 그리스도의 구약의 성취의 의미를 찾아내는데 일정한 기여를 하였다. 그렇지만 이러한 영적인 해석은 지나치게 자의적이고 신비적인 의미로 흐를 가능성이 있기 때문에 종교개혁자들에 의해 배척되었다. 오늘날 성경을 해석할 때 성경의 표현들이 가지고 있는 상징적이고 은유적인 의미를 찾아내기 위해 영적인 해석이 필요하지만, 성경의 언약의 통일성에 비추어 신중하게 사용되어야 한다.

3) 오리겐의 기도론

오리겐이 『기도론』을 저술하게 된 계기는 그의 친구이자 후원자였던 암브로시우스가 제기했던 기도에 관한 구체적인 의문들에 대답하려는 것이었다. 이 책은 기도에 대한 많은 영적인 제안들과 영감을 주는 생각들을 포함하고 있다. 더 나아가 성경 구절들을 주의 깊게 인용하고 주해를 해서 기도의 실천에 대한 기본적인 지침을 확립하였다. 기도론은 기도의 방법과 기도를 위한 마음의 준비, 올바른 기도 자세, 기도의 장소와 시간, 기도의 여러 종류와 주기도문에 관한 상세한 주해를 다루고 있다. 복음전도에 필수적 요소였던 기도를 체계적으로 가르쳐서 오리겐은 복음전파 사역을 하는 기독교인들의 성품을 준비시키고자 하였다.

오리겐은 이 책에서 기도를 "우리가 중재자이신 그리스도를 통하여 성령 안에서 하나님을 만나는 올바른 길"이라고 정의한다. 그리스도의 중보 기도와 성령의 도움 없이는 하나님께 드리는 기도가 아무런 유익과 효력이 없다. 하나님, 그리스도, 그리고 성령을 바로 알지 못하면 바른 기도를 할 수 없다. 또한 진정한 기도는 선한 행위와도 연결되어야 한다. 내면적인 기도준비, 세속으로부터의 방향 전환, 그리고 악한 생각을 잊어버림이 기도에 수반되어야 한다. 오리게네스는 그리스도인의 전 인생을 "함께 결합된 하나의 큰 기도"라고 정의하는데, 그렇다면 확실히 기도는 진정한 그리스도인의 본질적인 과제라고 할 수 있다. 기도는 인간이 하나님께 드리는 선물일 뿐만 아니라, 하나님의 은혜와 성자와 성령의 중보기도 없이는 받을 수 없는, 하나님이 인간에게 주시는 큰 은혜요 선물이기도 하다. 오리겐은 기도론에서 아직 성숙한 삼위일체론에 이르지 못했기 때문에 기도는 성부 하나님께만 드릴 수 있다고 주장한다. 예수님의 이름으로 성부 하나님께 기도를 드릴 수 있다고 하여, 아직 성부에 대한 성자의 종속론을 벗어나지 못하고 있다. 그렇지만 381년에 작성된 삼위일체에 관한 콘스탄티노플신조는 성부뿐만 아니라 성자와 성령도 동일하게 우리의 예배의 대상이라고 하였고 따라서 삼위일체 하나님께 우리는 기도드리게 된다.

3. 신학사상

1) 창조론

오리겐은 창조론에서 창조주인 성부, 성자, 성령은 육체가 있는 피조물과 달리 육체가 없는 비육체적인 존재라는 것을 강조한다. 하나님은 그 어떤 것도 절대로 덧붙일 수 없는 단순한 지성적 본성이시다. 헬라 철학의 용어를 빌리자면 그분은 전적으로 유일성(唯一性, monas), 말하자면 일성(一性, henas)인 분이다. 그러나 오리겐이 믿은 하나님은 헬라 철학이 말하는 하나님이 아니라, 헬라 철학이 말하는 완전한 통일성과 절대적 불변성을 가진 순수한 정신적 본질로서 우주의 만유 너머에 존재하는 모든 만물의 영원한 창조주이시다. 하나님은 보이지 않는 분이시며 초월적인 분이시기 때문에 인간에게는 이해 불가능한 분이다. 이것은 영원히 존재하는 물질로부터 세계를 형성하는 조물주인 데미우르게(Demiurge)를 믿는 헬라 철학자들의 견해와는 다른 것이었다. 특히 스토아 철학의 유물론적인 신도 에피쿠로스학파의 원자로 구성된 신도 아니다. 신은 자신의 뜻대로 우주를 존재하게 하였고 우주의 본성을 작정하고 만든 것이다. 삼위일체 하나님께서 만물을 만드시는데, 성부 하나님께서 성자 예수님을 통해 창조하신다. 성자는 말씀이며 성부의 모상이다. 이 제 2위의 신이 물질세계를 존재하게 한 창조에 관여한 신의 아들이었다(요 1:3). 오리겐은 성령은 만들어지거나 창조된 존재가 아님을 분명히 한다. 이 성령은 성화의 은총을 베푸신다. 오리겐은 아버지와 아들을 하나로 보는 단일신론이나 양태론을 강력하게 반대하며, 아버지와 아들과 성령이 영원한 세 본체(hypostases, 위격) 혹은 존재라고 주장했다. 오리겐은 성부, 성자, 성령의 구별을 가르쳤지만, 그러나 성부에게만 기도하고, 성자가 성부보다 못하고, 성령이 성자보다 못하다는 종속론적인 입장을 가지고 있다. 성부와 성자의 관계를 영원한 나심이라 표현하여 삼위일체론 정립에 기여했다.

오리겐은 창세기 1장에 두 가지 창조 장면이 있다고 보았다. 바로 창조(creation)와 제작(make)이다. 여기서 최초의 창조는 순수하게 영적인 것이고, 이것은 육체를 갖지 않은 영혼들이었다. 이 영적인 존재들은 하나님의 영광을 위해 이성과 자유의지를 지닌 존재들이다. 천사들도 여기에 속한다. 오리겐은 말씀과 이성뿐 아니라 모든 이성적 존재들(logikoi)도 영원히 존재한다고 믿었다. 천사는 원래 하나님을 관상하도록 지음받은 존재들이었다. 그런데 하나님을 관상하지 않는 천사들이 타락하여 마귀가 되었다. 그 존재들은 어느 특정한 시점에 하나님에 대한 관상을 중단하고 그들이 지은 죄악의 정도에 따라 천사나 인간이나 혹은 사탄이 된다. 물질적 우주는 타락한 존재들을 머물게 하기 위한 창조된 두 번째 장면(공간)이 되어버린다. 그러면서도 오리겐은 본래 육체는 선한 것(창 1:10, 12, 18, 21, 25, 31)이라 말하여 육체를 악하다고 주장하는 영지주의를 반대한다. 그는 물질의 선재는 부정하나 영적 존재의 선재를 주장한다.

오리겐은 창조론을 주장하는 과정에서 영지주의와 관련하여 다음과 같은 입장을 가지고 있었다. 첫째로 오리겐은 기독교 신앙에 대한 영지주의의 반론들 가운데 어떤 점에 대해서는 보다 동정적인 견해를 가지고 있다. 영지주의는 특히 이 세계에서 행운과 불행이 불평등하게 배분되고 있는 것이 창조의 선함이라고 하는 기독교의 가르침에 대한 우선적인 반론을 제공한다고 주장한다(『원리론』, 2.9.5). 오리겐은 신학자의 임무 중 하나가 하나님께서 불의하시다고 고소 당하실 수 없음을 보여주는 것이라고 주장하고 있다 (3.5.4). 둘째로 오리겐은 헬라의 철학적 전통, 특별히 기독교 시대의 초기 시대에 발전된 플라톤주의에 대한 종교적 해석에 대해 훨씬 더 긍정적인 태도를 가지고 있었다. 셋째로 오리겐의 신론은 그의 창조론에 상당한 영향을 미칠 수 있는 방식으로 이레니우스와는 결정적으로 달랐다. 오리겐의 하나님은 자신이 통제할 수 있는 학급의 크기를 염두에 두고 있는 초등학교 교사와도 같아 보인다. 이러한 오리겐의 생각은 필로(Philo, BC 20-AD 50)와 유사하면서도 구별되는 두 단계 창조론으로 인도한다. 첫 번째 단계는 필로에게 있어서 플라톤의 형상들이 지니는 존재론적 상태와 유사해 보이는 로기카(logika), 즉 영들의 세계를 창조하는 것이다. 이 부분에 관한 오리겐의 주장에 대해서 논란의 여지가 있기는 하지만 적어도 두 가지 점은 분명하다. 첫째, 오리겐은 하나님 이외의 모든 것이 창조되었다고 분명하게 주장하고 있다. 둘째, 어떤 존재는 다른 존재보다 고상하고 그래서 보다 더 실재적이라는 신플라톤주의에서와 같이 분명한 존재론적 위계질서가 있다는 것이다. 하나님의 섭리적인 관심의 영원한 대상이 로기카인가 하는 것은 분명하지 않지만 오리겐에 따르면 로기카가 이전에는 그러하였다는 것을 알 수 있다. 하나님을 영원토록 관상하며 살도록 부름 받은 이들 영들은 하나님으로부터 떨어져 나가 자신들의 자유를 남용하였으며 그래서 그러한 자유의 방향을 재조정함을 통해서만 그들은 신적인 것과의 연합으로 회복될 수 있을 것이다. 이러한 맥락에서 오리겐은 우리의 세계가 무로부터 창조되었다고 주장한다. 하지만 우리의 세계 창조의 목적 또는 기능은 다분히 교육적이다. 즉 타락한 영들이 일자와의 연합으로 돌아갈 수 있는 자격을 갖추기 위한 훈련을 위하여 이 세계는 창조된 것이다. 오리겐은 나중에 만유의 궁극적인 구원을 가르친 것 때문에 정죄 받았지만 그의 신학에 있어서 이것이 주된 문제는 아니다. 오리겐의 신학의 주된 문제는 그의 종말론이 이레니우스와는 대조적으로 복귀(one of return)의 종말론이라는 점이다. 물질세계는 종말론적인 운명을 가지고 창조되지 않았으며 영들이 최종적으로 자신들의 원래적인 신적인 연합과 재통합을 성취하게 되면 불필요한 것이 된다. 이러한 종말론은 물질세계가 하나의 목적을 위한 도구로 창조되었다는 복귀(return)의 종말론이다. 이것은 이레니우스와는 상당한 대조를 이룬다. 이레니우스의 기독론적인 정향은 물질세계가 인류의 구속에 동참하도록 되어 있다고 훨씬 더 분명하게 말할 수 있게 하였다. 이레니우스의 기독론은 세계로부터의 하나님의 완벽한 구별과 개입 양자를 확증하게 하였지만 오리겐에게 있어서는 멀리 계신 성부 하나님은 플라톤적인 방식으로 중간 세계의 창조를 필요로 하였으며 물질세계는 영적 세계보다 덜 실재적이고 덜 중요한 것이 되고 말았다.

 이렇게 하여 오리겐은 이레니우스의 무로부터의 창조에 대한 주장을 여러 중요한 점에 있어 타협하고 말았다. 첫째, 영원한 창조라는 개념은 하나님과 창조 사이에 중간 세계를 도입하게 되었다. 이것은 영지주의자들의 주장처럼 위험한 것은 아니라고 하더라도 유사한 것임에 분명하다. 둘째, 두 단계 창조는 물질세계의 중요성을 격하시키고 말았다. 물질세계는 주로 또는 단지 '영적' 구원을 얻기 위한 도구에 불과하다. 셋째, 가능 세계의 다양성이 가지는 가능성에 대하여 묵상하는 가운데 오리겐은 우주의 순환적인 이론으로 보다 가까이 나아가게 되었으며, 보다 중요하게 이 세계의 유일성을 의문시하게 되었다.

2) 인간론

오리겐은 데살로니가 전서 5장 23절을 근거로 인간이 영, 혼, 몸의 세 가지 요소로 구성되어 있다는 삼분설을 주장하였다. 오리겐은 『원리론』 1권에서 성령의 영감으로 기록된 성경 외에 인식에 대한 다른 가능성이 없다고 기록한다. 그는 인간에 대해서도 성경을 토대로 이해하면서 헬레니즘의 인간 이해에서 벗어나고 있다. 오리겐은 인간의 삼분법적 구조 가운데 어떤 요소로 하나님과 대면하고 소통하는가?에 주된 관심을 가지고 있었다. 따라서 그는 인간을 논하면서 철학적인 논의를 하고 있는 것이 아니라, 인간이 하나님께로 향하는 신비를 밝히려는 신학적 논증을 하고 있었다.

오리겐의 인간 삼분법의 이해와 플라톤의 삼분법에는 중요한 차이가 있다. 플라톤의 삼분법은 영혼과 관련하여 누스(νous, 지성) 티모스($\theta \upsilon \mu \acute{o} s$, 감정) 에피티미아($\epsilon \pi \iota \theta \upsilon \mu a$, 탐욕)로 나누고, 오리겐은 프뉴마(영), 프시케(혼, 영혼), 소마(몸)를 사용한다. 오리겐에서 프뉴마는 히브리어 루아흐의 의미를 이어받은 개념이다. 일반적으로 오리겐의 인간론은 삼분법으로 이해되지만, 여기에 누스(지성)의 개념이 첨가되고 있다. 그는 프뉴마와 누스를 구별한다. 그는 영혼(프시케)의 상위 인자와 하위 인자라고 말하여 존재론적인 배열을 다루는 것 같이 보이지만, 인자는 차라리 성향이라고 보는 것이 더 타당하다. 그러므로 그는 영혼의 상위경향을 누스라고 부른다. 오리겐은 영을 하나님이 주신 것으로 우리가 하나님을 향하여 상승할 수 있는 가능성이라고 보았다.

인간의 혼은 자유의지와 선택능력의 자리이다. 혼은 영과 육을 연결하는 역할을 하며 인간의 자유의지를 사용하여 영이나 육을 선택하여 살아간다. 오리겐의 자유의지에 대한 이해는 그의 신학에서 중요한 위치를 차지하며, 그의 신학사상의 윤리적 바탕을 이루고 있다. 자유의지는 인간의 영혼에 위치하고 있으며, 그의 선택과 인격에 영향을 미친다. 인간의 자유의지는 삶의 어떤 단계에서라도 영을 선택하여 영의 방향으로 나아가든지 육을 선택하여 육의 방향으로 나아갈 수 있다. 그러므로 인간은 자신의 자유를 잘 관리하고 사용함으로써 인간의 이성의 능력을 더 높은 단계로 발전시킬 책임을 가지고 있다. 인간의 자유의 사용은 현재의 삶에서와 다음의 삶에서의 인간의 위치를 결정한다. 그러므로 하나님께서는 창조 때부터 인간을 말씀을 통하여 교육하고 훈련시켜 오셨는데, 이것이 구속의 역사이다.

그는 영혼의 상위 인자인 누스, 마음이 있고, 이것은 감각세계와 연결된다고 보았다. 영혼의 하위인자는 태초에 인간이 타락한 뒤에 영혼에 속하게 되었으며, 육에 매혹되어 지속적인 유혹은 받는다. 이는 본능과 열정의 원천이며, 때로 플라톤의 삼분법에서 더 낮은 두 개의 하위인자인 티모스와 에피티미아와 동등한 것으로 취급된다. 이 부분은 로마서 8장 6절을 따라 육의 관심사, 육의 마음으로 불린다. 이 하위인자는 육에 담긴 의미로 종종 사용된다. 육체는 피조물의 특성의 표시이다. 하나님이 창조하신 육체는 하나님이 보시기에 좋았던 선한 존재이다. 그러나 인간이 타락한 후에 육체는 이기심에 이끌려 영혼의 상승을 방해한다.

오리겐의 종말론은 모든 이성적 존재들이 자신들의 본래적인 영적인 순결과 평등의 상태로 돌아가는 우주적 회복으로 이해된다. 그의 종말은 그의 시작의 상태와 닮아야 한다는 원리가 지배하고 있다. 오리겐에서 있어서 종말은 이 원리에 따르면 오직 하나님만이 알고 계시며 이성적 피조물들은 정결해지고 자발적으로 완전했던 원래의 상태로 되돌아간다. 하나님의 무한한 사랑과 인내는 거역하는 모든 영혼들을 이기게 된다. 심지어 사단과 악마까지도 하나님을 알게 되어 원래의 완전한 상태로 돌아가게 된다. 하나님은 모든 것의 모든 것이 되시며 모든 영혼들은 완전해져서 하나님과 하나가 된다. 이러한 종말에서 인간은 자신의 변화된 몸과 하나가 된다. 이렇게 완전히 순결해진 처음의 상태로 되돌아간 인간의 영혼은 하나님에 대한 사랑이 너무나 강렬하여 다시는 하나님과 분리할 수 없게 된다.

3) 구원론

인간의 구원은 한편으로는 하나님의 섭리와 은혜, 다른 한편에서는 그것을 받아들이려는 자유의지 사이의 변증법적 관계에서 가능하게 된다. 오리겐에게 있어서 인간의 삶의 목적은 자신의 참된 목적인 신적 본성을 깨닫는 것이며, 그러한 순수한 상태를 다시 얻어서 하나님같이 되고자 노력하는 것이다. 그러나 인간의 힘과 지식으로는 하나님과 연합하여 하나님과 같이 될 수 있는 충분한 능력을 얻을 수 없으므로 구원의 매 단계마다 영혼의 성장과 성숙을 얻도록 조명하시는 로고스(logos)의 도움으로 구원에 이를 수 있다. 인간의 영혼은 말씀의 은혜를 통해 죄와 싸울 수 있는 자기 이해를 얻을 수 있으며 마침내 하나님과 연합을 이룰 수 있게 된다. 이러한 구원의 과정은 점진적이며 오랜 기간 지속되어 심지어 사후에도 계속된다. 이러한 신적인 연합을 회복하는 대상에는 모든 이성적 존재들이 포함된다. 오리겐은 심지어 악마들도 구원의 대상에 포함된다고 보았다. 그들은 정화하는 지옥불을 통과함으로서 이성적 존재로서 그들의 본래의 상태로 돌아갈 수 있다고 보았다. 그러므로 지옥과 정죄함을 영원히 지속된다고 보지 않았다.

4) 기독교인의 삶에 관한 가르침

오리겐은 초대 교회에서 영성생활의 대가라고 할 수 있다. 그의 영성생활의 측면은 성경 주석들에 잘 나타나 있을 뿐만 아니라 초기 저술이자 조직신학적인 저술이라고 할 수 있는 『원리론』에서도 나타나 있다. 이 책은 조직신학적인 내용을 저술하고 있지만, 단순하게 메마른 사변적 저술이 아니라 곳곳에 기독교인들의 생활에 대한 교훈을 담고 있다. 오리겐은 또한 『아가서 주석』과 『아가서 강해』에서 기독교 역사 최초로 '신랑'과 '신부'의 관계를 '그리스도'와 '영혼'의 관계로 해석하여 기독교 신비주의의 전통이 확립될 수 있는 가장 성서적인 근거를 마련하였다. 그는 아가서의 감각적인 언어들을 알레고리로 해석하여, 영혼이 하나님의 신성에 참여하기 위해 거쳐야 하는 영적 성숙의 단계를 이야기할 수 있었다. 아가서 주해에 나타난 그의 신비주의 사상은 창조와 영혼, 신비적인 상승 등에 대한 설명에서 플라톤주의적인 인상을 주지만, 그는 신비적인 여정의 핵심에서 예수 그리스도의 존재와 역할을 부각시켜 다른 신비주의 전통에서는 이야기할 수 없는 성육신한 로고스 사상을 발전시키고 있는 것이다.

오리겐에게 있어서 그리스도인의 삶은 하나님을 향한 영혼의 순례이다. 그리스도인의 삶은 잃어버렸던 하나님의 형상의 회복의 과정이다. 그는 하나님의 형상과 모상을 구분한다. 하나님의 형상은 창조시에 주어진 것으로 완성을 이루기 위한 가능성이며, 모상은 하나님의 은혜와 인간의 노력을 통해 하나님과 연합하는 마지막 순간에 얻을 수 있는 것이다. 그리스도인의 삶은 영혼의 형상에서 모상으로 나아가는 과정이라고

도 할 수 있다. 인간의 영혼이 하나님을 떠나서 육적인 욕망을 향해 아래로 하강했기 때문에, 이제 그 걸음을 돌려서 다시 하나님께로 돌아가는 과정을 시작해야 한다. 이러한 과정은 인간이 홀로 하는 과정이 아니라 하나님께서 함께 하시면서 도우시는 과정이다. 하나님을 향한 영혼의 순례를 돕는 두 가지가 있는데, 하나는 인간의 자유의지이고 다른 하나는 하나님의 은총의 섭리이다.

인간 영혼의 상승은 우리를 위해 육신을 입고 지상으로 내려오신 예수님이 다시 하늘에 오르신 것을 본받아 이루어진다. 그리스도인의 영적 순례는 말씀이요 하나님의 아들이요 보이지 않는 하나님의 형상이요 모든 피조물보다 먼저 나신 그리스도를 본받는 것이다. 그리스도는 그리스도인의 삶의 모델이요 안내자이시다. 오리겐에 의하면 엄격한 의미에서 하나님의 아들만이 하나님의 형상이시오, 인간은 이 형상을 따라 지음받은 존재이다. 그러므로 인간은 형상의 형상들이다. 그는 진정한 삶의 원형이며 그리스도인이 닮아야 하는 진정한 모범이다. 우리는 그리스도와 그의 덕을 본받음으로써 지상의 형상으로부터 영광스러운 그리스도의 형상을 본받게 된다. 그리스도는 지혜, 권능, 공의 등 하나님의 모든 속성을 소유하고 계신다. 화육사건을 통해 우리는 하나님을 구체적으로 보게 되었으며 하나님의 속성을 구체적으로 알게 되었으며 하나님과 하나가 되는 길을 알게 되었다. 그리스도는 신성과 인성을 지니신 신인으로 영지주의자들이 주장하는 가현이 아니라 진정한 인간이시다. 그리스도는 인성을 입고 오셔서 고난을 당하신 후에 다시 하늘로 올라 가셨다. 우리도 그를 본받아 그가 내려 오셨던 그 계단을 통하여 오르기 시작해야 한다. 우리의 영혼은 이제 그리스도를 본받아 하나님을 향한 순례를 하기 시작한다.

이 영혼의 순례는 여러 단계로 구성되어 있다. 우선 예비적인 단계가 있다. 이 단계는 자신이 어떤 존재인지 그리고 자신이 어떤 상태인지를 아는 자기 인식과 회개로 이루어진다. 자기 인식이란 자신이 하나님의 형상대로 지음을 받았으나 죄에 빠진 상태에 놓여 있다는 것을 깨닫는 것이다. 죄는 하나님으로부터 멀어지는 것이다. 하나님께 다시 돌아가려면 죄를 씻어 버려야 하는데, 이것은 회개를 통해서 이루어진다. 회개는 자신이 죄 지은 존재라는 것을 인식하고 죄에 빠진 삶에서 돌아서서 자신의 마음을 그리스도에게 접착시키는 것이다. 회개는 그리스도께서 우리 안에 들어오시게 하는 방법이다. 우리가 지니고 있는 형상은 회개를 통해 세상적인 것에서 천상적인 것으로 바뀌게 된다. 회개는 세례를 받기 위해서 반드시 거쳐야 하는 전 단계이다.

 이 예비적 단계를 거치면 세례를 받을 자격을 갖추게 된다. 세례는 그리스도인의 삶의 출발점이다. 세례의 가장 큰 의미는 죄의 용서이다. 그는 물세례, 불세례, 성령세례가 있다고 말하기도 하고, 순교를 피 세례라고 부르기도 한다. 세례는 영혼을 정화시키는 것이다. 세례는 단순한 육적인 씻음이 아니라 성령을 받고 악하고 헛된 것을 없애 버리는 거룩한 불을 받는 것이다. 그러므로 세례를 받지 않고 죄를 용서받는다는 것을 불가능한 일이다. 그리스도인은 세례를 통해 악마의 세력에서 벗어나게 되고 성령이 비둘기같이 임하게 된다. 세례는 우리 죄를 씻어줄 뿐만 아니라 새로 태어나게 해서 영혼의 순례를 시작할 수 있게 해 준다.

 세례를 받은 그리스도인은 본격적인 순례의 길을 떠나게 된다. 세례받은 신자의 삶은 악한 세력과의 싸움의 과정이다. 이 싸움의 과정에 선한 천사는 우리를 도와주고 악한 천사(악령)들은 우리들을 유혹한다. 오리겐은 신자에게 유혹과 시련은 더 높은 단계로 나아가기 위해 필요한 단계라고 이해한다. 절제와 극기와 기도를 통해 육체적 정욕을 다스리고 악한 세력과 투쟁하게 된다. 수덕적 삶은 세속적인 것에서부터 멀어지는 점진적인 과정인데, 이것은 죄와 욕정으로부터 자신을 분리시키는 것이다. 영혼의 정화를 위해 반드시 필요한 것은 육체의 훈련인데, 이것은 금욕주의가 아니라 육체의 욕정의 노예가 되지 않는 것이다. 육체의 훈련을 위해 필요한 것이 극기와 절제인데, 이것은 육체를 파괴시키는 것이 아니라 훈련시키고 완전하게 변화시키는 것이다. 흠없는 육체는 하나님을 기쁘시게 하는 산 제물이다. 기도는 또한 세속을 버리고 영혼이 정화되는 가장 강력한 수단이며 그 목적은 성화이다. 주기도문의 '나라가 임하옵시며'라는 구절의 의미는 하나님의 나라가 기도하는 사람의 영혼 속에서 자라나 열매 맺는 것이라고 해석된다. 기도의 내용은 "하나님께 영광을 돌리고, 하나님의 모든 은혜에 감사하며, 자신의 죄를 고백하고, 하늘의 은사를 구하는 것"이다. 성령은 기도하는 사람과 함께 하면서 그를 도와 진리를 깨닫게 하신다. 끊임없는 지속적인 기도는 죄를 멀리하고 선한 일을 하도록 도우며 악한 세력에 대항할 힘을 준다. 오리겐은 덕을 실천하는 삶이야말로 하나의 끊임없는 기도라고 말한다. 기도는 하나님을 향한 영적 상승의 원동력이다. 이와 함께 오리겐은 영혼의 정화를 위해 자주 금식기도와 철야기도를 할 것을 권면한다.

그리스도인은 기도와 금식을 통해 영혼을 정화시키면서 덕을 실천하여 덕행을 쌓아야 한다. 그는 그리스도가 덕의 원천이라고 말하면서 지상 생활에서 겸허의 덕을 강조한다. 이러한 수덕적 삶은 검허, 청빈, 순종, 사랑, 거룩 등의 덕을 쌓는 것을 포함한다. 우리는 덕을 실천함으로써 더욱 거룩해지고 영적인 지혜를 얻게 되어 점차적으로 지혜이신 그리스도에게 참여하게 된다.

두 번째 단계는 계몽의 단계이다. 그리스도인은 관조를 통해서 하나님에 대한 신령한 지식을 얻게 된다. 그는 실천과 관조를 구별하지만, 실천을 통해 관조로 나아간다고 강조하여 영혼의 정화를 위해 양자가 함께 필요하다는 것을 강조한다. 그는 우리에게 가능하면 세속적인 일에서 벗어나서 우리의 마음을 하나님께로 향하여 하나님을 관조하라고 권면한다. 관조는 천상의 실체에 대한 안목을 갖게 하며 하나님에 대한 지식을 갖게 한다. 하나님은 초월적이고 영적인 분이기 때문에 인간적인 능력으로 알 수 없으나, 그 분의 형상이신 그리스도를 통하여 하나님에 대한 지식이 우리에게 주어진다.

우리에게는 두 가지 감각이 있다. 하나는 필멸의 육체적이고 인간적인 감각이고 다른 하나는 불멸의 신적이고 영적인 감각이다. 영적 감각은 신적 실체에 대한 신비로운 지식을 얻을 수 있는 기관이다. 이것은 영혼 안에서 작용하면서 하나님을 알 수 있게 한다. 완전한 영적 감각은 관조적 삶을 거쳐 육체적인 감각으로부터 완전히 자유로워진 사람이 가질 수 있다.

하나님을 안다는 것은 영적인 눈으로 하나님을 보는 것이다. 지식은 또한 사랑이며 결합이다. 지식은 사랑을 통해 대상에 참여하는 것이고 섞이는 것이다. 그러므로 안다는 것은 사랑하는 것이며 사랑하는 것은 결합하는 것이다. 하나님을 아는 지식은 단순한 지적 이해가 아니라 우리를 성장시키고 변화시켜서 하나님의 자녀가 되게 하는 것이다. 우리는 하나님을 아는 지식을 통해 하나님을 닮아가는 것이며, 하나님을 안다는 것은 하나님에게 알려지는 것이다. 하나님께서는 자신을 아는 사람과 결합하며, 신성에 참여시켜 주시므로, 하나님을 안다는 것은 우리가 신화되는 것이다.

마지막 세 번째 단계는 말씀을 통해서 하나님과 합일을 이루는 단계로서 잃었던 하나님의 형상을 회복하고 하나님의 신성에 참여하여 완성을 이루게 된다. 우리는 실천과 관조의 삶을 통해 영혼이 말씀과 연합하는 단계에 이르게 된다. 이 단계에서 우리는 말씀과 교통하고 그 분의 지혜의 신비로 들어가게 된다. 이전 단계에서 영혼은 사악한 탐욕과 우상숭배의 유혹에 강하게 직면했었지만, 이제는 거룩한 지혜, 권능, 공의, 선, 사랑에 대한 갈망으로 타오르게 된다. 하나님의 말씀에 사로잡힌 영혼의 모든 감각은 모두 영적으로 바뀌게 되며, 모든 생각은 하나님의 말씀으로 충만하게 된다. 오리겐은 영혼의 말씀과의 신비로운 연합을 결혼으로 묘사한다. 하나님의 말씀은 주 예수이시며 순결하고 정숙한 영혼의 남편이요 배우자이다. 이것은 영적 결혼이다. 영혼의 상승은 신부가 신방에 들어가기 위해 준비하는 것과 같다. 신랑이신 그리스도는 영혼을 수덕적 실천과 신비적인 관조를 통해 마지막으로 신방으로 인도하고, 그곳에서 영혼은 말씀과 연합하게 된다. 오리겐은 아가서를 결혼의 노래라고 부른다. 오리겐은 물론 결혼의 비유는 영혼의 결합뿐만 아니라 교회의 연합을 설명하는데도 사용한다. 이제 영혼은 말씀을 사랑하면서 하나님의 지식을 본격적으로 얻게 된다. 말씀은 사랑과 지혜를 연결해주는 중개자의 역할을 한다. 오리겐은 하나님의 신비를 완전하게 보고 이해하는 놀라운 상태를 무아경 또는 황홀경이라고 부른다.

오리겐은 하나님을 향한 영혼의 순례의 마지막 단계를 완성, 신화($θέωσις$), 또는 회복이라고 부른다. 우리는 이 마지막 단계에서 하나님을 알게 되고, 하나님을 마주 보게 되고, 사랑으로 하나님과 연합하게 될 것이다. 우리가 하나님의 형상으로 지음 받은 것은 하나님에 대한 완전한 지식을 갖게 되고 그 분과 완전한 교제를 하기 위한 것이다. 이것인 영혼의 가장 축복된 상태이다.

우리는 완성에 다다를 때 삼위일체 하나님께 참여하게 되는 것이다. 인간은 하나님의 아들에게 참여함으로써 하나님의 아들로 받아들여지고, 하나님 안에 있는 지혜에 참여함으로써 지혜로워지며, 마찬가지로 성령에 참여함으로 거룩하고 영적으로 된다.

우리는 하나님의 신성에 참여함으로써 신화된다. 성자가 하나님(θεός)이시고 성부가 하나님(ὁ θεός)이시듯이 우리도 신들(θεοί)이 될 수 있다. 신화는 자신 안에 신성과 인성의 결합을 이룬 그리스도에 근거한다. 우리는 그리스도의 삶과 가르침을 본받고 따르면서 그 분과 교통하고 결국에는 신화의 단계에 이르게 된다. 지상적인 것에서 천상적인 것으로 올라가는 영적 순례는 그리스도께서 성부에게로 돌아가는 것은 본받는 것이다. 그리스도께서 하나님이 되셨듯이 우리들도 신들이 되는 것이다. 신이 된다는 것은 신성에 참여하는 것을 의미한다. 성령은 우리가 그리스도에게 참여할 수 있도록 해 주시며, 또한 그리스도는 성부 하나님께 참여하도록 인도하신다. 신화는 영혼이 원래의 상태로 돌아가 하나님을 닮고 하나님과 완전한 교통을 하는 상태로 돌아가는 것이다. 하나님과 완전한 연합을 하는 것은 지상에서는 불가능하고 죽은 후에 가능하다. 오리겐은 마지막은 시작과 같을 것이라고 말한다.

영혼의 순례와 하나님과의 연합에 관한 오리겐의 가르침은 영혼의 상승과 신과의 동화를 설명하는 신플라톤주의의 전통과 궤를 같이 하지만, 이 모든 것이 하나님의 자비로우신 섭리에 의해 가능하다고 강조하여 자신을 플라톤주의자들과 구별한다. 하나님을 향한 영혼의 순례는 하나님의 말씀의 신비로운 중재를 통해서만 이루어진다. 그는 켈수스를 반박하면서 영혼이 하나님께 나아가기 위한 진정한 지식은 신구약성경을 통해서 얻을 수 있다고 강조한다. 그리스도인의 삶에 대한 오리겐의 가르침은 수덕주의와 신비주의 신학의 발전에 큰 영향을 주었다. 오리겐은 수덕적 실천의 삶이 곧 순교적인 삶이라고 강조하여 초대교회의 순교의 삶이 중세의 수덕주의로 전환되는 계기를 제공하였다. 또한 영적 순례의 단계를 정화, 관조, 합일로 설정한 그의 가르침은 수도원 신비주의의 핵심적인 원리가 되었다. 오리겐은 초대교회에서 사변적인 신학자가 아니라, 언제나 자신 앞에 그리스도를 모시고 그를 닮아가려고 노력하면서 성도들에게도 그렇게 살라고 권면했던 목회자요 교회의 교사였다.

오리겐은 3세기 알렉산드리아의 발전된 헬라 철학을 수용하면서 기독교의 발전에 공헌하였다. 그리하여 그는 성경의 알레고리 해석법을 통한 영적 의미를 찾는 성경해석을 발전시켰고, 방대한 저술을 통하여 신학 발전에 기여하였다. 삼위일체론에서는 로고스의 영원한 나심이란 해석을 제공하였고, 인간의 영혼이 하나님과의 합일을 추구하는 영성신학의 토대를 구축하였다. 그는 553년에 열린 콘스탄티노플 공의회에서 영혼선재설, 이중창조론, 만인구원론 등의 주장에 대해 이단으로 정죄당하기도 하였다.

더 읽어야 할 책들과 논문들

오리게네스. 이성효외 3인 역주. 『원리론』. 서울: 아카넷, 2014.
오리게네스. 임걸 역. 『켈수스를 논박함』. 서울: 새물결출판사, 2005.
오리게네스. 이두희 역. 『기도론』. 서울: 새물결출판사, 2018.
유진 드 페이. 박창훈 역. 『오리게네스의 영성』. 서울: 누멘, 2010.
양병모. "초기 복음전도에서의 오리겐(Origen)의 공헌과 그 현대적 의의."「복음과 실천신학」, Vol.11 (2006): 355-384.
오유석. "오리게네스의 인간 이해 -타락과 회복을 중심으로."「기독교철학연구」, Vol.9 (2008): 5-24.
오유석. "오리게네스에게 있어 영혼의 부분과 악의 기원."「동서철학연구」, Vol.52 (2009): 59-83.
정용석. "오리게네스와 만물의 회복."「韓國敎會史學會誌」, Vol.26 (2010): 7-34.

정용석. "그리스도인의 삶에 관한 오리겐의 가르침."「신학사상」, Vol.110 (2000): 188-218.

조덕영. "오리겐의 창조론."「창조론오픈포럼」, Vol.11 No.1 (2017): 5-13.

주재용. "오리겐의 신학사상 소고."「신학연구」, Vol.35 (1994): 51-66.

Ekaterini Tsalampouni(에카테리니 짤람푸니). "Origen's Figural Reading of the Scripture = 오리겐의 비유적 성경 해석 – 문자적 해석에서 영적 해석으로."「Canon&Culture」, Vol.8 No.1, (2014): 5-30.

제8장
아타나시우스

(Athanasius, 295(?)-373)

아타나시우스는 니케아 공의회 이후에 아리우스파들이 득세하는 과정에서도 끝까지 니케아 신조의 성부와 성자의 동일 본질에 대한 신앙을 지켜냈다. 이와 함께 그는 362년에 이르러서는 유사 본질파와의 연합을 위해 성부, 성자, 성령의 동일 본질에 우시아를 사용하면서 위격의 구별에 대하여 휘포스타시스를 사용할 수 있다고 양보를 하였다. 그리하여 동일 본질파가 유사 본질파와 연합하여 381년의 콘스탄티노플 신조를 작성할 수 있는 토대를 마련하였다.

1. 일생을 통한 니케아 신경을 위한 싸움

아타나시우스는 295년경 알렉산드리아에서 태어났는데, 그의 부모는 아마도 그리스 말을 사용하는 부유한 비 그리스도 교인이었을 것으로 보인다. 하지만 그는 어린 나이에 그리스도교로 개종하였다고 전해진다. 나지안주스의 그레고리에 따르면, "아타나시우스의 초기 교육은 마음과 정신의 문화로 향했다. 하지만 세속 학문은 약간의 시간 동안만 그를 붙잡았다. 일찍부터 구약성경이 그의 일상적인 독서가 되어 계속 그러하였다." 또한 아타나시우스는 테바이데의 수도자들 안에서 심오한 그리스도교 교육을 받았다고 전해진다.

그는 313년에 개종하여 세례를 받았고 알렉산더(Alexander) 감독에 의해 독경사로 임명되었으며 318년경 부제가 되어 그의 비서로 일하게 되었다. 이 해는 아리우스가 알렉산드리아에서 열린 교회 회의에서 이단으로 정죄를 받은 해였기 때문에, 아타나시우스는 아리우스 이단에 대해 충분한 지식을 갖게 되었다. 30세가 되던 325년에 그는 알렉산더 감독의 비서로서 니케아 공의회에 참석하였으며, 부제 신분이어서 공의회에서 발언권은 없었지만, 이 공의회에 참석하여 안디옥의 에우스타티우스

(Eustathius)와 앙퀴라의 마르켈루스(Marcellus)등 아리우스주의를 반대하던 영향력 있는 신학자들을 만날 수 있었다. 이들과의 만남은 그가 후에 45년간의 감독직을 수행할 때에 큰 도움이 되었다.

328년 4월 17일 알렉산더 감독이 사망하자, 그는 33세의 젊은 나이로 알렉산드리아의 감독으로 지명되었다. 이 무렵에 콘스탄틴 대제는 아리우스파에 우호적인 입장을 취하고 있었다. 아리우스파들이 니케아 신경을 받아들이겠다고 약속하고 있었기 때문에 327년 말에 아리우스가 사면을 받았고 아리우스의 적극적 지지자인 니코메디아의 유세비우스가 황제의 교회정책 고문이 되었다. 이 때 교회 분열을 일으켰던 멜레티우스 감독이 아리우스파들과 연합하여 알렉산드리아의 감독직을 차지하고자 하였기에, 아타나시우스를 따르는 사람들은 그 해 6월 8일 급히 그를 감독직에 올렸다. 이로 인해 상당한 갈등이 생겨났으며 심지어 반대파들은 그를 비 합법적인 감독으로 여겼고 대립 감독을 세웠다. 그러나 아타나시우스는 감독에 임명된 직후 수도 생활을 교회에 융합하기 위하여 관할 교구들을 시찰하였다(330-334). 교회에 수도 생활을 끌어들이려는 노력은 성공을 거두어, 그는 몇 년 뒤 수도사들을 감독으로 임명하게 되었고, 이에 수도원의 지지와 후원을 받았다.

한편 콘스탄틴 황제는 아타나시우스의 감독직을 인정하면서도, 귀양에서 풀려난 아리우스와 교류할 것을 종용하였다. 그러나 신임 감독은 이를 단호히 거절하였다. 이것은 아타나시우스가 373년 5월 78세의 고령으로 죽기까지 45년간의 그의 감독직 기간 동안 5차례에 걸쳐 17년간의 유배 생활을 예고하는 것이었다. 이러한 다섯 차례의 유배는 나지안주스의 그레고리의 묘사처럼 이 키 작은 인물이 참으로 영웅적인 영혼과 강철같은 기질을 소유하고 있고, 이로 인해 그의 모든 적대자들과 동료들을 얼마나 넓게 능가하고 있는지 잘 보여준다. 이러한 의미에서 나지안주스의 그레고리는 그를 "교회의 기둥"(Columna Ecclesiae)이라 일컬으며 찬사를 아끼지 않았다.

이와 같이 아타나시우스는 아리우스를 교회에 받아들이려는 콘스탄틴 황제의 모든 노력에 끊임없이 투쟁하였다. 대립 감독을 내세운 멜레티우스파는 이 문제에 관해 아리우스파, 특히 니코메디아의 유세비우스(Eusebius Nicomediae)와 협조하여 형사소송으로 아타나시우스를 면직하려고 하였다. 이집트 밖에 있던 아리우스주의자들은 아타나시우스가 타락하였으며 반역죄를 저질렀고, 멜레티우스 감독 지지자인 아르세니우스(Arsenius Hypselis) 감독을 살해하였다고 고발하였다. 아타나시우스에게 대역죄(331/2)와 살인죄(332/3)를 뒤집어씌우려는 이러한 시도는, 이른바 살해되었다는 아르세니우스 감독이 멜레티우스 파들 속에 숨어 있는 것을 아타나시우스가 찾아내어 수포로 돌아갔다. 황제는 335년에 열린 티루스 종교회의에서 그를 면직하여 트리어로 추방하였다. 그가 이 때 추방을 당하게 된 것은 콘스탄틴 황제가 교회 연합과 제국의 평화를 추구하는 정책의 결과로 볼 수 있다. 콘스탄틴 황제는 325년에는 교회의 연합을 이룩하기 위해 하급 성직자였던 장로 아리우스를 귀양 보내고 니케아 신조 작성자들을 지지하였다. 그러나 그 이후 아타나시우스에 대한 여러 공격들이 진행되는 과정에서 황제는 신학적인 정확한 지식보다는 아타나시우스가 교회 분쟁의 중심인물이라고 보고 그를 파면함으로 교회의 연합과 일치를 이루고자 하였다. 그리하여 그는 티루스 종교회의에서 알렉산드리아의 대감독직에서 해직당하고 추방당하였다. 아타나시우스는 트리어에서 로마감독 실베스터와 서방에서 니케아 신앙을 탁월하게 방어한 막시미누스 감독과 그의 후임자 파울리누스와 좋은 관계를 가졌다.

337년 콘스탄틴 황제가 사망한 후에 황제의 세 아들들이 회의를 열어 삼위일체 논쟁으로 귀양 간 사람들을 풀어주기로 결정하여 아타나시우스는 알렉산드리아 감독으로 복권되었다. 그러나 동방에서는 황제인 콘스탄티우스 2세가 아리우스파를 지지하여 니코메디아의 유세비우스를 콘스탄티노플의 감독으로 임명하였고 그의 지지자들은 339년에 안디옥 교회회의를 개최하여 중도적인 카파도키아의 그레고리(Gregorius)를 알렉산드리아의 감독으로 임명하여 아타나시우스의 자리를 박탈하였다. 그는 다시 알렉산드리아를 떠나 로마로 갔다. 그는 로마 감독 율리우스(Julius) 1세(337-352)의 환대를 받았으며, 로마교회에게서 니케아파의 지지를 끌어내어 로마교회 회의는 그가 알렉산드리아의 합법적인 감독이라고 선언하였다. 그 후 341년 로마감독은 로마에서 회의를 열어 아타나시우스와 추방당한 그의 동료 앙퀴라의 마르켈루스의 복직을 승인하였다.

그러나 동방 황제 콘스탄티우스는 안디옥 교회 회의에서 위의 두 사람을 단죄하고, 아리우스주의의 오류를 반대하면서 평화를 목적으로 새로운 신앙고백서를 작성하도록 하였다. 이에 동방 교회와 서방 교회의 불일치를 해결하기 위하여 342-343년 사르디카 공의회를 개최했으나, 타협에 실패하여 양측은 결국 각자 교회 회의를 개최하여 서로를 단죄하였다. 345년 6월 카파도키아의 그레고리가 알렉산드리아에서 사망하자 후임 감독을 임명하려던 콘스탄티우스는 페르시아와의 전쟁에서 계속 패하여 서방 황제인 콘스탄스와 화해가 필요했다. 그러므로 그의 조언을 받아들여 아타나시우스를 감독 자리에 임명하여 346년 10월 알렉산드리아로 돌아갈 수 있었다. 당시 알렉산드리아의 상류층은 헬라화되어 아리우스파를 지지했으나, 일반 시민들과 수도사 세력은 아타나시우스를 적극 지지하였다. 그래서 그는 이때부터 10년간 알렉산드리아의 감독으로 있으면서 교회 발전을 위해 일할 수 있었다.

동방의 콘스탄티우스는 아리우스주의 지지자였으나, 서방의 콘스탄스는 니케아 신조 지지자였으므로 그가 살아있을 때 아타나시우스는 안전할 수 있었다. 그러나 그가 350년 사망하고 동방황제였던 콘스탄티우스가 353년 서방의 지배권까지 확보하자 아타나시우스를 제거하고자 하였다. 황제는 아를라테 교회 회의(353)와 밀라노 교회 회의(355)에서 아타나시우스를 다시 정죄하였고, 이 결정에 서명을 거부한 트리어의 파울리누스와 로마의 리베리우스를 비롯한 몇 명의 감독은 망명해야만 했다. 이러한 정죄에 알렉산드리아의 교인들이 강력하게 저항하자 356년 2월 황제의 군대가 테오나스 교회를 점령하였다. 이 때 아타나시우스는 간신히 이집트의 사막 수도자들이 있는 곳으로 피신했으며, 그곳에서 5년을 지내야 했다.

콘스탄티우스 황제가 361년 11월 사망한 후 황제가 된 율리아누스(Julianus, 361-363)가 그의 추방을 철회하여 362년 2월 다시 알렉산드리아로 귀환했다. 그 당시 안디옥에서는 니케아공의회의 결정을 지지하는 파울리누스(Paulinus)가 이끄는 무리들과 유사 본질파를 지지하는 멜레티우스(Meletius) 감독이 다투고 있었다. 멜레티우스는 대 바질(Basilius Magnus, 329-379)과 다른 유력자들의 지지를 받고 있었다. 이러한 상황에서 알렉산드리아로 돌아온 아타나시우스는 즉시 종교 회의(362)를 소집하여 이 사건을 다루었다. 이 회의를 통해 그는 아리우스의 자들인 성부와 성자가 유사하는 유사파와 성부와 성자의 본질이 다르다는 상이 본질파에 대항하여 동일 본질파와 유사 본질파를 화해시켜 연합시키고자 하였다. 이러한 연합이 이루어져 이 회의에서 그는 『안디옥인들에게 보낸 교의서한』(Tomus ad Antiochenos)을 통하여 니케아신경을 재확인하였다. 그는 이 서신에서 니케아 신경이 완전히 충분하다고 고백하였다. 그는 교회의 일치와 통일을 위해서는 새로운 신조를 작성할 필요가 없고 니케아 신조로 충분하다고 보았다. 그런데 그는 이 편지에서 지금까지의 논쟁 과정을 통해 동일 본질파와 유사 본질파를 연합시키기 위하여 중요한 전향적인 태도를 보였다. 그는 성부와 성자의 일치에 대해서는 우시아를 사용하면서, 그러한 일치를 인정하는 속에서 성부, 성자, 성령의 구별을 위해 휘포스타시스를 사용하는 것도 용인할 수 있다고 하였다. 이 서신에서 아직 우시아와 휘포스타시스의 의미가 완전히 구분되어 정리되지는 못했지만, 이제 그 양자의 의미가 구분되어 사용될 수 있는 가능성을 열어놓게 되었다.

아타나시우스의 신앙 고백에 대해 부정적인 반응을 보인 율리아누스 황제에 의해 그는 또다시 362년 10월 24일 알렉산드리아를 떠나야만 했다. 이듬해 6월 율리아누스가 페르시아 군대와의 전쟁에서 사망하자 요비아누스(Jobianus, 363-364)가 후임 황제가 되었는데, 니케아 공의회 지지자였으므로 그는 364년 2월 다시 알렉산드리아로 돌아올 수 있었다. 그러나 그의 사후에 다시 아리우스주의 지지자인 발렌스(Valens, 364-378)가 황제로 즉위하자 다시 추방명령을 받아 그는 365년 10월 또다시 알렉산드리아를 떠났으나, 알렉산드리아 교인들이 소요를 일으키려고 하자 황제는 이듬해 2월 1일 그를 다시 알렉산드리아로 귀환시켰다. 그 후 더 이상 추방의 고통을 당하지 않게 된 아타나시우스는, 그와 안디옥의 감독을 화해시키고자한 대 바질의 노력으로 아리우스주의에 반대하여 동방 교회와 서방 교회가 일치를 이루게 되었다. 그러나 이 일치는 아타나시우스의 오랜 친구 앙퀴라의 마르켈루스를 단죄한 대가였다. 당시 마르켈루스는 삼위의 일체를 강조했으나 구별을 반대하여 사벨리우스주의자라는 비판을 받고 있었다. 이때 그는 자신의 친구를 단죄하는 것에 반대하였다. 그 후 아타나시우스는 373년 5월 2일 78세의 나이로 자신의 전 생애를 걸고 싸웠던 삼위일체론의 교회의 공식적 가르침의 마지막 승리를 보지 못한 채 생을 마감하게 된다. 그러나 그가 남긴 저술들을 보면 결국 아리우스주의가 패배하고야 말 것이라는 확신을 가지고 있었음을 분명히 알 수 있다. 또한 아타나시우스는 노년에 이를 즈음 자신과 동일한 신념을 지닌 새로운 세대의 신학자들이 출현하는 것을 볼 수 있었다. 이들 가운데 가장 위대한 인물들이 바로 위대한 카파도키아의 3인인 대 바질과 나지안주스의 그레고리, 그리고 닛사의 그레고리이다.

2. 저서

아타나시우스는 그 많은 추방의 과정에서 겪은 숱한 고난과 역경에도 불구하고 상당한 양의 저서들을 남겼다. 그렇지만 그의 저서들은 교회 현실의 문제에 대처하고 해결하기 위해 저술된 것으로 체계적이거나 문학적 관점에서 볼 때 뛰어난 것은 아니다. 하지만 그의 작품들은 대부분 니케아 신앙고백서를 수호하고 그에 대한 자신의 신앙을 설명하는 내용들이어서 주제가 명백하고 독자들의 영혼을 움직이는 설득력을 지니고 있다. 그는 성서와 교회의 신앙의 표준의 가르침에 입각하여 힘 있고 정확하게 논증을 하면서도 신자들의 영적 생활을 위한 지침을 제시하고 있다. 주요 저서들은 다음과 같다.

1) 그의 기독교변증서로서 『이교도 반박론』(*Oratio contra gentes*)과 그 후속 작품인 『말씀의 성육신론』(*De incarnatione Verbi*)이 있다. 이 작품들은 서로 연결된 저서들로, 흔히 두 권으로 이루어진 하나의 저서로 볼 수 있다. 이 작품들의 저술 시기에 대해 일부 학자들은 아리우스이단과 니케아 공의회에 대한 언급이 없는 것으로 보아 그의 부

제 직 초기인 318년경의 작품으로 보기도 하나, 23세에 이렇게 수준 높은 작품을 저술했을 가능성이 적어 보인다. 오히려 그는 350년경까지는 니케아 신경에 대한 적극적인 변론을 별로 하지 않고 있는 점에서 볼 때, 콘스탄틴 대제 시기 마지막인 335-7년경에 저술되었을 가능성이 높다. 이 시기까지는 콘스탄틴 대제 하에서 니케아 신경은 당연하게 인정되고 있었으므로 그러한 논쟁을 하기 보다는, 그리스도교의 신앙의 자유가 공포된 지 얼마 되지 않아 이교세력이 아직 강하였던 때였기 때문에, 아타나시우스는 『이교도 반박론』에서 이교도가 믿는 다신교의 어리석음을 비판하면서 기독교의 유일신 신앙을 변증한다. 그는 주로 호교론적 전통과 플라톤적 전통에 기반을 두고 온갖 유형의 신화를 배격하면서 이방인의 문화를 비판한 것으로 보인다. 그는 또한 인간은 자신의 영혼을 돌보면서 자기 자신을 완성시킬 수 있다고 주장한다. 그리고 악의 문제와 그 기원과 과정, 우상숭배의 부도덕성과 잡다한 형태의 우상을 일일이 나열하고 검토하며 비판하고 있다. 대중 종교의 형태인 다신론을 배격하고 나서 아타나시우스는 자연숭배 사상보다 진일보한 철학 형태의 범신론을 공박한다. 왜냐하면 자연과 하나님은 분명히 구별된다는 사실과 유일신 사상만이 유일한 합리적 종교임을 강조하기 때문이다. 또한 그는 인간이 하나님을 인식할 수 있다고 보았다. 왜냐하면 인간의 영혼은 하나님의 은총을 힘입어 불사적 존재이며, 하나님과 비슷한 그 어떤 점을 지니고 있기 때문이라고 생각했다. 그래서 말씀의 거울과도 같이 영혼은 적어도 피조물을 통해 하나님을 감지할 수 있는 그 어떤 힘을 지니고 있다고 보았다.

『말씀의 성육신론』은 그의 주요한 저서이다. 그는 이 책을 기독교를 반대하는 유대교와 이교도를 반대하기 위해 저술하였다. 이 책은 하나님이신 로고스께서 왜 성육신하셨는지를 구속적 관점에서 저술하였다. 그는 이 책에서 죄로 타락한 인간 본성을 치유하고 원죄를 씻을 수 있는 유일한 방법은 하나님의 말씀이신 성자의 성육신임을 역설하면서, 그리스도의 탄생과 죽음과 부활의 이유와 의미를 설명한다. 그는 이 책에서 인간의 나약성을 강조하고 육화한 말씀 안에서 하나님의 주도권을 강조한다. 아타나시우스는 잘못을 범해 타락된 인간 본성을 회생시키기 위한 치료 방법, 즉 원죄를 깨끗이 씻는 방법이 전혀 없음을 밝힌다. 그리고 나서 말씀의 성육신을 통해서만이 치료와 회복이 가능하다고 고백한다. 그는 이어서 그리스도의 탄생과 죽음, 부활의 이유 및 의미를 설명하고 유대인과 이교도들의 주장을 반박하면서 그리스도교 신앙은 이 위대한 신비를 옹호하고 강조하고 있음을 밝힌다.

    2) 아타나시우스의 교의신학 저서들 중에 가장 뛰어난 작품은 3권으로 저술된 『아리우스주의자들에 대한 반박』(*Orationes contra arianos*)이다. 이 책의 저술 시기는 학자들마다 견해가 다른데, 350년에 콘스탄티우스 황제가 서방까지 세력을 확장하여 니케아 신조를 변호해야 할 필요성이 커진 이 시기에 저술했을 가능성이 높다. 그는 이 책에서 아리우스파에 대항하여 삼위일체론을 옹호한다. 첫째 작품은 아리우스의 『향연』(*Thalia*)에 담겨진 그의 주장을 요약한 다음 니케아공의회의 결정을 옹호한다. 여기서 아타나시우스는 성자가 창조된 존재가 아니라고 주장하며 그의 영원성, 불멸성, 그리고 성부와 성자의 신성의 본질적 일치를 다시 확인하고 고백하고 있다. 둘째와 셋째 작품에서 아타나시우스는 성경에 언급된 성자의 출생에 관한 본문(히3:2; 행2:36; 잠8:22), 요한복음에 나타난 성자와 성부와의 관계 그리고 그 강생부문(마12:27; 28:18; 요3:35 ; 막13:32; 눅2:52)등을 해석하면서 아리우스주의의 주석을 일축하고 그 참된 의미를 고수하고 있다. 즉 예수 그리스도의 인간

적인 제한성을 다루면서, 말씀은 아버지의 본성에서 나온 것이 아니라 그분의 의지에서 나왔다는 아리우스주의의 주장을 반박하였다. 그는 말씀은 본성적으로 영원으로부터 아버지에 의해 태어나고 그분과 일치한다고 주장하였으나, 니케아 신경의 중요한 용어인 '동일 본질'(όμοούσιος)이라는 말은 단 한 번만 사용하였다. 거의 같은 시기에 저술된 문서가 남아 있지 않은 니케아 공의회의 역사를 알려주는 가장 중요한 사료인 『니케아공의회 칙령에 대한 서신』(Epistula de decretis Nicaenae synodi)을 저술하였는데 동일 본질이라는 표현과 성부의 본질로부터라는 표현을 사용할 것을 역설하였다. 그는 350년대에 이르면 동일 본질이라는 용어를 사용하면서 적극적으로 니케아 신경을 옹호하는데, 이것은 콘스탄티누스 황제가 서방까지 지배권을 확보하여 니케아 신경에 서방에서마저 위기에 처했기 때문인 것으로 보인다.

『니케아 공의회 칙령에 대한 서신』보다 분량이 짧은 『디오니시우스의 의견론』(De sententia Dionysii)에서는 알렉산드리아의 디오니시우스(Dionisius Alexandrianus, 190-265?)를 자신들의 선구자라고 주장하는 아리우스주의자들의 주장을 반박하였다. 그러나 『제 1수도사 서간』(Prima Epistula ad monachos)을 보면 아타나시우스의 아리우스주의에 대한 종합과 반박이 그렇게 수월하지 않음을 엿볼 수 있다.

『아리우스주의자 반박 변증』(Apologia contra arianos)은 357년경 그가 세 번째 유배에서 돌아온 뒤에 저술한 작품이다. 이 작품은 아리우스주의의 전개 과정에 대한 중요한 자료이다. 아타나시우스는 자신의 정당한 입장을 주장하면서 그 사이의 문서 내용들, 즉 그가 알렉산드리아로부터 로마로 피신했었던 동안에 이루어진 사건들을 언급하고 있다. 이 작품은 90장으로 이루어져 있으며 두 부분(3-58장; 59-90장)으로 구분된다. 첫째 부분의 3-19장은 338년 이집트 종교회의 문헌들을 담고 있는데, 그의 정당성과 함께 이것을 전 지역의 감독들에게 알리고 그의 반대자들의 모함들을 담고 있다. 20-35장은 당시 로마 감독 율리우스 1세가 로마 종교회의(341)를 통해 아타나시우스의 반대자인 유세비우스와 그의 일파에게 경고한 내용 담고 있다. 또 36-58장은 사르디카 교회 회의(343-344)의 세 서간을 담고 있는데, 알렉산드리아 교회에 대한 격려와 지지 그리고 율리우스 로마 감독의 결정을 다시 확인하고, 사르디카 교회 회의 중 주고 받은 주요 서신들을 포함하고 있다. 후반부인 71-88장은 335년의 티루스 교회 회의 문헌들과 실천내용들을 담고 있고, 89-90장 등 끝 부분의 내용은 이탈리아, 프랑스, 스페인 등지 감독들의 염려와 관심 그리고 그에 대한 적극적 지지를 담고 있다.

아타나시우스를 더 곤경에 처하게 했던 상황과 그가 겪은 '제3차 유배'에 대한 내용이 그 다음에 쓰여진 일련의 작품에 잘 나타나 있다. 『이집트와 리비아 감독들에게 보낸 서간』(Epistula ad episcopos Aegypti et Libyae)은 아리우스파 교회의 정책과 교의를 반박한 내용이다. 그리고 강론 형식의 『콘스탄티우스 황제에게 보낸 변론』(Apologia ad imperatorem Constatium)에서 황제에게 자신의 문제를 공평하게 처리해줄 것을 부탁하면서, 353년경에 시작되어 357년에 끝났던 반역죄에 자신이 연루되어 있다는 비난을 반박하고 자신이 알렉산드리아를 탈출한 배경을 간략하게 언급하였다. 또한 『자신의 탈출에 대한 변론』(Apologia de fugasua)에서는 자신의 행동을 "그리스도의 모범과 복음의 가르침을 근거로" 아주 자세하게 변론하였다

3) 『세라피온에게 보낸 서한들』(Epistulae ad Serapionem)은 아타나시우스가 3차 유배시 이집트 수도자들과 함께 지내던 때인 359-360년 사이에 트무이스의 감독 세라피온에게 보낸 서간들이다. 세라피

온 감독로부터 성령에 관해 문의를 받은 아타나시우스는 이 서간들에서 성령론을 성서에 입각하여 체계적으로 제시하면서 성령의 완전한 신성을 옹호하고 있다. 같은 시기에 쓴 『아리미눔 공의회와 셀류케이아 공의회에 대한 서간』(Epistula de synodis Arimini in Italia et Seleuciae in Isauria Celebratis)은 양측에 화해 문구로 강요되었던 아리우스주의적 표현인 'Homoeans'(동류본질)를 단죄하면서 '반 아리우스파' 혹은 '호모이오스(homoios)파' 5)들에게 니케아 신경을 받아들이라고 호소하였다. 359년에 쓰여진 이 저서는 361년에 개정되었으며, 362년에는 『안디옥인들에게 보낸 교의 서한』을 썼다.

320년경에 에우스타티우스는 시리아에 있는 베로에아(Beroea)가 감독이 되었다가 니케아 회의 직전에 안디옥의 대감독(Patriach)이 되었다. 니케아 종교 회의에서 그는 아리우스주의자들에게 대해 강력하게 반대했다. 니코데미아의 유세비우스에 반대하는 그의 반 아리안주의 논쟁 때문에 그는 동방 감독들 사이에 미움을 받아 330년 안디옥에서 열린 종교 회의에서 간음이란 죄목으로 감독직에서 쫓겨났다. 그는 오리겐과 그의 알레고리 성경 해석의 관습의 영향력이 증대하는 속에서 아리안주의의 위험성을 인지하고 반대하였다. 에우스타티우스는 오리겐을 추종하던 니코메디아의 유세비우스를 니케아 신앙에서 벗어나고 있다고 비난하였다. 에우스타티우스는 안디옥 종교회의에서 고발당했고, 정죄당했으며, 대감독직에서 쫓겨났다. 그는 트레이스(Thrace)에 있는 트라야노폴리스(Trajanopolis)로 추방당했으며, 그곳에서 337년 경에 죽었다.

그의 추방 후에 안디옥에서는 그의 추종자들이 아리우스주의를 반대하고 에우스타티우스파를 형성했다. 이들은 삼위의 일체를 주장하는 파

---

5) 성자는 성부와 닮기는 하였으나, 동일하지는 않다고 주장하는 파이다.

울리누스를 그들의 감독으로 세웠다. 유사본질론을 주장하는 멜레티우스가 아리우스주의자들과 유사본질론자들의 연합투표로 360년에 안디옥의 감독으로 선출되었고, 그의 선출이 362년에 알렉산드리아 종교회의에서 인정된 후에도 이들은 그를 감독으로 인정하지 않았다. 이와 같이 안디옥에서 에우스타티우스 지지자들과 멜리티우스 지지세력 사이에 분열이 일어나고 있었기 때문에, 이 때 아타나시우스가 그들에게 편지를 써서 우시아와 휘포스타시스의 관계를 설명하는 편지를 썼다.

4) '은수자들의 아버지'라 불리는 『성 안토니우스의 생애』(*Vita Sancti Antonii*)를 통해 하나님께 헌신된 이상적인 삶의 형태를 제시하며, 독자들로 하여금 한 성인의 구체적인 삶과 모범을 통해 완덕에 이를 수 있다는 점을 깨우쳐 준다. 그래서 나지안주스의 성 그레고리는 이 작품을 "이야기를 통해 제시된 수도자의 규칙"이라고 높이 평가하였다. 이 작품은 375년 에바그리우스에 의해 라틴어로 번역되어 서방교회의 수도생활에도 지대한 영향을 미쳤으며, 교회 역사 안에서 수도자들에게는 물론 일반 신자들에게도 널리 읽혀왔다.

3세기부터 시작된 알렉산드리아의 감독들의 전통에 따라, 아타나시우스도 감독직을 수행하는 동안 매년 부활축일서간(Festae epistulae)을 보냈다. 이 편지쓰기는 감독들이 자신의 교구에서 부활절의 날짜를 선포하기 위하여 편지를 쓴 관습에서 비롯되었다. 현재 329년부터 보낸 서간들에서는 6주간의 금욕을 실천하는 재계를 말하고 있어, 40일간의 사순절이 이때부터 알렉산드리아 교회에 정착되었음을 알 수 있다. 또 367년에 보낸 『서한』39는 신약성경이 27권임을 공표한 첫 번째 교회문서로 유명하다.

아타나시우스가 남긴 성서 주석 작품들은 모두 단편들만 전해오기 때문에 그 집필 연대를 추정하기가 어렵다. 여기서 아타나시우스는 교의 신학적 저서들에서 견지했던 문자적인 주석 방법과는 달리 우의적 및 모형적 주석 방법을 선호하고 있다.

3. 신학사상

1) 구원론

아타나시우스는 『말씀의 성육신론』을 통하여 말씀이 육신을 취하신 성육신이 왜 일어났는지를 설명하고 있다. 인간은 하나님께서 말씀을 통하여 창조한 존재인데, 범죄함으로써 하나님과의 관계가 깨어지게 되었다. 아타나시우스는 인간의 본성을 두 가지 차원에서 얘기한다. "첫째는 인간 존재가 '무'로부터 존재하게 되었다는 사실에서 인간의 본성적 상태가 바로 이 '무'와 같다는 것이며, 둘째는 자비하신 사랑에 의해 존재하게 된 인간이 '말씀의 일부를 받음'으로 은총과 관계하여 영원한 것을 소유하고 있다는 의미에서 생명을 소유한 존재라고 말한다. 그러나 이 두 가지는 서로 대조되는 것으로 인간의 본성에 대해 전자는 비존재로서 죽을 수밖에 없는 것으로 설명되며, 후자는 존재로서 영원을 소유한 것으로 설명되기에 한 인간의 본성에 대한 설명으로는 모순된 것으로 보인다. 그러나 현재의 인간은 범죄하여 은총을 상실하여 곧 죽음의 상태에 있다. 이러한 인간이 죽음의 상태에서 벗어나 다시 생명을 회복하기 위하여 다시 하나님의 은총을 회복해야 한다. 이러한 은총을 회복시키기 위하여 말씀이 육신을 취하여 인간의 모습으로 오셨다. 하나님이 인간의 모습을 취한 것은 우리가 하나님과 같이 되게 하려는 것이었다. 그러므로 말씀이 육신을 취하는 성육신은 범죄한 인간을 구원하려는 구원론이 핵심이었다.

2) 삼위일체론

그런데 이러한 구원론을 위협하는 아리우스의 사상이 등장하였다. 아리우스 사상의 근본 전제는 모든 실재의 원천인 비출생적 근원인 하나님의 절대적 초월성과 단일성에 대한 옹호이다. 그는 이 문제를 중기플라톤주의와 플라톤주의의 원리를 논거로 해결하고 있다. 플라톤주의에 의하면, 모든 존재자는 하나의 근원에서 나오는데, 이 존재는 시작이 없으며, 본래의 의미 또는 자주적인 의미에서 하나의 실체에만 적합하다. 아리우스는 이 존재를 성부에게 전용하였다. 즉 성부만이 모든 것의 근원이며, '시작도 없고', 곧 '태어나지 않고', '창조되지 않으며', 따라서 '영원하고', '변하지 않으며', '달라지지 않는' 한 분 하나님이라고 하였다. 성부에게만 유일한 신적 위격, 곧 신성이 적합한 것이다.

아타나시우스는 아리우스의 사상이 확립된다면, 예수 그리스도가 우리의 참다운 구원자가 될 수 없다고 보았다. 그러므로 그는 예수 그리스도의 신성을 확립하는데 일생을 보내며 투쟁하였다. 그는 325년에 결정된 성부와 성자의 동일 본질을 확보하는데 치열하게 투쟁하였다. 그가 다섯 번이나 귀양을 가면서도 이것을 굽히지 않았다.

삼위일체론 논쟁 과정에서 아타나시우스는 니케아 신앙고백서를 옹호하는 가운데 두 가지 중요한 공헌을 하였다. 첫째는 니케아 신조의 동일 본질을 강조하면서 358년에는 성령의 신성을 강조하였고, 362년에는 우시아와 휘포스타시스를 구별을 허용한 점이었다. 니케아 신조가 작성된 후 350년까지 25년 동안 호모우시오스라는 단어는 거의 등장하지 않고 있다. 이 용어는 아타나시우스가 350/1년에 저술한 『니케아 공의회 칙령에 대한 서신』에서 나타난다. 아타나시우스는 이 글을 쓰면서 니케아 신경의 아버지와 아들의 동일 본질이 이 신앙고백서의 핵심이라고 주목하였다.

350년대 후반에 이르면 동일 본질파, 유사 본질파, 유사파, 비유사파 등이 논쟁하게 되었다. 이 과정에서 성부와 성자의 관계에 대한 논쟁뿐만 아니라 성령의 신성에 대한 논쟁도 발생하였다. 357/8년경부터 앙퀴라의 바실리오스를 중심으로 한 소위 "유사 본질파"는 성령은 아버지와 아들과 "본질적으로 동일한(homoousios)" 것임을 부정했으며, "성령의 신성부정론자들(Pneumatomachen)"은 엄격한 성서 문자주의에 근거해서 성령은 피조물의 일종으로서 신성이 없는 존재라고 주장했다. 성령이 삼위일체 논쟁 가운데 신학적으로 얼마나 불확실했던 위치에 있었는지는 트무이스의 감독 세라피온(Serapion von Thmuis)에게 보낸 아타나시우스의 편지들에서도(아마 358년경) 잘 드러난다. 당시에 아타나시우스가 성령이 피조물적인 특성을 가진 일종의 피조물로 간주했던 "이집트인들", 즉 열광주의자들(Tropiker)과 치열하게 맞서 싸워야만 했던 것은, 마치 아리우스주의자들이 아들에게 했던 것과 마찬가지로 그들도 성령에게 피조물적 특성을 부여했기 때문이었다. 그들은 성령을 천사의 일종으로 주장했던 반면에, 아타나시우스는 성령이 성부와 성자와 동일 본질로 진리라고 보았다. 그는 성령이 아버지와 아들과 동일 본질(homoousia)이라는 필연성을 강조하면서, 우리는 성령을 "피조물이나 이질적인 것이 아니라, 아들과 아버지의 본질에 고유한 것이며, (그것으로부터) 나뉠 수 없는 것"이라고 고백해야만 한다고 주장했다. 이러한 성령의 신성에 대한 강력한 주장은 성령 피조설을 주장하는 입장들을 극복하고 콘스탄티노플 신조에서 성령의 신성을 고백하는 토대가 되었다.

둘째로 아타나시우스는 동일본질파와 유사본질파 사이의 연합을 이루어 내었다. 이러한 의견 접근을 이룬 중요한 회의가 362년에 열린 알렉산드리아 회의였다. 중도파 내부의 싸움에서 358년에는 앙퀴라의 바실레이오스(Basilios von Ancyra)를 중심으로 니케아회의 중도파 중 로고스 신학자들을 중심으로 유사 본질 신학을 확립하게 되었다. 그리고 세 카파도키아 교부들은 앙퀴라의 바실레이오스 감독의 영향을 받았다.

가이사랴의 바질은 당시 동일 본질 신학을 확립하고 논쟁의 중추적 역할을 하고 있던 아타나시우스와 서신을 통하여 교류하게 되었다. 유사 본질 신학 입장에 서 있었던 가이사랴의 바질이 아버지와 아들이 동일 본질이라고 주장 했던 아타나시우스와의 대화는 둘 사이에 신학적인 차이가 없음을 받아들여 동일 본질 신학으로 일치를 이루게 되었다. 그러나 바질이 아버지와 아들의 구별을 위하여 사용했던 휘포스타시스라는 헬라어는 아타나시우스 입장에서 당시 상이 본질을 입증하기 위하여 아리우스가 이 단어를 사용하고 있었기 때문에 쉽게 받아들일 수가 없었다. 바질의 서신을 통한 해명은 계속되었다. 그리고 362년 알렉산드리아 회의 결정에 따라, 아타나시우스는 갈등 해결을 위한 노력을 안디옥 교인들에게 보낸 편지를 통하여 '아버지와 아들 사이에 니케아의 호모우시오스(동이본질)의 보존 아래서, 그리고 성령의 확장 아래서 삼위의 위격의 개념으로써 휘포스타시스의 용어 활용'을 허용하게 되었다. 이로써 신학의 일치를 이루게 되었고, 세 카파도키아인들은 373년에 세상을 떠난 아타나시우스의 신학적인 노력에 이어서 삼위일체신앙고백을 381년 5월에 150여 명의 감독들이 모인 회의에서 논쟁의 마무리로써 "콘스탄티노플 신앙고백"을 고백하게 되었다.

더 읽어야 할 책들과 논문들.

아타나시우스. 엄성옥 역. 『성 안토니의 생애』. 서울: 은성, 2009.

나원준. "초대 기독교에 나타난 영성 이해와 현대 영성에의 적용 – 아타나시우스의 영성을 중심으로."「신학과 사회」, Vol.17 (2018): 35-71.

염창선. "아타나시우스 재판과정에서 나타난 국가와 교회 관계."「서양고대사연구」, Vol.40 (2015): 179-216.

염창선. "아타나시우스와 니케아 신조(325) – 신학적 교회정치사적 입장 변화 연구."「韓國敎會史學會誌」, Vol.16 (2005): 85-112.

제9장
예루살렘 감독 시릴

(Cyril of Jerusalem, 313-386)

시릴은 초대교회가 교회에서 세례 지원자들을 대상으로 실시했던 교리문답 교육을 가장 구체적인 저술로 남긴 인물로 유명하다. 그가 348년에 사순절과 부활절 기간에 24강으로 진행했던 교리문답 과정이 남아있어 초대교회의 교리문답을 모습을 잘 알 수 있게 해 준다. 그의 교리문답 교육은 당시 예루살렘 교회가 사용하던 신앙고백을 바탕으로 이루어지고 있었고, 세례 받은 사람들에게는 세례와 성찬의 기독교 성례의 신비적인 의미를 교육하는 신비 교육(mystagogy)이 설명되어 있다.

1. 생애

예루살렘 출신의 감독들 가운데 교부로 불리는 사람은 시릴(Cyril, 315-386)이 유일하다. 시릴은 영어식 이름이고 헬라어는 퀴릴로스($K\acute{v}\rho\iota\lambda\lambda o\varsigma$)이다. 고백자이며 예루살렘의 감독이었던 시릴은 예루살렘에서 출생하여 이곳에서 교육을 받았다. 그는 교육받는 동안 성경을 깊이 연구하여 성경에 정통하여 탁월하게 성경을 강해했으며, 교부들과 이교도 철학자들의 작품들을 탐독했다. 그는 335년에 집사로 임명을 받았고, 당시 예루살렘의 감독인 막시무스는 345년 그를 성직자와 설교자로 임명했으며, 그는 수년 동안 세례 준비자들을 교육하는데 전념했다. 시실은 2년 동안 세례 준비자들에게 주일 성수를 늘 강조하면서 성도로서의 삶을 가르쳤다. 이러한 세례 준비교육은 도덕적 삶을 증명하여 세례 받도록 준비시키려는 것이 목적이었다. 시릴은 막시무스를 이어 350년경에 예루살렘 감독이 되었다. 그는 가이사랴의 감독인 유사파의 아카키우스로부터 서품을 받았기 때문에 이것이 화근이 되어 오랫동안 유사파로 오해받기도 하였다.

그렇지만 시릴은 유사파인 아카키우스와는 그리스도론에 있어서 다른 입장을 취했기 때문에 감독 재직 중 세 번이나(357년, 360년, 367-378년) 추방당하였다. 성자의 성부와의 동일 본질을 부인하는 유사론자인 가이사랴 대감독이었던 아카키우스(Acacius)가 예루살렘 교구권을 주장하였기 때문에 시릴은 그에 반대하여 그와 논쟁을 벌였다. 유사파들이 주재한 357년 교회 회의에서 시릴은 결국 파직을 당하고 다소로 추방당하고 말았다. 시릴이 예루살렘에 기근이 있을 때 교회 헌금 접시들을 비롯한 기구들을 팔아 가난한 자들에게 자선을 베풀었는데, 반대파는 그가 교회의 물품들을 낭비했고 신성한 예배 기구들을 불경하게 사용했다고 판결하였다. 결국 교회 재산을 불법으로 매각했다는 누명을 쓴 시릴은 다소로 추방당했으나 359년 셀레우키아(Seleukeia) 감독 회의에 의해 복직되어 예루살렘으로 돌아왔다. 그는 재차 아카키우스의 음모에 의하여 황제 콘스탄타우스로부터 축출되었다가 배교자 율리아노 황제에 의하여 복직되었다. 그는 367년에 유사파를 지지하는 발렌스 황제에 의해 세 번째로 유배되었으며, 니케아 신조를 지지하는 그라티안(Gratian) 황제가 즉위한 후인 378년에 예루살렘으로 귀환하였다. 30여 년간의 감독 생활 중 거의 반은 유배지에서 보내지 않으면 안되었다.

시릴의 신학은 처음에는 어법에서 다소 불명확했지만, 그는 의심할 여지없이 니케아 정통주의를 따라갔다. 그는 유사 본질파였기 때문에 논쟁의 여지가 있는 니케아 신조의 핵심 단어인 '동일본질(Homoousios)'이라는 용어의 사용은 피하였지만, 그의 저술들의 여러 문단에서 성부와 성자의 동일 본질이라는 의미를 표현하였다. 그는 성부 고난설, 사벨리안주의, 그리고 아리우스에게 귀속되는 "아들이 존재하지 때가 있었다"는 공식을 배제한다. 그는 동일 본질의 용어를 사용하지 않아 379년 안디옥교회 회의에서 그의 신학을 조사하기로 하였다. 그러나 예루살렘을 방문했던 닛사의 그레고리는 그의 교리가 건전함을 보고했고, 시릴은

'호오우시오스'가 언급된 예루살렘 신조를 콘스탄티노플 공의회(381년)에 제출함으로써 이단 시비는 사라지게 되었다. 그 후 시릴과 그레고리는 381년의 제1차 콘스탄티노플(Constantinople) 공의회에 참석하였고, 여기서 시릴은 니케아 공의회의 정통 교리를 따르는 감독으로 인정받았다. 역사가인 소크라테스와 소조멘은 시릴은 철저한 아리우스주의 반대자였고, 그의 정통성은 의심할 여지가 없다고 기술하였다. 그는 386년 세상을 떠났다.

2. 저술과 신학사상

시릴은 성서학자이자 뛰어난 설교가였다. 그의 작품 중에서 24편의 강론으로 구성된 "교리 교육서"(Catecheses)가 가장 유명한데, 이는 콘스탄타우스 황제가 336년 예루살렘에 완공한 성묘 교회(Church of the Holy Sepulcher)에서 348년 사순절과 부활시기에 한 강론으로 세례 지원자들과 세례자들의 신앙과 생활을 위한 명쾌한 지침서이자 교리 해설서이다. 또한 예전의 관점에서 4세기의 팔레스티나 예전을 자세히 보여주는 소중한 문헌이다.

1) 교리 교육서의 구조와 내용

24편의 강론으로 구성되어있는 "교리 교육서"는 강론들을 들은 제자들이 기록으로 남겨 보존된 작품으로, 이 작품은 4세기 초대교회의 교리 교육 및 예전에 관해 알 수 있는 중요한 문헌이다. 24편의 강론은 사순절이 시작될 때, 부활절에 세례 받기 위하여 이름을 적어낸 사람들을 위해 시행된 교리 교육이자 예전 교육이었다. 초대교회에는 사순절 기간은 세례 지원자들이 세례 받을 준비를 하는 기간이었고, 이러한 준비 교육을 받은 사람들이 부활절 새벽에 세례를 받았다. 24편의 강론의 구성을 보면, 첫 번째 부분은 예비적 교리 교육 강론으로, 세례 지원자들에 대한 교리 교육 강론에 대한 서론적인 말씀이다. 두 번째 부분인 전반부 18편의 강론은 사순절 기간 동안 세례 지원자들을 위해 시행된 교육이다. 세 번째 부분인 후반의 5편 강론들은 부활 주간에 한 것으로서 세례 받은 새 신자들을 위한 것이다. 이 강론은 그리스도인의 신앙과 실천을 다루고 있으며, 목회자들은 세례 지원자들에게 사랑과 보호를 아끼지 말아야 된다고 말한다. 각 강의마다 성경을 인용하고 성경 말씀을 가지고 설명한다.

첫째 부분인 예비적 교리 교육 강론은 세례 받기 원하는 학습 교인들을 위한 강론으로, 세례 받고자 하는 사람의 마음가짐에 대하여 논한다. 세례는 천국 시민이 되는 의식이다. 이 예식에는 이미 그리스도와 함께 죽고, 함께 살아난 사람들만이 참여할 수 있다. 물론 이 의식에 사도행전 8장의 마술사 시몬같은 위선자들이 참여할 수 있으나, 성령 세례는 받지 못한다. 진정으로 성령 세례를 받아 천국의 비밀을 깨닫기 원하는 사람은 이 40일간의 기간을 이용하여 악을 버리고 선한 마음으로 하나님을 기쁘시게 하는 일만을 할 각오를 굳게 해야 한다.

둘째 부분인 18편의 강론에서 처음부터 다섯 번째 강론까지는 죄, 회개 그리고 믿음에 대해서, 그리고 6번째부터 18번째까지는 예루살렘교회에서 세례 받을 때에 신앙을 고백하던 신경의 내용을 설명하는 내용을 담고 있다. 제1강은 세례 받는 사람의 마음가짐, 제2강은 회개와 하나님의 죄 용서에 대한 확신, 제3강은 성결케 하는 능력을 갖고 있으며 영혼을 인치는 것이라고 설명하는 세례에 대하여, 제4강은 교리의 10가지 항목에 관한 간략한 설명, 제5강은 믿음의 본질에 대하여 다룬다. 6-18까지에서 신경이 다루어지는데, 제6강은 하나님의 통일성과 이것을 부인하는 이단들에 대해, 제7강은 성부에 관하여, 제8강은 전지성에 관하여, 제9강은 창조자에 관하여, 제10강은 주 예수 그리스도에 관하여, 제11강은 그분의 영원한 성자직에 관하여, 제12강은 동정녀 탄생에 관하여, 제13강은 수난에 관하여, 제14강은 부활과 승천에 관하여, 제15강은 재림에 관하여, 제16-17강은 성령에 관하여, 제18강은 몸의 부활과 가톨릭 교회에 관하여 다루고 있다. 예루살렘교회가 세례 받을 때 했던 신앙고백문은 381년의 콘스탄티노플 공의회의 신경과 아주 비슷하다. 시릴은 세례 때 신자들이 고백하는 신경 안에서 집약된 10가지 신앙 진리를 단순하면서도 빠짐없이 설명해준다. 아버지이신 하나님, 그분의 외아들 예수 그리스도의 신성과 영원성, 동정녀 탄생, 십자가 수난, 장사, 부활, 승천, 세상의 종말의 심판, 성령, 인간의 몸과 영생에 대하여 설명한다.

세 번째 부분은 마지막 5편은 짧은 강론들로서, 부활절 절기에 모두 함께 거행되는 성례들에 대한 강론들이다. 19강은 벧전 5장 8절에 기초한 권면, 20강은 세례, 21강은 기름부음(도유), 22강은 성찬, 23강은 신자들의 성찬 참여에 대한 강론들이다. 따라서 이 강론들을 일컬어 "신비 교육(mystagogy)"이라고 부른다. 신비 교육은 부활절 아침에 세례 받은 새로운 신자들에게 그들이 방금 받은 세례의 의미와 상징들과 함께 그들이 참여하게 될 성찬식에 대하여 강론한다. 이 강의를 통해 시릴은 교회 예식 하나하나에 대하여 그것이 왜 생겼고, 또 무슨 뜻이 있는 것인지를 신구약성서에 기초를 두고 설명한다. 그는 구약성서를 신약 사건의 모형으로 해석한다. 예를 들면 홍해를 건넌 사건은 세례의 모형이요, 만나는 성찬의 모형이라고 말한다. 이 강의는 고대 그리스도교가 남겨 준 가장 소중한 문헌들 가운데 하나로서, 시릴 덕분에 그 시대 예루살렘 교회 예전을 한 눈에 알 수 있는 자료를 얻게 되었고, 신비 교육의 신학뿐 아니라 세례 교리 교육에 관한 증거자료를 지니게 되었다.

미스타고지는 세례를 받은 사람으로 하여금 기독교 성례전에서 행해진 각 예식의 신비를 이해하도록 돕기 위해 행해지는 가르침으로 기독교 성례전의 신비에 대한 가르침이다. 그는 미스타고지를 세례 후 성례전에 대한 설교를 통해 갓 세례 받은 사람에게 자신들이 이미 경험한 성례전의 깊은 의미를 다시금 깨닫게 해 주는 '세례 후 신앙교육' 이라고 했으며 오늘날 미스타고지라는 용어는 특별히 기독교 입례 성례전과 그 예식들의 깊은 영적 의미를 설명하는 세례 교육을 의미한다고 소개했다. 이러한 미스타고지 활용을 통해 그는 하나님의 초대에 응한 세례 받은 사람들이 함께 그 시간을 기억하며 축하한다면, 당시에는 깨닫지 못했던 세례의 깊은 의미가 서서히 일상적 시간의 흐름을 깨고 다가올 수도 있을 것이며 그러할 때, 세례 받은 기독교인의 하루는 평범한 하루가 아니라 하나님의 현현을 체험한 날이 될 수 있다면서 이러한 날들이 이어진다면 지금 그리고 영원히 우리는 세례 받은 기독교인으로서, 계속되는 세례 성례전적 삶을 살아가는 것이라고 하였다.

그는 시리아의 전통과 달리 성령의 임재가 세례 전 예식이 아니라 세례 후 예식에서 이뤄진다고 보았다. 그는 『신비 교리교육』(Mystagogical Catechesis)에서 예수가 요단강에서 씻음을 받고 올라오자 성령이 내려와 예수 위에 머물렀던 것처럼 세례 받은 자도 물에서 올라와 기름부음을 받아야 한다고 말한다. 그런데 해석상에 있어서 시릴은 그 기름부음의 근거를 요한일서 2장 20-28절에 두었고, 세례 받은 자는 그리스도의 기름부음에 따라 메시아적이고 권능을 얻는다고 강조했다. 여기서 말하는 기름은 세례 전 축귀 기름과는 달리 향이 있는 기름(몰약)이었고, 이마, 귀, 코, 가슴에 발랐는데, 이마는 아담으로부터 받은 수치를 제거하고 주님의 영광을 드러내기 위해(고후 3:18), 코는 그리스도의 향기를 맡기 위해(고후 2:15), 귀는 복음을 듣기 위해(사 50:4), 그리고 가슴은 의의 호심경을 얻기 위해(엡 6:14) 행했다. 그리고 이마에 기름을 바를 때에는 십자가 형태로 행했다.

2) 세례자의 준비

시릴 감독은 [교리 교육]에서 3강의인 "세례에 대해서"에서 다음과 세례 받을 준비하는 자세에 대하여 아래와 같이 가르친다.

성령을 받을 수 있도록 마음을 깨끗이 준비하십시오. 수난 당하실 때 우슬초의 줄기에다 마실 것을 받으신 그리스도의 권능을 힘입어 우슬초의 물 뿌림을 입고 영적인 우슬초로 씻음 받을 이들 앞에서 "하늘은 기뻐하고 땅은 즐거워하라." 하늘의 권능들이여, 즐거워하십시오. 영적 신랑과 결합하려고 하는 영혼들이여, 마음을 준비하십시오. "광야에서 외치는 이의 소리가 들린다. '너희는 주의 길을 닦고 그의 길을 고르게 하여라.'" 정의의 자녀들이여, "주의 길을 고르게 하여라"는 요한의 호소에 귀를 기울이고 그것을 실천에 옮기십시오. 영원한 생명에 곧바로 들어갈 수 있도록 여러분을 가로막는 모든 장애물을 제거하십시오. 성실한 신앙을 통해서 성령을 받을 수 있도록 마음의 준비를 깨끗이 하십시오. 신랑의 혼인 잔치에 부름 받을 때 정결하게 참석할 수 있도록 참회를 통하여 여러분의 옷을 씻으십시오.

신랑이 주시는 은총은 풍부하고 또 그분은 그것을 아낌없이 주시므로, 그분은 모든 사람들을 차별 없이 부르시며 당신 사자들의 외치는 소리를 통해 모든 이들을 한데 모으십니다. 그 다음 주님은 그들 가운데서 세례의 상징인 결혼식에 참석할 자격이 있는 이들만을 친히 뽑으실 것입니다. 등록된 여러분들 중 누구도 "친구여, 결혼 예복도 입지 않고 어떻게 여기에 들어왔습니까?"라는 말을 들어서는 안 되겠습니다.

여러분은 모두가 오히려 "잘했다. 너는 착한 종이로구나. 네가 지극히

작은 일에 충성을 다하였으니 이제 내가 큰일을 맡기겠다. 자, 와서 네 주인과 함께 기쁨을 나누어라."는 말을 들었으면 합니다. 지금까지 여러분은 문 밖에 서 있었습니다. 이제부터 다음과 같이 말할 수 있게 되기를 바랍니다. "임금님은 나를 자신의 궁방에 들어가게 하셨습니다. 내 영혼아, 주님 안에 기뻐하라. 그 분은 구원의 빛나는 옷을 나에게 입혀 주셨고 신랑처럼 빛나는 관을 씌워 주셨으며 신부처럼 패물을 달아 주셨습니다."

여러분 각자의 영혼은 아무 티도 구김살도 없이 나타나야 합니다. 물론 은총을 받기 전에 이렇게 되라는 말이 아닙니다. 여러분은 죄 사함 받기 위해 부름 받았습니다. 그래서 죄 사함을 받기 전에 그것은 불가능합니다. 그러나 은총을 받은 후 여러분의 양심은 아무 흠도 없어야 하며 은총에 합당한 생활을 해야 합니다.

형제들이여, 이 세례는 매우 중요한 것이므로 세심하게 준비한 후 그것을 받으러 나가야 합니다. 여러분 각자는 헤아릴 수 없는 천사의 무리가 옹위한 가운데 하나님의 면전에 서 있음을 깨달아야 합니다. 성령께서는 여러분의 영혼에 인호를 새겨주시고 여러분을 위대한 임금의 군사로 선택하실 것입니다. 그러므로 여러분은 외적으로 정결한 흰옷을 입는 것만이 아니라 참으로 신심 깊은 마음으로 자신을 준비하십시오.

3) 세례의 의미

시릴은 세례자들이 받은 세례의 의미에 대해서 교리 교육과 신비자 교리 교육에서 설명한다. 시릴의 세례에 대한 교훈의 특징은 오리겐의 전통에 서서 예표(figure)와 실체(reality)를 대비시키고, 또한 모형론적 이해와 상징적 참여에 있다. 그는 세례를 세 가지의 이미지를 통해 표현하고 있다. 첫 번째로 세례를 이집트를 탈출한 이스라엘로 모형화시켜 표현했다. 이 의식은 세례 예비자를 어둠의 땅과 사탄의 노예의 속박으로부터 벗어나 그리스도의 몸 된 교회에 들어감으로써 출애굽의 약속을 성취한다. 세례는 세례 후보자들을 사탄의 권세와 어둠의 땅으로부터 구원해서 그리스도에 대한 맹세와 낙원에 들어가게 하는 것이고 이러한 약속은 세례 예식의 실제 속에서 이뤄지는 것이다. 둘째로 그리스도교 세례는 그의 "유월"사건 즉 죽음과 매장으로써, 그리스도의 수난에 참여하는 것으로 표현했다. 마지막 셋째는 성령에 의해 기름부음을 받는 요단강의 그리스도로 표현함으로 세례를 다양한 이미지로 표현했다. 예문을 통해 시릴의 세례 이해를 살펴보도록 하자.

(1) 출애굽과 마귀의 부인

옛 것으로부터 새 것으로, 예표로부터 실체로 유월하십시오. 그 때는 모세가 하나님에 의해 애굽으로 보내졌습니다. 여기서는 그리스도가 아버지에 의해 이 세상으로 보냄을 받았습니다. 모세의 사명은 애굽으로부터 박해 받는 백성을 이끌어 내오는 것입니다. 그리스도의 사명은 죄의 압제 하에 있는 이 세계의 백성들을 구출하는 것입니다. 그곳에는 양의 피가 있어 파괴자를 막는 부적이 되었습니다. 여기서 흠 없는 양 예수 그리스도의 피가 모든 마귀들에 대항하는 당신의 굳건한 제단으로 세움 받았습니다. 바로가 옛 백성을 바다 속까지 추격해왔습니다; 이 난폭한 영, 모든 악을 만들어내는 불순한 영이 바로 이 구원의 물가에까지 여러분을 쫓아 왔습니다. 그때 이 난폭자는 홍해에 삼켜져 깊이 가라앉았습니다. 여기서 저들은 이 거룩한 물속에서 파멸을 맞습니다. 위의 내용에서 발견할 수 있는 것은, 이스라엘 백성은 하나님의 예비하심과 약속에 의해 홍해를 건넘으로 죽을 수밖에 없는 상황 속에서 새로운 삶의 지평을 열게 되었지만, 말씀을 어긴 애굽은 하나님의 심판에 의해 홍해의 물에 의해서 심판받게 되었다는 것이다.

　이와 같이 시릴은 이스라엘의 백성들이 물을 건넘으로 얻은 생명과 애굽 군대가 물속에서 당한 죽음을 통해 세례를 이미지화했다. 또한 그는 사탄을 부인하고 주를 고백하는 과정을 통해 세례를 표현했다. 여러분은 손을 높이 뻗은 채 내가 너 사탄을 부인한다고 선포합니다. 마귀가 마치 인격적으로 현존하는 존대라도 되는 듯 말입니다. 여러분이 서쪽을 바라보아야 할 이유를 설명하겠습니다. 여러분이 반드시 알아야하기 때문입니다.

　서쪽은 가시적인 어둠의 영역이기 때문에 그 스스로 어둠인 사탄은 이 어둠 속에 자신의 제국을 두고 있습니다. 이러한 이유로 여러분은 밤의 음침한 왕들을 부인하기 위해 서쪽을 향해 바라보아야 합니다. "내가 더 이상 너의 힘을 두려워하지 않는다"고 고백하십시오. 왜냐하면 그리스도께서 죽음의 힘을 박멸하고 나를 영원한 구속으로부터 구원하셨기 때문입니다 … 여러분은 사탄을 거절하고 그와의 모든 계약을 발 밑에서 짓밟아 부수어 버림으로써 고대로부터 내려오는 저 "음부와의 맹약"을 폐기한 것입니다. 이때 여러분의 첫 조상이 죄로 인해 추방되었던 저 에덴, 즉 하나님의 낙원이 여러분 앞에 열렸습니다. 서쪽에서 빛의 땅 동쪽으로 몸을 돌리는 행위는 이러한 사실을 상징합니다. 몸을 돌리며 여러분은 이렇게 말합니다: "내가 아버지, 아들, 성령을 믿습니다. 그리고 회개의 세례를 믿습니다."… 거룩한 중생의 세례반에서, "주 하나님께서 얼굴에서 모든 눈물을 씻어내셨습니다"[사25:8]. 여러분은 더 이상 슬퍼하지 않을 것입니다. "옛 사람을 벗어버렸기"때문입니다[엡4:22]. 대신 구원의 옷인 예수 그리스도를 옷 입고 항상 지고의 축일을 향유하게 될 것입니다.

　우리는 서쪽 즉 마귀 권세의 제국으로부터 등을 돌리는 행위를 통해,

동쪽 즉 하나님의 영광이 빛나는 땅을 바라보는 행위를 통해 우리의 삶이 죽음에서 생명으로 옮겨지는 것이다. 또한 하나님의 은혜로 죄의 권세를 벗어버림으로 예수라는 옷을 입게 된다. 시릴은 마귀를 부인하고 등을 돌리는 행위와 예수를 입고 구원으로 나아가는 모습을 통해 세례의 의미를 이미지화했다.

(2) 그리스도의 수난

그리스도께서 자신의 흠 없는 손과 발에 못을 받으셨습니다. 그리스도께서 고난을 당하셨습니다. 그리고 그리스도께서 자신의 그 고통과의 사귐에서 자신의 선의로써 고통과 수고 없이 나에게 구원을 수여해 주셨습니다 … 세례는 단지 죄를 씻어주거나 성령의 선물을 주는 것으로 그치지 않습니다. 그리스도 수난의 완성입니다. 이런 의미에서 바울은 선언합니다: "그리스도 예수에게로 세례 받아들여짐이 그분의 죽음으로 받아들여지는 것임을 알지 못합니까? 세례를 통해 우리는 그분과 더불어 묻혔습니다."

위의 내용에서 알 수 있는 것은, 세례를 통해 받는 것은 단지 죄의 씻김을 위한 것만이 아니라는 사실이다. 우리는 세례를 통해 주님께서 당하셨던 고통을 공유하는 것이고 부활을 통해 새 삶을 경험하는 가운데 주님과의 진실한 사귐을 경험하는 것이다. 시릴은 이런 삼위일체적인 사귐의 순간을 그리스도의 수난이라는 이미지로 연결시켰다.

(3) 기름 부으심(anointing)

여러분의 이마에 기름이 부어지는 순간 첫 인간 범죄자가 자신의 이마에 붙이고 다녀야 했던 그 수치가 제거됩니다. 다음에 귀에 기름을 붓습니다. 귀가 신적 신비들을 예민하게 받아들이게 될 것입니다. 다음에 코에 기름을 붓습니다. 거룩한 기름의 향을 맡으며 여러분은 말합니다. "우리는 구원의 여정에 있는바 그리스도에 의해 하나님께 봉헌된 향이나이다"(고후2:15) 다음에 가슴에 기름을 부으며 말합니다. "의의 흉배를 붙였으니 이제 여러분은 마귀의 책략과 간계를 견뎌낼 수 있을 것입니다"(엡6:14) … 기름을 붓고 난 후 여러분을 그리스도인이라고 부릅니다. 여러분의 새로운 탄생을 알리는 이름입니다.

시릴은 세례를 성령의 충만함, 즉 기름 부으심의 이미지로 표현했다. 우리가 기름 부으심을 받기 전에는 그리스도인으로 불릴 자격이 없었지만 기름 부음을 받음으로 인해 그리스도인이라 칭함을 받을만한 표증이 그들 안에 새겨졌고, 성령의 충만함을 받음과 동시에 새로운 탄생을 경험하게 되었다.

4) 두 가지 믿음의 의미

교리 교육의 둘째 부분의 제5강 '믿음에 관하여'의 제10-11절에는 '믿음의 두 가지 의미'에 관해 설명하는데, 여기서 '믿음'이란 단어는 두 가지 의미를 갖고 있다. 한 가지 의미는 교리적인 의미를 갖고 있으며, 다른 한 가지 의미는 그리스도께서 은사로 주신 신앙의 의미를 갖고 있다. 교리적인 믿음의 의미는 영혼이 어떤 특정한 지점에서 동의하고 수용하는 측면이다. "내 말을 듣고 나를 보내신 이는 영생을 가졌고 심판에 이르지 않는다"는 말씀과 "아들을 믿는 자는 심판을 받지 않고 사망에서 생명으로 옮겼느니라"는 주님의 말씀에 대한 이러한 믿음은 우리 영혼에 유익하다. 특별히 그리스도께서 주이신 것과 하나님께서 그리스도를 죽은 자 가운데서 살리신 것을 시인하며 믿는 것이다. 사람들을 향하신 하나님의 사랑은 너무나 위대하다. 의인들은 수년 동안 하나님을 기쁘시게 했습니다. 그러나 그들이 수년에 걸쳐 하나님을 기쁘시게 하여 얻은 것을 예수님께서는 이제 너에게 한 시간 안에 주신다. 예수 그리스도께서 주님이심을 믿고 하나님께서 그분을 죽은 자들 가운데서 일으키심을 믿는다면 십자가상에 달려 있던 강도처럼 구원을 받고 그분과 함께 낙원에 이르게 될 것이다. 이것이 가능함을 의심하지 않아야 한다. 짧은 시간이지만 골고다 언덕에서 강도는 그분으로 믿음으로 말미암아 구원을 받았다. 당신도 이렇게 믿는다면 구원을 받을 수 있지 않겠는가?

믿음의 또 다른 종류가 있는데 특별한 은혜를 통해 그리스도께서 주시는 것이다. 왜냐하면 성령을 통하여 한 사람에게는 지혜의 말씀을, 다른 사람에게는 동일한 성령을 따라 지식의 말씀을, 다른 사람에게는 신앙의 은사가, 다른 사람에게는 신유의 은사가 주어지기 때문이다. 성령으로부터 은혜로 주어지는 이런 믿음은 교리적일 뿐만 아니라 인간의 능력을 초월하는 일들을 일으킨다. 왜냐하면 이런 믿음을 소유한 사람이 이 산더러 여기에서 저곳으로 옮겨가라 말하면, 산이 옮겨질 것이기 때문이다. 어떤 사람이라도 이것을 믿음으로 말하고 마음으로 의심하지 않으면, 그 사람은 그 은혜를 받게 될 것이다.

이런 믿음은 겨자씨 한 알과 같다. 겨자씨 한 알은 매우 작은 것이지만 폭발적인 힘을 소유하고 있다. 작은 장소에 뿌려지지만 그것은 많은 가지들을 산출해 내서 많은 새들이 깃들게 된다. 같은 방법으로 믿음은 영혼 안에 수많은 효력을 가져 온다. 믿음으로 조명된 영혼은 하나님에 대한 환상을 갖게 되고 그분을 분명하게 보게 된다. 이 믿음은 온 우주를 파악하고, 세상의 종말이 되기 전이라도 심판을 예상하고 약속된 보상들을 그리게 된다. 당신이 당신으로부터 나오는 믿음을 소유하고 하나님께로 인도된다면, 당신은 그분으로부터 사람의 능력을 초월하는 믿음을 받을 수도 있다."

5) '신조에 대하여'

"믿음을 배우고 고백할 때 당신은 반드시 교회의 현 전통을 수용하고 유지해야만 한다. 그 전통은 물론 성경으로 늘 확정되어야 한다. 성경을 읽을만한 지식이 없거나 일상 생활로 인해 연구할 만한 시간이 없기 때문에 모든 사람들이 성경을 읽을 수 없다. 그렇지만 무지로 인해 영혼들이 길을 잃을 수 있기 때문에 우리는 몇 가지 사항들을 통해 믿음의 모든 측면을 이해하도록 해야 할 것이다. 생명을 성장시키는 신조를 유지하고 이것에 벗어난 그 어떤 것도 수용하지 말 것을 여러분들에게 권한다. 심지어 내가 지금 가르치고 있는 것과 반대되는 그 어떤 것을 말하거나 바꾸어 말하지 말아야만 한다. 더욱이 사단이라 할지라도 빛으로 가장할 수 있기 때문에 받아들이게 되면 당신은 길을 잃을 수 있다. '우리나 혹 하늘로부터 온 천사라도 우리가 너희에게 전한 복음 외에 다른 복음을 전하면 저주를 받을찌어다'(갈 1:8)라는 성경 말씀을 기억해야 한다.

현재로는 신조의 단순한 말씀과 그것을 기억하는 것으로 만족해야 한다. 적당한 때가 이르면 당신은 성경에서 각 항목들에 관한 증거를 발견하게 될 것이다. 믿음을 요약하는 것은 사람의 일시적인 변덕에서 나온 것이 아니다. 중요한 모든 내용들은 성경 전체에서 선별된 것이고 믿음을 포괄적으로 완전하게 이해해야 한다. 마치 겨자씨 한 알이 작지만 후에 많은 가지들을 품는 것처럼 이런 믿음의 간략한 진술은 마음에 새겨져서 모든 종교적 진리를 신·구약 성경에서 찾도록 도와준다. 사랑하는 형제들이여! 당신이 지금 수용하고 있는 전통들을 고려하고 보유해야만 한다. 그것들을 마음에 깊이 새기시기 바란다."

6) 성찬 교리

시릴은 성찬의 교리에 관해서 성찬 안에 계신 그리스도의 참된 현존과 성찬에서 빵이 주님의 몸으로 실질적인 변화인 화체(Transsubstantiatio)를 이전의 모든 교부들보다 명확하게 가르쳤다. 그리고 성찬 예식 중에 제물 위에 성령을 내려오시도록 청하는 기도와 죽은 사람을 위한 기도가 들어있음을 증언한다(신비 교육 5, 7. 9).

  시릴은 성찬에 관해 실재 임재를 주장했다. 성경에 나오는 '이것이 내 몸이니라'는 말씀을 문자적으로 받아들인 것이다. 축성 기도한 후에 두 요소, 즉 몸과 잔은 실제 그리스도의 몸으로 변화된다고 주장했다. 그렇지 않으면 어떻게 그리스도의 보혈이라고 할 수 있으며 그리스도의 몸이라고 할 수 있겠느냐고 되묻는다. 이와 같이 그는 화체설에 관한 기초를 마련했다.

  시릴은 동방 교회 교부들처럼 죄를 인간의 자유의 결과로 보고 자연 조건이 아니라고 여겼다. 그는 몸을 죄의 원인이 아니라 죄의 도구로 여기는 도덕주의자였다. 그의 교회론 역시 제국적인 경향, 즉 로마 가톨릭적인 요소가 많다. 그래서 성체도 그리스도의 몸과 보혈이라고까지 여겼던 것이다.

7) 삼위일체론과 성령론

  시릴은 교리 교육서에서 성자가 성부와 동일 본질이라는 'homo-ousios'라는 단어를 전혀 사용하지 않았다. 그는 이 단어가 성서에 들어 있지 않으며 양태론을 주장하는 사벨리안니즘 이단을 지지하는 인상을 주기 때문이었다. 그럼에도 불구하고, 그는 성부와 성자의 본체적 일치 내지 동질성을 가르치는 니케아 공의회의 정신과 믿음에 따라 단호하게 아리안파의 양자설(養子說)과 모든 주장들을 배척하여 성자를 일컬어 "참 하나님", "하나님께로부터 나신 하나님"이라고 고백하였다(교리 교육서 11, 14. 18). 그는 또한 성자는 "만세 전에" 태어나셨고, 그의 태어나심은 무시간적이라고 하여 아리우스주의를 반박하였다.

시릴은 교리 교육서의 16-17강에서 성령에 대하여 상세하게 취급한다. 그는 여기서 성령의 신성과 인격성을 밝히려고 노력한다. 그는 신구약성경에 의존하여 성령을 "성부, 성자와 함께 영광받는 분"이라고 하였고, "측량할 수 없는 신적인 존재"라고 하였다. 그는 성령의 은총의 나눠주심에 대하여 다음과 같이 설명한다.

"내가 주는 물은 그 사람 속에서 샘물처럼 솟아올라 영원히 살게 할 것이다." 이것은 마음이 준비되어 있는 이에게만 샘물처럼 솟아오르는 새로운 종류의 생명수입니다. 그런데 왜 여기서 성령의 은총을 물이라고 합니까? 이는 모든 것이 물에 의존하기 때문입니다. 물은 풀을 자라게 하고 생명체를 만들어 줍니다. 물은 비로 하늘에서 내려옵니다. 물은 언제나 같은 형태로 내려오지만 그 효과는 다양합니다. 그것은 팔마 나무에 미치는 효과가 다르고 포도나무에 미치는 효과가 달라도 모든 것에 모든 것이 됩니다. 물 그 자체는 항상 같은 것이고 변함이 없습니다. 하늘에서 내려오는 비는 아무 변함이 없이 내립니다. 그러나 물은 그것을 받아 들이는 사물의 성질에 적응하여 각각 적합한 것으로 됩니다.

성령도 이와 마찬가지입니다. 하나이시고 한 본성이시며 나뉨이 없으시지만 각자에게 당신이 원하시는 대로 은총을 나누어주십니다. 마른 나무가 물을 받으면 새 싹을 내는 것과 마찬가지로, 죄에 빠진 영혼도 회개함으로써 성령의 은총을 받으면 정의의 열매를 맺습니다. 성령은 비록 본성상 하나이지만 하나님의 뜻으로 그리고 그리스도의 이름으로 다양한 효과를 일으킵니다.

성령께서는 지혜를 주시기 위해 사람의 입을 사용하시고 예언의 은혜로 다른 이의 이해력을 비추어 주시며 또 다른 이에게는 악마를 쫓는 권능을, 또 다른 이에게는 하나님의 말씀을 해석하는 은혜를 주십니다. 그분은 어떤 이에게 절제심을 강하게 해주시고, 다른 이에게는 자비심을, 또 다른 이에게는 금식하고 고행하는 것을, 또 다른 이에게는 순교의 용기를 주십니다. "성령께서 각 사람에게 각각 다른 은총의 선물을 주셨는데 그것은 공동 이익을 위한 것입니다"라는 말씀대로 그분 자신은 변화되지 않으시지만 여러 사람들 안에서 각각 다르게 활동하십니다."

시릴은 삼위일체론에서 유사 본질론의 입장에 서 있어서 유사파를 지지하는 황제의 정책 하에서 세 번이나 유배를 가야했다. 그렇지만 그는 마지막에는 동일 본질파의 입장에 동조하여 콘스탄티노플 회의에도 참여하였다. 그는 예루살렘 교회가 교리문답교육을 통해 신조에 대한 정확한 이해와 함께 교회의 성례의 의미를 올바르게 이해하고 참여하여 거룩한 성화의 삶을 살도록 인도하였다.

더 읽어야 할 논문들

김정. "4세기 예루살렘교회의 세례예식 : 씨릴 감독과 에제리아 수녀의 증언."「신학과 실천」, Vol.38 No.-, [2014]): 97-119.

김정. "지금 그리고 영원히 ($\nu\tilde{\upsilon}\nu$ καί εις τούς αι$\tilde{\omega}$νας) : 세례 공동체의 신앙형성과 미스타고지."「한국실천신학회 정기학술세미나」, Vol.2018 No.05 (2018): 77-101.

Kim Jung. "Mystagogy of Cyril of Jerusalem : Methodology of Baptismal Faith Formation."「신학과 실천」, Vol.60 (2018): 7-32.

제10장
가이사랴의 바질

(Basil, 329-379)

아타나시우스의 사상을 이어 받아 동일 본질파와 유사 본질파를 연합시켜 삼위일체를 한 본질과 세 위격의 형식으로 정립시켜 콘스탄티노플 신조를 작성하는데 가장 기여한 세 명의 신학자를 카파도기아의 3인의 신학자라고 부른다. 카파도기아의 3인의 신학자는 대 바질, 나지안주스의 그레고리, 닛사의 그레고리이다.

바질은 니케아 신조를 지지하는 신학자들이 성부와 성자의 동일 본질을 강조하는 가운데 성부, 성자, 성령의 구별을 제대로 제시하지 못하여 논쟁하고 있을 때, 성부와 성자와 성령의 본질은 하나이면서, 동시에 성부, 성자, 성령의 위격은 구별된다는 원리를 제시하였다. 그리하여 삼위일체가 한 본질에 세 위격으로 정착될 수 있는 토대를 마련하였다.

1. 생애

바질(Basil, 329-379)은 영어식 이름이고 헬라어 이름은 바실레이오스($Bασίλειος$)이다. 바질은 교부들 가운데 유일하게 이름에 '위대한'(Great)이라는 명칭이 추가된다. 그는 삼위일체 교리를 확립하는데 기여했을 뿐만 아니라 기독교적 사랑의 실천에서 모범이 되어 위대하다는 칭호를 받았다.

2세대에 걸친 기독교 가정이었으며 로마의 원로원이 배출한 명문가에서 삼남매 중 장남으로 태어났다. 수사학자이자 법률가였던 그의 부친은 그에게 갑바도기아 지방의 중심지였던 가이사랴와 안디옥, 콘스탄티노플, 그리고 마지막으로 아테네 등지에서 최고의 교육을 시켰다. 그는 콘스탄티노플에서 당대의 저명한 수사학자 리바니오스에게서 교육을 받았으며, 350년부터 6년 동안 아테네에서 공부할 때, 훗날의 배교자 율리아누스와 훗날의 나지안주스의 감독 그레고리를 만났다. 공부를 마친 후 그는 356년 가이사랴로 돌아와 그곳에서 수사학을 가르치며 크게 성공하였다. 그는 기독교 집안에서 태어났지만 21세가 되어 세례를 받았고 교회의 독경사가 되었다. 그는 이 무렵까지는 세속적인 출세를 추구하였던 것으로 보인다.

그러나 그는 신앙이 깊었던 누마 마크리나의 간곡한 권면과 세바스테의 감독 에우스타티우스의 권면으로 357년에 수도사의 길을 선택하게 되었다. 그는 수도사가 된 후에 시리아, 이집트, 팔레스티나, 메소포타미아를 여행하며 이 지역 수도원들을 방문하였으며, 특히 수도원 운동의 본산지인 이집트에서 많은 교훈을 얻었다. 그는 여행을 마친 후에 자신의 독자적인 수도원을 세웠다. 이곳에서 나지안주스의 그레고리와 함께 생활하기도 하였다.

그는 처음에 에우스타티우스의 영향을 받았으나 후에 그가 성령 훼방파의 대표자가 되었고 지나친 금욕주의를 주장하여 그와 결별하였다. 그는 수도사로서 하나님과 하나가 되는 합일을 추구하는 신비주의자였다. 그는 신플라톤주의의 영향을 받아 신비주의를 추구하면서 동시에 공동체 생활을 하였고 이웃 사랑을 실천하여 자선 사업을 하기 위해 노력하였다.

그는 아리우스 이단의 강력한 반대에 부딪힌 가이사랴의 감독 유세비우스의 요청으로 수도원을 떠나 364년 장로로 임직 받았으며 수도원과 교회를 연결시키고자 하였다. 그는 수사학을 배운 훌륭한 설교자로서 교리뿐만 아니라 사랑의 실천에 관한 훌륭한 설교를 하였다. 그는 370년 유세비우스의 사망으로 그 곳의 감독이 되었다. 그가 감독이 되었을 때 가장 커다란 교리적인 문제는 삼위일체론이었다. 그는 감독이 되기 이전부터 삼위일체론 논쟁에 관여하고 있었다. 그는 당시 유사 본질파의 견해를 가지고 있었으며, 364년에 열린 유사 본질파들이 연 람프사코스

회의에 참석했는데, 이 회의 후에 유사 본질파는 동일 본질파와의 동맹을 추진하였다. 그가 참석했던 367년에 열린 튀아나 회의에서는 동일 본질파와 동맹을 위해 유사 본질파가 니케아 신조를 받아들이기로 공식 결의하였다. 그는 이러한 회의들의 배후에서 이론가 내지 보조적인 역할을 하였다. 그는 이미 364년에 극단적 아리우스주의자인 에우노미우스(Eunomius, 325-390)를 비판하는 『에우노미우스 반론』(Contra Eunomium)을 썼다.

이제까지 삼위일체론 논쟁에서 배후에서 활동하던 바질은 감독이 된 후에 논쟁의 전면에 나서게 되었다. 당시 황제였던 발렌스가 아리우스파였으므로, 황제와 그를 지지하는 감독들과 대결하지 않을 수 없게 되었다. 371년에 시리아 총독 모데스투스(Modestus)는 바질을 설득 내지는 위협하여 유사론자로 전향시키려고 하였지만 실패하였다. 총독은 바질에게 그의 재산을 압류하고, 고문하고 죽여 버리겠다고 위협하였다. 바질은 이에 다음과 같이 대답하였다. "당신이 압류할 수 있는 나의 전 재산은 몸에 걸친 이 누더기와 서적 몇 권에 지나지 않는다. 또한 나를 유배시킬 수도 없을 것이다. 왜냐하면 나는 내가 가는 곳마다 하나님께서 영접하실 것이기 때문이다. 고문에 관해 말하자면 내 육체가 이미 그리스도 안에서 죽었음을 알아야 할 것이다. 죽음이야말로 나에게 큰 기쁨이다."

그 후 황제가 직접 나서 설득하려고 하였지만 역시 실패하였다. 그렇지만 황제는 372년 1월에 바질이 집례하던 예배에 참석하여 외적으로나마 그의 권위를 인정해 주었다. 처음에 그가 수도사의 길을 가도록 도움을 주었던 에우스타티우스는 후에 성령훼방론자가 되었기 때문에 바질은 373년에 그와 완전히 결별하였다. 그리고 374-5년 사이에 에우스타티우스에 대항하여 『성령론』(De Spiritu Sancto)을 저술하였다. 그는 이후에 본도 지방을 방문하고 아르메니아 지도자들을 설득하며, 로마 감독 다마수스에게 편지를 보내 성령훼방론자들의 세력을 약화시키고자 노력하였다. 아리우스파를 지지하던 발렌스 황제가 378년에 사망한 후에 바질은 나지안주스의 그레고리를 콘스탄티노플의 총감독으로 추천하여 그레고리는 379년 초에 총감독이 되어 이 도시를 정통주의로 돌아오는데 크게 기여하였다. 바질은 379년 초에 세상을 떠나 삼위일체의 완전한 승리를 보지 못하였다.

2. 저술

그는 358-9년에는 나지안주스의 그레고리와 함께 오리겐의 작품들 가운데 훌륭하다고 생각되는 글들을 모아서 『오리겐 선집』(Philokalia)을 만들었다. 그가 이 책에서 의지의 자유문제(신앙과 의지)와 성경 해석 문제(신앙과 이성)를 취급하는 『필로칼리아』를 쓴 점에서 볼 때 그는 오리겐에게서 큰 영향을 받은 것을 알 수 있다.

바질은 삼위일체론과 관련하여 『에우노미우스에 대한 반론』과 『성령론』이란 두 권을 저술하였다. 에우노미우스는 360년에 퀴지코스의 감독이 되어 360-1년 사이에 『변증서』(Apologia)를 저술하여 비유사론(상이본질론)을 주장하였다. 바질은 그의 잘못된 삼위일체론을 반박하기 위하여 『에우노미우스에 대한 반론』을 저술하였다. 이 책은 3권으로 되어 있는데 1권은 성부는 비출생자($ἀγέννητος$)이고, 성자는 출생자($γέννητος$)이므로, 성부와 성자는 유사하지 않다는 에우노미우스의 주장을 반박하였다. 2권은 출생자인 성자는 계시지 않은 때가 있었고, 따라서 성부의 피조물이라는 에우노미우스의 주장을 반박하였고 성령은 피조물이 아니라고 주장하였다. 3권은 삼위는 지위와 서열에 차이가 있으나,

본질적인 차이는 없다고 하였다.

그는 『성령론』을 374-5년 사이에 이고니온의 감독인 암필로키오스의 요청으로 저술하였다. 당시 교회는 "성령 안에서 성자로 말미암아 성부 하나님께" 영광을 드린다는 영광송을 사용하고 있었다. 그런데 바질은 이것을 "성령과 함께(συν) 성자와 더불어(μετά) 성부 하나님께" 영광을 돌린다는 영광송으로 바꾸었다. 이에 대해 에우스타티오스를 비롯한 성령훼방파는 바질이 이 영광송으로 피조물인 성령을 성부와 성자와 동렬에 올려놓았다고 비판하였다. 이러한 주장에 대해 그는 『성령론』에서 삼위의 불가분리성과 신성의 통일성과 함께 성령께 돌아가야 할 영광을 논의한 후에 자신이 제시한 영광송을 변론하였다. 그는 이 책에서 교부들을 통한 논증의 방식을 사용하였다. 그는 아타나시우스의 「세라피온에게 보내는 편지」가 중단된 지점에서 시작해서, 세례의 전례적이고 성례적 전승과 송영에 호소하여 삼위일체 교리에 관한 논쟁에서 큰 걸음을 내디뎠다.

그는 수도 생활과 관련하여 신약성서에 근거한 80개의 윤리강력을 설명한 『도덕률(regualae morales)』, 수도 생활의 원칙을 설명하는 55개의 질문으로 구성되어 있는 『소규칙서』와 수도 생활의 원칙을 일상 생활에 적용하는 문제를 취급하는 313개의 문단으로 구성된 『대규칙서』를 비롯한 수도 규칙서(Ascetica)를 저술하였다. 그는 『청년에게 권함』이라는 기독교 교육에 관한 책과 6일 창조에 관한 설교인 『헥사메론 강해』, 『시편 강해』를 비롯한 설교집을 저술했으며, 300통이 넘는 서간집이 남아 있다. 그는 이러한 자신의 저술들과 사상의 전개에서 플라톤과 플라톤주의의 영향을 받았다. 특히 수련을 통한 영혼의 상승과 관련한 금욕주의적인 생활과 형상으로 알려진 이상 세계가 있다는 생각, 그 이상 세계와 현실 세계가 연결되어 있다는 생각, 삼위일체론에서 보편과 특수의 관계의 설명에서 그러한 영향이 드러난다.

3. 삼위일체론 – 우시아와 휘포스타시스의 구별

바질은 371년에 아타나시우스에게 그리고 373년에는 에우스타티우스에게 편지를 보내 앙키라의 마르켈루스의 견해를 비판하였다. 앙키라의 마르켈루스는 성부와 성자의 통일성을 강조하여 아리우스주의자들에 반대하는 정통니케아주의자이지만, 고전 15:24-28절에 의거하여 성부와 성자의 구별을 반대하여 사벨리우스주의자로 평가되고 있었다. 마르켈루스는 성자가 휘포스타시스가 있다는 것을 반대하였다. 이러한 그의 견해에 대해 바질은 373년 8월에 편지를 써서 마르켈루스가 우시아와 휘포스타시를 동일시하여 사벨리우스주의에 빠졌다고 비판했다. 그러면서 그는 우시아와 휘포스타시스가 구별되어야 한다고 주장하였다. 그는 이러한 구별의 근거로 니케아 신조의 저주에 들어 있는 "하나님의 아들이 다른 실체(휘포스타시스)나 본질(우시아)로부터 나신다"는 표현을 제시하였다. 니케아 신앙고백 당시에 우시아는 존재한다는 것을 의미하므로 하나는 아들의 "존재가 아버지로부터 있다"는 것을 부정하는 자들을 의미하고, 다른 하나는 아들이 "다른 실체로부터 있다"고 가르치는 자들을 나타낸다고 지적한다. 그러므로 성자가 성부의 존재로부터 왔으므로 성부와 성자는 본질상 동일하신 반면에, 아버지는 일반적인 것과 나의 고유한 실체(휘포스타시스) 안에 있고, 아들도 하나의 고유한 실체 안에 있으며, 성령도 하나의 실체 안에 있다고 해석하였다. 따라서 삼위일체에서 우시아와 휘포스타시스는 서로 구별되어 사용되어야 한다. 성부, 성자, 성령은 하나의 동일한 본질이고, 성부, 성자, 성령은 구별되는 실체들이시다. 그는 우시아와 휘포스타시스의 개념을 특수한 것과 일반적인 것 사이의 관계로 이해하였다.

바질이 『성령론』에서 했던 가장 중요한 공적은 우시아와 휘포스타시스라는 용어를 정확하게 구별하여 사용했다는 점이다. 그 이전까지 우시아와 휘포스타시스라는 용어는 거의 구별 없이 사용되고 있었다. 특히 아타나시우스는 아리우스의 오류를 공격하기 위하여 양자를 모두 본질이라는 의미로 사용하고 있었다. 물론 그가 362년에 이르러 우시아는 라틴어 수브스탄티아(substantia)로 휘포스타시스를 페르소나(persona)로 구별하여 사용할 수 있다는 것을 인정하였지만, 아직도 두 용어의 정확한 개념이나 양 용어의 관계를 깊이 있게 사유하지 못하였다. 삼위일체론의 가장 해결하기 어려운 문제였던 이 두 용어의 개념과 관계를 깊이 있게 논의하여 정립한 교부가 바로 바질이며, 그의 저술인 『성령론』이 이 문제를 정리하여 체계 있게 제시하였다. 바질은 『성령론』에서 우시아를 15번 사용하는데 10번을 본성이란 의미로 사용하고, 3번을 존재라는 의미로 사용할 정도로 주로 본성이란 의미로 사용한다. 휘포스타시스는 10번 사용하는데 8번은 위격의 의미이고 2번은 존재의 의미이다. 그러므로 바질은 그 때까지 교부들이 일반적으로 가지고 있었던 두 용어가 모두 존재를 의미한다고 생각하는 측면이 남아 있었지만, 그렇게 생각할 경우의 문제를 해결하기 위해 우시아와 휘포스타시스를 구별하는 측면이 뚜렷하게 나타나고 있다. 우시아는 본성(퓌시스)과 거의 같은 의미로 추상적이고 존재론적인 의미에서 단일한 본성적 개체를 의미하고, 휘포스타시스는 다른 대상과의 관계의 관점에서 구별되는 객관성을 지닌 개체를 의미한다. 그는 이와 같이 두 용어의 개념을 정립한 후에 두 용어의 관계를 탐구하여 한 본질 속의 세 위격이란 정식을 만들어낸다. 그는 하나님의 신성이 삼위에 대하여 가지는 관계를 하나의 보편 개념이 개별화되어 현실적으로 드러나는 것으로 설명한다. 각 위격의 개념은 신성의 공통성에 더하여 위격의 개별성이 합쳐진 것으로 표현될 수 있다. 성부는 신성과 부성, 성자는 신성과 자성, 성령은 신성과 성화가 합쳐진 셈이다. 이러한 위격의 구분은 삼위 사이에서 관찰되는 것이고, 외부적인 사역에서 삼위는 한 하나님의 사역으로 나타난다. 이러한 설명을 통해 그는 일신론과 삼신론을 피하면서 삼위일체론을 정립할 수 있었다. 그의 삼위에 대한 설명은 오리겐이 성부, 성자, 성령을 시간적으로 설명하여 종속적인 성향을 가진 것을 극복하고 성부, 성자, 성령의 수평적인 상호관계로 파악한 것으로 이해할 수 있다. 아리우스가 헬라 철학의 영향을 받아 삼위를 일자 - 누스 - 영의 수직적인 관계를 이해한 것을 극복하는 길이 열린 셈이다.

바질이 『성령론』을 저술한 이유가 바로 "성령과 함께 성자와 더불어 성부께 영광을"이라고 영광송을 불러서 삼신론을 주장한다고 오해를 받았기 때문이었다. 그래서 그는 『성령론』에서 성령의 기원을 밝히지 않았던 아타나시우스의 성령론보다 한 단계 발전된 입장에서 성령의 기원이 성부라는 것을 밝혔다. 성령의 기원이 성부라는 것을 설명하려면 바로 성령이 성부에게서 기원하여 성부와 성령이 공동으로 가지고 있는 우시아와 성령이 성부와 구별되는 휘포스타시스를 구별할 필요가 있었다. 그러므로 그는 이 양자를 구별하여 자신을 삼신론이라고 비난하는 사람들에 대하여 자신을 변호하였던 것이다.

바질은 『성령론』에서 성령의 신성을 강조하는데, 성부와 성자의 동일 본질이라는 신학적인 방식이 아니라, 성부와 성자와 함께 동일한 예배와 영광을 받아야 한다는 송영의 방식을 선택하였다. 그러므로 그는 『성령론』에서 성령이 성부와 성자와 동일 본질이라는 표현은 사용하지 않는다. 대신에 성령은 성부와 성자와 교제하시는 분이시라는 것을 강조하고, 더 나아가 성령은 인간이 성부와 성자와 교제하게 하시는 분이라는 것을 강조한다. 성령은 우리들의 심령 속에서 하나님의 호흡으로 역사하여 새로운 생명을 누리게 하며, 성부와 성자 하나님과 교제하게 하신다. 이와 같이 성령은 성부와 성자와 교제하시면서, 동시에 인간과 하나님, 하나님과 인간과 피조 세계를 교제하게 하시는 하나님이시다.

이러한 우시아와 휘포스타시스의 구별이 381년에 열린 콘스탄티노플 공의회에서 나지안주스의 그레고리와 닛사의 그레고리에 의해 공의회 참석자들에게 적극적으로 설명되어 하나의 우시아에 세 휘포스타시스라는 정통적인 삼위일체론이 정립되게 되었다.

하르낙과 잔은 바질이 한 때 유사 본질론자였기 때문에, 그의 입장은 니케아 신조를 추종했던 아나타시우스의 입장과는 다르다고 주장했다. 그러나 바질이 한 때 유사 본질론자들과 견해를 같이 했던 적이 있었지만, 그가 동일 본질론의 입장을 수용하고 양자를 중재하여 동일 본질론으로 교회의 의견을 통합시켰다고 보는 것이 더 타당하다고 판단된다. 그가 동일 본질을 수용하지 않았다면, 우시와와 휘포스타시스를 구별하려고 그렇게 수고해야할 이유가 발견되기 어렵기 때문이다. 그러므로 바질은 적어도 후기에는 니케아 신조를 완전히 수용하는 입장에 서 있으면서 동일 본질파와 유사 본질파를 통합하여 동일 본질파를 지지하도록 만들었는데, 이러한 그의 입장에 동조하는 갑바도기아 3인을 비롯한 정통주의 입장의 신학자들을 신니케아파라고 부른다. 바질은 이렇게 본질과 위격을 구분하고, 성령의 신성을 예전을 통하여 확고하게 함으로써 니케아 신조의 정확한 이해를 통한 삼위일체 논쟁의 해결의 길을 예비하게 되었다.

더 읽어야 할 책들과 논문들

김광채. 『교부열전』 중권. 서울: 기독교문서선교회, 2005.
김석환. 『교부들의 삼위일체론』. 서울: 기독교문서선교회, 2001.
김옥주. "성령, 교제를 가져오는 분 –대 바질의 성령론을 중심으로." 「組織神學論叢」, Vol.36 (2013): 81-110.
남성현. "바실리우스(Basilius)의 4-5세기 공주수도원을 위한 편람(便覽)." 「한국기독교신학논총」, Vol.53 No.1 (2007): 141-167.
박종숙. "바실리우스의 성령 이해." 「한국기독교신학논총」, Vol.15 No.1, (1998): 114-141.
박종숙. "바실리우스와 유스타티우스의 결별." 「현대와 신학」, Vol.23 (1998) : 210-228.
우병훈. "바실리우스의 『성령론』에 나타난 "우시아(ousia)"와 "휘포스타시스(hypostasis)"의 개념." 「기독교철학연구」, Vol.5 (2006): 125-169.
우병훈. "교부 바실리우스에 의한 플라톤과 신플라톤주의 철학의 수용." 「기독교철학연구」, Vol.2 (2004): 7-47.
조병하. "4세기 성령에 대한 논쟁과 성령론(2): 바질레이오스의 성령론을 중심으로." 「기독신학저널」, Vol.2 (2002): 143-170.
현재규. "예배 가운데 영광 받으시는 삼위일체." 「신학논단」, Vol.88 (2017): 205-231.
홍진철. "성 바질과 하나님의 아름다움." 「신학과 복음」, Vol.5 (2018): 7-25.

제11장
나지안주스의 그레고리

(Gregory of Nazianzus, 329(?)-390(?))

나지안주스의 그레고리는 바질과 함께 삼위일체론 정립에 기여하였는데, 380년부터 유사파가 강했던 콘스탄티노플의 감독이 되어 정통 삼위일체론을 전파하고 콘스탄티노플 공의회가 열릴 때 회장을 하여 콘스탄티노플 신조의 작성에서 주도적인 역할을 하였다. 그는 삼위의 관계를 비출생과 출생과 출래의 용어로 정립하여 위격 상호 간의 관계를 올바르게 정립하고 성령을 하나님이라고 고백하는데 기여하였다.

1. 생애

또 다른 위대한 갑바도기아인은 바질이 학창 시절 만났던 나지안주스의 그레고리(329?-390?)이다. 그레고리는 영어식 이름이고 헬라식으로는 그레고리오스이다. 나지안주스의 그레고리도 역시 갑바도기아의 귀족 출신으로 그의 아버지는 대토지 소유자였다. 그의 아버지의 이름 역시 그레고리였으며, 329년에 나지안주스의 감독이 되었으며, 374년 사망할 때까지 감독직을 수행하다가 아들에게 그 직책을 물려주었다. 당시에는 결혼 생활을 하는 감독들이 많이 있었으며 어머니의 이름은 논나(Nonna)였다. 그의 부친이었던 그레고리는 원래 이단 종파를 추종하였으나 아내인 논나의 감화력에 의해 기독교로 개종하였다. 바질의 경우와 마찬가지로 그레고리의 가족 역시 매우 신앙심이 돈독하였다. 이러한 사실은 그레고리 자신과 그의 부모들인 아버지 그레고리, 어머니 논나, 그의 동생 가이사리우스, 그의 여동생 고르고니아, 그리고 그의 사촌 암필로키오스 등이 모두 성자로 추종된 것을 보면 알 수 있다.

그는 갑바도기아의 가이사랴, 팔레스티나의 가이사랴, 알렉산드리아 등에서 교육을 받다가 350년경 아테네의 플라톤 학당에 가서 교육을 받았다. 그는 이곳에서 저명한 수사학자들 밑에서 수사학을 공부했는데,

그곳에서 바질을 만나 평생의 친구가 되면서 그의 인생을 바꾸었다. 그는 많은 세월이 흐른 후에 "나는 거기서 웅변술을 추구했지만 참된 행복을 찾았다. 왜냐하면 나는 바질을 알게 되었기 때문이다. 나는 나귀들을 찾아 나섰다가 왕국을 발견한 사울과 같았다"고 말했다. 그는 358년 나지안주스에 돌아와서 수사학 교사로 생활하다 수도사 생활을 하고자 바질이 세운 수도원을 찾아갔다. 두 사람은 함께 오리게네스의 책을 공부하면서 그의 사상에 심취하게 되었다. 그는 360년경 다시 고향으로 돌아왔으며, 일년 후에 아버지의 강요로 원치 않게 장로로 임명되었다. 그는 다시 한때 바질의 수도원으로 피신하였으나 362년 고향으로 돌아와 부친을 도우며 목회하였다. 372년에는 바질이 그를 사시마의 감독으로 지명되도록 했으나, 그 때에도 산 속으로 도망하였다. 얼마 후에 다시 돌아와 아버지의 목회를 도왔으며 374년 부친이 사망하자 잠시 감독직을 수행하기도 하였다. 그러나 사람들이 그를 감독으로 삼으려고 하자 이사우리아에 있는 셀레우키아로 가서 4년 동안 은둔하며 관조적인 삶을 살았다. 이와 같이 그의 생애는 계속적으로 성직을 맡는 것에서 도망치는 생활로 점철되어 있었다. 그러나 이때는 아리우스파를 지지하던 발렌스 황제가 사망하여 니케아 공의회 지지자들은 다시 응집할 희망을 갖게 되었다. 바질이 지도하던 콘스탄티노플의 소규모 정통파 공동체를 규합하기 위해 그들은 그레고리에게 도움을 청하였다. 이제 삼위일체 논쟁이 막바지에 이르러 니케아 정통파들의 힘의 결집이 필요하였다. 그리하여 바질은 정통교회가 승리하려면 수도인 콘스탄티노플의 감독에 친구인 그레고리가 적임자라고 생각하여 추천하였고 그레고리도 이를 받아들였다. 그는 이제 관조적인 삶을 내려놓고 교회의 현장에서 사역하는 활동적인 삶을 선택하였다. 당시 콘스탄티노플에서 정통파는 소수였고 아리우스파가 다수였다. 그가 감독직을 받아들여 콘스탄티노플에 도착했을 때, 그의 친구인 바질은 세상을 떠났고, 아리우스파를 지지하던 발렌스 황제는 전사하고 정통파를 지지하는 테오도시우스가 황제가 되었다. 그는 황제의 전폭적인 지지를 받았던 아리우스주의를 대항하여 니케아 신조를 변호하고자 제국의 수도 콘스탄티노플로 갔다. 그는 뛰어난 수사학적 지식을 활용하여 명설교자가 되어 삼위일체 교리의 정당성을 변호하였다. 이곳에서 그는 다섯 편의 『신학적 연설』(Orationes theologicae)을 썼는데, 정통 신앙에 입각하여 그리스도와 삼위일체에 관한 정의를 내리고자 하였다. 그의 명성이 높아지자, 위기감을 느낀 아리우스파 수도사들은 그의 예배당을 침입하여 난동을 부리고 제단을 더럽혔다. 그러나 그는 완강하게 버티며 그 곳에서 귀중한 웅변을 하였다. 또한 자기의 소수 교인들의 용기를 북돋우기 위해 몇몇 찬송을 작곡하였는데 이중 일부는 그 후 헬라어 찬양의 고전적 위치를 차지하게 되었다.

이 때 그의 활동에 큰 힘을 더하는 사건이 발생하였다. 379년 초에 동로마의 황제가 되었던 테오도시우스 황제가 서고트족과의 전투에서 승리한 후에 380년 11월에 콘스탄티노플로 입성하였다. 그는 이때 정통 신앙을 사수하였으므로 모든 아리우스주의자들을 고위 직책에서 축출하였다. 감독이었던 데모필루스(Demophilus)를 축출하고, 그레고리를 그곳 감독으로 임명하였다. 그리하여 이름 없는 수도사였던 그레고리가 이제 콘스탄티노플의 감독이 되었다.

그는 정식 제국 회의에서 감독으로 인정받기를 원했고, 황제는 삼위일체 논쟁을 종식시키기 위한 회의를 소집하고자 하였다. 그래서 381년 5월부터 7월까지 콘스탄티노플 공의회가 열렸고, 여기서 그는 정식으로 감독으로 선출되었고, 삼위일체 교리가 확정되었다. 이 회의가 개최된 지 얼마 되지 않아 이 회의를 주재하던 안디옥의 감독 멜레티우스가 소천하자, 그레고리가 회의를 주재하게 하였다. 의장이 된 그는 공의회가 제안하는 신경이 니케아의 달콤한 샘을 쓴 물결로 잠식하고 있다고 판단하여, 성령의 신성과 동일 본질성에 대해 보다 명확하게 선포할 것을 요구하였다. 이로 인해 그는 많은 비판을 받았고, 로마 역시 그가 콘스탄티노플의 감독직으로 옮기는 것을 거부하였다. 반대자들은 그가 과거에 사시마 감독으로 임명을 받은 상태이면서 콘스탄티노플 감독이 되었다고 이의를 제기하였다. 그래서 그는 이 공의회 의장직과 콘스탄티노플 감독직을 내려놓고 나지안주스로 돌아가 383년까지 목회를 하다가 390년에 세상을 떠났다. 그가 감독직을 사임한 후에 당시에 콘스탄티노플의 시장이었던 넥타리우스가 대신 감독으로 임명되어 황금의 입이라 불리는 존 크리소스톰에 의해 397년 승계될 때까지 직무를 담당하였다.

2. 저술과 신학사상

그의 저술로는 『아리우스를 반박한 5편의 신학연설』을 비롯한 44편의 연설집, 그리고 바질과 함께 편찬한 『오리겐 선집』, 그리고 249통의 편지들이 있는데 아폴리나리우스를 반박하여 기독론을 다룬 3편의 신학적 서신들이 중요하다. 그는 신학적 시, 역사적 시로 구성된 400여 편의 시들을 지었는데, 자신에 관해 쓴 시인 자전시가 그의 생애를 알려준다.

1) 삼위일체론

나지안주스의 그레고리는 바질과 함께 381년의 콘스탄티노플 신조가 형성되는데 커다란 영향을 미친 교부이다. 그는 복잡한 신학적인 내용을 쉽게 풀이하여 일반인들이 신학적인 내용에 관심을 갖도록 만들었고, 성경에 기록된 기독교의 복음을 헬라인들이 쉽게 받아들이도록 전하는 하나님이 전령이 되고자 하였다.

그는 하나님의 본성을 연구하는 것을 신학(θεολογία)이라고 하였고, 하나님의 사역을 연구하는 것을 경륜(οἰκονομία)라고 불렀다. 그는 하나님을 아는 것은 인간의 이성으로 불가능하고 특히 하나님의 본성인 하나님의 삼위일체성은 신비의 영역이므로 인간의 이성으로 아는 것은 전혀 불가능하고 오직 하나님의 계시에 의해서만 가능하다고 한다. 그는 인간의 이성으로 하나님을 아는 것이 불가능하기 때문에 부정의 길을 통한 방법인 부정 신학을 받아들인다. 부정 신학은 철학적 사변으로 하나님을 연구하는데 유한성의 부정을 통해 하나님의 무한성, 불변성, 초월성 등을 강조한다. 부정 신학을 발전시킨 중기 플라톤주의자들은 불가지론에 빠지지 않기 위하여 하나님의 세계와 인간의 세계의 매개자를 주장했으며, 그래서 이 사상의 영향을 받은 초기 기독교 변증가들이 매개자로서 로고스를 중요시하였다. 그리고 신플라톤주의의 대표자인 플로티누스 역시 불가지론자가 아니어서 일자와의 신비적인 연합을 주장하였다.

그레고리는 부정 신학을 받아들여 로고스를 중시하였고 플로티누스와 비슷하게 하나님과의 신비적 합일을 추구하는 신비주의자였다. 그가 부정 신학을 받아들인 것은 하나님의 본성을 아는 것이 인간 이성으로는 불가능하고 하나님의 계시인 성경 연구를 통해서만 가능하다는 것을 확정하려는 목적이었다. 우리는 성경 연구를 통해서만 하나님께서 삼위일체이신 것을 알 수 있다.

그에 따르면 하나님의 계시는 인간의 인식능력의 발달에 따라 3단계로 이루어진다. 구약시대는 성부 하나님에 대해서는 명확하게 선포하지만 성자에 대해서는 암시만 한다. 신약시대는 성자 하나님에 대해서는 명확하게 선포하지만 성령의 신성에 대해서는 암시하기만 한다. 교회시대는 성령께서 우리 가운데 거하시며, 자신을 명확하게 계시하시는 시대이다. 그는 하나님께서 역사를 통해서는 삼위일체 하나님으로서의 본성을 계시하신다고 생각하였다. 그렇지만 그의 삼위일체론의 강조점은 경륜적 삼위일체보다는 내재적 삼위일체론에 있었다.

그는 내재적 삼위일체론에서 유대주의같이 하나님의 유일성을 강조하는 아리우스파와 삼위의 실체성을 부인하여 무신론자와 다름없는 사벨리우스주의의 도전을 극복하고자 하였다. 당시 동방에서는 극단적 아리우스주의자로서 에우노미우스가 활동하고 있었고, 앙퀴라의 마르켈루스와 그의 제자인 포티노스가 사벨리우스주의자로 비난받고 있었다. 그러므로 그는 양편 사이의 중용의 길을 걸으면서 하나님의 유일성과 함께 하나님의 실체 내지 위격이 셋이라는 것을 확실하게 고백하였다. 바질은 서방이 즐겨 사용하는 위격(persona)이란 용어를 동방 교회가 즐겨 사용하는 실체(hypostasis)와 동의어로 사용하는 것을 원하지 않았으나, 그레고리는 동방과 서방의 상호 이해를 돕기 위하여 그렇게 사용하는 것을 허용하였다. 그레고리는 바질보다 하나님의 유일성을 훨씬 더 명백하게 강조하였다. 당시 동방의 오리겐주의자들은 대부분 삼실체론을 신봉하여 그것을 삼위일체론의 출발점으로 삼았으나, 그레고리는 하나님의 유일성에서 출발하였다. 그는 동일 본질론의 입장을 바질보다 더 적극적으로 수용하여 하나님의 통일성에서 출발하여 삼실체론을 강조하였다. 그러므로 그레고리의 삼위일체론은 구니케아파와 신니케아파를, 제국교회 전체적으로는 동방과 서방을 화해시키는 데서 촉매제 역할을 하였다. 그는 하나님의 유일성을 하나님의 본질(우시아) 내지 본성(퓌시스)에서 그리고 하나님의 의지와 행동에서 살피고 있다. 그에 따르면 하나님의 본질 혹은 본성은 오직 하나이고, 삼위의 의지와 행동에도 통일성이 있다. 그는 하나님의 유일성을 강조하기 위해 모나르키아(monarchia)라는 말을 사용하고 있으며, 이것은 위격의 존재를 부인하는 단일신론이란 의미가 아니다. 그는 삼위의 숫자를 구별하는 경우에도 삼위가 본질에서는 불가분할의 하나라는 것을 분명히 하여, 삼위일체 하나님의 유일성이 관념적인 아닌 사실적인 것으로 여긴다. 그가 말하는 하나님의 유일성은 구조화된 유일성으로 바질이 제시한 하나님의 본질은 하나이고, 위격은 셋 이라는 것을 사람들에게 이해시키고자 하였다. 그는 이러한 맥락에서 위격(persona, prosopon)을 실체(hypostasis)와 동의어로 사용할 수 있다고 인정하였다. 그에게 있어 실체는 바질의 경우와 같이, 작용력(energeia)을 가지고 있는 존재(ousia)의 실현 형태를 의미한다. 그는 사벨리우스주의자들에 반대하여 성부, 성자, 성령의 이름이 공허한 이름이 아니라, 현실적으로 존재하는 실체라는 것을 강조한다. 그래서 각 위격에는 나름대로의 고유한 특성($ιδιοτης$)이 있다. 그가 제시한 고유성은 실체가 존재의 구체적인 실현형태라는 것을 이해할 수 있게 해 주었다.

그는 성부는 비출생성, 무한성, 불변성의 고유성을, 성자는 출생성의 고유성을, 성령은 출래의 고유성을 가지고 있다고 하였다. 성부는 근원이 없으신 분으로 태어나지 않은 분이다. 그가 오늘날은 하나님의 속성으로 생각하는 무한성, 불변성을 성부의 고유성으로 생각한 이유는 성부를 삼위일체 하나님의 가장 중요한 위격으로 생각했기 때문이었다. 성부께서 성자와 성령의 근원이 되신다고 생각했다. 그러나 성부가 성자와 성령의 근원이 되신다는 표현이 결코 종속설을 의미하는 것은 아니었다. 그에게 있어서 삼위의 동일 본질은 결코 포기할 수 없는 근본명제였다. 성부에게서 나온 성자와 성령을 낮추는 것은 근원되시는 성부께 영광을 돌리지 않는 것과 같다고 주장하면서 성자와 성령의 동일 본질을 옹호하였다. 그러므로 그레고리는 바질과 함께 신니케아파의 입장, 원래는 유사 본질파였으나, 360년대 전반부터 동일 본질파와의 연합을 추구했던 사람들의 입장을 대변하고 있었다. 성부는 성자와의 관계에서는 낳은 자가 되시고, 성령과의 관계에서는 내보내신 자가 되신다. 그리고 성자는 성부로부터 태어나신 자이시며, 성령은 성부로부터 나오신 자이시다. 그렇지만 성부로부터 태어나신 성자와 성부로부터 나오신 성령은 결코 피조물일 수 없으며, 삼위는 본질에서 아무 차이가 없다.

그레고리는 삼위의 동일 본질성을 삼위의 영원하심에서 찾는다. 성부의 영원하심과 같이 성자와 성령도 영원하시다. 그러므로 성자의 태어나심은 영원한 태어나심이고, 성령의 나오심도 영원한 나오심이다. 아리우스가 "성자가 안 계신 때가 있었다"고 주장하는 것을 염두에 두고서 "그가 안 계신 때가 없었다"는 명제는 성부뿐만 아니라, 성자와 성령께도 적용된다고 하였다.

그는 삼위일체론에 관계의 개념을 최초로 도입한 사람이다. 삼위일체의 문제를 관계의 개념으로 설명했던 중요한 교부가 어거스틴인데, 그는 『삼위일체론』 15권 20장 38절에서 그레고리의 『신학적 연설』 3편을 인용하고 있다. 그레고리는 성부, 성자, 성령이라는 이름은 삼위일체 하나님의 본질이나 사역을 표현하기 위한 개념이 아니라, 각 위격 내지 실체의 상호관계를 나타내기 위한 이름이라고 생각하였다. 그는 태어나지 않으심, 태어나심, 나오심은 각각 성부, 성자, 성령을 지칭하는 표현으로, 이들 표현으로 말미암아 세 실체가 구별되고 하나님의 본성과 존귀의 유일성에 대한 믿음을 지켜진다고 말하였다. 그는 관계라는 용어 자체를 사용하지는 않으나, 이러한 표현들 속에 삼위의 관계를 나타내고 있다. 그레고리는 성자와 성령이 신성의 본질 안에 서로 교통하고 있음을 강조하면서, 아들뿐만 아니라 성령에게도 아버지와 같은 동일 본질로 부르는 데 전혀 주저하지 않았다. 아들과 성령이 아버지와 함께 동일 본질이라는 그레고리의 이해는 하나님의 경륜적 사역 전체와 깊이 연관되어 있다. 그는 "주의 말씀으로 하늘이 지음 받았고, 그의 입 기운(the Breath)

으로 만상을 이루었다"는 성경 말씀을 인용한다. 성령은 하나님이시기 때문에 아버지로부터 시작한 창조사역뿐만 아니라 전 인류를 위한 구속사를 완성하시는 분이신 성령을 강조하여 그의 신성을 방어한다.

그는 내재적인 삼위일체론을 중심으로 논의하였는데, 경륜적 삼위일체론을 도외시 하지 않았다. 왜냐하면 삼위일체 하나님에 대한 신앙이 우리의 구원과 밀접하게 관련되어 있는 것을 알았기 때문이다. 그에게 있어서 참된 구원이란 삼위일체 하나님을 닮는 것이다. 우리는 하나님의 형상으로 지음 받았기 때문에 하나님을 닮아야 하는데, 좀 더 구체적으로는 보이지 않는 하나님을 우리에게 계시해 주시는 성자 예수님을 닮는 것이다. 또한 성령 하나님의 도우심을 받아 우리 인간 영혼이 완성에 이르는 것이다. 성령은 빛의 조명을 통해 우리를 빛이신 하나님께로 인도한다. 우리는 하나님의 자기 계시 때문에 신인식이 가능하나, 이것에는 언제나 한계가 존재하기 때문에, 신자들은 삼위일체 하나님에 대한 신앙고백을 삶으로, 입으로 표현하는 영광송을 해야 한다.

그는 『신학적 연설』의 다섯 번째에서 성령의 인격성을 부정하는 성령 훼방파를 비난하면서 바질보다 더 명확하게 성령의 신성과 인격성을 강조하였다. 그는 성령이 성부로부터 나오시는데, 영원하게 나오신다는 것을 지적하였다. 성령은 하나님이시므로 우리로 하여금 하나님을 닮게 하실 수 있다.

2) 기독론

그레고리는 그리스도의 완전한 신성과 완전한 인성을 믿었으므로, 로고스-육신 공식 대신에 로고스-인간의 공식을 사용하였다. 당시 라오디게아의 감독이었던 아폴리나리우스는 그리스도께서 인간의 영을 대신하면서 인간의 혼과 육만을 취했다고 주장하였다. 이러한 주장에 대해 그레고리는 바질과 함께 예수님의 인성을 불완전하게 만든다고 판단하여 비판하였다. 그러므로 그리스도는 성육신하실 때에 인간의 영혼과 육체를 취하여 온전한 인성을 가지고 계신다는 것을 주장하는 로고스-인간의 공식을 사용하였다. 이러한 온전한 양성 교리는 오리겐이 주장한 것으로, 바질과 그레고리는 오리겐의 이러한 견해를 계승하였다. 그는 오리겐의 견해를 이어 받아 양성이라는 용어를 처음으로 사용하였다. 그는 취함 받지 않는 것은 치료함도 받지 못한다고 주장하면서, 그리스도께서 우리의 영혼과 육체라는 온전한 인성을 취해야 우리를 온전하게 구원할 수 있다고 보았다. 그리스도는 인간이 되신 하나님의 말씀이다. 그리스도는 신성과 인성의 양성을 가지셨으나, 한 인격을 가지고 계신다. 그는 그리스도를 둘로부터 하나가 되신 분이라고 불렀고, 양성이 그리스도 안에서 연합하여 하나가 되었는데, 두 아들이 되지 않았다고 하였다. 오리겐에게서 그리스도 안에서 양성의 결합이 의지적인지 존재적인 것이지 명확하지 않으나, 그레고리는 존재적이라는 것을 명확하게 밝혔다. 그는 그리스도 안에서 양성의 결합은 존재적으로 일어났지만, 양성은 각자의 성격을 그대로 유지하였다고 생각하였다. 이러한 양성의 연결고리가 무엇인가에 대해 그레고리는 인간의 영이라고 보았다. 그에 따르면 인간의 영은 인간의 육체와 결합할 뿐만 아니라, 하나님의 영과도 결합할 수 있는 성질을 지녔다. 그는 오리겐과 같이, 양성 가운데 신성을 주도적인 요소로 보았다. 그래서 마리아를 하나님을 낳은 여인이라고 하였고 그리스도의 탄생을 하나님의 탄생으로 표현하였으며, 그리스도를 고난 받는 하나님, 십자가에 달리신 하나님이라고 불렀다. 그레고리가 양성 가운데 신성을 주도적 요소로 본 것은 그리스도의 인성의 신화를 우리의 신화를 위한 근거로 보았기 때문이다. 그는 하나님과 합일되기를 추구하는 건전한 신비주의자였다. 그리스도의 신성이 승리를 얻은 것은 그리스도께서 사람이 되신 바와 같이, 우리도 하나님이 되게 하려는 것이다. 그는 양성 가운데 신성의 주도적 요소를 설명하는 가운데 특성의 교환, 혹은 속성의 교환(communicatio idiomatum)이란 용어를 만들어 냈다. 특성의 교환이란 그리스도의 양성이 각자의 특성을 유지하면서도, 서로에게 영향을 미치는 것을 의미한다.

3) 성령론

나지안주스의 그레고리는 공적인 자리에서도 성령의 신성을 매우 분명하게 강조하였다. 그러면 왜 4세기 이전에는 성령의 신성에 대한 논의가 없었는가? 이에 대해 그는 구약은 아버지를 분명하게 선포했고, 신약은 아들을 분명하게 드러냈으며, 이제 성령은 우리들 가운데 거하시면서 우리에게 보다 분명한 자신의 증거를 제공해 주신다는 것이다. 성자의 신성도 받아들여지지 않은 상태에서는 성령으로써 사람들에게 짐을 지우지 않는 것이 안전했기 때문이다. 그는 다섯 번째 신학 연설에서 성령께서 피조물이라면 우리가 어떻게 그를 믿을 수 있느냐?라고 반문하면서, 성령께서 하나님이시며 성부와 성자와 동일 실체라고 선언한다. 그는 또한 성부 하나님과 성자 하나님과 성령 하나님은 영예와 영광과 나라에 있어서 나누이지 않으시며, 세 위격이시요 한 신성으로서 경배를 받으신다.

그는 성령에 대해 하나님께 사용할 수 있는 모든 수식어를 사용할 수 있다고 한다. 물론 위격의 관계를 구별하기 위해 사용되는 성부의 비출생자와 성자의 출생자라는 이름은 사용될 수 없지만, 다른 용어들은 모두 사용될 수 있다. 비출생자와 출생자라는 명칭은 실체에서 다른 것이 아니라 실체 안에서의 구분이고 관계에서의 구분이다. 그레고리는 성령은 성부와 성자와 동일하게 영원하시다고 지적한다. 아버지께서 계시지 않은 때가 있었다면 아들도 계시지 않은 때가 있었다. 만일 아들이 계시지 않은 어떤 때가 있었다면, 성령도 계시지 않은 때가 있었다. 만일 하나가 처음부터 계셨다면, 셋도 역시 처음부터 계셨다고 논증하면서 성령도 성부와 함께 영원하다고 말한다. 따라서 성령은 항상 존재하셨고 항상 존재하고 계시며 또 항상 존재하실 분으로 기술한다. 이와 같이 나지안주스의 그레고리를 성령의 신성을 강하게 주장하면서 성부와 성자와 성령의 동일 본질을 주장한다.

더 읽어야 할 책들과 논문들

김광채. 『교부열전』 중권. 서울: 기독교문서선교회, 2005.
김석환. 『교부들의 삼위일체론』. 서울: 기독교문서선교회, 2001.
김석환. "나지안주스의 고레고리와 아폴리나리우스 논쟁." 「칼빈論壇」, Vol.2001 (2001): 239-268.
김옥주. "동,서방 교회의 연합을 위한 나지안주스의 그레고리의 삼위일체론 탐구." 「한국개혁신학」, Vol.34 (2012): 8-34.
현재규. "나지안주스의 그레고리오스의 성령론." 「조직신학연구」, Vol.26 (2017): 88-113.
크리스토퍼 빌리. 백충현 역. 『삼위일체와 영성 : 나지안조스의 그레고리오스의 신앙여정』. 서울: 장로회신학대학교출판부, 2018.

제12장
닛사의 그레고리

(Gregory of Nyssa, 335(?)-395(?))

닛사의 그레고리는 철학적 신학자로 평가받고 있으며, 삼위일체론에서 그의 견해가 삼신론이라는 비판에 대해 활동의 단일성에 근거한 실체의 단일성을 주장하였고, 위격의 관계에서는 성자와 성령의 관계를 성부로부터 성자를 통해 성령이 나오신다고 하여 필리오꾸베의 동서방의 조화의 가능성을 제시하고 있으며, 위격과 실체의 관계는 개체와 보편의 관계로 설명하였다.

1. 생애

갑바도기아의 3인 가운데 마지막 인물인 닛사의 그레고리(335?-395?)는 갑바도기아 서부 지방의 소도시인 닛사의 감독으로 바질과 같이 위대하다는 평판도, 나지안주스의 그레고리와 같이 신학자라는 평판도 얻지 못했다. 그러나 오늘날에는 그들에 못지않은 신학자와 철학자로 평가받고 있다.

닛사의 그레고리는 바질의 동생으로 335년경에 태어났으며, 고향인 네오가이사랴에서 초중등 교육을 받은 것으로 보인다. 그레고리는 형인 바질의 감화와 영향을 많이 받았고 신비주의적인 영성에서는 누나인 마크리나의 영향도 많이 받았으며, 침묵과 고독을 즐기는 성격이었다. 그는 바질이나 나지안주스의 그레고리처럼 외부에 나가 교육을 받지 않았다. 그는 353-5년 사이에 가이사랴 교회 낭독자로 일하였으나 포기하고, 형인 바질에게서 356년에 수사학을 배웠고 수사학 교사를 하였다. 그는 수사학뿐만 아니라 그리스 문학, 플라톤주의, 아리스토텔레스 철학, 스토아 사상, 오리겐과 필론의 사상 등 폭넓은 철학적 소양과 자연과학과 의학 등에 대한 지식을 지니고 있었다. 그는 누이인 마크리나로부터 교육을 받는데, 한 편지에서 그는 자신의 영적 스승이었던 마크리나를 추억하면서 다음과 같이 말한다. "우리에게 누이는 우리 삶의 스승이자 어머니를 뒤이은 어머니였습니다. 그녀는 매우 솔직하게 하나님과 대화하기를 즐겼습니다. 그녀는 우리에게 힘을 솟아나게 하는 성곽이요, 하나님 마음에 드는 무기였으며, 벽으로 둘러싸인 성채와 같았습니다."

그는 수사학 교사를 하는 동안에, 마크리나와 나지안주스의 고레고리는 그에게 그 직업을 포기하고 수도사가 되기를 종용하였다. 그러는 동안에 점차 수도원 생활을 동경하게 된 것으로 보이며, 형의 부탁으로 쓴 『동정론』(De virginitate)에 그러한 마음이 잘 드러나 있다. 372년 신니케아파의 세력을 확대하려는 바질의 초빙으로 닛사의 감독이 되었다. 그러나 초기에는 형의 기대에 부응하지 못하였다. 그는 372년에는 바질이 반대하던 앙퀴라의 마르켈루스파와 협상을 하였다. 더구나 그는 375년에는 유사파의 모함에 빠져 감독직에서 쫓겨나게 되었다. 그는 교회의 공금유용 혐의로 파직되어 데모스테네스 총독에게 체포당했다. 그는 탈출에 성공하여 377년 말까지 피신하였다가, 발렌스 황제가 사면령을 내려 닛사로 돌아가 감독직을 회복하였다. 그는 감독이 되었을 때 그의 가족이 만들었던 수도원의 모델을 따라 닛사에 수도원을 만들었는데, 그곳에 있던 수녀들과 수도사들이 그를 적극적으로 지지하여 감독직을 회복할 수 있었다.

삼위일체 논쟁을 해결하기 위해 활동하던 바질이 379년에 소천한 후에 그는 그 과업을 이어 받아 최전선에 나서 활동하게 되었다. 그는 379년 가을에 열린 신니케아파의 안디옥 공의회에서 2년 후의 콘스탄티노플 공의회의 결정의 토대가 되는 결정을 이끌어냈다. 그는 380년에는 본도의 이보라와 아르메니아의 세바스테의 감독의 분쟁을 해결하였다. 그는 이 때 비유사파의 지도자인 에우노미우스를 비판하는 『에우노미우스에 대한 반론』(Contra Eunomium)을 저술하였다. 그레고리는 381년 5월에 열린 콘스탄티노플 공의회에 참석하여 개회 연설을 하였다. 그는 이 회의에서 바질의 사상의 계승자로서 그의 신학사상이 콘스탄티노플 신경에 반영되는데 주도적인 역할을 하였다. 이 회의의 의장이었던 멜리티우스가 5월 말에 사망하였고, 후임 의장이 된 콘스탄티노플의 감독이 된 나지안주의의 그레고리도 반대파들의 반대에 밀려 감독직과 의장직을 사임하고 고향으로 돌아간다. 이러한 상황에서 닛사의 그레고리는 끝까지 회의에 참석하여 특히 성령론에서 바질의 사상의 반영되도록 활동하였다.

회의가 끝난 후 테오도시우스 황제는 그를 자기의 신학 고문으로 삼았다. 이에 따라 그레고리는 아라비아와 메소포타미아를 비롯한 제국 전체를 여행해야만 했다. 따라서 그는 이 회의가 끝난 381년 하반기에 감독 분쟁이 일어나고 있던 로마령 아라비아의 수도인 보스트라와 아폴리나리우스 논쟁이 일어나고 있던 예루살렘을 방문하여 교회정치적인 문제를 해결하고자 하였다. 그는 381년에 열린 콘스탄티노플 공의회 결정을 확인하고 그 내용을 서방에 알리는 공한을 작성한 382년의 콘스탄티노플 회의와 그 다음에 열린 콘스탄티노플 회의에도 참석하였다. 그는 이 회의에서 성자와 성령의 신성에 대한 강론을 하였다. 그는 385년 가을 이후에는 아내가 소천하여 수도사가 되었고, 저술활동을 주로 하다가 395년경에 소천하였다.

2. 저술

그는 교리, 윤리, 철학, 수도 생활, 성경 주석과 강해, 강론과 설교, 전기, 서한집 등 상당히 많은 저술들을 하였다. 그는 삼위일체 논쟁과 관련하여 비유사파의 대표적 인물이었던 에우노미우스의 삼위일체론을 비판하는 『에우노미우스에 대한 반론』과 383년에 열린 콘스탄티노플 공의회에 테오도시우스 황제에게 에우노미우스가 제출한 신앙고백서를 반박한 『에우노미우스의 신앙고백서에 대한 반박』이 있다. 황실의 전의인 에우스타티오스에게 성령훼방파의 성령론의 잘못을 지적한 『삼위일체론』(Ad Eustathium de sancta Trinitate)을 저술하였다. 기독론논쟁에서는 『아폴리나리우스에 대한 반론』(Antirrheticus adversus Apollinarium), 『아폴리나리우스파에 대한 반론』(Adversus Apollinaristas ad Theophilus episcopum Alexandrium)이 있고, 조직신학 전반에 대한 『대교리강론』(Oratio catechetica magna)이 있다. 이 책은 신론과 삼위일체론(1권), 인죄론, 기독론(성육신과 구속사역)(2권), 성례론(세례, 성찬, 중생의 조건)(3권)으로 구성되어 있다. 주석 및 성경 강해에는 바질이 쓴 『헥사헤메론 강해』를 수정보완 한 『헥사헤메론에 대한 변증적 해설』을 저술하여 성경을 풍유적 해석보다는 문자적인 해석을 하고자 하였다. 또한 390년경에 저술한 『모세의 생애』가 있는데, 제1부에서는 출애굽기와 민수기에 기초하여 모세의 생애를 재구성하고, 제2부에서는 모세의 생애를 풍유적으로 해석하였다. 풍유적 해석이란 그레고리가 모세를 영혼의 완전함 내지는 하나님께로 끊임없는 상승을 추구한 이상적인 인물로 상정했다는 의미이다. 이 외에도 『전도서 강해설교』, 『아가서 강해설교』, 『주기도문 강해설교』, 『팔복 강해설교』 등이 있다. 그의 강론 중에는 성령훼방파의 성령론을 비판하는 『마세도니아파에 대한 반론』(Adversus Macedonianos), 아리우스파와 성령훼방파에 대항하여 성자와 성령의 신성을 강조하는 『성자와 성령의 신성에 대한 강론』(Oratio de deitate Filiii et Spiritus Sancti) 등이 있다.

3. 신학사상

그는 『대교리강론』에서 "크도다 경건의 비밀(musterion)이여(딤전 3:16)"을 근거로 기독교 진리를 신비에 속한다고 보았다. 기독교 진리는 하나님의 본성이든, 성육신이든, 육체의 부활이든, 성례전이든 신비의 영역에 속하지 않은 것이 없다. 따라서 기독교 진리가 신비에 속하기 때문에 기독교 진리에 대한 이성적 이해보다는 신앙적 수용이 중요하다. 그는 삼위일체성을 합리적으로 설명하려고 시도하기도 하였지만, 우리가 아무리 지성을 연마하고 깊은 신앙을 가져도 하나님과 하나님이 지으신 창조 세계에 대한 완전한 지식을 가지는 것은 불가능하다고 보았다. 그렇지만 그는 완전을 향한 끝없는 전진은 필요하다고 보았다. 그가 신비를 강조하는 것은 불가지론의 입장 때문이 아니라, 완전하신 하나님께 사랑과 경외의 마음을 가지고 나아가려는 것이었고, 그래서 그는 신비신학의 창시자가 되었다.

그레고리는 당시 희랍문화에 대해 형인 바질이 『청년들에게 고함』이라는 책에서 비판적 수용을 권면한 것을 그대로 수용하였다. 그는 『모세의 생애』에서 이방 학문을 신앙 교육과 함께 공부하되, 이방 학문을 다 공부한 후에는 영혼에 잘못된 영향을 미친 부분은 잘라내야 한다고 하였다. 더 나아가 이방 학문을 기독교화 하는데 힘써야 하고, 하나님의 성전인 교회를 아름답게 장식하기 위해 사용하라고 말한다. 그러므로 이방 학문이 기독교의 내용에 영향을 미쳐서는 안 된다는 것이었다. 그의 문화관은 기독교가 국가 종교가 되어가고 있던 테오도시우스 황제 시대의 신율적 시대에 알맞은 하나님 중심의 문화관이었다.

그의 신학은 철학과 밀접한 관련을 가지고 있는 철학적 신학이었다. 그는 철학을 신학의 시녀로 만든 첫 번째 기독교 사상가였다. 그는 플라톤, 아리스토텔레스, 스토아 철학, 신플라톤주의 철학을 영향을 받아 기독교 신플라톤주의자로 분류될 수 있으며, 신학적으로는 오리겐의 영향을 받았다. 그렇지만 그는 이러한 철학과 신학들을 수용할 때 비판적으로 수용하였다.

신학적으로 오리겐의 영향을 많은 받은 그는 성경 해석에 있어서 오리겐의 영적 해석 혹은 알레고리적 해석의 입장을 취했다. 그는 성경의 신비적이고 영적 해석을 중시했기 때문에 의문은 죽이는 것이요 영은 살리는 것이라는 고린도전서 3장 6절 말씀을 좋아하였다. 그의 신비적 해석에 의하면 광야 40년 생활은 인간의 영혼이 혹은 하나님의 백성이 하나님을 향해 올라가는 여정을 상징한다. 그는 신비적 영적 해석을 하면서도 인간 창조론이나 헥사헤메론에 대한 변증적 해설에서는 문자적인 해석을 시도하였다.

1) 신론과 삼위일체론

그는 하나님을 어두움의 신비 속에 감춰진 분이라고 하여 신비 신학의 성향을 잘 표현하고 있다. 그에게 있어 하나님의 어두움은 찬란한 어두움이었으며, 어두움에 대해 말하는 것은 하나님의 초월성을 강조하려는 목적이었다. 그는 이 초월성을 강조하여 하나님의 무한성을 그의 신론의 핵심 개념으로 삼았다.

그는 삼위일체론에서 바질의 입장을 계승하여 하나님의 본질은 하나이며, 실체를 셋 이라는 공식을 확립하고자 노력하였다. 당시에 로마의 감독이었던 다마수스는 하나님의 신성이 하나임을 강조하며 콘스탄티노플 신조를 수용하기를 거부할 정도로, 이러한 신니케아파의 입장은 삼신론이라는 오해를 받기 쉬웠다. 그러므로 닛사의 그레고리는 하나님의 본질 혹은 존재는 하나임을 강조하였다. 그에 따르면, 하나님께서 유일하시다는 사실은 하나님의 본질 혹은 본성이 하나라는 사실에서 증명된다. 하나님의 본질 혹은 본성은 하나님의 무한성에 있는데, 이 세상에는 무한한 존재가 없고, 오직 하나님 한 분만이 무한하시기 때문이다.

비유사파의 지도자였던 에우노미우스는 하나님의 본질이 하나님의 비출생성에 있다고 주장하였는데, 이에 대해 닛사의 그레고리는 비출생성은 하나님의 본질이 아니라 성부 하나님의 특성이라고 비판하였다.

그는 마태복음 28장 19절의 세례명령과 시편 33편 5절 등을 근거로 한분 하나님이 세 실체로 분화된다고 믿었다. 그는 삼위의 분화에 대한 이론적인 근거로 하나님의 무한성에 존재하는 하나님의 본질을 우리가 완전하게 인식할 수 없으나, 하나님께서 자신을 우리에게 계시해 주시기 때문에 우리가 하나님의 존재 방식을 인식하는 것이 가능하다는 주장을 제시한다. 하나님께서 자신을 삼위일체의 하나님으로 존재하심을 우리에게 계시해 주신다. 성부, 성자, 성령이라는 하나님의 세 실체 혹은 세 위격은 무한한 존재이신 하나님의 존재 방식이다. 그는 나지안주스의 그레고리와 같이 실체라는 용어와 함께 위격이라는 용어도 사용한다. 그는 실체를 나지안주의의 그레고리가 사용한 "실현형태"라는 표현 대신에 하나님의 본질 내지 존재의 "존재 방식(modus)"으로 표현한다. 그는 존재이신 하나님께서 성부, 성자, 성령의 세 존재 방식으로 있게 되는 방식을 속성과 원인의 개념을 사용하는 두 방향으로 해결하고자 한다.

속성의 방식에서 그는 하나님의 존재는 기체이므로, 여러 속성을 지닌다고 생각한다. 그런데 그러한 속성 가운데 비출생성과 출생성을 속성으로 가지면 서로 모순이 되기 때문에, 이 속성은 하나님의 본성에 대한 것이 아니고 성부와 성자에 관계된 속성이라고 본다. 하나님께서 태어나지 않는 분으로서의 속성 내지 존재 방식을 취하면 성부가 되고, 태어나신 분으로서의 속성 내지 존재방식을 취하면 성자가 된다. 그는 성령에 대해서는 속성으로 설명하지 않는다. 왜 어떤 속성은 성부와 성자가 공유하는데, 비출생성과 출생성은 다른 존재방식으로 분화되는가? 이런 질문을 예상했던지 그는 원인의 개념을 사용하여 이 문제를 해결하고자 하였다.

그는 아리스토텔레스에게서 제일원인이 하나님이라는 개념을 배워서 하나님을 만유의 제일원인이라고 보았다. 그런데 만유의 제일원인이라는 말 속에는 하나님에게는 생성의 근원이 없다는 의미, 즉 비출생성이 포함되어 있다. 이 비출생자로서의 하나님이 성부 하나님이시다.

비출생자이신, 곧 생성의 근원이신 하나님께서 천지만물을 만드실 때, 로고스를 통해 만드셨다. 그러므로 그레고리의 입장에서 로고스를 상정하는 것은 아주 논리적이고, 로고스가 없는 하나님을 상정하는 것이 오히려 불합리하다. 그는 요한복음 4장 24절에 근거하여 또한 하나님께는 로고스가 있는 바와 같이 영이 있다고 생각하였다. 그에 따르면, 하나님의 창조 사역은 성부로부터 시작하여 성자를 통하여 나아가며, 성령 안에서 완성된다. 그러므로 그는 성부를 만유의 비출생적 근원이라 하고, 성자와 성령을 이 능동적 원인에서 유래한 수동적 원인이라고 한다. 그리고 능동적 원인인 성부뿐만 아니라, 수동적 원인인 성자와 성령도 피조물이 아니고 하나님이라고 한다. 이와 같이 그레고리는 원인에 따라 본성이 아닌 위격을 구별하였다. 그는 나지안주스의 그레고리와 달리 하나님의 무한성을 삼위의 공통된 속성으로 보았고, 바로 성자와 성령의 무한성, 좀 더 구체적으로는 영원성과 완전성에서 두 위격의 완전한 신성을 찾았다. 그는 나지안주스의 그레고리와 같이 관계의 개념을 삼위일체에 도입하였다. 그에 따르면 성부와 성자는 관계적 개념이다. 따라서 성부와 성자는 태어나지 않은 분과 태어난 분으로서의 관계를 가진다. 성령의 성부, 성자에 대한 관계는 성령은 성부로부터 나오셨고, 그리스도의 영이라고 표현된다. 성자는 성부와 성령의 중개 역할을 맡는다. 그는 삼위의 공통성인 완전한 신성을 본성의 하나됨에서 찾았고, 삼위의 특성을 비출생성, 출생성, 출래라고 보았다.

2) 기독론

그는 그리스도 안에서 완전한 신성과 완전한 인성이 한 인격으로 결합되어 있는 것은 인간의 이성으로서는 이해할 수 없는 신비라고 하였다. 그는 나지안주스의 그레고리와 함께 오리겐에게서 영향을 받아 아폴리나리우스주의를 반대하는데 앞장섰다. 그는 나지안주스의 그레고리와 같이 그리스도의 양성에 대해 확신하며 그리스도-인간 공식을 사용하였다. 그는 이러한 공식을 사용하면서 그리스도의 완전한 신성이 가지는 구원론적인 의미를 천착하였다. 그는 그리스도께서 십자가상에서 죽으실 때, 그의 신성과 인성이 분리된 것이 아니라, 그의 영혼과 육신이 분리되었다고 하였다. 그리스도의 영혼과 육신은 인성에 속하는 두 요소인데, 그리스도께서 부활하신 것은 분리되었던 그리스도의 영혼과 육신이 그리스도의 신성으로 말미암아 다시 결합된 것을 의미한다. 그러므로 우리 인간도 죽으면 영혼과 육신이 분리되지만 그리스도의 부활은 인간이 다시 살 수 있는 가능성을 열어 놓았다. 우리도 부활하게 되면, 그리스도의 경우와 마찬가지로, 우리의 분리되었던 영혼과 육신이 다시 결합하게 된다. 그는 그리스도의 인성과 신성의 결합되어도 신성이 주도적인 역할을 하기 때문에 두 인격이 아니라 한 인격이라고 주장한다. 그리스도의 인성은 부활에서 신적인 것으로 변화되어 신화된다. 그리고 그리스도의 인성의 신적인 것으로의 변화는 우리 인간이 하나님의 형상을 닮아갈 수 있는 기초가 된다.

이러한 하나님의 형상을 닮아가는 그의 신비주의는 수도원 생활을 통해 하나님께 가까이 나아가려는 수도사 신비주의이다. 기독교적 플라톤주의자인 그에게 있어서 하나님을 닮는 것이란 잃어버린 하나님의 형상을 되찾는 것이다. 우리가 잃어버린 하나님의 형상을 되찾을 수 있는 방법은 그리스도와의 연합으로써 가능하다. 그러므로 그의 신비주의는 그리스도 신비주의 혹은 로고스 신비주의이다. 물론 그의 신비주의는 완전하신 하나님을 향한 끊임없는 전진을 추구하기 때문에 궁극적으로는 하나님 신비주의라고 규정할 수 있다.

3) 성령론

닛사의 그레고리는 성령이 우주 전체에 분포된 신적 에너지이자 피조된 존재로서 위격성이 없다고 주장하는 마케도니우스파를 반박하여 『성령론』(On the Holy Spirit, Against the Macedonians)을 저술하였다. 마케도니우스파들은 성령은 성부와 성자와의 생명력 있는 교제에 낯설고, 본질적인 변이 때문에 성부와 성자보다 열등하며 또한 능력, 영광, 존엄을 비롯한 모든 면에서 그들보다 못하다고 주장하였다. 따라서 성령은 그들의 영광과 영예에 아무런 몫을 가지지 못한다고 하였다. 닛사의 그레고리는 이들에 대항하여 성령은 위격에서의 구별을 제외하고는 성부와 성자와 정확한 동일 정체성(τὸ ἀπαράλλακτον)을 가진다고 주장한다. 성령은 본질적으로 거룩한 특성 때문에 성부와 독생자처럼 거룩하다. 성령은 또한 생명의 수여, 불변, 영원, 정의, 지혜, 주권, 선, 권능 등의 측면에서도 마찬가지로 그러하시다. 성령은 생명을 주시는 분이시자 성화의 은혜를 분배하시는 이시다. 성부는 죄를 용서하시고, 성자는 세상의 죄를 지고 가시며, 성령은 그들의 죄들과 오염을 깨끗하게 하여 성화시키신다.

세례에서 물은 의식의 요소일 뿐이며, 세례 받는 사람에게 생명을 주시는 분은 바로 성령이시다. 생명을 주시는 은혜는 생명이 풍부하게 솟아나는 원천이 되신 그로부터 나와 참 생명이신 독생자를 통해 성령의 활동에 의해 완성된다. 또한 영화롭게 하는 능력은 스스로 영광과 영예와 엄위와 위대함이 아닌 자에 의해 제시될 수 없다. 성령은 아버지와 아들을 영화롭게 하시므로, 성령 자신도 영화로우신 분이시다.

그는 대요리문답에서 성령이 말씀과 함께 행하시면서 그 말씀으로부터 분리될 수 없는 어떤 실체적인 능력이라고 하였고, 시편 33편의 하나님의 말씀과 그의 입기운으로 만상이 이루어졌다는 말씀에 근거하여 본질적으로 실재하시는 능력들로 창조하시고 존재하는 모든 것들을 포괄하신다고 말한다. 이와 같이 닛사의 그레고리는 마케도니우스파들의 성령 피조설에 반대하여 성령은 성부와 성령과 위격에서는 구별되지만 그들과 동일 정체성을 가진 신적 실체이시며, 성부와 성자가 하시는 신적인 사역을 동일하게 하시어 그들과 영광과 영예에서 동등하시다고 하였다.

닛사의 그레고리는 바질의 삼위일체에 대한 사상을 이어 받아 심화시켜 나지안주스의 그레고리와 함께 콘스탄티노플 공의회에 참석하여 한 본질에 세 위격이란 콘스탄티노플 신조의 작성에 기여하였다.

더 읽어야 할 책들과 논문들

김광채. 『교부열전』 중권. 서울: 기독교문서선교회, 2005.
김석환. 『교부들의 삼위일체론』. 서울: 기독교문서선교회, 2001.
김경수. "고전문화의 변화로서 닛사의 그레고리오스의 완전에 대한 이해 : 지속적인 과정으로서 구원론적 삶(soteriological life as epektasis)을 중심으로." 「韓國敎會史學會誌」, Vol.48 (2017):

291-327.

김수천. "니싸의 그레고리오스의 『모세의 생애』에 나타난 영성의 개념." 「신학과 실천」, Vol.32 (2012): 631-657.

제13장
4세기의 삼위일체 논쟁

313년 기독교가 공인된 후에 발생된 아리우스 논쟁 때문에 325년에 소집된 니케아 공의회에서 성부와 성자의 동일 본질을 고백하는 니케아 신앙고백서가 작성되었다. 그러나 그 이후에 성부와 성자의 동일 본질과 성부와 성자의 구별을 둘러싸고 논쟁이 지속되었고 350년 이후에 성령 피조설을 주장하는 마케도니우스파까지 가세하여 혼란이 가중되었다. 이러한 논쟁 속에서 갑바도기아의 3인의 신학자들의 활동에 힘입어 60여년에 걸친 논쟁을 마무리하면서 381년에 소집된 콘스탄티노플 공의회에서 한 본질에 세 위격이라는 삼위일체를 고백하는 콘스탄티노플 신조가 작성되어 삼위일체의 정통교리가 확립되었다.

1. 삼위일체론 논쟁의 진행 과정

초대교회는 313년 기독교가 공인된 이후에 삼위일체론과 기독론을 둘러싸고 치열한 교리 논쟁을 벌이게 된다. 이러한 교리 논쟁은 성경의 고유한 신관이 헬레니즘의 문화 속에서 정확하게 이해되어 가는 과정이다.

예수 그리스도가 자신이 하나님이라고 주장하면서 신약성경에서부터 가장 중요한 논쟁이 "예수가 누구인가?"라는 문제였다. 2세기에 접어들면서 예수님이 하나님이라면, 하나님이 한 분이라는 구약성경의 주장과 어떻게 조화될 수 있느냐?하는 성경 해석에서 두 가지의 주장이 등장하게 되었다. 첫 번째 주장은 유대교와 테오도투스와 사모사타의 바울 등이 주장한 양자론(adoptionism)적인 주장이었다. 이러한 양자론자들은 예수님은 원래는 우리와 동일한 인간이었으나 세례를 받을 때에 하나님의 아들로 입양되어 양자가 되었다고 주장하였다. 예수님이 양자된 아들이라면 참 하나님은 성부라는 것이다. 그러나 이러한 주장은 예수님이 원래부터 하나님이라는 주장과 양립될 수 없었다.

다른 하나의 주장은 양태론(modalism)이었다. 프락세아스와 사벨리우스 등이 주장했던 양태론은 하나님의 나타남의 방식(mode)만이 바뀐다는 것이다. 구약에서는 성부의 양식으로, 신약시대는 성자의 양식으로, 교회 시대는 성령의 양식으로 나타나므로 하나님은 한 분이라는 주장이다. 이러한 주장은 성부, 성자, 성령이 동시에 계시는 예수님의 세례 장면과 정면으로 배치된다. 그러므로 초대교회는 양자론과 양태론을 성경의 가르침과 어긋나는 이단으로 정죄하였다.

기독교가 공인된 이후에 삼위일체 논쟁은 아리우스(Arius)의 예수님에 대한 주장 때문에 발생되었다. 오리겐의 제자인 아리우스는 성자의 성부에 대한 본질적인 종속설로 기울어져 성자가 존재하지 않은 시기가 있었고 피조 되었으며, 성부보다 못하고 인간보다 나은 존재로 설명하였다. 그는 골로새서 1장 15절에 "모든 피조물보다 먼저 나신 이시니"라는 구절을 근거로 이러한 해석을 하였다.

한 분이신 하나님께서 어떻게 성부, 성자, 성령의 삼위로 계실 수 있느냐? 하는 문제를 둘러싸고 일어났던 논쟁을 삼위일체 논쟁이라고 한다. 이 삼위일체 논쟁은 318년에 아리우스의 신학 사상에서 발단이 되어 진행되었기 때문에 아리우스 논쟁이라고 부르기도 한다. 이 논쟁의 결과로 325년에 성부와 성자가 동일 본질이라는 니케아 신경이 작성되었다. 그러나 이 신조에서 사용된 동일 본질이라는 둘러싸고 논쟁이 계속되었다. 당시에 동일 본질의 의미의 정확한 정의가 이루어지지 않았을 뿐만 아니라, 본질과 위격 사이의 개념의 차이도 제대로 인식되지 못한 상태였기 때문이었다. 그래서 주로 동방의 신학자들 사이에서 이 문제를 둘러싸고 치열한 논쟁이 벌어졌다. 이 논쟁이 시작될 때는 아리우스가 주장하는 바와 같이 그리스도가 성부 하나님보다 못한 피조물이라는 주장을 중심으로 전개되었다. 그러나 콘스탄틴 황제가 사망한 이후에는 성자를 피조물로 보는 견해는 소수파로 전락하였고, 주로 하나님의 본질과 위격 사이의 관계를 두고 논쟁이 벌어졌다. 그러므로 이 때부터는 아리우스 논쟁이라기보다는 삼위일체 논쟁이라고 부르는 것이 더 적합하겠다.

그러한 가운데 360년을 전후하여 다양한 분파가 형성되었다. 성부와 성자가 동일 본질이라는 동일 본질파, 성부와 성자의 본질이 유사하다는 유사 본질파, 성부와 성자가 성경을 따라 유사하다는 유사파, 성부와 성자의 본질이 다르다는 상이 본질파 등이 형성되었다. 하나님의 본질과 위격에 대한 논쟁에는 두 가지 관점이 충돌하고 있었다. 하나는 헬라 철학의 개념들을 가지고 삼위일체의 본질과 위격을 설명하려는 움직이었다. 여기서 아리우스주의자들은 헬라 철학의 논리를 가지고 삼위일체론을 설명하고자 하였다. 이에 대해 강력하게 비판하고 그의 신성을 주장했던 아타나시우스를 중심으로 한 정통파들은 그리스도의 신성을 주장하는 것은 구원론적인 근거를 확보하려는 것이었다. 그리스도가 성부와 동일한 하나님이시면서 우리와 동일한 인간이어야 우리의 구원자가 될 수 있다는 성경적인 믿음을 지키고자 논쟁하였다. 그러므로 삼위일체 논쟁은 하나님의 본질과 위격에 대한 성경적인 본문들을 헬라 철학의 도움을 받으면서 인간들이 이해할 수 있는 방법으로 설명하려는 싸움이었다. 이러한 싸움의 과정에서 성경적인 삼위일체론과 구원론을 확립하고자 했던 정통파들이 승리하였다.

이러한 여러 분파들이 논쟁하는 가운데 아타나시우스가 동일 본질파와 유사 본질파가 서로 의견의 일치 가능성이 있다는 것을 인식하고 양자의 연합을 위해 노력하게 되었다. 그리하여 이들 사이의 연합이 이루어지면서, 하나의 본질과 세 위격이라는 형식이 생겨나게 되었다. 이러한 형식이 정착되는데 가장 기여한 인물들이 캅바도기아의 3인이라 불리는 대 바질, 나지안주스의 그레고리, 넛사의 그레고리이다. 이 때 350

년대 후반부터 성령의 인격성을 부정하는 성령 훼방파가 등장하여 성령의 인격성에 대한 논쟁이 다시 고조되었다. 이러한 성령의 인격성에 대하여 350년대에 디디무스의 『성령론』, 바질의 『성령론』, 암브로시우스의 『성령론』 등이 저술되면서 그의 인격성을 주장하게 되었다. 그리고 마지막으로 381년에 콘스탄티노플 신조가 작성되었다.

이 문제는 둘러싸고 4세기의 여러 교부들이 치열하게 논쟁하였기 때문에 여기서는 교부들 개인들의 삶이 아니라, 삼위일체 논쟁과 관련된 다양한 교부들의 논쟁들을 서술하고자 한다. 이 시기에 대해 네 가지 주제로 서술하고자 한다. 첫 번째는 아리우스의 주장과 함께 알렉산더와의 갈등에 대해 서술한다. 둘째로 아리우스 주장으로 생겨난 문제를 해결하기 위해 소집되었던 니케아 공의회와 함께 작성된 니케아 신경을 분석한다. 셋째로 니케아 신경의 작성 이후에 진행되었던 360년대까지의 다양한 삼위일체의 논쟁을 서술한다. 넷째로 360년대 이후로 형성되는 신니케이파의 존재와 함께 갑바도기아의 3인들의 활동, 그리고 성령훼방파의 등장과 함께 작성된 콘스탄티노플신조에 대하여 서술한다.

2. 아리우스의 등장과 정죄

삼위일체 논쟁의 발단은 알렉산더 교회의 장로였던 아리우스가 성자의 신성에 대해 잘못된 주장을 하는 것을 알렉산더의 대감독이었던 알렉산더가 318년에 종교회의를 열어 정죄하면서 시작되었다.

아리우스(Arius, 250/260-336)는 삼위일체 논쟁을 촉발시킨 알렉산드리아 출신의 기독교 장로이자 신학자이다. 그는 리비아에서 이주해 온 부모 밑에서 알렉산드리아에서 태어났다. 그는 안디옥으로 가서 루키아누스(230-312) 밑에서 신학을 공부했으며 오리겐의 신학 사상에 의해서도 영향을 받았다. 그는 디오클레티아누스 황제의 박해가 절정에 달했던 303-5년 사이에 안디옥을 떠나 알렉산드리아로 갔다. 배교자들을 기독교로 받아들이는 문제에 대해 엄격한 입장을 취한 멜레티오스에게 동조했다가 이들이 교회에서 분리해 나가자, 아리우스는 정통교회에 남았다. 그는 당시 알렉산드리아의 감독인 페트로스에 의해 집사로 임명받았다. 그런데 페트로스가 헬라 철학의 영향을 받는 신학을 비판하자, 아리우스가 그에게 반발하여 교회에서 추방당했다. 페트로스의 후계자인 아킬라스(Achillas) 감독은 그가 금욕주의를 통해 수도원 운동의 발전에 기여한 재능을 인정하여 다시 교회로 받아들이고 장로로 임명하였다. 312년에 그가 세상을 떠난 후에 알렉산더가 감독이 되었다. 그는 감독이 된 후에 분열되었던 멜레티오스파를 교회로 받아들이고자 협상을 했는데, 이 때 이들이 아리우스가 잘못된 신학 사상을 전파하고 있다고 주장하였다. 아리우스는 313년에 알렉산드리아에서 가장 기독교세가 강한 바우칼리스(Baucalis)교구의 장로가 되었다. 그는 다정한 태도와 엄격한 금욕주의, 순수한 정신, 확고한 신념을 가졌다고 한다. 그의 주요 반대자 중의 하나였던 키프로스의 감독 에피파니우스에 따르면 아리우스는 "키가 크고 군살이 없는 몸매에 준수한 용모와 공손한 말투를 썼고, 여자들은 그의 정중한 예의와 금욕적인 외모에 감동했고 남자들은 그의 지적 탁월함에 감명을 받았다"고 전한다.

아리우스의 신학사상에 문제가 있다는 주장이 제기되자 알렉산더 감독은 그에게 318년에 신앙고백문을 작성하여 제출하도록 하였다. 그가 작성한 신앙 고백문은 남아 있지 않으나, 그가 이 해에 쓴 『탈레이아』(Thaleia)라는 소책자에는 성자 예수에 대한 이단적인 몇 가지 사상들이 나타나고 있다. "우리가 저를 태어나지 않은 자라 하는 것은, 저로 인해 태어난 자 때문이라. … 시작이 없으신 이가 아들을 생성된 만물의 시작으로 삼으셨으니, 입양을 통해 자기 아들로 삼으신다. 그에게 하나님의 고유한 특성은 전혀 없으니, 곧 하나님의 실체(휘포스타시스)에 속한 것은 전혀 없으시다. 이는 그가 하나님과 같지 않고, 하나님과 동일 본질(homoousios)이 아닌 까닭이다. …아버지는 아들과 본질적으로 다르니, 아버지는 시작이 없기 때문이다. 단일자(monas)는 있었으나, 중첩자(duas)는 존재하기 전에는 없었음을 알아야 한다. 아들이 없는 한 하나님은 아버지가 아니며, 이전에 아들은 없었으나, 아버지의 뜻에 따라 존재하게 되었도다."(김광채, 『고대교리사』, 256-7)

　이와 같이 아리우스는 '태어나지 않은' 성부와 '태어난' 성자의 특성 각자를 규정하는 본질이 된다. 성자는 태어났기에 필연적으로 피조물이다. 이른 바 무(無)에서 창조된 첫 피조물인 것이다. 아리우스는 잠언 8장 22절에 나오는 "나"를 구약의 지혜요, 신약의 로고스로 해석하여 아들은 아버지보다 논리적으로, 시간적으로 나중이라고 주장하였다. 지혜는 지혜로운 하나님의 뜻에 따라 지혜가 되었다. 그러므로 아리우스 신학에서 "성자가 존재하지 않은 시대가 있었다"라는 말이 핵심이 되는 표현이다. 그는 '성자가 영원으로부터 성부께로부터 태어났다'는 것을 받아들이는 것은, 두 개의 '태어나지 않은 분'이 존재한다는 것이기에 두 개의 근원, 완벽하게 동일한 두 신성이 존재한다는 의미이므로 수용할 수 없었다. 결국 성자는 성부와 비교할 때 본성상 다르고 아무런 유사함을 갖지 않는다는 것이다. 또한 성자는 '성부의 뜻에 따라' 창조되었다고 말함으로써 세상을 창조하기 위한 도구로서 시간과 공간이 있기 전에 성자가 창조되었음을 강조하는 것이다. 이는 결국 성부와 성자가 동일 본질이라는 생각을 제거할 뿐 아니라, 유일 원리로서의 성부의 순수함을 계속 유지하도록 만든다. 아리우스는 히브리적인 유일신 사상을 유지하기 위하여 아들을 아버지의 본질과 다른 존재요 피조물로 만들고 있다.

알렉산더 감독은 아리우스와 논쟁하던 초기에 그리스도의 신성을 보호하면서 성자의 성부에 대한 종속설에도 빠지지 않고 사벨리우스주의에도 빠지지 않으려고 노력하였다. 그는 성부는 태어나지 않은 분이시고, 성자는 독생자(monogenes)로 태어난 분이므로 성부가 성자보다 크다는 것을 인정하였다. 그가 이러한 구별을 하는 것은 성부와 성자의 실체가 다르다는 것을 인정하여 사벨리우스주의에 빠지지 않으려는 것이었다. 그러나 성부와 성자의 구별이 종속설이 되지 않도록 그는 성자의 신성을 강조하고자 하였다. 그는 로고스는 피조물이 아니며 성부와 본질적으로 유사한 분이라고 하였다. 이 시기에 성부와 성자가 동일 본질이라는 용어는 아직 사용되지 않고 있었다. 왜냐하면 264년과 268년에 사모사타의 바울이 성부와 성자가 동일 본질이라는 주장을 하였다가, 성자가 성부에게 흡수된다는 비판을 받고 이단으로 정죄되었기 때문이다. 그래서 위에서 아리우스도 성자가 성부와 동일 본질이 아니라고 주장하였다. 아버지와 아들이 동일 본질이라고 할 때, 위격의 구별을 하는 것이 어려워 이 용어는 사용되지 않고 있었다. 그러므로 알렉산더가 아버지의 본질을 따라 유사하다는 표현은 로고스의 신성을 표현할 수 있는 최선의 표현이었다. 그는 성자가 성부와 다른 실체를 가졌지만, 성부와 본질에 따른 유사성을 가져 아버지의 형상이라 부를 수 있을 정도의 신성을 가졌다고 주장하였다. 성자가 완전한 신성을 가진 것은 그가 지음 받은 피조물이 아니라, 낳음을 받은 분이기 때문이다. 이와 관련하여 그는 성자는 지음 받지 않고 나신 분이요, 영원히 나신 분이라고 하였다.

알렉산더는 318년에 알렉산드리아에 100여명의 감독들을 모아 교회 회의를 열었는데, 여기서 열린 신학 토론회에서 아리우스는 끝까지 자신의 입장을 굽히지 않았다. 따라서 알렉산더는 아리우스와 그를 지지하는 성직자들을 출교 처분 하였다. 그러나 아리우스는 굴복하지 않고 자신과 같이 루키안의 제자인 니코메디아의 유세비우스 감독과 오리겐 좌파에 속하는 가이사랴의 유세비우스 감독에게 도움을 요청하였다.

 이러한 요청에 따라 니코메디아의 감독은 동조자들을 모아 알렉산더에게 항의하는 편지를 보냈고, 아리우스와 그 추종자들은 팔레스틴으로 피신하여 자신들의 출교를 취소해 달라는 편지를 알렉산더에게 보냈다.

 따라서 알렉산더는 이제 동방의 교회 지도자들에게 자신의 입장의 밝히는 회람 형식의 편지를 보냈다. 그는 이 편지에서 아리우스의 신학적인 오류들을 아래와 같이 지적하고 있다.

 하나님은 항상 아버지가 아니셨으니, 아버지가 아니었던 시기가 있었습니다. 하나님의 말씀(로고스)도 영원 전부터 있었던 것이 아니었으니 무에서 만들어진 것입니다. 영원히 존재하는 하나님(스스로 있는 자 또는 영원한 자)께서 존재하지 않았던 그 분[아들]을 무에서 만들었습니다. 따라서 그가 존재하지 않았던 시기가 있었으니, 아들이 창조물이기 때문입니다. 그는 본질상으로(ousia) 아버지와 같지 않고, 본성상으로 그가 아버지의 진정한 말씀이나 진정한 지혜가 아니며, 실은 하나님이 만든 하나의 창조물에 지나지 않고, 그가 다른 피조물과 마찬가지로 하나님의 말씀과 지혜로써 만들어졌기 때문에, 그냥 말씀과 지혜 자체라고 하는 것은 잘못된 것입니다. … 그는 로고스이나, 하나님의 본성에서 분리, 구별, 배제되어 있습니다. 또한 아버지는 아들에게조차 보이지 않으십니다. 그러므로 아들은 아버지에 대하여 완전하거나 정확한 지식이 없으며 아버지를 온전히 바라볼 수도 없습니다. 실상은 아들은 자기 자신의 본성에 대해서도 정확히 알지 못합니다. 그는 우리를 위하여 창조되셨으니 하나님께서 그를 도구로 사용하사 우리를 만들고자 하셨기 때문입니다. 그러므로 만약 우리를 만들기 위함이 아니었더라면 그를 만들지도 않았을 것입니다.

알렉산더가 이러한 편지를 보낸 후에 니코메디아의 감독 유세비우스는 종교 회의를 열어 아리우스와 그 지지자들을 이단이 아니라고 선언하고 알렉산더에게 그러한 파문을 철회하라고 요구하였다. 이 때 아리우스는 다시 가이사랴의 유세비우스에게 자신을 지지해 줄 것을 요청해서 320년에 가이사랴에 종교 회의를 열었는데, 양편을 중재하는 입장을 취하였다. 알렉산더가 그를 파문한 후에 아리우스는 320년에 자신의 입장을 밝히는 신앙 고백서를 작성하여 제출했는데, 여기서 "그(아들)는 마니교도들이 아버지의 동일한 본질의(homoousion) 부분에서부터 나신 것이라고 서술한 것과 같지 않다"고 하여 아들이 아버지와 동일 본질이 아니라는 것을 다시 명시하였다.

3. 니케아 종교회의 소집과 니케아 신앙 고백서 작성

아리우스는 320년에 이러한 두 감독들의 지원 속에 알렉산드리아로 돌아가 장로로서 목회를 하고 있었다. 그러한 가운데 아리우스의 문제는 알렉산드리아의 감독 알렉산더와 니코메디아의 감독 유세비우스 사이의 갈등으로 남아 있었다. 그러한 가운데 324년에 서방 황제 콘스탄틴 대제가 동방 황제 리키니우스와의 전쟁에서 승리하여 동서방의 지배자가 되었다. 그는 동서방을 통일한 후에 동방의 교회가 아리우스의 문제로 분열되어 있는 것을 알고서 이 문제를 해결하고자 325년에 니케아 종교 회의를 소집하게 되었다. 이 회의는 6월에 시작되어 8월에 끝났다.

황제는 교회가 하나로 통합되어 국가의 통합에 기여해야 한다는 생각을 가지고 있었으므로, 이러한 목적을 달성하기 위하여 교회를 통합시키고자 교회 회의를 소집하였다. 이 회의에는 300여명의 감독들이 참여하였는데, 대부분이 동방 감독들이었고 서방은 5명의 감독만 참석하였다.

이 회의의 사회는 황제의 교회 정책 자문관이었던 호시우스가 맡았다. 그는 성부와 성자가 동일한 신성을 가지고 있다는 서방의 입장을 확고하게 지지하고 있었다. 이 회의에는 소수파이지만 알렉산더 감독, 앙퀴라의 마르켈루스, 안디옥의 유스타티우스, 그리고 호시우스로 대변되었던 성부와 성자가 본질에서 동일하다고 주장하는 정통파, 20여명이 참석한 니코메디아의 유세비우스로 대변되는 아리우스파, 그리고 다수의 감독들이 따르고 있던 가이사랴의 유세비우스로 대변되는 중도파가 참석하였다. 아리우스파는 이 회의에 제출한 신앙 고백서에서도 성자는 "낳음을 받기 전에는 존재하지 않으셨다"고 고백하여 성자의 신성을 부인하였고, 당연이 이 신조는 거부되었다. 다음으로 중도파인 가이사랴의 유세비우스가 자기 교회에서 세례자들을 위해 사용되었던 신조를 제출했다. 그런데 이 제출한 신조에는 성자에 대해 "모든 피조물 중 첫 출생자, 모든 세대 전에 성부로부터 나신 자"라고 표현되어 있었고, 이 부분은 종속설을 뒷받침하므로 거부되었다. 그러므로 니케아 신조가 가이사랴의 유세비오스가 자신의 교회의 세례자들을 위해 사용한 신앙 고백서에 의거하여 작성되었다고 주장은 근거가 없다.

이 신앙 고백서에서 사용된 호모우시오스라는 용어는 아리우스에게서 기원하였다. 아리우스는 성자가 성부와 동일 본질이 아니라고 주장하여 호모우시오스라는 것을 부정하였다. 그러므로 이 용어가 황제에 의해 삽입되었다거나 황제 교회 정책 자문관인 호시우스에 의해 삽입되었다는 것도 근거가 없다. 이미 아리우스가 이 용어를 성자를 피조물로 만들면서 잘못 사용하고 있으므로, 이 용어를 성자의 신성을 보호하는 방향으로 바르게 신조에 삽입해야 했을 것이다. 이 용어를 신조에 사용하고자 할 때 니코메디아의 감독인 유세비우스가 우려를 표명하였다. 이 때 정통파 교부들은 "만약 하나님의 아들이 참 하나님이시고 피조되지 않은 자라고 우리가 주장한다면, 우리는 아들이 아버지에 동일 본질이 (homoousios)라고 고백하기 시작하는 것이라고 말하였다"고 니코메디아의 유세비우스가 그의 편지에서 서술하고 있다. 이러한 다양한 논의의 과정을 거쳐 이 회의에서는 정통파가 제출한 신조가 채택되었다. 정통파는 호시우스와 함께 알렉산더 감독과 앙퀴라의 마르켈루스가 속하였다.

이것이 유명한 니케아 신경이며, 그 원문은 아래와 같다.

우리는 한 분 이신 하나님, 전능하신 아버지, 보이는 것과 보이지 않는 만물의 창조주이신 하나님을 믿습니다.

우리는 한 분이신 주 예수 그리스도, 성부의 본질로(ousia)부터 나신, 즉 성부로부터 독생하신 자로서 낳아지신 분, 하나님으로부터 나신 하나님, 빛으로부터 나신 빛이시요, 참 하나님으로부터 나신 참 하나님이시며, 창조되지 않고 나시어, 아버지와 동일 본질이시고(homoousion), 하늘과 땅에 있는 모든 만물이 그로 말미암아 창조되신 하나님의 아들을 믿습니다. 그는 우리 사람들을 위하여 그리고 우리의 구원을 위하여 내려오셔서, 성육신하셔서 인간이 되시고 고난을 받으시고 삼일 만에 부활하사 하늘에 오르시었고, 산자와 죽은 자를 심판하러 오실 것입니다.

우리는 성령을 믿습니다.

그러나 "성자께서 안 계신 때가 있었다"거나 "태어나기 전에는 그 분이 계시지 않았다"거나 그리고 "그 분이 무로부터 존재하게 되었다"고 말하거나 혹은 "하나님의 아들이 다른 실체나 본질로부터 있다"거나 혹은 "피조물"이라거나 "변할 수 있다"든지 "바뀔 수 있다"고 주장하는 자들을 보편 교회가 저주한다.

니케아 신조는 아리우스의 종속설을 반대하고 성자는 "낳아지셨으나 창조되지" 않은 분이라고 고백한다. 성부가 성자보다 선재한다거나 성자가 무로부터 만들어진 피조물이라거나 혹은 변할 수 있다거나 바뀔 수 있다고 주장하는 자들은 이단으로 선언하였다. 성자의 신성을 명확하게 표현하기 위하여 특히 두 구절이 삽입되었다. 첫째는 성부의 본질로부터 나신 분이라고 하여, 아리우스주의자들이 성부의 의지로부터 나신 분이라는 것을 비판하였다. 성부의 본질로부터 나신 분이기 때문에 다른 실체나 본질로부터 나신다고 주장해서는 안 된다. 둘째로 아버지와 동일본질이시라고 하여, 성자가 성부보다 못하다는 지금까지의 종속설을 극복할 뿐만 아니라, 성자가 피조물이라는 아리우스파의 주장을 완전히 반박하였다.

처음에는 중도파와 아리우스파에 속한 감독들은 호모우시오스라는 단어의 사용을 꺼려서 신조에 서명하지 않았다가 황제의 압력에 못 이겨서, 그리고 존재론적 의미는 아니더라도, 구원론적 의미에서 더 좋은 대안이 없다는 이유로 거의 다 서명했고, 아리우스와 그의 절친한 동료였던 니코메디아의 감독 에우세비오스 등은 서명하지 않아 파문당하고 유배되었다. 교회사가였던 가이사랴의 감독 에우세비오스도 오랜 주저 끝에 결국 서명했고, 그 서명 때문에 자신의 교구에서 문제가 되지는 않을까 우려하여, 가이사랴 교구로 출발하기 전에 먼저 편지를 보내서 자신이 끝내 서명하지 않을 수 없었던 이유를 설명했다.

그러나 콘스탄틴 황제는 교회가 하나 되는 것을 원했으므로, 아리우스가 니케아 신경을 인정한다는 조건으로 327년 말에 유배를 풀어주었다. 그리고 여동생이었던 콘스탄티아의 영향을 받아 니코메디아의 유세비우스를 유배에서 풀어줄 뿐만 아니라, 자신의 교회정책 자문관으로 삼았다. 아리우스는 알렉산드리아로 돌아왔으나, 알렉산더 감독이 교회에서 시무하는 것을 허용하지 않던 상황에서 세상을 떠났다. 그를 뒤이어

감독이 된 아타나시우스도 그의 신앙이 정통으로 돌아온 것을 확신하지 못해서 복직을 허용하지 않았다. 이러한 가운데 니코메디아와 가이사랴의 유세비우스는 니케아 신경에는 반대하지 않으면서 정통파들을 제거하여 나갔다. 그리하여 정통파에 속했던 에우스타티우스는 여러 가지 사유로 고소당해 330년에 유배를 가게 되었고, 아타나시우스도 아리우스파와의 여러 분쟁 과정에서 335년에 유배가게 되었다. 세 번째로 앙퀴라의 감독 마르켈루스는 335년에 예루살렘에서 열린 성묘교회 헌당식을 아리우파들이 주도한다는 이유로 참석하지 않았다가 황제의 노여움을 사서 336년에 귀양하게 되었다. 이와 같이 콘스탄틴 황제는 니케아 신앙고백서를 지지했던 정통파들을 귀양 보내면서 동방교회에서는 아리우스파들과 중도파들이 지배하게 되었다.

4. 콘스탄틴과 콘스탄티우스 2세 통치기의 삼위일체 논쟁

콘스탄틴 대제가 337년 세상을 떠난 후 세 아들에게 왕국을 나누어 주었으며, 이들은 338년에 삼위일체로 귀양 간 사람들을 풀어주기로 결정하여 아타나시우스와 앙퀴라의 마르켈루스가 풀려났다. 이들이 본래의 자리로 돌아가고자 하였으나 아리우파의 저항이 만만치 않았다. 아타나시우스는 잠깐 동안 감독의 자리를 회복했으나, 아리우스파를 지지하는 황제의 지원 속에서 다시 감독 자리에서 쫓겨났다. 마르켈루스는 유사 본질파이던 앙퀴라의 바실레이오스가 자리를 내놓지 않아 감독직을 제대로 수행할 수 없었다. 그래서 두 사람은 로마로 피신하였다. 알렉산드리아에는 중립적인 그레고리오스가 345년까지 감독직에 있었다.

그런데 340년이 되면 제국은 다시 서방의 콘스탄틴과 동방의 콘스타니우스 2세로 양분되었다. 콘스탄틴은 니케아 신조를 일관되게 주장하였기 때문에 서방교회에서는 이에 대한 분쟁은 거의 일어나지 않았고, 동방에서 진행되는 논쟁에 대해서도 거의 알지 못했던 것으로 보인다. 그러나 동방은 니케아 신조를 지지하는 세력과 아리우스파와 중도파들 사이에 치열한 논쟁이 벌어졌다.

　콘스탄틴 황제가 살아있는 동안에는 아무도 니케아 신조에 대해여 이의를 제기하지 않았다. 그러나 그의 사후에 동방의 황제가 된 콘스탄티우스 2세가 아리우스파를 지지하면서 여러 교회 회의들이 소집되어 이 문제를 논의하게 되었다.

　341년에 로마에서 열린 교회 회의에서 로마감독과 이탈리아 교회들은 정통파를 지지한다는 입장을 확고히 하였다. 같은 해 동방 교회 지역인 안디옥에서 열린 교회 회의에 니코메디아의 유세비우스도 참석했는데, 이들은 자신들이 아리우스파가 아니고 니케아 신경을 신봉한다고 하였다. 여기서 작성된 안디옥 제2신조는 동일 본질이라는 용어는 사용하지 않지만, 성자의 영원성을 명확히 하고자 성자는 "만세 전에 성부에게서" 나셨으며 성부의 신성과 본질의 완전한 형상이라고 하였다. 그리고 성부, 성자, 성령은 각기 다른 실체지만, 의지의 조화에 의해 연합되어 있다는 삼실체론을 제시하였다. 이러한 삼실체론이 주장된 것은 오리겐의 영향 때문이었다. 이 신조는 성자를 피조물로 보는 아리우스파를 정죄하여 이들은 소수파로 전락하였다. 이후의 삼위일체 논쟁은 성자의 피조성보다는 삼위일체 하나님의 본질과 실체(위격) 사이의 관계가 가장 중요한 논쟁점이 되었다.

　서방은 니케아 신조를 지지하고 동방이 새로운 신조를 작성하여 동서방 교회의 분리의 위험성이 커지자, 동서방의 황제들이 교회의 통일성을 유지하기 위해 회의를 열기로 합의하여 342(혹은 343)년에 사르디카에서 교회 회의를 열었다. 그러나 서로 따로 회의를 열고 각기 다른 신앙고백서를 채택하였다. 여기서 서방교회는 마르켈루스의 영향을 받아 성부, 성자, 성령이 한 실체라고 주장하고 우시아와 휘포스타시스를 구별할 필요가 없다는 일실체론을 주장하여 사벨리우스주의자라는 비난을 받았다. 동방은 제2안디옥 신조의 입장을 주장하여 성부, 성자, 성령이 각기 서로 다른 실체(휘포스타시스)라고 하였고 서방은 삼신론이라고 비난하였다. 이러한 논의 과정에서 드러나는 바와 같이 당시까지 교회 안에서 우시아와 휘포스타시스라는 두 용어 사이의 의미 구별에 대한 의견의 일치가 이루어지지 못하였고, 아직도 본질과 위격에 대한 구별이 제대로 이루어지지 못하고 있었다.

다시 동서방의 일치를 위해 344년에 동방에서 장행신조를 작성했는데, 서방에서 삼신론이라고 비난을 하자 우시아와 휘포스타시스라는 용어를 빼고, 세 위격(prosopon)이란 용어를 사용하고 성자는 성부와 모든 면에서 유사하다(homoios)고 하였다. 서방교회는 345년 밀라노 회의를 열어 마르켈루스를 정죄하여 동방과의 화해의 신호를 보냈다. 그리고 이런 화해의 조치로 아타나시우스를 공석이 된 알렉산드리아의 감독으로 회복시켜 주었다.

351년에 콘스탄스가 마그넨티우스에게 살해당한 후에 콘스탄티우스 2세는 353년에 동서방의 일인체제를 구축하였다. 그는 일인체제를 구축한 후에 자신에게 협조하지 않고 있던 아타나시우스를 축출하기 위하여 353/355년의 아렐라테 교회 회의와 밀라노 교회 회의에서 그를 정죄하였다. 그는 감독직에서 축출당하여 이집트 사막지방으로 피신하였다. 그리고 아타나시우스의 정죄에 가담하지 않았던 로마의 감독 리베리우스와 픽타비스의 감독 힐라리우스를 귀양보냈다.

5. 유사파의 득세 – 시르미움 제2신조(357)

콘스탄티우스 2세가 아리우스파를 지지하여 이들의 세력이 확장되자 그들 안에서 분화가 이루어졌다. 350년대 전반기는 동방교회에서 유사파들이 중심이 되어 있었으나, 새로이 비유사파가 등장하였다. 비유사파(anomian)는 성부와 성자가 본질적으로 유사하지 않다고 주장하여 상이 본질파라고도 부른다. 비유사파의 대표적인 인물은 안디옥 교회 집사 아에티오스(Aetios)와 그의 제자 에우노미우스(Eonomius)이다. 이들의 역사적인 의의는 성부와 성자가 본질적으로 유사하지 않다고 주장하여 정통 신앙을 지닌 교부들이 하나님의 삼위일체성에 대해 철학적, 존재론적 성찰을 하도록 강요하였다는 점이다. 왜냐하면 유사론자들은 동일 본질이나 유사 본질이 철학적인 용어라고 하여 사용하지 못하도록 막고 있었기 때문이다.

콘스탄티우스 황제는 비유사파와 유사본질파의 대립을 극복하기 위해 357년에 시르미움 교회 회의를 소집하였다. 이 때 싱기두둠의 감독 우르사키우스(Ursacius)와 무르사의 감독 발렌스(Valens)가 유사파의 중심이 되었는데, 이들은 350년대 초부터 황제의 교회 정책 고문으로 일했다. 이들은 성부와 성자가 성경에 의하면 유사하다고 주장하였기 때문에 유사파라고 불린다. 이들이 357년에 작성한 시르미움 신조는 우시아, 호모우시오스, 호모이우시오스 같은 용어는 성경에 나오지 않는다는 이유로 사용을 금지하고 요한복음 14장 28절에 근거하여 성부와 성자가 개별적인 실체라는 것을 밝히면서 종속설을 주장하였다. 그러나 정통파와 유사 본질파는 성부와 성자에 대해 동일 본질 혹은 유사 본질의 용어를 사용하지 못하도록 하였기 때문에 이 신조를 거부하였다. 이 신조는 유사파와 비유사파만이 지지하였다. 이 신조는 니케아 신조를 대체할 목적으로 작성되어 니케아 신조의 지위를 위협하였고, 이 때를 계기로 동일 본질파, 유사 본질파, 유사파, 비유사파가 형상되었다.

유사 본질파들은 358년 앙퀴라 회의에서 유사파가 작성한 시르미움 제2신조에 반대하는 결의를 하였고, 같은 해 황제의 지지 하에 시르미움에서 유사 본질파의 견해를 반영한 제3신조를 작성하였다. 이 회의를 주도하는 인물이 앙퀴라의 바실레이오스이다. 358년에는 앙퀴라의 바실레이오스로 대표되는 유사 본질파가 우세하였다. 그는 동일 본질은 물질에 참여하여 얻는 존재들에 대해 사용할 수 있지, 영적 존재에는 사용할 수 없다고 주장하였다. 그리고 여기서 유사본질이라는 용어가 생겨난다. 성부와 성자는 "본질에 따라 유사한"(homoios kata ousian)에서 유사본질(homoiousios)이라는 용어가 생겨났다. 당시 극단적 아리우스 주의자들은 알렉산드리아와 다른 몇몇 곳에서 그 세력을 확대하였으나 중도적인 다수의 유사 본질파가 358년 앙카라에서 열린 회의에서 그 모습이 드러나는데, 이들은 니케아파보다도 극단적 아리우스를 더 적대시 하게 되어 마침내 유사본질파들은 아리우파와 결별하고 아타나시우스파와 연합할 가능성이 생겨났다. 이 신조에 동조한 로마의 리베리우스는 귀양에서 풀려났고, 비유사파는 이 신조를 거부하여 아에티오스와 에우노미오스는 귀양을 가게 되었다.

황제는 비유사파를 귀양 보냈으므로, 이제 일반 종교회의를 열어 삼위일체 논쟁을 종식시키고자 하였으나 기술적인 문제로 열지 못하여 동서방이 황제의 주관 하에 각자 회의를 열기로 하였다. 이 회의에 제출할 예비 신조를 작성했는데 이 신조는 다시 성부와 성자가 성경에 따라 모든 면에서 유사하다는 유사파의 입장을 반영한 시르미움 제4신조를 작성하였다. 황제가 소집한 서방의 종교회의는 359년 5월에 아리미눔에서 열렸는데 시르미움 제4신조를 거부하고 유사파의 우르사키우스와 발렌스를 이단으로 정죄하면서 니케아 신조를 지지하였다. 이 회의는 대표자들을 황제에게 파송했는데, 황제는 이들을 니케에 머물게 하면서 우르사키우스 등의 유사파를 보내 이들과 타협한 니케 신조를 작성하였다. 니케 신조는 성부와 성자가 성경에 따라 유사하다는 유사파의 입장을 반영한 신조가 되었다. 결국 12월에 아리미눔 회의는 니케의 신조를 받아들이면서 종료되었다.

　동방교회 대표들은 359년 가을에 셀류우케이아(Seleukeia)에 모였는데, 39명이 유사파였고 100명이상이 유사 본질파였다. 유사파의 대표자는 가이사랴의 감독 아카키오스(Akakius)와 안디옥의 이전 감독 에우독시우스(Eudoxios)였다. 이들은 성부가 성자를 의지에 따라 창조하였다고 주장하였다. 아버지와 아들이라는 면에서 유사하나, 아버지 하나님과 아들 하나님이 하나님이라는 면에서 동일하다고 말할 수 없다고 하였다. 상이 본질파라는 극단적 아리우스주의자들과 다른 점은 아들이 무로부터 창조되었다는 것을 부정하는 점에서 다르다.

　유사 본질파의 대표는 앙퀴라의 감독인 바실레이오스와 콘스탄티노플의 감독 마케도니우스였다. 동일 본질파이면서 귀양 와 있었던 힐라리우스도 유사 본질파를 지지하여 참석하였다. 양파는 의견의 일치를 보지 못하고, 359년 12월에 콘스탄티노플에 대표를 보내 성경대로 유사하다는 콘스탄티노플 신조를 작성하고 우시아와 휘포스타시스라는 표현의 사용도 금지하였다. 이와 같이 콘스탄티우스 황제가 주도하는 350년대 후반의 종교회의들에서는 결과적으로 유사론을 지지하는 신조들이 작성되었다. 360년에 황제는 콘스탄티노플에서 교회회의를 열고 유사론이 공식교리 임을 선포하고 유사파인 에우독시우스를 콘스탄티노플의 감독으로 삼고 유사 본질파인 앙퀴라의 바실레이오스와 콘스탄티노플의 감독 마케도니우스, 세바스테의 감독인 에우스타티오스를 귀양보냈다. 이와 같이 콘스탄티우스 2세의 일인 체제가 구축된 후에는 유사파가 득세하면서 357년 이후부터는 니케아 신조를 대체하는 유사파 신조를 지속적으로 작성하였다. 이러한 유사파의 득세 속에서 유사 본질파들은 자신들이 유사파와 다르고 오히려 동일 본질파에 가깝다는 것을 인식하게 되었다. 유사 본질파들은 성부, 성자, 성령의 구별을 하고자 성부와 성자의 본질이 유사하다고 주장하였는데 반해, 유사파들은 신성의 본질에 대해서는 언급하지 않고 성부와 성자가 유사하다고만 주장하기 때문에 자신들과 입장이 다르다는 것을 명확하게 인식해 가고 있었다. 이러한 상황에 대해 제롬은 "온 세상이 온통 아리우스파인 것을 발견하고 신음하고 놀랐다"고 기술하였다.

6. 성령훼방파의 등장과 유사본질론자들과 동일본질론자들의 연합

삼위일체 논쟁은 사실상 350년대 전반까지는 성부와 성자의 관계를 중심으로 진행되었는데, 350년대 후반에 성령 훼방파가 등장하면서 상황이 달라졌다. 성령 훼방파는 성령의 신성을 부인하고 단순하게 천사와 같은 피조물이나 비인격적인 능력이라고 주장하였다. 이 성령 훼방파의 대표자는 콘스탄티노플의 감독인 마케도니우스였기 때문에 마케도니우스파라고도 부른다. 이들은 율리안 황제 때(361-3) 세력이 현저하게 신장되었다. 이러한 성령 훼방파의 등장은 유사파의 일부를 포함한 유사본질파가 동일 본질파와 연합 하는 동기를 제공하였다. 성부와 성자의 동일 본질이 위협받고 있는 상황에서 성령의 피조성을 주장하는 사람들이 등장하자, 이렇게 성부, 성자, 성령의 차이를 강조하게 되면 하나님이 한 분이라는 주장이 무너질 위험이 있었기 때문이다. 그래서 이들은 서로 연합하여 성부와 성자의 본질이 동일하다는 것과 함께 성령의 본질도 동일하다고 주장하면서, 아리우스파의 이단을 극복하고자 하였다.

이 때에 안디옥 교회는 세 파로 나뉘어 분열하였다. 안디옥의 감독은 성부, 성자, 성령의 일체를 강조하는 에우스타티우스였는데 330년에 파면 당했다. 이 교회의 분열은 361년에 유사파 감독인 멜레티오스가 축출되면서 표면화되었다. 그 후에 비유사파인 에우조이오스가 감독이 되었다. 그러자 362년에 정통파들은 성부, 성자, 성령의 일체를 강조하는 파울리노스를 감독으로 세웠다. 이리하여 세 파가 분립하게 되었다. 이 때 멜레티오스가 가장 많은 사람들의 지지를 받고 있었고 유사 본질파를 받아들이고 있었다.

이 때 아타나시우스는 율리안 황제가 복직을 시켜주어 362년에 다시 알렉산드리아 감독이 되었다. 그는 감독이 된 후에 알렉산드리아에서 회의를 개최했는데, 이 회의의 목표는 유사 본질파와 동일 본질파를 화해시키는 것이었다. 이 회의의 결정사항은 아리우스주의와 사벨리우스주의를 배격하고 니케아 신경만을 올바른 신앙고백으로 인정하며, 성령을 피조물로 보는 성령 훼방파의 입장을 배격하였다. 그리고 동일 본질파뿐만 아니라 유사 본질파도 정통으로 인정하였다. 이 때 안디옥 교회를 화해시키기 위하여 서신을 보내면서 성부, 성자, 성령의 우시아(ousia)의 일체를 인정하는 한에서 삼위의 휘포스타시스의 차이도 인정할 수 있다고 언급했다.

아타나시우스는 325년부터 350년까지 거의 25년 동안 니케아 신조와 호모우시오스라는 용어를 거의 언급하지 않았다. 그 이유는 첫째로 337년까지는 콘스탄틴 대제가 공인한 신조이기 때문에 신성 불가침의 권위를 가지고 있었고, 둘째로 350년까지 서방을 통치한 콘스탄스가 아타나시우스파를 지지했기 때문이다. 셋째로 아타나시우스도 사모사타의 바울이 정죄되었던 과거 역사를 잘 알고 있었으므로 이 용어의 사용의 문제점도 알고 있었기 때문이었던 것으로 보인다. 이 용어를 사용할 경우에 성부와 성자의 구별이 어렵다는 문제가 제대로 해명되지 못하였다. 이러한 상황에서 아타나시우스가 351년 이후부터 니케아 신조와 함께 호모우시오스라는 용어를 강조하기 시작한 것은 콘스탄티우스2세가 제국을 통일한 후에 아리우스파를 지지하는 위기를 맞이하였기 때문이었다. 아리우스파에 속한 우르사키우스와 발렌스는 니코메디아의 유세비우스와 힘을 합쳐 아타나시우스를 무너뜨릴 좋은 기회를 맞이하였던 시기였다. 351년부터 361년까지 기간 동안 아타나시우스는 이러한 반대 세력에 대해 자신을 변호하기 위해 이 신조와 호모우시오스를 강조하고 나섰던 것으로 보인다. 그의 활동의 결정체는 362년에 알렉산드리아 교회회의를 한 후에 안디옥 교회들에게 쓴 Tomus(신앙규칙)에 잘 나타나 있는데, 여기서 그는 니케아 신앙고백이 교회의 통일과 올바른 교리 정립을 위해 충분하다고 주장한다. 특히 342년의 사르디카 회의에서 이미 325년의 니케아 신앙고백으로 충분하다고 결정하였다는 사실을 지적한다. 그는 362년의 Tomus에서 호모우시오스라는 용어와 휘포스타시스를 새롭게 해석하여 논쟁을 종식시키려고 하였다. 그는 한 본질에 세 위격이란 형식으로 표현한다면 호모우시오스는 충분히 사용될 수 있다고 보았다.

이렇게 양파의 협력이 모색되는 가운데 363년 말 멜레티오스가 주재한 안디옥에서 열린 회의에 많은 유사파들도 참석한 상태에서 니케아 신경을 받아들이기로 결정하고 동일 본질을 유사 본질이란 뜻으로 해석하기로 하였다. 이 회의에서 성부, 성자, 성령의 일체를 수용하면서 동시에 삼위의 실체의 차이를 인정하는 신정통파(신니케아파)가 형성되었다.

발렌스 황제는 기본적으로 유사파를 지지하는 종교정책을 펼쳤으나,

유사 본질파들이 364년의 람프사코스 회의와 367년의 튀아나 종교회의를 개최하는 것을 막지 않았다. 364년에 소아시아의 유사 본질파들이 람프사코스에서 회의를 열어 유사 본질론을 믿는다는 것을 천명하였다. 그 후 발렌스는 이들을 억압하고자 365년 5월에 그들을 임지에서 추방한다는 칙령을 내려 안디옥의 감독 멜레티오스와 예루살렘의 감독 시릴을 추방하였다.

이러한 억제 정책에 직면한 동방의 유사 본질파들은 366년에 서방의 발렌티니우스 황제의 도움을 받고자 대표단을 파견했다. 그러나 황제가 갈리아 지방으로 출정하여 만나지 못하자, 이들은 로마의 감독 리베리우스와 협상하였다. 이들의 협상 과정에서 리베리우스는 유사 본질파에게 니케아 신경과 동일 본질을 받아들일 것을 요구하였고, 유사 본질파는 이들과의 동맹의 필요성에서 이 요구를 받아들이기로 하였다. 이들은 돌아가는 과정에서 갈리아와 북아프리카 교회의 동일 본질파와의 서신 교환을 통하여 합의에 도달했다.

이탈리아를 방문한 유사 본질파가 돌아온 후에 소아시아의 유사 본질파는 367년 튀아나에서 교회회의를 열어 대표단들이 로마교회, 갈리아교회, 북아프리카 교회 등과 합의한 내용을 추인하였다. 그리하여 안디옥의 멜레티오스파와 소아시아의 유사 본질파가 니케아 신경을 받아들임으로써 신정통파의 세력이 확장되었다.

이 때 신정통파의 세력을 확장시켜 381년의 콘스탄티노플 신조가 작성되는데 크게 기여한 인물들은 갑바도기아의 3인의 교부들이다. 바질은 367년의 튀니아 회의에 참석하였고 이후에 그는 『에우노미우스에 대한 반론』과 『성령론』 등의 저술활동을 통하여 우시아와 휘포스타시스의 의미를 명확하게 구분하였다. 그는 이 책들을 통해 하나님의 본질(ousia)은 하나이고, 실체(hypostasis)는 셋이라고 하는 삼위일체의 공식을 제시하였다. 그는 소아시아 지방의 유사 본질파와 시리아의 멜레티오스파를 하나로 연합시켜서 신정통파의 세력을 확장시켰다. 그는 381년의 콘스탄티노플 종교회의가 열리기 전에 세상을 떠났으나, 그의 사상을 이어 받아 콘스탄티노플 신조에 반영한 것은 나지안주스의 그레고리와 닛사의 그레고리였다.

발렌스 황제가 378년 8월에 사망한 후에 그라티안 황제가 관용령을 내려 멜레티오스는 안디옥으로 복귀하였다. 그는 379년 가을에 안디옥으로 150여명의 신정통파 감독들을 모아 니케아 종교회의를 수용하면서 동시에 성부, 성자, 성령의 세 실체를 인정하고, 성령의 신성과 인격성에 대한 믿음에 확고하게 지켰다. 닛사의 그레고리는 379년의 안디옥 회의에 참석하였고, 380년에 『성삼위일체론』과 『신앙론』을 저술하여 신정통파의 입장을 변호하였다.

7. 콘스탄티노플 공의회의 소집과 콘스탄티노플 신조 작성

나지안주스의 그레고리는 379년경에 비유사파가 주도권을 가지고 있던 콘스탄티노플의 감독으로 가서 381년에 테오도시우스 황제의 승인을 받았으며, 콘스탄티노플 회의가 열렸을 때 멜레티오스가 소천한 후에 잠시 동안 의장직을 수행하기도 하였다. 그는 여러 반대파들의 반대에 부딪혀 자리에서 물러났고 넥타리우스가 사회를 보아 회의를 마무리 하였다. 이 회의에 36명의 성령 훼방파도 참석했으나, 신정통파의 설득에 응하지 않았고 끝까지 성령의 동일 본질을 인정하지 않은채 철수하였다.

이 회의는 381년 5월에 소집되어 7월에 끝나면서 콘스탄티노플 신경을 작성하였다. 그런데 지금은 이 신경은 니케아 콘스탄티노플 신경이라고 불린다. 이러한 이름으로 불리는 것은 콘스탄티노플 신경이 니케아 신경의 근본 신앙을 이어받으면서 그 이후에 제기된 문제들을 해결하였기 때문이다. 그러므로 니케아 신경의 계승 발전시키면서 문제점들을 보완한 신경이다. 이 신조는 니케아 신조에서 제대로 설명되지 못했던 성부와 성자의 동일 본질의 의미를 성부와 성자와 성령의 동일 본질과 함께 성부, 성자, 성령의 위격이 구별된다는 것을 명확히 하였다. 그리고 성령훼방파들의 오류를 바로잡기 위하여 성령에 대한 고백의 내용을 강화하였다. 이 신조에서 성령에 대해 하나님이라고 명시하기보다는 함께 경배받고 영광 받으실 분이라고 하여 성령 훼방파들을 설득하여 포용하는데 유리하게 표현하고자 하였다.

니케아 콘스탄티노플 신조의 전문은 다음과 같다.

우리는 한 분이신 하나님, 전능하신 아버지, 하늘과 땅과 보이는 것과 보이지 않는 만물의 창조주이신 하나님을 믿습니다.

우리는 한 분이신 주 예수 그리스도, 만세 전에 성부로부터 나신 하나님의 독생자이시며, 빛으로부터 나신 빛이시요, 참 하나님으로부터 나신 참 하나님이시며, 창조되지 않고 나시어, 성부와 동일 본질이시며, 모든 만물이 그로 말미암아 창조되신 하나님의 아들을 믿습니다. 우리 인간을 위하여, 우리의 구원을 위하여, 하늘에서 내려오셔서, 성령으로 또 동정녀 마리아로부터 혈육을 취하시고 사람이 되셨으며, 우리를 위하여 본디오 빌라도에게서 고난을 받으시고, 십자가에 못 박히시고 장사되셨으며, 성경대로 사흘 만에 부활하시고, 하늘에 오르시어 성부 오른편에 앉아 계시다가, 산자와 죽은 자를 심판하러 영광 속에 다시 오시리니, 그의 나라는 끝이 없으리라.

그리고 주님이시며, 생명을 주시는 성령을 믿나니, 성부에게서 나오시고, 성부와 성자와 더불어, 같은 경배와 영광을 받으시며,

예언자를 통해 말씀하셨습니다.

하나이고, 거룩하며, 보편적이며, 사도로부터 이어 오는 교회를 믿나이다. 우리는 죄사함을 위한 한 번의 세례를 믿으며, 죽은 자들의 부활과 장래의 영생을 기다리나이다.

아멘.

니케아 신조와 콘스탄티노플 신조사이에서 논란이 되는 것은 "아버지의 본질로부터"라는 용어들이 삭제된 것이 무슨 의미를 가지느냐? 하는 것이다. 이에 대해 하르낙은 니케아 신조에서는 성자가 "아버지의 본질로부터 나셔서" 아들과 아버지가 동일 본질이라는 고백은 수적인 단일성을 의미했다는 것이다. 그런데 360년대부터 시작하여 유사 본질파와 동일 본질파의 연합이 이루어지는 과정에서 양자의 의견의 일치를 이루기 위해 "본질로부터"라는 용어를 삭제하고 동일 본질이라고 표현하지만, 이것은 수적인 단일성이 아닌 유적인 단일성이 되어 유사 본질파의 견해가 수용되었다는 것이다. 이러한 주장은 그 이후의 연구자들의 연구에 의해 설득력이 없는 것으로 밝혀졌다.

니케아 신경은 아리우스에 대항하여 그리스도의 완전한 신성과 성부와 성자의 신성의 동등함을 호모우시오스로 확정하였다. 이 시기에는 수적 단일성인지 유적 단일성인지는 논의의 대상이 아니었다. 그런데 60여년 간의 논쟁 후에 열린 콘스탄티노플 공의회는 신아리우스주의에 맞서 휘포스타시스와 우시아의 개념을 구별하여 하나님의 단일성의 문제 해결을 시도하였다. 그리고 콘스탄티노플 공의회의 이러한 개념 구별은 니케아 신경의 호모우시오스 고백, 곧 아들 하나님의 완전한 신성을 전제로 한다. 따라서 두 공의회는 호모우시오스와 관련한 어떠한 신학적 차이가 있다고 볼 수 없으며, 하르낙의 견해는 정당하지 못하다. 물론 휘포스타시스와 우시아의 개념 구별을 일반적인 것들과 개별적인 것들의 관계에 비유하여 설명한 갑바도기아 교부들이 하나님의 본질을 유적 의미로 해석하고 있음을 강하게 시사하지만, 하나님의 순일성(simplicity)을 부인하지 않는 신론의 한계 내에서 이러한 유비의 유적 의미는 상당히 제한을 받지 않을 수가 없는 것이다. 이처럼 휘포스타시스와 우시아가 개념상 구별되면서 동일본질파(호모우시아파)와 유사본질파(호모이우시아파)는 하나님의 단일성에 대한 고백의 일치를 이루게 되었던 것이며, 본래의 니케아 동일본질파들이 유사본질파들의 네오 니케아니즘에 흡수된 것은 아니었다.

공성철은 "성부의 본질로부터"라는 용어를 삭제한 것은 성령 훼방파의 등장 때문이라고 주장한다. 성령 훼방파가 등장하여 성령의 피조성을 주장하였는데, 성부의 본질로부터 성자가 나온다면 하면 성령은 성부와 성자와 동일한 본질을 가질 수가 없다는 것이다. 그러므로 "성부의 본질로부터"라는 용어를 삭제하여 성부, 성자, 성령의 본질의 동일성을 주장할 수 있는 토대를 만들었다고 주장한다.

더 읽어야 책들과 논문들

김광채. 『고대교리사』. 서울: 보라상사, 2003.
김산덕. 『고백하는 교회를 세워라 1: 고대교회편』. 서울: 기독교문서선교회, 2015.
켈리. 박희석 역. 『고대기독교교리사』. 크리스천다이제스트, 2004.
공성철. "니케아 신조(Nicaenum)와 니케아-콘스탄티노플 신조의 유사본질 연구." 「신학과 문화」, Vol.9 (2000): 168-189.
김병훈. "호모우시오스 : 니케아 공의회(325)와 콘스탄티노플 공의회(381)의 신학적 상관성." 「신학정론」, Vol.22 No.2 (2004):

557-595.

김주찬. "니케아-콘스탄티노플 신경(주후 381년): 헬라어 원문 재구성과 번역."「개혁논총」, Vol.36 (2015): 33-63.

박일민. "니케아 신경의 작성 배경과 특징에 관한 고찰."「칼빈論壇」, Vol.2002 (2002): 45-71.

조병하. "니케야 회의와 니케야 신앙고백 형성."「성경과신학」, Vol.21 (1997): 261-292.

제14장
크리소스톰

(John Chrysostom, 347-407)

크리소스톰(John Chrysostom, 347-407)은 헬라어 이름이 크리소스토모스이고, 황금의 입으로 불릴 정도로 초대교회 최고의 설교자로 알려져 있다. 그는 안디옥학파의 문자적인 의미를 중심으로 성경을 해석하여 설교하였고, 안디옥에서 부자들의 자선과 선행을 강조하였다. 그는 콘스탄티노플의 감독이 되어 개혁적인 설교를 하며 황실과 부자들의 사치생활을 비판하다 유배되어 세상을 떠났다.

1. 생애

크리소스톰은 안디옥의 귀족 집안에서 태어나 경건한 어머니 안두사에 의해 양육받았다. 그의 아버지는 로마 군단의 장교였으나 일찍 세상을 떠나 어머니가 그를 금욕주의적으로 교육을 시켰다. 모니카와 함께 당대 가장 훌륭한 어머니로 알려진 안두사는 기도와 신앙과 정직에 토대를 두고 그의 영적 성장과 일반 교육에 정성을 쏟았다. 그는 이교도인 리바니우스에게서 웅변술과 수사학을 배웠다. 그는 19세 때 세례를 받았으며, 370년대에 수도사 생활을 하였고 다소의 디오도레에게서 신학을 수업하였다. 이 기간 동안 그는 시리아의 금욕주의 수도원의 영향과 안디옥을 중심으로 발전된 문자주의적인 성경해석법에 의해 영향을 받았다. 그는 수도원에서 세상에 대한 욕망을 극복하고 하나님에 대한 사랑에 집중하며 몰아적으로 윤리적 훈련을 쌓았으며, 이것을 그리스도 계명의 본래적 성취로 이해하였다. 그는 심하게 금식과 심한 추위와 철야 기도의 금욕 훈련을 쌓았기 때문에 건강에 해를 입기도 하였다. 한편으로 이러한 금욕적인 수도사의 훈련을 받으면서도 그는 자신의 내적 평안을 구하는데서 멈추지 않고 그리스도에 대한 사랑이란 더 귀한 불을 구했다. 그리스도에 대한 사랑이 우리를 이웃의 그리스도인들과 결합시킨다. 수도

사만 완전해야 할 의무가 있다고 생각하는 것은 아주 잘못된 생각이다. 그리스도께서는 모든 사람들을 부르셨고 수도사의 금욕 생활과 일반인들의 세속 생활 사이에 아무런 구별도 두지 않으셨다. 최고선인 사랑은 양자에게 공통적인 것이다. 그러므로 수도사들은 수도원에만 머물 것이 아니라 세상에 나가 그리스도의 사랑을 실천하고 세상 사람들로 하여금 그것을 실천하게 해야 한다. 크리소스톰은 이러한 세상에 대한 책임과 의무를 깨닫고 성직자의 사명을 감당하게 되었다. 그가 이러한 길을 걷도록 모델 역할을 한 사람이 성 바질이었다. 성 바질은 이러한 세상에 대한 책임을 감당하기 위하여 무거운 마음으로 결심하고 수도원을 떠나 감독직으로 나아갔었다. 그의 이러한 모범은 다른 수도사들이 그러한 길을 걸어가도록 필요한 길을 열어 놓았다.

그는 수도원 생활을 시작하기 이전부터 신학을 공부하면서 안디옥 신학의 부흥을 꿈꾸었다. 안디옥은 기독교가 이방인 선교를 시작했던 국제도시였다. 그리고 2세기 초에 안디옥의 감독이었던 이그나티우스가 로마에 잡혀가 순교하였다. 그 이후에 안디옥은 동방교회의 중심도시로 발전하였다. 그런데 4세기에 접어들면서 그 위상이 낮아졌다. 4세기에 시작된 아리우스 논쟁 과정에서 알렉산드리아의 중요성이 부각되었고, 새롭게 설립된 콘스탄티노플은 동방황제의 거주지로서 지위가 높아지고 있었는데 반해, 안디옥은 360년 이후에 파울리누스파, 멜레티오스파, 아리우리파 등 당시에 여러 분파들의 갈등 속에서 분열하고 있었기 때문이다. 이 때 안디옥에서 안디옥 학파의 지도자로 활동하던 인물은 다소의 디오도르(Diodore of Tarsus)이다. 디오도르는 발렌스 황제 때 아리우스파의 압박을 이겨내고 정통신앙을 지켰던 인물이었고, 아리스토텔레스의 철학을 배운 변증학자이자 비판적인 언어학자이고, 교의학자였다. 그는 그리스도의 양성론에서도 정확한 신학적인 근거를 제시하였다.

그렇지만 그가 크리소스톰에게 가장 큰 영향을 미친 것은 성경 연구자로서의 가르침이었다. 그는 디오도르에게서 신약성서를 모든 참된 인식의 근원으로 경외하고 연구해야 한다는 것을 배웠다. 그는 헬라어만을 깊이 공부하였으며, 상이한 성서 저자들 사이에 독특성과 차이가 있다는 것을 주목하였다. 그는 이러한 성경을 학문적으로 연구하여 주석하는 것을 배웠다. 그는 이러한 모든 학문적 주석이 설교에 봉사해야 한다고 생각하였다. 학문적 주석은 설교에 있어서 가르치고 깨우치고 영적으로 덕을 세우는데서 비로소 완전하게 전개되어 결실을 맺는다. 그는 이렇게 디오도르 밑에서 성경을 올바르게 주석하고 해석한 후에 그것을 토대로 설교하는 훈련을 받았다.

당시 안디옥에서 감독이었던 멜레티오스는 교육받은 수도사의 가치를 높이 평가하여 380-1년 사이의 겨울에 크리소스톰이 수도사의 생활을 벗어나 도시로 돌아오도록 인도하였다. 멜레티오스 감독은 그를 자신의 교회의 집사로 임명하고 당시 콘스탄티노플에서 삼위일체 문제를 해결하고자 열렸던 공의회에 참석하러 떠났다. 그는 이 공의회의 의장으로 활동하던 중에 세상을 떠났다. 그는 안디옥 교회에서 가난한 자들을 돌보아주고 설교하고 목회하는 등의 봉사활동을 하였고, 후에 장로가 되었다.

그는 386년에 성직자가 되어 이 때부터 397년까지 안디옥에서 활동하며 명설교자로서 황금의 입이란 별명을 얻었다. 그의 설교는 대부분 성경말씀을 주석하는 강해 설교였지 제목 설교가 아니었다. 그는 성경 본문을 바르게 주석하고 현실의 삶에 적용하는 설교를 하였다. 그는 성경 전체를 꿰뚫는 설교를 하였고, 이러한 설교는 후에 성경 주석 속에 삽입되었다. 그는 설교자로서 정력적으로 활동하였으며, "나는 여러분에게 성경으로부터 영양을 공급해 주지 않고는 하루라도 그냥 지낼 수 없었습니다"라고 자신의 심경을 피력하였다. 그는 굶주린 듯이 설교했으며 "설교는 나를 건강하게 만든다. 내가 입을 벌리자마자 모든 피로가 싹 가신다"고 고백하였다. 그는 설교에서 적용할 때에 실제적이고 윤리적인 삶을 전면에 내세웠다. 그는 청중들에게 도덕적으로 풀이된 교훈들을 많이 권면하였다.

크리소스톰은 특히 가난한 자들에게 깊은 관심을 가지고 그들을 사랑해야 할 것을 강조하여 설교하였다. 선에 대한 즐거움이 살아 있어서, 선은 경건 연습과 금욕적 교육에 뿐만 아니라 교회 안에서 하는 사랑의 행위와 사회적 원조에서 열매를 맺어야 한다. 그는 교회가 가난한 자들의 구제에 나설 것을 촉구했을 뿐만 아니라 일반 성도들도 그들을 직접 도와주어야 한다고 호소하였다. 심한 빈부 격차, 허영에 물든 사치와 극도의 빈궁이 그리스도교적이라고 부르는 사회 안에 만연하여 있다는 것을 크리소스톰은 공개적으로 지적하며 설교의 주제로 삼았다. 그는 부자와 거지 나사로, 욥의 고난, 예수님의 산상 설교의 교훈, 초대 사도시대 교회들의 모범을 예로 들면서 이러한 문제의 해결에 뛰어 들었다. 그는 당시에 무절제의 연습장이자 방탕의 일반 학교인 서커스와 극장에 사람들이 몰려들고 전통축제가 열리는 날이면 교회는 텅 비었다고 한탄하였다.

크리소스톰은 387년 안디옥에서 테오도시우스 황제 즉위 10년을 맞았을 때 혼란이 발생하자 그 문제를 해결하고자 뛰어 들었다. 이 때 안디옥에서는 주민들이 특별세를 부과한 것에 항의하여 폭동을 일으켰다. 이들은 황제의 얼굴을 새긴 기둥을 무너뜨리고 모독하여 무시무시한 벌을 받을 상황이었다. 황제는 이 사건을 반역으로 해석하였고, 정부군을 파견하여 질서를 회복하였다. 그 후에 사건과 관련된 사람들의 개인적인 형이 집행되기 시작하자, 도시 전체는 공포에 휩싸여 있었다. 도시의 지도자들이 체포되어 사형을 언도받았는데, 황제에 의한 확정을 기다리며 처형은 연기되었다. 이 때 안디옥의 감독이 황제에게 관용을 베풀어 줄 것을 호소하러 콘스탄티노플에 파견되었고, 부활절에 그들을 사면한다는 황제의 명령이 내려졌다. 이 시기는 사순절 기간이었고, 현재 이 기간 동안에 했던 크리스소톰의 22개의 설교가 남아 있으며, 이 설교를 통해 이 사건이 잘 기록되어 있다. 그는 구속자들을 방문하였고 사령관을 찾아갔으며, 설교를 통하여 이 위기의 사태를 바로 잡고자 하였다. 그는 이러한 폭동이 외부에서 들어온 낯선 불량자들에 의해 촉발되었으나 시민들도 같이 행동했으므로 그들도 모두 공범자라고 설교하였다. 그는 이러한 위기의 시기에 "온갖 세상의 부귀와 영화가 무슨 가치가 있겠는가?" 반문하면서 "이제 그리스도인들은 하나님을 의지하고 비겁함과 소심함 때문에 이교도들에게 나쁜 본을 보여주지 말라"고 설교하였다. 안디옥의 감독이 콘스탄티노플을 방문하여 수도사들과 성직자들의 중재로 황제의 사면을 받아 내었다.

크리소스톰이 안디옥에서 설교자로서 명성을 얻고 있을 때, 397년 콘스탄티노플의 넥타리우스 감독이 소천하였다. 그의 후계자로 누구를 뽑을 것인지에 대해 논의가 진행될 때, 당시 황제였던 아르카디우스 밑에서 전권을 행사하던 유트로프가 교회 정치를 하지 않는 귀족 출신의 훌륭한 목회자를 선출하기로 결정하였고, 여기에 명설교자로 이름이 알려져 있었던 크리소스톰이 발탁되었다. 그는 안디옥에서 감독도 아니고, 평범한 설교자였던 상황에서 당시 동로마의 수도였던 콘스탄티노플의 감독이 되었다.

그는 398년 2월에 콘스탄티노플 감독이 되어, 고위 귀족층의 사치와 악덕을 탄핵하고 고위 성직자들의 생활 개혁을 시도했다. 그 이전의 감독들은 궁중의 사교 생활과 어느 정도 관계를 맺었고 자신을 찾아오는 사람들에게 자신의 집을 개방하고 환대하였다. 특히 감독들은 수도의 유력자들을 초청하여 연회를 베풀었다. 그러나 그는 연회와 관련된 비용들을 모두 삭감하고 스스로 검소한 생활을 하였으며 성직 임명의 부정을 발견하고 관련자들을 모두 파면시켰다. 그는 가난한 자들의 구제를 강조하여 교회 안의 값비싼 대리석을 매각했고, 절약된 돈을 가난한 사람들과 구빈원에 전달했다. 그는 성직자의 사유 재산제를 공격하고 성직자들에게 정절을 요구하면서 '영적 자매'라는 여자들을 데리고 동거하여 많은 사람들의 비난을 받았던 독신 성직자들을 비판하고 그 자매들에게 성직자들의 집에서 나가도록 명령했다. 그는 부유층 부인들을 공격하였고 특히 황후 '유독시아'가 과부의 재산을 탈취한 일이 있었는데, 이세벨을 예로 들어 설교했다. 이 설교는 황후를 공격한 것으로 비판받게 되었다. 또한 성직을 매매한 6명의 지도자들을 황후의 뜻을 거슬러 가면서 면직시켰는데, 이 일로 황후와의 반목이 심해졌고 개인적인 적들이 많이 생겨났다. 따라서 이러한 그의 개혁 정책은 여러 방면에서 반발을 만났는데, 이러한 가운데 특히 황후인 유독시아와의 관계가 나빠졌다. 유독시아는 사치스럽고 방탕한 행실로 그에게 공공연하게 비판을 받았기 때문에, 그를 제거하려고 하였다.

   그는 또한 교회 정치에서 알렉산드리아의 감독 테오필루스와 갈등하였는데, 신학적으로 오리겐 추종자들의 문제로 대립하였다. 양 감독 사이의 경쟁관계는 오랜 반목의 역사를 가지고 있었다. 크리소스톰이 개혁적인 활동을 하면서 명성이 높아질 때, 테오필루스 감독이 콘스탄티노플 감독을 고발하여 불화가 발생하였다. 403년에 테오필루스는 콘스탄티노플 교회의 불만자들을 모아 크리소스톰을 면직시켰다. 크리소스톰은 오리겐에 대한 논쟁에 휘말리면서 많은 어려움을 겪었다. 키프리스 살라미의 감독이던 에피파니우스(315-405)는 375년에 『모든 이단들을 치유하기 위한 약장』이란 책을 저술했다. 그는 청교도주의자로서 각종 조각,

그림으로 교회 장식하는 것을 반대했으며, 오리겐의 영적 해석을 정죄하고 그 이후 그의 영향력을 공격하며 오리겐을 이단자에 포함시켰다. 이들은 기도 할 때에 하나님의 형상이나 공간적 형태를 가지고 일정한 장소에 놓인 모습으로 심중에 상상하는 것을 금지하고 이런 것들은 악마의 장난이라 비난하였다. 에피파니우스의 친구인 제롬도 오리겐 사상을 비판했고, 루피누스는 오리겐을 지지하였다. 이 때 알렉산드리아의 테오필루스는 오리겐의 사상을 문자적인 해석에 입각하여 비판하여 신인동형론자(Anthropomorphism)라고 비난받던 수도사들을 단죄하는 칙서를 발표했다. 이들이 반발하여 감독에게 대항하자 테오필루스는 오리겐을 정죄하고 그의 알레고리의 해석에 입각한 신비 사상을 받아들여 사막에서 수도 생활을 하던 수도사들을 이집트에서 추방하였다. 그리하여 오리겐주의자들과 비판자들인 신인동형론 추종자들 사이에 논쟁이 발생했다. 추방당한 오리겐주의자들은 콘스탄티노플에 가서 존 크리스소톰에게 해결책을 구하였다. 크리소스톰은 오리겐의 지지자는 아니었으나, 오리겐 사상을 따르는 수도사들이 부당하게 추방되었다는 데에 공감하여 테오필루스에게 선처를 부탁하였다. 그러나 테오필루스가 이 요구를 받아들이지 않고 거부하여 양자 사이의 세력 대결이 벌어졌다. 이 때 테오필루스가 403년 크리스스톰을 재판하는 회의를 열었는데, 크리스소톰이 참여하는 것을 거부하자, 궐석재판으로 그를 면직시켰다.

이와 같이 그는 황실와 테오필루스와 불화하여 유배당했고, 404년에 복직되었으나 재유배되어 사망하였다. 기독론 논쟁에서 알렉산드리아 감독과 콘스탄티노플 감독이 대립하였는데, 412년 알렉산드리아의 감독직을 테오필루스가 사망하자 시릴이 계승하였다. 그리고 428년에 안디옥 출신의 네스토리우스가 콘스탄티노플의 감독으로 임명되었다.

2. 저술과 성경해석과 설교

크리소스톰의 저술은 세 가지로 분류될 수 있다. 첫째는 설교로서 창세기 설교가 76편, 마태복음 90편, 요한복음 88편, 사도행전 55편, 바울서신 242편 등 주로 신약설교가 주를 이루고 있다. 그가 헬라어에는 정통했으나, 히브리어를 잘 몰랐기 때문에 구약 설교가 적은 것으로 보인다. 둘째는 주로 목회와 관련된 저술로, 사제직에 대하여, 회개에 대하여, 재혼에 반대하여, 세례 지원자에 대한 교육이 있다. 이 가운데 사제직에 대하여는 그의 목회관이 반영되어 많은 성직자들에게 영향을 미쳤다. 셋째는 245통의 서신이 남아 있다.

크리소스톰은 안디옥 학파에 속하며 다소의 디오도르에게 문자적이고 역사적인 해석법을 배웠다. 안디옥 학파는 알렉산드리아 학파의 비유적이고 알레고리적인 해석을 비판하였다. 디오도르의 영향을 받은 제자 가운데 크리소스톰과 몹수에스티아의 테오도레(Theodore)가 유명하다. 크리스소톰은 성경의 디오도르의 문자적인 의미를 중심으로 해석하는 방법을 계승하였고, 테오도레는 지적인 요소인 그리스도의 신성과 인성 사이의 연관성 개념, 인류의 마지막 회복 등의 견해를 계승하였다. 그리고 테오도레는 크리스소톰에게 성경의 문자적인 의미에 역사-주경학적 해석론의 건전한 영향을 끼쳤다.

크리소스톰은 성경을 해석할 때 가장 기본적으로 문자적인 의미를 찾고 그를 바탕으로 역사적인 사실과 영적인 목적을 연결시키고자 하였다. 그는 성경은 1) 문자적으로 이해될 부분이 있고 2) 문자적인 의미 이외에 테오리아(theoria)로 해석될 부분이 있으며 3) 문자적인 것이 아닌 어떤 뜻을 가진 부분이 있다고 하였다. 그는 테오리아를 이해할 때 알렉산드리아 학파가 은유로 이해하는 것을 반대하고 문자적인 의미에 바탕을 두고 그보다 더 고차적이고 심오한 뜻을 가진 것이라고 보았다. 그는 테오리아를 모형 내지 예표로 이해하고 그 이상을 넘어가지는 않았다. 테오리아는 문자적인 의미와 동시에 영적인 의미를 가지고 있고, 역사적인 의미를 가지는 동시에 예표적인 의미 내지는 모형적인 의미를 가지고 있다고 해석하였다. 그는 문자적이고 역사적인 의미를 바탕으로 그 위에 영적이고 예표적인 의미를 가질 수 있다는 해석의 원리에서 성경을 주석하였다. 그는 이런 입장에서 바울이 갈라디아서 4장 24절에서 사용한 비유(allegorumena)라는 용어를 비판한다.

크리소스톰은 이러한 성경 해석법에 바탕을 두고 설교를 하였다. 그의 설교는 매우 직설적이고 강렬하며 단순한 특징을 가지고 있고, 교리적이라기보다는 도덕적이고 영적이었다. 그는 600여편에 가까운 설교를 남겼고, 수사학적 분석을 통해 성경을 해석하면서 그 적용에서는 교리와 현실을 연결하는 다리 놓기의 훌륭한 모범이 되고 있다. 그는 기본적으로 본문을 연속적으로 설교하는 강해 설교를 하였다.

그의 최고의 설교로 꼽히는 로마서 강해 설교를 분석해보면, 그리스도 안에서 이미 새롭게 된 인간의 성화 차원의 변혁을 열정적이며 도전적으로 적용한다. 이러한 특징은 크리소스톰의 적용 패러다임이 설교자 바울의 변혁 지향적 적용 신학 위에 구축되어 있다는 점을 알 수 있다. 크리소스톰의 강해는 지속적으로 합당한 삶의 윤리적 원리들을 역사적-문법적 해석을 통해 발견한 메시지와 크리스천 청중들을 향한 말씀의 변혁적인 적용이 유기적으로 연결되도록 하는데 충실하다. 그는 로마서 6장에서 그리스도 안에 있는 새 사람의 변혁된 삶의 실체를 강조한다. "우리 하나님 아버지께서 우리에게 자연적인 열망을 우리 안에 주신 것처럼, 만약 우리가 변화되어 간다면 그 분은 우리를 영화롭게 하실 것입니다. 나아가 만약 우리가 변화된 삶을 계속 살아드린다면 아버지께서 아들 예수 그리스도를 더욱 영화롭게 하실 것을 바라봅시다." 그는 로마서 8장 설교에서 "독생자 예수 그리스도의 성품을 닮아가는 삶이 얼마나 놀라운 영예인가를 보십시오"라고 하면서 인간의 변혁은 그리스도의 형상을 닮아가는 것이라고 강조한다. 그런데 그리스도를 닮아가는 이러한 변혁은 하나님의 은혜로만 가능하다. 크리소스톰의 설교의 목적은 그들의 청중들을 그리스도를 본받아 말씀이 삶 가운데 이루어지는 진정한 그리스도인의 삶을 살아가게 하는 것이었다. 그는 이러한 그리스도를 본받는 삶의 변혁을 설교하는 가운데 율법과 복음의 균형 잡힌 강조를 하고 있다. 그는 어떤 경우에는 율법의 엄격함에 호소하며 삶의 변화를 강조하였고, 요한복음 설교에서는 복음의 은혜를 통한 변혁을 촉구하고 있다.

  그는 설교의 적용에서 가난과 부, 구제와 재정관리 등의 주제를 매우 강조하였다. 그는 누가복음 16장의 거지 나사로와 부자의 비유에 대한 설교에서 "인간은 먹기 위해서 태어난 것이 아니라, 살아가기 위해서 먹는다"고 하였다. 그는 그리스도인들은 하나님의 청지기로서 하나님의 부요하심 속에서 재정을 지혜롭게 사용할 것과 가난한 자들은 영원한 부를 추구할 것을 권면하였다. 부자들은 부의 참된 소유자가 하나님이라는 것을 깨닫고 청지기로서 부를 사용해야 한다. 부를 사용할 때 이웃을 향한 공공선의 원리는 궁핍한 동료 천국 시민을 위해서 부가 사용되어질 때에만, 부가 참된 정체성과 존재 이유를 가지게 된다는 것이다. 그리고 부에 대한 덕행의 원리는 이 땅에서 부자들이 자선을 통해 부의 참된 소유자가 되는 길이라는 것을 제시해 준다.

3. 성직론

크리소스톰이 성직론에 대해 쓰기 이전에 여러 사람들이 성직자에 대하여 언급하였다. 3세기에 활동한 터툴리안(Tertullian)은 성직자의 다섯 가지 역할이 중요하다고 말했다. 첫째로 성직자는 청지기라고 했다. 공공재산을 관리하는 공적임무의 수행자와 같다는 말이다. 둘째로 성직자는 안내자(dux)라고 했다. 예수님의 탄생 때 베들레헴에 나타났던 별과 같은 모습으로서 모세와 아론이 그 대표적인 예라고 했다. 셋째로 성직자는 영광의 직분자라고 했다. 넷째로 성직자는 다스리는 자(praepositus)라고 했다(살전5:12; 딤전5:17). 다섯째로 성직자는 제일인자(princeps)라고 했다. 이 말은 터툴리안 이전에는 로마 황제를 지칭하던 말이었다. 이와 같이 성직자들은 주로 다스리고 인도하는 지도자로서의 역할이 강조되었다. 이러한 생각은 키프리안에게 이어져 감독이 곧 교회라고 할 정도로 직제 중심 사고가 형성되었다.

그런데 크리스소톰은 이러한 다스리는 지도자상으로서의 목회상에서 설교를 통해 성도들을 목양하는 목자라는 생각으로 이동한다. 크리소스톰(345-407)은 여섯권으로 된 『성직론』(De sacerdotio)을 저술했다. '누가 성직자가 될 수 있을까?' 이런 생각을 다시금 숙고하게 만드는 크리소스톰의 성직관에 대해 잠정적인 결론은 끊임없는 긴장 속에 겸손히 하나님께 은혜를 갈구하는 것, 그리고 크리소스톰의 말대로 계속적인 자기 계발을 통한 지성의 연마, 그 노력의 경주 외에는 다른 답이 없을 것이라 생각한다. 그는 1권에서는 바질이 목회자의 사명을 감당하도록 자신이 인도한 것을 설명하고 나서, 2권에서는 목회사역의 어려움을 서술하고, 제3권부터 5권까지 성직자의 자격과 임무에 대해서 언급하는데, 바울의 목회서신에서 말한 것을 충실하게 따르는 입장을 보인다. 특히 제6권에서 크리소스톰은 왜 수도 생활을 접고 목회생활에 뛰어들었는가를 밝혀주고 있다.

그는 제2권에서 성직의 위엄과 거룩성, 그리고 성직을 따라 다니는 어려움과 위험성을 논한다. 교회를 담임하여 수많은 영혼들을 위임받는 것은 아무나 할 수 있는 것이 아니다. 목회자는 모든 다른 사람들보다 월등히 뛰어나야 하는데 특히 영적으로도 뛰어난 인물이어야 한다. 이것은 목회자가 자기가 맡은 양을 올바르게 인도해야 할 막중한 책임감을 강조하고자 하는 말이다. 목양은 엄청난 중요성만큼이나 엄청난 위험이 따르기 때문이다. 그러면 목자는 양을 어떻게 인도해야 하는가? 그는 "사람의 사정을 사람 속에 있는 영 외에 누가 알리요?"라는 말씀을 인용하면서 성령의 도우심을 바라면서 그들이 돌아오기를 인내하며 기다릴 것을 말하고 있다. 따라서 성직자는 강압이 아닌 설득으로 해야 한다. 왜냐하면 하나님께서도 사람을 악에서 돌이키실 때에 강압적으로 하시지 않고 인간이 선택하여 돌이키시게 하시기 때문이다. 그러므로 성직자에게는 사려 깊은 분별력이 필요하고 심령의 모든 면을 살필 수 있는 수많은 눈이 필요하다. 또한 방황하는 자의 구원에 대하여 낙심하지 않고 포기하지 않으며 기다릴 줄 아는 거룩한 심령이 필요하다.

  3권에서는 성직과 성직자에 대하여 논한다. 그는 여기서 자신이 교만하여 세상 영광을 구하기 때문에 성직을 거부했다고 의심하는 사람들을 논박하여 그들이 잘못된 성직관을 가지고 있다고 지적한다. 그는 성직을 피하는 일이 책망받을 일이 아니라고 지적한다. 사도 바울도 성직을 생각할 때 두려워 떨었다는 것이다. 성직자는 가장 지혜롭고 신중해야 하며, 사려 깊고 명철해야 하며, 심지어 자신이 비난받고 모욕을 받는다고 하더라도 인내하며 참아야 한다는 사실을 역설한다. 목회자의 직분은 영을 담당하는 것으로 한 나라보다 귀중하다. 그는 이 직분의 영광에 대하여 성직자의 사역은 땅 위에서 이루어지지만 그것은 하늘나라에 기록된다고 지적한다. 성직은 어떠한 피조물의 능력도 아닌 오직 보혜사 성령께서 제정하신 것으로서 사람들이 육신을 입고 있는 동안 천사의 사역을 대표하도록 하신 것이다. 그러므로 성직자는 마치 자신들이 하늘에 있는 것과 같이 순수해야 한다. 그 은혜의 사역에 앞서 필요한 것은 두려운 마음과 경외심이다.

목회자의 사명이 이렇게 막중하기에 부름을 가능한 한 피해야 한다. 그래서 크리소스톰은 자신의 연약함과 어려움을 고백하고 있다. "나는 내 심령이 얼마나 미약하고 연약한지를 잘 알고 있다. 나는 또한 그 직분의 중요성만큼이나 그 어려움도 잘 알고 있다. 명예욕이라는 암초가 그것이다. 그것은 지금도 나에게는 위험한 것이다. 나는 이 어려운 일들을 오점 없이 잘 극복해 낼 수가 없다. 하나님께서는 당신의 교회 위에와 나에게 자비를 허락하셔서 나로 하여금 이러한 위험으로부터 속히 벗어날 수 있도록 해 주신 것이다." 그렇다면 교회 안에 생긴 이 무질서들은 어디서 온 것인가? 그의 생각에는 그런 일들을 깊이 생각해 보지 않고 무작위로 성직자를 선출하고 임명하는 데서부터 비롯되었다고 본다.

성직자가 갖추어야 또 다른 자질 중의 하나는 자신이 그 직분에 대한 야심을 전적으로 깨끗이 씻어버리는 것이다. 이 직분에 연연하여 면직될까 두려워하는 자들은 노예와 같이 비굴해지기도 하고 온갖 악한 생각으로 충만하게 되어서 결국은 하나님과 사람을 다 대적하게 된다. 그러므로 우리는 그 야심을 완전히 버리고 우리 스스로를 부지런히 살펴서 은연중에 찾아오는 그 욕심의 불길을 막아내야 한다. 본래 그러한 야심을 갖고 있지 않았던 자들은 직분을 맡은 후에도 계속해서 깨끗한 양심을 지켜야 한다. 그러므로 그는 성직의 중요성을 잘 살펴서 합당치 않다면 아예 처음부터 그 길에 발을 들여놓지 않는 것이 옳다고 지적한다.

그는 성직자의 자질에 대해 언급한다. 성직자는 순수하고 영적 분별력이 있어야 하며 단편적으로 생각지 말고 여러 각도로 잘 생각할 줄 알아야 한다. 왜냐하면 그는 자기 자신만을 위해 사는 것이 아니고 많은 사람들을 위해 살기 때문이다. 성직자는 또한 노하기를 더디 해야 한다. 다른 이들로부터 비난의 소리를 들었을 때나, 혼자서 또는 여러 사람 가운데서 자기 성질을 이기지 못하고 그대로 토해 버리는 자가 된다면 그는 평안히 지낼 날이 없게 될 것이고 그를 세워 준 자들에게도 셀 수 없는 악을 행하게 될 것이다. 성직자의 결점은 감추어지지 않으며, 아무리 사소한 문제라도 결국에는 알려지게 된다. 이와 같이 영광스러운 자리에 앉은 자들은 많은 사람들의 눈에 쉽게 띄어서 사소한 잘못을 범한다고 해도 사람들에게는 중대한 것으로 받아들여지게 된다. 그는 세속의 통치자들을 비웃곤 했다. 왜냐하면 그들이 윤리적 가치에 명예를 거는 것이 아니라 그것을 부와 사람의 관록과 사회적 신분에 두기 때문이다. 그러나 그는 이와 같은 어리석음이 성직자들에게까지 침투해 들어왔다고 탄식한다.

　성직자는 위엄을 갖추어야 하되 겸손해야 하며, 강한 인상을 주되 친절해야 하고, 공정해야 하되 정중해야 하며, 겸손해야 하되 노예와 같아서는 안 되고, 열정적이어야 하되 부드러워야 한다. 이것은 그가 이 모든 어려움들을 성공적으로 극복하기 위함이다. 감독이 꼭 명심해야 할 한 가지는 교회의 덕을 세우는 일이다. 결코 반대나 찬성의 차원에서 일해서는 안 된다.

　그는 4권에서 성직자와 설교에 대해 논한다. 그는 이곳에서 자격 없고 능력이 부족함에도 불구하고 선출에 의해 강요되어 성직을 받는 사람들의 괴로움을 말하고 있다. 특히 당시에는 좋은 설교자가 되기 위해서는 헬라인들과 유대인, 이교도들, 특히 마니교도들과 발렌티누스의 추종자들, 말시온과 사벨리우스주의자들과 아리안주의자들의 공격을 받기 쉽기 때문에 이 모든 자들의 공격에 대하여 잘 준비해야 한다는 것이다.

따라서 우리는 성직을 욕심낸 적이 없다는 사실을 내세워 하나님께 감히 핑계 댈 수 없다. 오히려 연약한 자를 불쌍히 여기시는 하나님의 특별한 사랑을 깨달아 자기 발전의 계기로 삼아야 한다. 우리는 하나님께 받은 영광스러운 것들을 가지고 하나님을 더욱 기쁘시게 해 드려야 한다. 선택받은 후보자는 자기가 자신을 몰랐다고 말할 수 없다. 그는 자기 자신의 성격에 대해서 더 자세히 시험해 보아야 한다.

그리스도의 몸인 교회가 우리의 육체보다 질병에 더 잘 걸리기 쉽고 공격을 더 받을 수 있으며, 감염은 빠르고 치료는 늦다는 사실을 분명하게 알아야 한다. 여기서 우리에게는 단 한 가지, 강력한 말씀의 적용이라는 방법 밖에는 없다. 이것이 우리에게 있어서 유일한 도구다. 목회자는 사도들이 구제를 내려놓고 말씀 사역에 전념한 것 같이 이 사역에 전념해야 한다. 그러므로 우리는 그리스도의 말씀이 우리 가운데 풍성히 거할 수 있도록 힘써야 한다.

목회자는 마귀에 대한 경계를 늦추지 말고 그들의 대적을 물리치기 위한 비판의 능력과 언변을 갖추어야 한다. 교회 안에서도 어리석은 말을 하는 자들이 있기 때문에 그것을 물리치기 위해 언변의 능력이 필요하다. 이들을 물리치기 위해 목회자들은 최선을 다해 이러한 능력을 갖추어야 한다. 바울은 이적을 행하였지만, 그보다 더욱 말씀의 사역을 중요하게 여겼다. 바울은 서신들을 통해 거짓 교리를 반박하고 올바른 교리를 세우는데 기여할 뿐만 아니라 선한 삶을 위해서도 유익을 주며 주의 교회를 가르쳐 훈련시키며 영적인 아름다움을 가지도록 인도하였다.

5권은 설교자 교본이라고 말할 수 있는데, 그는 여기서 참된 설교자가 얼마나 열심히 노력해야 하는지를 논하면서 그에 따르는 위험성을 지적하고 있다. 이에 덧붙여 큰 위험의 원인이 될 수 있는 한 가지 사실을 언급해야겠다. 설교 자체가 위험의 원인이 되는 것은 아니다. 이것을 바르게 사용하면 구원에 이르도록 도와주며 많은 유익을 가져다주기 때문이다. 그러나 이것을 바르게 사용할 줄 모르는 자들에게 위험의 원인이 될 수 있다. 그것은 바로 회중들에게 공적으로 전달되며 많은 노력을 요하기 때문이다. 설교자는 교인들의 칭찬에 무관심해야하고 말씀을 잘 증거해야 한다.

만약 이 두 가지 중 어느 한 가지가 부족하다면 있는 한 가지 능력마저 쓸모없게 되어 버린다. 칭찬에 연연하지 않으면서 말씀의 능력이 없는 자는 적어도 사람들의 기호에 맞춰 굽실대지는 않는다. 그러나 그는 교인들에게 참된 유익을 제공해 줄 수 없다. 그에게는 말할 것이 아무것도 없기 때문이다. 마찬가지로 칭찬에 대한 욕망으로 가득찬 자는 교인들을 고무시킬 수는 있지만 그들에게 즐거움밖에는 제공해 줄 수 없다. 설교자가 무관심해 할 것은 또 있다. 비방과 질투이다. 좋은 말이든 나쁜 말이든 성숙하지 못한 교인들만큼 과장하는 자들은 없다. 감독은 그들을 무시해서는 안 된다. 그러나 비난하는 그들을 납득시켜서 의혹을 사는 일을 미연에 방지해야 한다. 이것은 쉬운 일이 아니다. 그러므로 비난에 낙심해서는 안 된다. 설교자는 이러한 것들에 얽매이지 말고 하나님을 기쁘시게 해 드리는 것을 첫째 목표로 삼아야 하고, 귀에 거슬리는 비판도 들을 줄 알아야 한다.

크리소스톰은 설교자는 많은 노력과 연습을 해야 한다고 말하고 있다. 그래서 성도들에 의해 삶 가운데 말씀이 실천되어질 때 구원에 이르도록 도와주기도 하며 많은 유익을 가져다주는 것이다. 설교의 기술은 자연적으로 습득되어지는 것이 아니라 노력에 의해서 습득되어지는 것이다. 교인들은 설교자의 설교보다 설교자의 명성에 더 많은 관심을 둔다. 설교자가 낙심과 괴로움과 염려와 때로 느끼는 분노의 감정들이 쌓여 그의 지성의 명철함이 가려질 수 있고, 때로는 설교 원고를 반복할 수도 있다는 사실을 생각해 줄 사람은 아무도 없다. 사람들은 이와 같은 사실은 전혀 고려하지 않고 설교자들이 마치 천사들인 양 그를 비판한다. 한 가지 흠이라도 나타나게 되면 재빨리 포착하여 잊지 않고 기억해 두는 것도 사람들이다. 그러므로 아주 훌륭하게 쌓아온 영광을 빼앗기도 한다. 따라서 설교자는 더 많은 노력을 기울여야 한다.

이 것 외에도 설교자는 넓은 아량이 필요하다. 수많은 사람들이 까닭 없이 그를 공격하기 때문이다. 설교자에게는 하나님을 기쁘시게 하는 것만이 좋은 설교에 대한 기준과 척도가 되어야 한다. 청중들이 하나님을 기쁘시게 하는 설교에 반발할 경우에 설교자는 칭찬을 구하려 하지도 말고 또한 낙심할 필요도 없다. 그것은 설교자가 최선을 다한 것이고 다른 어떤 것보다 나은 것이기 때문이다.

그는 6권에서 수도사와 목회자의 생활을 비교하며 목회자의 활동적인 삶이 더 중요하다고 서술한다. 우리의 생각에는 그가 암혈과 토굴에서 2년 이상을 누워서 잠자지 않는 등의 고행을 하는 수도 생활이 힘들어서 도시의 목회생활로 들어간 것으로 생각할 수 있지만, 그의 판단에는 수도 생활보다 목회생활이 더 어렵다는 결론을 내리고 목회 현장에 들어간 것이라고 말하고 있다. 크리소스톰은 말하기를 혼자 사는 수도사가 사람들에게 비난받지도 않고 죄를 범하지도 않는다고 해서 놀랄 일은 아니라고 했다. 오히려 많은 영혼을 맡아서 사역하는 목회가 더 어렵기 때문에 그가 목회를 선택하였다는 것이다.

목회자에게는 사람들의 죄에 대한 책임이 있다. 목회자들에게 맡겨진 모든 자들에 대해 우리가 일일이 책임을 져야 한다고 할 때, 그것을 어떻게 감당할 수 있겠는가? 목회자는 끊임없는 자기 부정과 엄격한 훈련을 통하여 그 유혹들을 물리치지 않으면 넘어질 수밖에 없다. 여자들로 인해 남자가 미혹당하는 것은 이상한 일이 아닐 뿐만 아니라 남자들로 인해서도 함정에 빠지게 되는 경우가 있다. 그것은 굴욕적인 아첨과 무분별한 교만이다. 곧, 후원자들로부터 명예를 얻고 교만의 수렁에 던져지는 경우이다. 자신을 후원하는 자들에게는 순종해야만 하고 힘없는 자들에게는 교만하게 대하는 것이다.

목회자는 자기 자신만 염려할 수 없다. 가르치는 자는 듣는 자들이 말씀을 잊지 않고 잘 간직할 수 있도록 날마다 쉬지 않고 말씀의 씨를 뿌려야 하기 때문이다. 그러므로 목회자에게는 더 많은 열심이 필요하다. 그렇기 위해서 목회자는 어떤 사람이어야 하겠는가? 그는 하나님께 모든 죄인들에 대한 자비를 구해야 하지 않겠는가? 그러므로 그에게 필요한 것은 모세와 엘리야와 같은 사람의 엄청난 기도, 그 이상의 것이다.

만일 다른 사람들을 도울 수가 없는 경우, 최소한 내 영혼만이라도 구원을 받아 심연의 늪에서 벗어나게 된다면 그것으로 수도사는 만족하게 될 것이다. 그러나 목회자는 자기 이웃의 구원을 위해 일하지 않는 자가 구원받을 가능성이 있다고는 믿을 수 없다. 다만 심판대 앞에서 그가 받게 될 벌은 조금 가벼우리라고 생각한다.

결론적으로 크리소스톰은 성직자는 인간의 감정에서 해방되어야 한다고 말한다. 인간의 감정은 인간으로 하여금 감정의 노예로 두려움 가운데 인생을 살게 한다. 이러한 인간의 감정들의 음식은 무엇인가? 명예욕에 대한 음식은 명예와 칭찬을 받는 일이고, 교만에 대한 음식은 권력 남용이며, 질투심에 대한 음식은 사람들의 평판이고, 탐욕에 대한 음식은 기부금 내는 자들에 대한 관용이며, 방탕에 대한 음식은 사치와 여자들에게만 쏟는 관심이다. 이러한 인간적인 감정들에서 벗어나 자신에게 맡겨진 양 떼들을 하나님의 말씀으로 풍족하게 먹이는 소명에 충실해야 하겠다. 이 소명에 충실하여 늘 하나님 앞에서 두렵고 떨리는 마음으로 주어진 목회의 사명을 수행하여 하나님을 기쁘시게 하는 목회자가 되어야 하겠다.

더 읽어야 할 책과 논문들

크리소스톰. 조계광 역. 『부자』. 서울: 규장, 2009.
크리소스톰. 송종섭 역. 『로마서 강해』. 서울: 지평서원, 1990.
크리소스톰. 송영의 역. 『에베소서 강해』. 서울: 지평서원, 1997.
크리소스톰. 채이석 역. 『성직론』. 서울: 엠마오서적, 1992.
권정후. "요한 크리소스톰의 부와 자선에 관한 가르침." 「성경과신학」, Vol.76 (2015): 275-298.
박응규. "존 크리소스톰의 설교세계: 성경해석학과 설교 그리고 사회개혁." 「ACTS 神學과 宣敎」, Vol.12 (2011): 295-335.
박현신. "크리소스톰의 설교 분석을 통한 설교 적용 패러다임에 관한 연구." 「신학과 실천」, Vol.34 (2013): 545-572.
배정훈. "구제와 영혼의 치유에 대한 존 크리소스톰의 사상 연구: 그의 마태복음 설교를 중심으로." 「성경과신학」, Vol.88 (2018): 121-149.
장석조. "크리소스톰의 설교에 나타난 설득의 언어적 기능." 「헤르메네이아 투데이」, Vol.18 (2002): 40-55.
정준기. "요한 크리소스톰의 설교와 정치." 「光神論壇」, Vol.10 No.1 (2001): 209-236.
조영석, 임병진. "요한 크리소스톰 설교를 통해 본 부자의 역할." 「로고스경영연구」, Vol.14 No.2 (2016): 15-34.
주종훈. "어거스틴, 크리소스톰, 그레고리 대제의 목회적 저술에 담긴 말씀 사역." 「개혁논총」, Vol.41 (2017): 71-100.

제15장
암브로시우스

(Ambrosius, 334(?)-397)

암브로시우스는 총독의 자리에 있다가 갑자기 감독으로 선출되어 밀라노의 감독으로 활동하면서 서방에서 황제의 권한이 교회에 영향력을 행사하는 것을 방지하여 세속권과 교권이 올바른 관계를 형성하는데 기여하였고, 서방에서 정통 삼위일체론이 정착하는데 기여하였다.

1. 생애

암브로시우스(Ambrosius, 334?-397)는 기독교 명문 귀족 가문 출신으로 334년경에 갈리아 지방의 수도였던 트리어에서 태어났다. 그의 아버지는 갈리아 지방의 장관이었는데 340년에 사망하자, 어머니는 자녀들을 데리고 로마로 돌아와 교육을 시켰다. 그는 트리어에서부터 헬라어를 배웠으며, 로마에서 문법학교와 수사 학교에 다니며 자유학예를 배웠고, 20대에 관직에 나가는데 필요한 법률을 공부하였다. 그는 365년경 발렌티아누스 1세 때인 30대 초반에 관직에 나갔고 370년에 이탈리아의 북부를 다스리는 총독이 되었다. 밀라노에서 총독으로 일한 지 4년이 지난 374년에 그는 평신도의 신분으로 밀라노의 감독으로 선출되었다. 당시 감독 자리를 둘러싸고 아리우스파와 니케아 정통파가 첨예하게 대립하고 있던 상황에서 암브로시우스는 선거장 질서 유지를 위해 참석하여 평화적인 해결을 권고하는 연설을 했다. 그런데 연설 도중에 갑자기 "암브로시우스를 감독으로"라는 어린 아이의 음성이 울려 퍼지면서 모든 시민들이 동조하여 갑작스럽게 감독으로 선출되었다. 그는 당시 세례도 받지 않은 상황이었는데, 세례를 받고 감독직에 취임하여 서방 교회의 교권을 강화시키는데 크게 기여하였다.

암브로시우스는 세례도 받지 않은 상황에서 감독이 되었는데, 그는 감독직을 수행하는데 필요한 신앙과 신학적 지식을 갖추고 있었는지 의문이 들 수도 있다. 그렇지만 그의 집안은 기독교 집안이었고 조상 가운데는 순교자가 나오기도 하였다. 그의 누나는 353년에 수녀가 되었으며, 그가 감독이 된 후에는 그의 형도 관직을 버리고 그의 동생을 돕기 위해 밀라노의 하급 성직자가 될 정도로 신앙적인 집안이었다. 그리고 암브로시우스 자신도 수도 생활을 동경하여 평생을 독신으로 살았으며, 감독직에 오른 후에 그는 많은 자기의 전 재산을 교회와 사회를 위해 희사하고 금욕적인 생활을 영위하였을 정도로 독실한 신앙을 가지고 있었다. 당시 사람들은 세례 후에 죄를 지으면 다시 회개할 수 없다는 믿음을 가지고 있었기 때문에 세례 받는 것을 늦추고 있었으며, 암브로시우스도 그러한 경우에 해당하는 것으로 보인다. 그는 또한 학습 교인으로 신학을 공부하고 있었다. 그는 젊은 시절에 요세푸스의 『유대인 전쟁기』를 라틴어로 번역하면서, 그 과정에서 열왕기 상, 하에 대한 주석을 쓰기도 하였다. 그러므로 그는 감독이 될 당시에 일정한 수준의 신학적인 지식도 갖추고 있었다. 감독이 된 후에는 교인들을 잘 교육하기 위해 밀라노 교회의 장로인 심플리키아누스에게서 신학을 배웠다. 심플리키아누스는 삼위일체에서 정통신앙을 가진 사람이었고, 그러므로 그로부터 교육받은 암브로시우스가 정통 삼위일체론을 지지하는데 기여했던 것이다. 여기에 더하여 스스로 독학을 하여 터툴리안, 키프리안, 힐라리우스와 함께 동방의 오리게네스, 유세비우스, 바질 등의 다양한 교부들의 저술들을 읽고 연구하였는데, 여기에는 그의 뛰어난 헬라어 실력이 크게 도움이 되었을 것이다. 그는 이러한 신학적인 지식을 갖춘 후에 당시에 진행되던 삼위일체 논쟁에서 자신의 분명한 목소리를 낼 수 있었다.

그는 감독이 된 후에 행정 경험을 살려 감독직을 수행하면서 군림하지 않고 가난한 이들과 억압받는 자들을 돌보았으며, 성경과 신학을 깊이 연구하며 뛰어난 설교자로 활동하였다. 그의 설교를 듣고 어거스틴이 회심하게 되었다.

그는 감독이 된 후에 정통파의 입장에 서서 아리우스파들을 물리치는 데 전력을 기울였다. 그는 377년에 유사파 감독이 사망한 시르미움으로 가서 유사파를 지지하는 황후 유스티나의 뜻에 반대하여 정통파에 속하는 아네미우스를 감독으로 세웠다. 그는 381년 7월에 니케아-콘스탄티노플 신경이 채택되어 삼위일체론이 확립되자, 그라티아누스 황제의 지원을 받아 9월에 아크빌레이아 교회 회의를 소집하고 아리우스파인 유사파를 이단으로 정죄하고, 일리리쿰의 두 아리우스파 감독 팔라디우스와 세쿤디아누스를 "진리를 부패하게 하는 자들"이라고 비판하면서 감독직에서 파면하였다. 그 후에도 어린 황제 발렌티니아누스 2세의 어머니 유스티나가 유사파를 지지하면서 385년과 386년 사이에 암브로시우스에게 밀라노의 가장 중요한 교회 하나를 유사파에게 양도하도록 명령했으나 단호하게 거절하였고, 결국 유스티나도 굴복하였다.

암브로시우스는 교회와 국가와의 관계에 대하여 교회와 국가의 영역은 구분되어 있으며 국가가 교회의 영역을 간섭해서는 안 된다고 보았다. 더 나아가 평신도인 황제는 교회의 영적인 일에서 감독 아래 있어야 한다는 것이 그의 신앙이었다. 그는 "신앙의 일에 있어서 감독들이 기독교 황제를 판단하는 것이 관례였고, 황제들이 감독을 판단하는 것이 아니었음을 부인할 수 없다"고 하였다.

테오도시우스 황제 때 메소포타미아의 기독교인들이 발렌티아누스파 영지주의자들의 회합장소를 파괴하고 유대교 회당을 불태우는 사건이 발생했는데, 황제는 그 지방 감독에게 교회가 소실된 건물을 재건하라는 명령을 내렸다. 암브로시우스는 황제의 이런 행위가 신앙 양심에 어긋나는 것이라고 판단하여 황제가 그 명령을 취소할 때까지 성찬을 베풀 수 없다고 주장하여 철회시켰다.

384년에 로마 원로원이 철거되었던 이교도들의 신앙의 상징물인 승리의 제단을 복구하려는 움직임이 일어나자 암브로시우스는 이것은 국가가 종교를 간섭하는 것이며 기독교 황제가 우상을 복구할 수는 없다고 주장하여 좌절시켰다. 390년에는 테오도시우스 황제는 데살로니카인들이 로마 장교 한 사람을 살해한 것에 대한 보복으로 민간인을 7000명이나 살해한 사건이 발생하였다. 암브로시우스는 역사에서 유례를 찾아보기 어려운 잔악한 사건이라고 강경하게 항의하고 회개할 것을 촉구했으나 황제가 듣지 않자 황제가 밀라노 교회에 들어오지 못하도록 출입을 봉쇄하였다. 결국 황제는 공중 앞에서 죄를 회개하고 땅바닥에 엎드려 하나님과 사람 앞에 참회한 후에 예배에 참석할 수 있었다. 암브로시우스는 콘스탄틴 대제 이후 국가 권력에 예속되어 가던 교회의 권위를 확고하게 세우는데 기여하였다. 그는 397년에 세상을 떠났다.

2. 저술

암브로시우스는 신약보다 구약을 주로 설교하였는데, 당시 상당한 세력을 형성하고 있던 마르시온파와 마니교와 같이 구약의 필요성을 부인하는 이단들을 물리치고자 함이었다. 그는 창세기 2:8-3:19에 대한 강해 설교인 『낙원론』, 창세기 4장 1-6절에 대한 강해설교인 『가인과 아벨』, 창5:28-9:29절에 대한 강해설교인 『노아 이야기』, 창세기 12-17장에 대한 강해설교인 『아브라함 이야기』, 『야곱과 행복론』, 이삭과 리브가의 사랑을 그리스도와 성도 사이의 사랑의 관계에 비유하는 모형론적 성경 해석방법을 사용하는 『이삭과 영혼론』, 창세기 1:1-2:2에 대한 강해 설교인 『헥사헤메론』, 『시편 118편 강해』, 창세기 37:2-46:27절에 대한 강해 설교인 『족장 요셉 이야기』 등 많은 설교집들을 저술하였다.

암브로시우스는 중요한 세 가지 신학 작품을 저술하였다. 378년부터 380년에 걸쳐 다섯 권으로 된 『신앙론』(de fide)을, 381년 봄에 그라티안 황제를 위해 『성령론』(de spiritu sancto)을, 382년에 주의 『성육신과 성례론』(de incarnationis dominicae sacramento)을 저술하였다.
　그는 이러한 저술들에서 성부와 성자의 동일 본질을 분명하게 고백하였고, 그리스도의 양성론은 서방신학의 전통에 근거하고 있으며, 힐라리우스에게서 신학적인 용어에서 영향을 받았으나 그의 유사 본질적인 신학의 영향을 받지는 않았다. 『신앙론』은 삼일체론 논쟁과 관련된 교리 설교에 기초하고 있으며, 그라티안 황제의 부탁으로 378-380년 사이에 저술하였다. 그는 유사파에 대항하여 삼위일체론을 증명하는 과정에서 이 문제와 관련된 성경구절들을 해석하는데 치중하였다. 이 책을 쓰면서 그는 아타나시우스, 맹인 디두모, 바질, 힐라리우스 등의 책을 참고하였다. 그의 『성령론』은 바질의 『성령론』을 인용한 부분은 있으나, 독자적인 저술로서 분량도 2배 정도가 되는데, 소경 디두모의 『성령론』을 많이 참고하였다. 그의 『성령론』은 상이 본질파의 유노미우스나 성령이 제3의 등급이라는 아리우스주의자들의 주장을 반박하기보다는 성령이 아들이 만든 모든 것 중에 있다는 성령피조설을 주장하는 아리우스주의자들의 주장에 대한 반박이다. 성령은 모든 것 중에 있지 않고 모든 것 위에 있다. 아리우스주의자들은 만물이 그로 말미암아 지어졌다(요1:3)는 말씀을 근거로 성령이 말씀을 통해 지어졌다고 주장한다. 그러나 암브로시우스는 이러한 주장을 반박한다. 성령은 만물 위에 계시며, 아버지가 한 분이시고, 성자가 한 분이신 것과 같이, 성령도 한 분이시다. 그리고 고전 12:3, 롬8:9-11로부터 성령은 "하나님의 영"일 뿐만 아니라 "그리스도의 영"이라고 정의한다. 그리고 성령이 성부와 성자와 동일 본질임을 명확히 하며, 세례와 성찬에서 역사하시고, 성화의 영이시다. 삼위는 구별될 뿐 분리되지 않는다. 성령의 신성을 입증하기 위해 성령께서 죄를 사하심을 설명하면서 성부와 성자와 동등하게 사역하심을 설명한다. 그는 성령이 아버지와 아들로부터 나오셨다고 말한다. 그는 또한 아버지와 아들과 성령이 하나임을 입증한다. "이름의 일치(unitas nominis)"와 "사역의 일치(unitas operationis)"를 위하여 세례의 명령인 마28:19절을 인용한다. 그리고 "아버지와 아들과 성령의 이름으로"에서 삼위가 언급되었으면서도 "이름들로"가 아니라 "이름으로"라고 단수로 본문이 쓰고 있음이 삼위의 일체를 입증하는 것으로 언어의 문법적 특성을 들어 성서를 해석하고 있다. 아버지와 아들과 성령이 연합하여 한 분 하나님(unus deus)으로 고백되어지는 곳에서 그는 신성(divinitas)을 쓰지 아니하고 하나님이심(deitas)를 고백한다.

주님의 『성육신의 신비론』은 두 부분으로 되어 있는데, 제1부는 기독론 논쟁으로 아폴리나리스 논쟁과 관련된 설교이고, 뒷부분은 기독론에 대한 그라티안 황제의 질문에 답하는 내용이다. 그는 이 책에서 정통교리를 변호함에 있어서 철학적인 방법보다는 성경 신학적인 방법을 더 많이 사용하였다.

그는 387년에 『회개론』을 저술했는데, 노바티안파의 엄격주의를 비판하기 위해 저술되었으며, 정통교회는 배교 같은 중죄라 할지라도, 한 차례를 용서해 줄 권세가 있다고 하였다.

그는 예루살렘의 감독 시릴과 비슷하게 신앙교리 교육을 중시하여, 이와 관련된 여러 권의 책을 저술하였다. 이 책들은 세례받기 원하는 학습교인들과 세례받은 지 얼마 되지 않는 초신자들을 위한 강론에 기초한 것들이다. 『성례론』은 세례식, 입교식, 그리고 성찬식에 대한 내용을 다룬 성례전 부분과 주기도문과 매일 기도 방법을 다룬 기도론의 두 부분으로 되어 있다. 『신비론』은 성례를 신비라고 정의하고 성례전만을 다룬다. 세례 예정자들을 위해 사도신경을 해설한 『신경해설』이 있다. 그리고 키케로의 의무론을 토대로 목회자를 위해 『목회자 의무론』을 저술하여 목회윤리를 다루었다.

3. 신학사상

1) 문화관과 성경해석

암브로시우스는 로마제국이 이교문화에 기초한 문화에서 기독교 문화에 기초한 문화로 변화되기를 원했다. 그는 모든 로마인들이 기독교를 믿기 원했다. 그래서 그는 382년에 승리의 제단을 철거하였고, 후에 다시 이를 복원하려는 심마쿠스와 논쟁하였다. 심마쿠스는 로마의 오랜 전통을 지키는 것이 좋다고 주장했으나, 암브로시우스는 오랜 역사가 중요한 것이 아니고, 기독교가 로마제국의 참된 문화발전을 가져올 수 있다고 믿었다. 그는 기독교를 바탕으로 로마 문화를 변화시키고자 하였다. 그는 논쟁과정에서 지혜서 4장 8-9절에 근거하여 나이의 많음을 자랑할 것이 아니라 인격의 원숙함을 자랑할 것이라고 말하였다.

암브로시우스는 목회자의 가장 큰 의무는 성경을 연구하여 가르치는 것이라고 보았다. 그는 마태복음 25장의 달란트 비유를 목회자에게 적용하여 목회자에게 맡겨진 달란트는 하나님의 말씀이므로 이 말씀을 잘 증거 하여 하나님께 이윤을 남겨드려야 한다고 하였다. 주님께서 우리에게 바라시는 것은 이윤 자체가 아니라 하나님의 말씀을 향한 열심, 곧 하나님의 말씀을 잘 증거 하려는 우리의 노력하는 모습이라고 하였다. 성경을 연구하여 가르치고 증거하는 일에는 성경을 해석하는 일이 포함된다. 그는 성경을 해석하여 강해하는데 많은 시간을 사용하였다. 그는 여러 교부들의 책을 참고하였는데, 특히 오리겐의 영향을 제일 많이 받았다.

암브로시우스는 오리겐의 영향을 받아 문자적인 성경해석보다 영적 해석 혹은 알레고리적 해석을 주로 하였다. 오리게네스 이후 동방 교부들이 문자적 해석을 경시한 이유는 이단들이 구약성경을 부정하고 있는 상황에서 문자적 해석이 당시 성도들에게 커다란 의미가 없었기 때문이다. 그래서 암브로시우스는 문자적 해석보다는 도덕적 해석과 영적 해석에 치중하였다. 그는 『야곱과 행복론』이란 강해 설교집에서 도덕적 설교에 치중하였다. 이 책에서 그는 스토아 철학과 신플라톤주의 철학이 제시하는 윤리적 이상을 기독교적 이상으로 승화시키려고 노력하였다. 그는 특히 창세기의 1-11장에 대한 강해 설교에서 유대인 철학자 필로의 영향을 많이 받았다. 필로는 성경의 이 부분을 그리스 철학과 조화시키고자 하여 풍유적 해석을 많이 하였다. 암브로시우스는 창세기의 1-11장의 역사를 풍유적으로 해석하면서 우리에게 신앙적으로, 그리고 도덕적 윤리적으로 무슨 교훈을 주는가에 관심을 기울였다. 신앙적 교훈을 찾기 위해서는 영적인 해석 혹은 풍유적 해석을 하였고 도덕적 윤리적 교훈을 찾기 위해서는 도덕적인 해석을 하였다. 이와 함께 암브로시우스는 창조주 되시고 동시에 구속주 되신 삼위일체 하나님에 대한 신앙을 전제로 할 때에만 창세기의 앞부분이 이해가 된다고 하였다. 그는 고린도후서 3장 6절의 의문은 죽이는 것이요 영은 살리는 것이라는 말을 즐겨 인용하였다. 의문은 문자적으로 이해된 율법 내지 구약성경을 의미하고, 영은 영적인 해석을 의미한다. 그는 신약에서는 누가복음만을 설교했는데, 누가가 바울의 동역자였다는 것과 무관하지 않다. 그는 사도 바울을 중시하였고, 구약을 읽을 때도 복음의 빛 아래서 읽고자 하였다. 그의 영적 해석은 모형론적 해석의 경향을 강하게 가지고 있었고, 결국 그리스도 중심적 성경해석에 연결되었다. 이러한 암브로시우스의 바울 중심 사상은 어거스틴에게 영향을 미쳤다.

2) 삼위일체론

암브로시우스는 381년의 콘스탄티노플신경은 인정하기를 꺼려했으나, 325년의 니케아 신경을 수용하였다. 당시 서방교회는 동방교회와의 경쟁이라는 교회 정치적인 관계와 함께 사도신경을 사용하고 있었기 때문에 굳이 콘스탄티노플신경의 필요성을 크게 가지고 있지 않았던 것으로 보인다. 그렇지만 암브로시우스는 바질이 주장하던 하나님의 본질은 하나이고, 실체는 셋 이라는 삼위일체의 공식은 받아들였다. 암브로시우스가 바질의 삼위일체의 공식을 쉽게 받아들였던 것은 마리우스 빅토리누스와 힐라리우스의 영향 때문인 것으로 보인다.

암브로시우스는 하나의 본질에 실체가 셋이라는 삼위일체의 공식을 바질처럼 형이상학적으로 해설하고자 하지 않고 성경적 근거를 가지고 증명하고자 노력하였다. 그는 실체(휘포스타시스)를 위격으로 번역하지만 정의는 내리지 않고 있으며, 본질의 뜻을 가진 헬라어 우시아에 대해서도 『신앙론』에서는 정의를 내리지 않고 『주님의 성육신의 신비론』 끝에 가서야 정의를 내린다. 그는 우시아를 라틴어로 수브스탄티아(sub-stantia)로 번역한다.

그는 한 분 하나님이 동일 본질의 세 위격으로 나누어지는 것에 대해 마태복음 28장 19절과 창세기 1장 1-3절을 근거로 제시한다. 그는 『신앙론』에서는 셋 혹은 성부, 성자, 성령이란 표현을 즐겨 사용하고 위격의 개념은 즐겨 사용하지 않는다. 그러나 『누가복음 강해』에서는 위격이란 용어를 주저 없이 사용한다. 그는 유일하신 하나님이 숫자로 하나가 아니라고 말한다. 그는 성부, 성자, 성령이 한 분이라는 의미는 본질 혹은 본성에서 하나인 것을 의미한다. 암브로시우스에게 있어서 본질과 본체는 사실상 같은 개념인 이유는 본체에 해당하는 라틴어 수브스탄티아(substantia)가 본질에 해당하는 헬라어 우시아의 번역어이기 때문이다. 성부, 성자, 성령은 비록 서로 다른 위격이지만, 본질/본체, 본성이 동일하므로 하나님은 세 분이 아니라 한 분이시다. 당시 서방교회에서는 성부, 성자, 성령의 위격을 명확히 구분하는 동방 교부 바질을 삼신론자라고 매도하는 사람들이 있는 상황에서, 그의 입장에 내심으로 동조하던 암브로시우스는 자신이 삼신론자가 아니라는 것을 분명히 밝히고자 성부, 성자, 성령의 동일 본질. 동일 본성, 일체성을 강조하였다. 암브로시우스는 삼위의 동일 본질은 동일 본성으로 설명하는 것이 쉽다고 보아 성부, 성자, 성령의 신적 본성이 하나라는 것을 밝히기 위해 노력하였다. 그는 『성령론』 III. iv. 9에서 "우리도 신성의 하나 됨을 말하게 하려 함이며, 우리로 …, "신성의 모든 충만이 그리스도 안에 육체로 거하시고"(골2:9) 성부 안에 거하시고, 성령 안에 거하심을 믿게 하려 함이라"고 설명한다. 그는 삼위의 동일 본질 내지 동일 본성을 영원성, 위대성, 완전성 등 하나님의 비공유적 속성과 전지성, 거룩성, 선하심 등 공유적 속성에서 찾았다. 그는 특히 하나님의 영원성을 인정하지 않는 아리우스파를 의식하여 삼위의 동일 본질 내지 동일 본성을 특히 영원성과 관련하여 논의할 때가 많다. 삼위는 이렇게 본성에서 동일하시므로, 창조, 구속, 성화와 관련된 삼위의 외적 사역도 통일적이라고 말한다.

3) 기독론

암브로시우스가 기독론을 논할 때 아리우스파와 아폴리나리우스파를 염두에 두고 논의하였다. 그는 아리우스파에 대항하여 『신앙론』을 썼고 아폴리나리우스파에 대항하여 『주님의 성육신의 신비론』(*De incarna-*

tione dominicae sacremento)를 썼다. 그는 그리스도의 완전한 신성을 부인하는 아리우스파와 그리스도의 완전한 인성을 부인하는 아폴리나리우스파를 부정하면서 그리스도의 신성과 인성을 인정하는 로고스-인간 공식을 사용하였다. 그리스도의 양성에 대해 터툴리안은 실체(substantia)라는 용어를 사용한데 반해 암브로시우스는 희랍 교부들의 영향을 받아 본성(natura)이란 용어를 사용한다. 암브로시우스에 따르면 예수 그리스도는 원래 하나님이시나, 성육신을 통하여 인간이 되신 분, 인간이 되신 로고스이시므로, 예수 그리스도에게는 완전한 신성과 완전한 인성이 공존한다. "선물이 땅과 하늘에서 각각 왔으니, 둘이 다 한 인격을 이루었으며, 둘 다 완전하도다. 그리하여 신성에 변함이 없으며, 인성에서 감소함이 없도다.(『신앙론』, III. viii. 54) 그리스도는 신성과 인성을 완전하게 가지고 계시는데, 성부에게서 나신 이(로고스)가 동정녀에게서 육신을 취하셨다고 하여 로고스가 인격의 주체인 것을 표현하고 있다.

암브로시우스의 신학에 대해 바질 슈투더(Basil Studer)는 그리스도 중심적이라고 평가하는데, 그의 사역을 계시자로서의 사역과 구속 사역을 중심으로 설명한다. 그리스도는 신성으로는 성부 하나님과 동일하기 때문에 요한복음 14장 9-10절이 말하는 바와 같이 그리스도를 보는 것은 아버지를 보는 것이다. 그는 요한복음 1장 9절에 근거하여 온 세상을 비취는 참된 빛이라는 은유는 그의 계시 사역을 표현하는 것으로 보았다. 그는 또한 "그리스도께서 죽음을 받아들이심으로 죽음의 죽임이 이루어졌다"고 하여 십자가 대속의 중요성을 강조하였다.(『신앙론』III. xi. 84)

그는 서방에서 첫 번째로 『성령론』을 저술하여 성령의 신성에 대하여 논하였다. 로마제국에 350년대 후반에 성령 훼방파가 등장하였다. 이들은 성령을 피조물로 보든지 비인격적 능력으로 보아 그의 완전한 신성을 부정하였다. 이러한 논쟁은 주로 동방에서 발생하고 있었지만, 암브로시우스는 교회는 하나라는 생각과 함께 아리우스파라고 불리는 유사파가 실질적으로 성령 훼방파와 유사한 성령론을 주장하고 있었기 때문에 이 책을 저술하게 되었다. 당시 그의 이론적인 적수는 유사파인 라티아리아의 감독 팔라디우스였다. 그는 이 책을 저술하면서 아타니우스, 바질, 맹인 디두모 등의 성령론 논의를 참고했는데, 특히 디두모를 많이 참고하였다. 그는 우리의 몸이 하나님의 성전이고 성령의 전이라고 말하므로(고전3:16) 성령이 하나님이라고 해석할 수 있고, 고린도 후서 13장 13절에 성부, 성자, 성령을 함께 말하는 것과 사도행전 5장 3-4절에서 성령을 속인 것이 하나님을 속인 것이라고 말하므로 하나님이라고 해석할 수 있다고 하였다. 성령을 빛(사10:17; 신4:24; 행2:2-3), 생명(겔1:20; 요6:63), 무한성(시:139:7) 등과 같은 비유를 통해 하나님이심을 간접적으로 알 수 있다. 성령은 지식, 감정, 의지를 가진 인격적인 존재이고, 성령은 성부와 성자에게서 나온다고 하여 어거스틴의 필리오큐베의 주장에 기여하였다. 성령은 창조(창1:2)하시고 보존하시며, 성부와 성자와 같이 생명이시고 믿는 자들의 중생의 사역을 하신다.

  암부로시우스는 서방에서 아리우스파에 대해 정통교회의 교리가 승리하는데 가장 중요한 공헌을 하였고, 황제의 권한이 교회에 과도하게 간섭하는 것을 방지하여 교회의 독자적인 영적인 권한을 확보하는데 기여하였다. 그는 영적인 성경해석을 통해 어거스틴이 회심하는데 중요한 영향을 미쳤다.

더 읽어야 할 책과 논문들

이은혜. "암브로시우스는 콘스탄티누스주의적 감독(Constantinian Bishop)인가?: 대립과 결탁: 감독 암브로시우스와 3명의 황제들."「장신논단」, Vol.45 No.4 (2013): 117-140.
조병하. "4세기 성령에 대한 논쟁과 성령론 (1) : 암브로시우스 성령론을 중심으로."「기념논문집」, Vol.25 (2001): 413-429.
조병하. "가난한 자에 대한 암브로시우스의 교훈: "습관적 선행과 유용함"."「성경과 신학」, Vol.58 (2011): 185-211.
조병하.『교부들의 신학사상』. 서울: 그리심, 2005.
Haendler, Gert. 조병하 역.『테르툴리아누스부터 암브로시우스까지 : 서방교회 2세기 말~4세기 말』. 천안: 호서대학교 출판부, 2013.
Greenslande, S. L. 이상훈/이은혜 역.『초기 라틴 신학 : 테르툴리아누스, 키프리아누스, 암브로시우스, 제롬의 저작으로부터』. 서울: 두란노아카데미, 2011.

제16장
제롬

(Jerome, 342-420)

제롬은 신구약 성경을 라틴어로 번역한 불가타 성경을 만들어 중세교회의 표준 성경으로 사용되도록 하였다. 그는 이 성경을 번역하는 과정에서 외경은 정경으로 인정하지 않았다. 그는 금욕주의를 실천하면서 수도원 운동에 참여했는데, 펠라기우스와 논쟁하면서 은혜의 금욕주의를 주장하였다.

1. 생애

제롬(Jerome, 342-420)은 영어식 이름이고, 라틴어의 이름은 히에로니무스(Sophronius Eusebius Hieronymus)이다. 제롬은 달마티아(Dalmatia)의 아퀼레이아 교외에 있는 스트리돈(Stridon)에서 342년경에 태어났다. 그의 부모는 유복한 기독교인이었지만, 그는 20대가 될 무렵까지 기독교인 신앙을 갖지 않았다. 그는 삶의 전반부를 당대 문화의 중심지였던 로마에서 보냈다. 그는 유복한 부모의 재정적 도움을 받아 친구 보노수스(Bonosus)와 더불어 로마에서 당대 삼학의 필수과목이었던 문법과 수사학, 변증학을 배웠다. 그는 그곳에서 354년경에 유명한 문법학자 아일리우스 도나투스(Aelius Donatus) 밑에서 교육을 받았다. 그는 라틴 고전을, 특히 키케로(Cicero)와 버질(Virgil)의 작품을 배웠다. 그가 로마에서 생활할 때 당시 이미 기독교가 공인된 지 40여년이 되었지만, 아직도 도처에 전통종교를 신봉하는 자들이 많이 있었고, 제롬 또한 처음에는 이러한 전통 사상에 관심을 가지고 자유 분방하게 지냈다. 그는 이러한 생활을 하면서도 자신의 양심을 달래기 위해 주일에 순교자들과 사도들의 묘지가 있는 카타콤을 방문하기도 하였다. 이러한 경험이 그에게 지옥의 두려움을 생각나게 만들었고, 질병에 걸렸다가 치유 받은 경험 등을 통해 기독교 신앙에 대해 관심을 갖게 되었다. 그러다가 그는

366년에 리베리오 감독으로부터 세례를 받고 로마를 떠나 가울 지방의 트리에르(Trier) 지역으로 가서 신학교육을 받았다. 이때 그는 터툴리안, 키프리안, 힐러리 등 유명한 라틴 교부들의 저서를 탐독하였다. 연구 활동을 계속 하다가 곧 여러 지역을 여행한 뒤, 370년경 고향인 아퀼레이아로 돌아와 수도사가 되었다. 여기서 금욕생활을 위한 공동체를 만들었으나, 그는 불화를 잘 일으키는 성격이어서 이 공동체는 3년 만에 무너졌다.

373년에 예루살렘을 순례한 뒤 안디옥으로 건너가서 라오디게아의 아폴리나리오스 감독에게서 성경 주석 방법과 헬라어를 배웠다. 그는 여기서 373년 겨울에 중병에 걸려 고생하고 있을 때, 예수님의 환상을 본 후에 은둔하며 수도에만 전념하기로 결심하고 안디옥 동편에 있는 칼키스(Chalcis) 광야로 가서 그곳에 사는 많은 은수자들과 더불어 5년 동안 기도와 고행, 공부에만 힘쓰며 엄격한 수도 생활을 하였다. 그는 이곳 사막을 성도들의 무리 외에는 어떤 거주자도 없는 곳인 참된 낙원이라고 묘사하였다. 그는 이렇게 엄격한 금욕주의 생활을 하면서도 지적인 쾌락의 삶과 함께 육체적인 쾌락에 아주 강하게 유혹을 받는 것을 발견했다. 그는 한 서신에서 "잦은 철야 후에, 나의 마음 속 깊은 곳에서부터 나오는 과거의 죄에 대한 기억 때문에 흘린 눈물 후에, 나는 (로마의 희극작가인) 플라우투스의 책을 꺼내들곤 했다"고 기록하고 있다. 그에게 지적 쾌락과 육체적인 쾌락은 실은 유사한 유혹이었다. 이 기간 동안 그는 종종 이러한 수도 생활을 계속할 것인지 그만둘 것인지 망설이고 있을 때, 꿈속에 예수가 나타나 그에게 "너는 키케로의 추종자이지, 그리스도인이 아니다. 네 보화가 있는 곳에 네 마음이 있기 때문이다"라고 꾸중했다고 한다. 꿈에서 깨어난 그는 자신이 받는 유혹을 뿌리치기 위한 한 방편으로 어느 랍비로부터 히브리어를 배워 성경 연구를 하였으며, 테베스의 성 파울루스에 관한 전기를 집필하였다.

그는 그 후 은수자들 사이에서 아리우스의 이단여부에 관한 문제로 서로 대립하여 분열하는 상황이 발생하자 환멸을 느껴 379년에 안디옥으로 돌아갔다. 그는 안디옥의 감독인 파울리누스(Paulinus)에게서 사제 임명을 받고 잠시 그의 곁에 머물렀다. 그는 파울리누스를 지원하려는 목적에서 멜레티우스의 이단 논쟁에 개입하였다. 이때부터 그는 대부분의 시간을 성경의 라틴어 번역에만 보냈으나, 그 당시에 있었던 몇몇 반그리스도적인 주장들, 가령 마리아의 동정성 부인이나 사제 독신 철폐, 성인들의 유해 공경 반대에 대해서 반박하는 글을 집필하기도 하였다.

381년에 제롬은 콘스탄티노플에 가서 이곳에서 열린 공의회에 참석하였다. 그는 또한 나지안주스의 그레고리 감독의 강의를 듣고 오리겐의 성서 주석 방법에 매료되었으며, 닛사의 그레고리 감독과도 교류를 가졌다. 이때 그는 나지안주스의 그레고리의 권유로 오리겐의 기독교 옹호서적과 유세비우스의 교회사 등의 문헌들을 그리스어에서 라틴어로 번역하였다. 그의 뛰어난 외국어 학식은 곧 세상에 널리 유명세를 띠게 되어, 로마에까지 전해지게 되었다.

그리하여 382년에는 파울리누스와 에피파니우스와 더불어 로마로 가 공의회에 참석하고, 자신은 교황 다마수스 1세의 비서가 되어 그를 보좌하게 되었다. 제롬의 학식에 대한 소문을 익히 들었던 다마수스 1세는 그에게 성서를 라틴어로 새로 번역하는 대업을 맡겼다. 이미 교회에는 라틴어로 번역된 성서가 여러 개 있었지만, 다마수스 1세는 교회에서 공식적으로 인정할 수 있는 유일한 라틴어 성서본을 만들고 싶었던 것이다. 교황의 제의에 따라 제롬은 4복음서와 파울루스 서신 그리고 시편의 라틴어 사본을 만들기 시작하면서, 성모 마리아가 예수 외에도 여러 명의 자녀를 두었다고 주장한 헬비디우스의 이론에 반박하는 글을 쓰기도

하였다.

그는 로마에서 금욕적인 삶에 관심이 있는 사람들을 만났다. 그들은 주로 제롬과 서신을 주고받았던 여인들로서 파울라와 그녀의 딸인 블레실라, 유스도키움, 이 무리의 가장 연장자인 마르켈루스라였다. 마르켈루스라는 제롬과 다른 사람들에게 히브리어 연구와 기도, 그리고 시편을 노래하기 위한 모임 장소를 제공했다. 이와 같이 그는 당시 로마의 사회 풍토를 사치와 냉담이 만연하다고 보고 비탄하여 교황 및 상류층 사람들의 지원을 등에 업고 귀족 부인들을 금욕적인 생활을 하며 성서 연구로 인도하였다. 더 나아가 수많은 시민들을 상대로 하여 사제 독신과 수도생활의 이상에 대한 열정을 고취시켰다. 그는 귀족 부인들에게 합리적인 생활 방식으로서 금욕주의를 실천하도록 권면했다. 그는 금욕주의 삶을 살겠다고 결정했기 때문에 교만해지지 말도록 경계하였고, 마르켈루스에게 보낸 편지에서는 성경구절들을 인용하면서 죄와 싸우도록 격려하였다. 그렇지만 그는 귀족부인들에게 몬타누스주의자들과 노바티안주의자들의 극단적인 금욕주의자들을 경계하도록 지도하였다.

다마수스 교황은 제롬에게 많은 호의를 베풀었으나 후임자인 시리키우스(Siricius)는 제롬에게 특별한 호의를 베풀지 않았다. 또한 주위의 몇몇 반대자들은 제롬이 귀부인들의 집에 출입하는 것을 비난하였다. 그래서 그는 385년 8월에 로마를 떠나 안디옥으로 다시 가서 자신을 따르는 사람들을 규합한 다음 이집트의 니트리아 사막의 은수자들을 방문하였다. 그리고 그는 386년에는 팔레스타인으로 와서 베들레헴에 수도원을 세우고 정착하여 420년 죽을 때까지 지속하였다.

그는 394년 어거스틴과 연대하여 당시 교회의 골칫거리였던 펠라기우스 교단을 몰아내는 데 성공하였다. 이에 앙심을 품은 펠라기우스 지지자들이 416년에 무장을 한 채 베들레헴 수도원에 쳐들어와 수도원을 불태우고 그를 해치려고 하였으나, 무사히 빠져나와 목숨을 부지하였다. 제롬은 420년 9월 30일 80살의 나이에 베들레헴의 수도원에서 죽었다.

2. 성경번역과 저술

그는 다마수스 감독의 지시로 라틴어 성경 번역을 시작했었는데, 베들레헴이 정착한 이후에 성경 번역과 연구를 지속하였다. 당시 제롬은 성경의 정확한 라틴어 번역 본문을 제작해야 할 필요성을 절감하고 있었다. 왜냐하면 당시에 번역본들의 번역과 복사 과정에서 오류들이 발생하여 원문에서 벗어나고 있었기 때문이다. 그러므로 본문비평을 통해 정확한 성경 번역본을 제작해야만 한다. 그는 이미 로마에 있는 동안인 382-5년 사이에 이전의 라틴어 번역본을 토대로 복음서의 새로운 표준판을 만들었다. 그러므로 제롬은 4복음서를 번역하였지만, 나머지 신약성경은 번역하지 않았다.

그는 390년 이전에 사무엘과 말라기의 서문에서 성경적인 책들과 지혜서와 집회서, 유딧서와 토비아스를 목록에서 제외하고 외경에 들어있는 특별한 것들을 구약성경 목록에 집어넣는다. 395년에 파울리누스에게 보내는 편지에서 그는 신약성경을 포함한 다른 목록을 제공한다.

그는 386년에 성서의 라틴어 번역 작업을 재개하여 406년에 작업을 완성했는데, 이것이 바로 불가타 성경이다. 이 불가타 성경은 제롬이 역사적으로 남긴 가장 위대한 유산이다. 그는 점점 분열되어 동방과 서방을 잇는 고리였다. 당시 라틴어권 기독교 세계에서는 성경 원어를 아는 사람이 줄어들고 있었다. 이러한 시기에 동방을 여행하고 언어와 학문에 뛰어났던 제롬은 성경을 라틴어로 번역함으로써 동방과 서방을 이어주었다.

제롬은 좋은 교육을 받아 언어와 학문에 뛰어났다. 이 시기에 그는 기독교 저술뿐 아니라 비기독교 저술도 많이 있었던 도서관에서 연구할 수 있었다. 그는 히브리어, 그리스어 등 세 언어를 구사할 능력이 있었다. 헬라어를 배웠던 그는 시리아에서 유스타티우스(Eustathius)가 남긴 도서관을 사용할 수 있었다. 그곳에는 유스타티우스가 반대한 오리게네스의 글이 많이 있었다. 또한 동방에서 제롬은 주석과 신학에 대해 알게 되었다. 그는 안디옥에서 라오디케아의 아폴리나리스(Apollinaris of Laodicea)에게서 배웠으며, 알렉산드리아에 짧게 머물 때 디디무스(Didymus)에게서 배웠다. 그래서 그는 디디무스의 『성령론』(De Spiritu sancto)을 라틴어로 번역했다. 하지만 그는 오리게네스의 저술에서 더 많이 배웠다. 그래서 그는 오리게네스의 이사야서 설교문 9편, 예레미야서 설교문 14편, 에스겔서 설교문 14편 등을 라틴어로 번역했다.

그는 386-7년 사이에는 구역의 라틴어 성경과 70인역을 토대로 시편, 욥기, 연대기, 솔로몬의 책들을 번역하였다. 그는 다시 392년부터 히브리어 성경에서 직접 라틴어로 번역하는 작업을 시작하여 406년까지 번역을 완성하였다. 그는 신약과 비슷한 방식으로 구약의 이전의 라틴어 번역을 수정하기 시작했으나, 마침내 히브리어로부터 직접 번역하기로 결정하였다. 그는 407년에 아람어역에서 유딧서와 토비트서를 번역하였다. 제롬은 성경을 번역하는 과정에서 번역자의 책임에 대해 겸손한 자세를 취했다. 그는 오경의 서문에서 선지자와 해석자 사이를 분명하게 구별했다. 선지자는 영감되었지만, 해석자는 학식과 좋은 어휘, 의미의 이해에 관한 도움을 얻어 그 본문을 번역한다는 것이다.

그의 동시대인들과 달리, 그는 히브리 성경과 외경 사이의 차이를 강조하였다. 그의 불가타 번역 성경의 서문에서, 그는 히브리어 성경에서 발견되지 않는 70인 역에 들어있는 외경들을 정경이 아니라고 설명한다.

이 성서의 머리말은 우리가 히브리어에서 라틴어로 번역한 모든 책에 대한 "헬멧을 쓴" 안내의 역할을 할 수 있다. 그래서 우리 목록에서 발견되지 않는 것은 외경들 가운데 배치되어야 한다는 것을 확신 할 수 있다. 그러므로 일반적으로 솔로몬의 이름을 지닌 지혜서와 시락의 아들 예수의 책과 유딧서, 토비야서, 목자는 정경에서 발견되지 않는다.

불가타 성경을 번역할 때 그는 히브리어 성경만 번역하고, 외경들은 번역을 회피하였다. 하지만 내외적으로 번역의 압력이 가중되자, 그는 마지못해 외경들을 번역하면서, 교회의 책이라고 정경과 구분하여 언급하였다. 그리고, 불가타 성경 서문에 교회의 책들에 대하여 "읽어서 신앙에 유익하지만 교리를 도출하면 안 된다"라고 하여 동방교회 교부들의 관점에 동조하였다.

그의 새로운 성경 번역은 처음에 좋은 반응을 얻지 못하고 적대적인 반응을 만났다. 이것은 사람들이 익숙하지 않은 새로운 성경이 낯설었기 때문일 것이다. 제롬이 번역한 라틴어판 구약성경은 루피누스에 의해 멸시를 당했다.

그는 406년에 성경 번역을 완성한 후에 420년 세상을 떠날 때까지 많은 성경 주석들을 저술하였다. 그는 이 주석에서 기존의 번역본보다는 원래의 히브리어 성경을 사용하였다. 그의 주석들은 자주 유대 전통과 밀접하게 연합되어 있지만, 또한 그는 필로와 알렉산드리아 학파의 방식을 따라 알레고리와 신비적인 미묘함을 탐닉하기도 한다. 제롬의 주석서들을 세 부류로 분류된다. 첫째는 오리겐이 한 예레미야서에 대한 14개의 설교와 에스겔서에 대한 동일한 숫자의 설교를 포함하여 헬라의 선구자들의 번역인데, 380년경 콘스탄티노플에서 번역하였다. 383년 로마에서 오리겐의 아가서에 대한 두 개의 설교의 번역, 베들레헴에서 389년경에 누가복음에 대한 39개의 설교를 번역하였다. 다음으로 구약성경에 대한 독창적인 주석들이 있다. 그가 베들레헴에 정착하기 이전과 이후의 5년간의 시기에 이루어진 구약 연구의 짧은 시리즈들이 여기에 속한다. 세 번째로 신약주석들은 빌레몬, 갈라디아서, 그리고 디도서 주석(387-388), 마태복음(389), 마가복음, 누가복음과 계시록에 대한 선택된 본문들과 요한복음 서론에 대한 주석이 있다. 그는 376년 안디옥 체류기간에 수도사 『파울라의 삶』, 데베의 성 바울의 전기인 『바울의 삶』, 수도사 『말키우스의 삶』(391), 『힐라리온의 삶』 등을 저술하였다.

그 결과 제롬은 4세기 초 이집트에서 시작되어 동방 교회에 널리 퍼졌던 수도원 운동을 서방에 소개하게 되었다. 서방 라틴 기독교 세계가 풍요로울수록 제롬은 금욕적 삶을 보다 더 강조하게 되었다. 아타나시우스의 『안토니우스의 삶』(Vita Antonii)과 같이 제롬이 저술한 『힐라리우스의 삶』(Vita Hilarionis), 『말키우스의 삶』(Vita Malchi), 『파울라의 삶』(Vita Pauli) 등은 서방의 금욕주의적 운동에 큰 영향을 주었다.

3. 금욕주의와 수도원 생활

제롬은 동방의 수도사들과 함께 생활하면서 인간의 의지로 금욕주의를 실천하여 완전에 이를 수 있다는 입장을 가지고 엄격한 금욕주의를 주장하였다. 이러한 그의 입장은 390년에 펠라기우스주의자인 조비니아누스와의 논쟁에서 구체적으로 나타났다. 조비니아누스는 로마에서 제롬의 엄격한 금욕주의를 비판하면서 처녀로 사는 것이 결코 결혼한 부인들의 삶보다 우월하지 않다고 주장하였다. 그는 온전한 믿음으로 세례받은 사람은 마귀의 세력 하에 놓일 수 없다고 하였다. 인간은 세례를 통해서 창조 때 받았던 인간의 의지를 회복하기 때문에, 누구나 자신의 의지로 노력을 하면 완전한 상태에 이를 수 있기 때문에 결혼을 했느냐? 안 했느냐? 하는 것이 중요한 것이 아니라고 주장하였다. 그리고 결혼에 대해 금욕주의적인 자세를 취하는 것은 마니교도들의 입장을 취하는 것이라고 비판하였다. 당시에 마니교도들은 결혼을 통해서 자녀를 낳는 것은 인간의 육체를 통해서 빛의 왕국을 어둡게 하는 것으로 보고 결혼을 하지 못하도록 하였고, 결혼한 사람들도 자녀를 낳지 못하도록 교육하고 있었다. 그러나 조비니아누스는 하나님이 창조한 것이 선하다는 오리겐의 입장을 받아들이고 그리스도인의 완전에 대한 가능성을 수용하여 기독교의 정통성을 유지하고자 하였다. 그리고 금식을 하는 것이 감사하면서 자유롭게 먹는 것보다 더 낫지 않으며, 금욕주의로 사는 것이 더 좋은 상급을 받지도 않는다고 주장하였다. 조비니아누스는 금욕주의의 여부와 관계없이 그리스도인의 완전은 완전한 믿음과 신의 내재 속에서 세례로 이루어진다고 주장하였다.

이러한 조비니아누스의 비판을 받은 제롬은 390년에 그의 입장을 『조비니아누스에 대한 반론』(Adversus Jovinianum)에서 엄격한 금욕주의의 견지에서 밝혔다. 그는 결혼한 사람보다 독신으로 사는 사람이 영적으로 우월하고 완전하다고 보았다. 그는 결혼한 사람은 율법에 매여 있으며 성적 의무가 있고 자녀를 양육해야 하는 것에 매이지만 독신은 금욕적 순결을 통해 그러한 것들에서 자유로우며 그리스도와의 진정한 결혼으로 연결된다고 하였다. 이 시기에 제롬은 인간이 자신의 자유의지를 가지고 노력하여 금욕주의의 완전에 이를 수 있다고 보았고, 그리하여 엄격한 금욕주의를 추구하였다. 심지어 그가 로마에 있을 때 그의 금욕주의의 지도를 따른 프로바의 딸인 블레실라가 사망하는 사건이 발생하기도 하였다. 이러한 사건 때문에 그는 비난을 받게 되었고 재정적인 어려움에 봉착하면서 로마를 떠나 베들레헴에 정착하게 되었다.

그는 베들레헴에 정착하게 된 후에 펠라기우스와 논쟁을 하면서 엄격한 금욕주의에서 온건한 금욕주의로 입장을 바꾸게 되었다. 펠라기우스는 당시에 운명에 기반을 둔 마니교의 금욕주의와 결혼을 부정하며 엄격한 금욕주의를 주장하는 제롬을 비판하기 위하여 오리겐의 창조의 선성에 기초하여 인간의 선함을 강조하였다. 펠라기우스는 인간의 선함에 기초하여 도덕적 금욕주의를 주장하였다. 그는 413년에 결혼을 포기하고 수녀로 살기로 결정한 귀족 출신의 처녀인 데메트리우스에게 보낸 편지에서 인간은 자연적 본성을 따라서 행동할 수 있도록 선한 본성이 내재되어 있다고 보았다. 하나님은 인간을 그의 형상에 따라 선하게 창조하셨다. 그러므로 인간이 소유하고 있는 자연적인 능력으로서의 하나님의 형상은 하나님의 은혜요 선물이었다. 하나님은 인간이 선악을 강요에 의해서가 아니라 자유롭게 선택할 수 있는 자유의지를 주셨다. 그러므로 인간은 자신의 자유의지를 가지고 악을 피하고 선을 행할 수 있도록 훈련을 할 수 있다. 인간은 자유의지를 가지고 하나님의 율법을 따라서 선을 따라 완전을 추구하는 절제의 삶을 살아야 하고, 여기서 인간의 행복을 누릴 수 있다는 도덕주의적인 금욕주의를 제시하였다. 그리고 펠라기우스는 제롬의 극단적 금욕주의를 공격하였다.

이러한 펠라기우스 공격을 받은 제롬은 414년에 데메트리우스에게 보낸 편지에서 기도, 금식, 순종, 그리고 그리스도를 위한 물질의 포기 등을 설명하면서 금욕주의에 대한 자신의 입장을 엄격주의에서 온건주의로 이동시키고 있다. 이러한 금욕주의에 대한 그의 입장 변화에는 인간의 의지와 하나님의 은혜에 대한 그의 견해의 변화가 자리잡고 있다. 그는 초기에는 하나님께서 인간에게 선악을 선택할 수 있는 자유의지를 주어 창조했다고 믿었다. 인간이 자유로운 선택을 할 수 있는 의지를 가지고 있어야 상급을 받을 수 있다. 그런데 414년에 편지를 보낼 때는 로마서 9장의 "원하는 자로 말미암음도 아니고 달음박질 하는 자로 말미암음도 아니요 오직 긍휼히 여기시는 하나님으로 말미암음이니라"를 인용하면서 인간이 노력한다 해도 상급은 그 노력에서 오는 것이 아니라 하나님의 은혜에 달려 있다고 언급한다. 그는 펠라기우스와 논쟁하면서 인간의 능력의 한계를 강조하게 되는데, 417년에 『펠라기우스 논박을 위한 대화』(Dialogus contra Pelagianos)에서 인간의 창조된 본성에 나타난다는 인간의 가능성에 대한 논박이었고, 둘째로 인간의 의지에 따라 하나님의 율법을 준수하여 인간의 완전에 이를 수 있다는 낙관주의적 인간관을 비판하였다. 417년에 이르면 그는 인간의 의지가 선을 행하는데 하나님의 은혜가 필요하다는 주장을 전개하게 되었다. 인간이 의지적으로 활동하는데도 하나님의 은혜가 작용해야 선을 행할 수 있다. 인간의 의지는 창조 시에 주어진 하나님의 은혜일 뿐만 아니라, 그 이후에도 하나님의 은혜가 지속적으로 작용해야 이루어지는 인간의 행동이다. 그러므로 이 시기 제롬의 금욕주의는 펠라기우스의 도덕적 금욕주의와 비교하여 은혜의 금욕주의라고 할 수 있다.

둘째로 인간이 세례를 통해 창조시에 주어진 인간 의지의 완전함에 이를 수 있고, 이러한 인간의 의지의 노력을 통해 금욕주의의 완전에 이를 수 있다는 펠라기우스의 입장을 제롬은 비판한다. 그는 인간은 완전에 이를 수 없다고 보았다. 인간은 불완전하다는 것을 아는데서 완전하다. 그에게 있어서 불쌍한 인간의 연약함과 불완전한 완전함은 하나님의 은혜에 의존해야만 하며, 인간의 모든 성취는 하나님의 자비로우심에서 나올 수 밖에 없었다. 제롬은 이와 같이 후기로 갈수록 인간 의지보다 하나님의 은혜를 강조하면서 은혜에 기초한 은혜의 금욕주의를 주장하였다. 그리고 그의 이러한 펠라기우스에 대한 비판은 어거스틴의 펠라기우스에 대한 비판의 앞길을 준비한 셈이었다.

4. 고전과 기독교

제롬은 자신이 받은 교육적 배경인 그리스 고전과 기독교를 연결시키려 했다. 그래서 그는 키케로의 이상(理想)과 기독교 신앙을 하나로 만들어 당대의 지성인들에게 기독교를 학문적으로 변호하려 했다. 하지만 오늘날도 그러하듯이, 키케로의 이상과 기독교 신앙을 하나로 만들려는 이러한 변호는 쉬운 일이 아니었다. 제롬은 꿈을 꾼 지 9년 후인 384년에 유스토키움(Eustochium)에게 편지를 보내서 비기독교 저술을 읽지 말라고 권고하면서 자신의 꿈에 대해 회상한다. 375년 당시에 그는 기독교 금욕주의자가 되겠다고 결심했지만 키케로나 플라우투스(Plautus)의 책을 훔치고 싶다는 욕망 때문에 몇 시간씩 금식기도를 해야만 했다고 한다. 그는 수년 동안 성경공부를 했지만, 여전히 구약의 선지자들은 그가 즐겨 읽었던 이방 작가들의 글에 비하면 지독히 혐오스럽게 느껴졌다. 그러면서 열병을 앓게 되어 뼈만 남게 된 어느 날 환상 가운데 자신의 장례식이 준비되는 것을 보게 되었다. 갑자기 그의 영혼이 눈을 뜰 수 없이 찬란한 빛을 입은 심판자 앞으로 끌어 올라갔다. "너는 누구냐?" 하는 질문에 "저는 그리스도입니다"라고 대답하자, 질문자는 "거짓말, 너는 기독교인이 아니라 키케로주의자이다(Ciceronianus es, non Christianus). 이는 네 보물이 있는 곳에 네 마음도 있기 때문이다"라고 책망하셨다. 나는 순간적으로 할 말을 잃었고, (심판의 선고대로) 채찍질을 당했는데, 신체적인 고통보다 양심의 불로 인한 가슴의 고통이 더 아프게 느껴졌다." 결국 그는 소리를 지르며 맹세했다. "주여, 내가 만일 세상적인 책들을 다시 소유한다면, 아니 그런 책을 다시 읽기만 해도, 주님을 배반한 것으로 여기겠나이다!" 잠에서 깨고 보니 그의 어깨엔 시커먼 멍이 들어 있었다."

이러한 꿈의 이야기를 하는 것을 보면 그는 이방 학문을 버리고 완전히 기독교 학자로 회심했다고 볼 수 있겠지만, 실상은 그렇게 간단하지 않았다. 이러한 전환 과정은 점진적인 것이었다. 그는 꿈을 해설하면서 "그때 이후로 나는 인간의 책들에 쏟았던 것보다 훨씬 더 큰 열심을 가지고 하나님의 책들을 읽게 되었다"고 말한다. 학문에 대한 갈증의 대상을 세상의 학문에서 거룩한 학문으로 바꾸면서 해결하여 나갔다.

실제로 그는 그 이후에도 성경을 번역하거나 성경을 주석하면서 세속 학문을 지속적으로 사용하였다. 그는 라틴어뿐만 아니라 헬라어와 히브리에 대한 상당한 실력을 가지고 있어서 성경을 번역할 수 있었다. 그러므로 기독교를 위해 세속 학문을 사용하는 것은 허용될 수 있을 것이다. 이러한 입장에서 그는 그 꿈을 꾼 후에도 계속 세속 학문을 활용하며, 성경을 해석하고 주석할 때 언어적 지식과 고전에 대한 지식을 사용함으로써 세속 학문도 기독교적 바탕에서 사용하면 의미가 있음을 보여주었다. 그는 수도사들을 위해 키케로 대화편을 필사했으며 수도원을 세웠던 베들레헴에서 버질과 키케로를 가르쳤다. 그의 글은 고전 작품의 인용으로 가득 차 있다. 나중에 아퀼레이아의 루피누스(Rufinus of Aquileia)가 이 점을 지적하자, 제롬은 비기독교인 저술가를 인용하는 것이 잘못이 아닌 것처럼 대답한다. 그는 "꿈은 헛되며 믿을 만한 가치가 없다고 가르친" 선지서를 인용함으로써 사실상 자신의 꿈을 부정하기까지 했다. 따라서 제롬의 꿈은 고전 학문을 지나치게 높게 평가하는 것을 경계하는 말로 해석되어야 할 것이다. 이러한 의미에서 볼 때 제롬의 입장이 "모든 것이 하나님이 내신 것이니 감사함으로 받으면 모두 유익하며", "모든 지식을 사로잡아 그리스도께 바쳐야 한다"는 신약성경의 가르침에 일치한다고 여길 수 있다. 그래서 코크레인(Cochrane)의 지적처럼, 그가 베들레헴에서 특히 기독교적인 학문을 세우려 했다고 평가할 수 있다. 제롬이 베들레헴에 34년 동안 머물면서 글을 가장 많이 쓴 까닭도 여기에 있어 보인다. 그가 번역한 라틴어역 벌게이트 성경은 기독교 학문을 나타내는 최고의 업적들 중 하나가 되었다. 그 번역을 위해 그는 당시 세속 학문의 최고 도구들을 총동원했다. 제롬은 그 번역을 통해 히브리어와 헬라어로만 느낄 수 있는 많은 문헌학적 뉘앙스를 라틴어 대중에게 알려 주었고, 그럼으로써 서방의 기독교 문화를 창설한 사람들 중 한 명이 되었다.

5. 성경 주석과 설교

제롬은 주로 구약성경을 주석했는데 대선지서들과 소선지서들의 모든 책들을 주석한 고대 저술가이고, 신약은 마태복음과 바울 서신들 가운데 몇 권을 주석하였다. 제롬이 구약성경의 책들을 주석하는 것을 자신의 특별한 사명으로 여긴 것은 구약이 신약보다 훨씬 더 이해하기 어렵기 때문이었다. 그는 이러한 성경책들을 주석하고 해석하는 과정에서 유대 랍비들의 자료들과 함께 안디옥 학파와 알렉산드리아 학파의 성경 해석 방법을 이용하였다. 그는 어렵게 히브리어를 공부하였던 덕분으로 구약성경을 히브리어 본문으로 이용할 수 있었을 뿐만 아니라 유대 랍비들의 해석들을 이용할 수 있었다. 유대 랍비들의 성경 해석은 미드라쉬를 중심으로 한 학가다와 율법들의 실제적인 적용을 중심으로 한 할라카의 두 종류가 있었는데, 그는 이 양자를 그의 주석에 이용하였다.

제롬은 유대인 학자 가운데 알렉산드리아의 필로의 이론에 영향을 받았다. 제롬은 필로를 교회적인 저술가로 여겼다. 필로는 학가다와 할라

카를 이용했을 뿐만 아니라, 성경의 문자적인 해석으로 발생하는 불가능성과 불합리성을 스토아 학파의 윤리성과 플라톤 학파의 우주론에 근거한 알레고리의 해석 방법을 사용함으로 해결할 수 있다는 것을 발견하였다. 이러한 알레고리의 해석 방법은 알렉산드리아 학파에 퍼졌는데, 특히 오리겐에게서 현저하였다. 제롬은 초기의 성경 해석에서 오리겐의 영향을 받아 받았다. 그러나 오리겐의 알레고리의 해석 방법에 대해 안디옥 학파는 문자적인 해석을 중시하면서 비판하였다. 안디옥 학파는 성경 본문의 역사적인 근거를 주장했고, 성경은 가능한 한 문자적으로 해석해야 한다고 주장하였다. 문자적 해석이 이루어질 수 없는 유일한 경우에 모형론적인 의미나 알레고리의 영적 의미가 탐구되어야 한다.

 제롬은 자신의 성경 해석에서 이러한 여러 성경 해석방법을 절충적으로 사용하여 최선의 결과를 얻고자 하였다. 그의 성경 주석의 목적은 분명하지 않은 내용을 논하고, 분명한 내용을 말하고, 의심스러운 내용을 자세하게 설명하는 것이었다. 제롬은 자신에 앞선 다양한 학자들의 견해를 참조하여 논평하면서 자신의 주석을 하였다.

 제롬은 성경의 문자적인 의미에 큰 가치를 두었다. 그는 이사야의 소명에 대해 웃시야를 비롯한 관련된 왕들에 대한 문자적인 해석을 한 후에 영적인 해석을 한다. 제롬은 문자적이고 역사적인 의미에 우선순위를 두는 안디옥 학파의 강조점을 따르면서도 그리스도인들이 성경 구절의 보다 깊고 완전한 의미를 찾으려면 알레고리의 영적인 해석방법의 도움을 받아야 한다고 이해하였다. 그의 알레고리의 해석방법은 상당 부분 오리겐의 해석을 차용한 것이 드러난다. 이와 같이 초기에 오리겐의 주석에 상당히 의존하던 그의 해석 방법은 393-402년에 일어난 오리겐 논쟁 이후에는 오리겐의 성경 해석에 대해 상당히 비판적이 되어갔다. 이러한 경향은 예레미야 주석에서 뚜렷하게 나타난다.

그러므로 제롬의 성경 해석은 안디옥의 성경 해석 방법을 따르면서 동시에 알렉산드리아의 해석 방법도 차용한다는 것을 알 수 있다. 그와 함께 유대인 랍비들의 해석 전통도 사용하고 있다.

박철우 교수는 제롬의 전도서 주석을 구체적으로 분석하고 있다. 제롬은 성경 주석에서 알레고리 해석을 많이 한 것으로 알려져 있지만 전도서를 실제 분석해 보면 전체 해석 가운데 1/5정도만이 알레고리 해석을 하였고 나머지 부분에서는 문자적인 해석을 하고 있다. 388-9년경에 이루어진 그의 전도서 주석은 처음으로 히브리어를 바탕으로 이루어진 라틴어 주석이다. 이 주석은 오리겐 논쟁 이전에 저술되었는데, 알레고리보다 문자적인 해석이 훨씬 더 많은 특성을 나타내고 있다. 그의 전도서 주석은 본문 상호 연관성의 활용을 통하여 정경적 관점에서 이 본문들이 어떤 의미를 가지는지 이해하는데 많은 도움을 준다. 이와 함께 고대 유대인들의 본문 해석 전통을 이해하고 이를 바탕으로 한 본문 해석과 어휘해석에 많은 도움을 준다. 그리고 알레고리의 해석을 할 경우에도 문자적인 해석을 바탕으로 그 의미를 명확히 하려는 경우가 많다. 알레고리 해석도 기독론적이며 신약의 범위를 벗어나지 않고 있다. 그러므로 그의 전도서 주석을 토대로 보면 제롬의 성경 해석이 일방적으로 알레고리라고 단정하기 어렵고 오히려 본문의 문자적인 의미를 중시한 것으로 볼 수 있겠다.

이경직 교수는 마가복음 1장 1-12절에 근거한 제롬의 설교를 분석하고 있는데, 이 설교에서 고전교육과 금욕주의의 삶의 태도를 나타내고 있다고 한다. 그와 함께 문자적인 해석을 하면서도 오리겐의 알레고리적인 해석이 많이 이루어진다는 점도 지적한다. 이 설교는 제롬의 75번째 설교인데, 먼저 4복음서의 특징을 서로 다른 동물의 얼굴을 통해 나타낸다. 요한 계시록 4장 6-8절과 에스겔서 1장 5-8절에 나오는 네 얼굴을 지닌 생물을 통해 4복음서의 같음과 다름을 드러내려 한다. 마태복음에 인간의 얼굴이 있고, 누가복음에 소의 얼굴이 있고 요한복음에 독수리의 얼굴이 있듯이, 마가복음에는 광야에서 부르짖는 사자의 얼굴이 있다. 그래서 1절에서 밝히는 복음의 시작이 두려움을 불러일으키는 사자의 포효로 시작함을 강조한다. 3절에서 "너희는 주의 길을 예비하라. 그의 첩경을 평탄케 하라"는 이사야서를 인용한다. 여기서 종의 신분인 세례 요한이 광야에서 외치는 소리이며, 주인인 예수는 말씀이라는 점을 강조한다. 또한 '요셉의 아들의 복음의 시작'이 아니라, '하나님의 아들 예수 그리스도'의 복음의 시작이라는 점이 강조된다. 여기서 율법의 종말과 복음의 시작이 대조되면서 강조된다. 이를 통해 제롬은 첫머리에서 예수의 족보를 다루어 요셉이 예수의 아버지임을 밝혀 인간의 얼굴로 이해한 마태복음과 하나님의 아들 예수 그리스도의 복음으로 시작하는 마가복음을 대조시키는 효과를 얻는다. 실제로 마태복음은 다른 복음서에 비해 기독교의 유대적 전통과 계승을 강조하는 복음서이다.

이어서 제롬은 이사야서 인용문에 대해 문헌 비평을 한다. 그는 히브리어원문과 70인역을 살펴보아도 3절의 인용문이 이사야서에 없고 말라기에 나와 있다고 지적한다. 그렇지만 제롬은 마가복음도 성령으로 영감된 정경임을 인정하며 합리적인 설명을 제공하고자 한다. 제롬은 이 구절이 모순되어 보인다는 포르피리(Porphyry)의 비난을 먼저 소개한 후에, 성경 해석 역시 기도하게 하시는 성령의 영감을 통해 이루어져야 한다고 믿는다고 말한다. 제롬은 문제가 제기된 구절이 말라기 본문과 일치한다는 점을 인정한다. 더 나아가서 말라기 본문이 마가복음 1장에서 말하는 세례 요한을 가리키고 있다고 주장한다. 하지만 마가복음에서 이사야서를 인용했다고 하는 부분을 1장 2절-3절로 여기지 않고 1장 3절로만 여긴다. 3절에 나오는 "기록된 것 같이"가 "광야에 외치는 자의 소리가 있어 가로되 너희는 주의 길을 예비하라. 그의 첩경을 평탄케 하라"에만 걸리는 구절로 여긴다. 그렇다면 마가가 말라기 본문을 추가한 까닭은 어디에 있을까? 제롬에 따르면, 마가는 이사야서 본문에서 '광야에서 외치는 자'로 소개되는 인물인 세례 요한이 하나님께서 보내신 사자라는 사실을 증명하려 했다. 이 때 그는 자신의 말을 덧붙이기보다 다른 선지자의 말을 인용함으로써 증명의 권위를 높이려 했고, 그래서 말라기 본문을 추가했다는 것이다. 이러한 본문 비평적 해석은 제롬의 성경 해석이 일차적으로 철저한 문법적 해석에 근거를 두고 있음을 잘 드러낸다. 본문의 구문론적 구조를 밝힘으로써 이사야서 인용이 2-3절 전체가 아니라 3절에 불과하다는 사실을 드러낸다. 이를 통해 외견상의 모순을 피해가며, 성령의 영감으로 쓰여진 책이 성경이라는 기본 신념을 유지한다.

제롬은 세례 요한이 '광야에' 있었다는 점을 강조하여 금욕주의적인 삶을 제시한다. 누가복음에 따르면, 세례 요한은 스가랴 제사장의 아들이기 때문에 세례 요한이 있어야 할 곳은 광야가 아니라 성전이다. 특히 스가랴는 대제사장의 임무를 맡고 있었다. 제롬은 그 근거를 누가복음 외에도 그의 이름이 대제사장 명단으로 들어있는 다른 히브리 저술들에서 찾는다. 이는 제롬이 정경 뿐 아니라 다른 자료들도 폭넓게 활용하고 있음을 잘 보여준다.

여기서 제롬은 세례 요한이 '대제사장'임을 강조한다. 참된 하나님이신 그리스도께서 오실 것을 아는 사람만이 대제사장일 수 있기 때문이다. 이를 통해 세례 요한은 한편으로는 왕의 행차를 알리는 사자(使者), 즉 선지자로서, 또 다른 한편으로는 참된 하나님께서 오실 것을 아는 대제사장으로 제시된다. 이를 통해 제롬은 성직자 모델을 세례요한에서 찾는다. 제롬에 따르면, 세례 요한은 군중들로 붐비는 성전에서 그리스도를 찾지 않았다. 도리어 그는 군중이 없고 그리스도만 볼 수 있는 광야로 물러났다. 제롬은 사제의 이러한 삶을 행복한 삶이라고 여긴다. 세례 요한에 대한 이러한 해석은 제롬의 금욕적 삶으로 실현된다. 이와 같이 제롬은 금욕적 삶의 모델을 세례 요한에게서만 찾지 않는다.

제롬은 이 설교에서 이러한 문자적인 해석을 하면서 동시에 자신이 필요하다고 판단하는 곳에서는 알레고리적인 해석을 한다. 제롬은 세례 요한의 세례를 회개할 때 용서로 주어지는 율법적인 회개로 은혜로 주어지는 예수의 세례의 선구라고 해석한다. 그는 이를 정당화하기 위해 '요단' 강에는 '아래로 흐른다'는 뜻이 담겨 있으며, 율법은 아래로 흐르는 물이라고 말한다. 요한은 세례를 통해 유대인이 율법의 보호 아래에 있도록 한다. 유대인은 율법과 관련해서만 세례를 받기 때문이다. 그는 요한의 음식인 '메뚜기'를 영적으로 해석함으로써 율법의 기능과 한계를 생생하게 묘사한다. 그에 따르면, 메뚜기는 새와 파충류 사이에 있는 작은 생물이다. 메뚜기 날개로는 제대로 날지 못하여 땅에 떨어진다. 제롬은 율법을 이러한 메뚜기에 비유한다. 인간은 율법을 통해 우상 숭배의 잘못에서 벗어난 것 같지만, 하늘에까지 날아 올라갈 수는 없다. 제롬은 요한의 가죽으로 된 허리띠에 주목한다. 그에 따르면, 요한은 율법 안에서 가죽띠를 띠었다. 거친 욕망을 막기 위해 요한은 허리에 가죽띠를 매었다. 세례 요한이 먹은 거친 꿀(석청) 약대 털옷을 입고 있다는 사실에도 의미를 부여한다. 그에 따르면, 약대 털옷은 율법을 뜻한다.

이와 같이 제롬은 주석에서와 같이 설교에서도 문자적인 설명으로 충분히 해석되는 곳에서는 문자적인 해석을 하지만, 자신이 필요하다고 판단되는 곳에서는 알레고리에 따른 영적인 해석을 하고 있다. 이러한 점에서 제롬은 오리겐을 완전히 벗어나지 못했다는 것을 알 수 있다. 설교자는 성경 말씀의 객관적 의미를 주관적 상황에 적용하는 해석을 할 수

밖에 없다. 그래서 제롬은 생애 후반부에 오리겐을 반대하는 입장에 서서 오리겐의 이론을 비판하려 했지만, 성경을 주해할 때는 필요한 경우에 오리겐의 저술을 참조하였다. 성경의 문자적 의미가 모순되게 보이거나 윤리적이지 않아 보일 때에 제롬은 오리겐의 알레고리의 방법을 사용했다.

더 읽어야 할 책과 논문들

Maraval, Pierre. 남성현 역. 『제롬(히에로니무스)의 생애와 편지』. 서울: 엠애드, 2006.

김경수. "히에로니무스의 금욕주의 : 펠라기우스 논쟁을 중심으로."「西洋中世史硏究」, Vol.38 (2016): 121-156.

김경수. "제롬(Jerome)의 금욕주의와 결혼에 관한 연구."「한국기독교신학논총」, Vol.79 No.1 (2012): 83-107.

박철우. "히에로니무스 전도서 주석의 알레고리적 특징에 대한 재평가."「신학사상」, Vol.157 (2012): 37-77.

박철우. "히에로니무스의 전도서 1장 1-11절 번역과 주석의 특징에 관한 연구."「구약논단」, Vol.17 No.1 (2011): 108-132.

이경직. "히에로니무스의 삶과 성경 해석."「진리논단」, No.7 (2002): 173-193.

제17장
아우구스티누스

(Augustinus, 354−430)

어거스틴은 초대교회의 동서방 신학의 집대성자라고 말할 수 있다. 초대교회에서 중세교회로 넘어가는 과도기의 인물로서 초대교회가 직면했던 다양한 신학적인 문제들에 대한 답변을 제시하는 수많은 책들을 저술하여 중세교회 발전의 토대를 구축하였다. 특히 그의 교회관은 중세교회의 제도적인 발전의 토대가 되었고, 그의 은총론은 나중에 루터의 종교개혁의 토대가 되었다.

1. 교육과 회심과정

어거스틴은 영어식 이름이고, 라틴어식 이름은 아우구스티누스이다. 어거스틴은 북아프리카의 타가스테에서 출생했는데, 아버지 파트리키우스는 이교도였으나, 어머니 모니카는 그리스도인이었다. 모니카는 부유한 그리스교 가정에서 아주 엄격한 교육을 받으며 자랐다. 그녀는 어린 시절에 받았던 기독교 신앙을 바탕으로 경건한 삶을 살면서 불신자였던 남편을 사랑으로 섬겼고, 아들인 어거스틴도 신앙으로 교육하고자 하였다. 어거스틴은 어머니에 대해 자녀를 양육할 때 바른 길에서 미끄러져 떠나려고 할 때마다 해산하는 고통과 수고를 다했다고 회상하였다.(고백록 9. 12. 33, 30) 그의 가족은 아버지를 제외하고는 모두 신앙생활을 했으며, 어거스틴도 신앙생활을 하고 있었다. 그는 신앙을 가지고 있었으나 사춘기에 마니교에 빠지면서 기독교를 떠나게 되었다. 그의 부모들은 좋은 교육을 시켜 신분상승을 시키고자 하는 열망을 가지고 있었는데, 그는 이러한 출세를 위한 공부에 큰 흥미를 느끼지 못하였다. 그는 타가스테에서 교육을 받은 후 더 나은 교육을 받기 위해 13세에 마다우라로 가게 되었다. 이곳에서 웅변술과 수사학을 교육받는 동안 그는 문학작품과 연극을 즐기고, 정욕의 생활에 빠져들었는데 가정의 경제가 어려워져

16세에 학업을 포기하고 고향으로 돌아왔다.

　그는 고향에서 심한 좌절의 1년을 보낸 후에 타가스테의 부유한 시인 로마니아누스의 도움으로 카르타고로 교육을 받으러 떠나게 되었다. 그는 370년 가을에 카르타고에서 수사학을 공부하기 시작했는데, 이 때에 "무엇을 사랑해야 옳은지, 사랑하기를 좋아하면서 찾아 헤매고 안전을 멀리한 채 모험을 찾아 정처 없이 방황했다"고 서술하였다.(고백록 3.1.1.) 그가 카르타고에 도착해서 로마로 떠났던 383년까지의 시기는 그에게 새로운 지적 세계가 열리면서 진리를 찾아 방황하던 시기로 볼 수 있겠다. 그는 여기서 연극에 심취하였고 일 년 뒤에는 동거를 시작하여 372년에 아데오다투스라는 아들을 얻었다. 그는 바로 그 해에 기독교를 떠나 마니교에 입교하였다. 그는 이러한 정욕을 쫓는 생활을 하면서도 수사학 공부에서는 좋은 성적을 거두고 있었으며, 373년에 철학을 공부하도록 권면하는 키케로의 글 『호르텐시우스』를 읽고 불멸의 지혜와 진리를 추구하는 철학에 심취하게 된다. 그는 이 때 성경을 읽어보기도 했으나 성경의 문장은 아름다운 문장도 아니고 키케로에 필적하는 수사학적 위엄을 갖추지 못한 소박한 글로 보여 실망하였다. 그는 기독교에서 실망하면서 마니교에서 선악에 대한 답을 찾고자 하였다. 마니교는 이원론에 입각하여 선악을 설명하였다. 선과 악은 원초적으로 분리되어 대립하는 원리이며, 이 세상은 악의 원리의 잘못된 행동으로 혼란스러워졌다는 것이었다. 그는 마니교의 이원론에서 자신의 정욕에 물든 타락한 생활이 악의 원리에서 기인한 것이라 정당화하여 죄책감을 줄일 수가 있었다. 이 마니교는 그에게 선악논법에 근거한 수사학적 변론의 논리적 근거까지 제시해 주었다. 이 때 그는 아리스토텔레스의 십 범주론을 읽었으며 하나님도 이 가변적인 10범주에 속한다고 생각하게 되었다.

　그는 4년 동안 수사학 공부를 마치고 375년에 고향인 타가스테로 돌아왔다. 어머니는 그가 마니교에 빠진 것을 알고 그를 집에 들이고자 하지 않을 정도로 아들과 불화하게 되었다. 그러나 그는 오히려 이곳에서 수사학 교수로 2년 동안 활동하면서 마니교의 포교활동을 하였다(375-6). 그는 이곳에서 알리피우스를 알게 되었고 마니교도였던 다른 친구가 갑자기 죽으면서 가톨릭교회로 돌아가는 충격을 경험하였다. 그는 376년 다시 카르타고로 돌아가 수사학 교사로서 생활하였다. 그는 시작 대회에서 우승하여 승리의 화관을 받았고, 380년에 마니교의 이원적 선악관에 기초하여 『조화와 미』라는 책을 써서 아름다움은 일원(Monad)인 조화와 일치에 있고 악은 불일치이고 분열적인 이원(Duad)이라고 설명하였다. 그는 이 책에서 육체적인 아름다움만을 설명할 뿐 정신적이거나 영적인 아름다움에는 아직 눈을 뜨지 못하고 있었다.

그는 이곳에서 생활하는 동안에 점차로 마니교에 대해 회의하게 되었다. 그들이 설명하는 우주관이나 창조관이 다른 철학자들의 설명보다 더 낫지 못했으며 자연법칙만 나열하고 경건함과 영적 생활이 없는 그의 가르침에 실망하고 있었다. 그런 와중에 파우스트라는 마니교 지도자를 만났으나 그는 어거스틴의 의문에 대해 전혀 답을 해주지 못했다. 그래서 어거스틴은 382년에 9년간의 마니교 생활을 청산하게 되었다. 그렇지만 그들과의 교류 자체를 끊은 것은 아니었다. 그는 학생들이 수업에 열의가 없고 무질서한 열악한 카르타고의 교육환경에서 벗어나 출세의 길을 추구하고자 로마로 향하게 되었다. 물론 어머니 모니카는 극구 만류하였으나 어머니를 속이고 로마행 배를 탔다.

어거스틴은 383년 로마에 도착하였다. 그는 이곳에서 시장인 심마쿠스를 알게 되었고, 아직도 마니교도들도 만나고 있었지만 점차로 회의주의 아카데미 학파의 사람들도 알게 되었다. 그는 마니교도들의 후원 속에서 전통 로마 종교의 부흥을 꾀하던 심마쿠스의 추천을 받아 384년에 밀라노의 수사학 교사로 가게 되었다. 그는 밀라노에서 386년까지 2년 동안 수사학 교사를 하였다. 그가 밀라노에 있는 동안 어머니 모니카가 그를 찾아 이곳에 왔다. 이곳에서 어거스틴은 그의 삶에 가장 영향을 미친 암브로시우스 밀라노 감독을 만나게 되었다. 당시 밀라노에는 정통기독교 세력을 대표하는 암브로시우스 감독, 전임 감독 아욱센티우스 추종자들로 대표되는 아리우스파, 전통 종교를 복고시키려는 심마쿠스의 세력 등이 각축하고 갈등하고 있었다. 그는 처음에 수사학적 관점에서 암브로시우스의 설교를 들으러 교회에 갔다. 그는 설교 형식을 들으러 갔는데 창세기에 대한 암브로시우스의 설교 내용이 그에게 들려오기 시작하였다. 암브로시우스가 창세기에 대한 알레고리적인 해석을 통해 영적인 의미를 설명해 줄 때, 어거스틴은 그 때까지 그를 사로잡고 있던 물질주의적인 사고에서 벗어나 새로운 세계로 들어가게 되었다. 구약성경의 영적 의미를 깨닫게 되면서, 구약의 율법과 예언서에 대한 마니교도들의 비난이 잘못된 것이라는 것을 알게 되었다. 그와 함께 암브로시우스의 설교를 통해 회의주의를 벗어나 참된 진리를 알 수 있는 가능성을 발견하였다. 그는 아직도 황제를 비롯한 권력자들 주변에서 수사학적인 지식을 이용하여 출세하고자 노력하고 있었다. 그러던 어느 날 밀라노 시내에서 술에 만취해 호탕하게 웃으며 마치 천하가 자신의 것인 양 걸어가는 거지를 보면서 큰 충격을 받았다. 그 때의 그의 느낌과 충격을 다음과 같이 적고 있다. "나는 내 욕심과 세속적 정욕에 이끌려 나를 이렇게 비참함과 괴로움의 사슬에 스스로 얽매이고 있으며, 갈수록 더 큰 비애와 고난으로 빠져 들어가 있다. 그러나 우리는 아직 한 번도 저 거지가 몇 푼을 가지고도 느끼는 바와 같은 행복감으로 춤추어 본 일이 없지 않은가? 나는 수년동안 구하고 애를 써도 한 번도 소유하지 못한 기쁨이 아닌가?"(고백록 6.6.9) 그는 친구들과 이 거지에 대해 이야기하면서 "나는 지쳐버리고 말았다"고 고백하고 있었다.(고백록 6.6.10) 그는 이 때 어머니의 요구에 응하여 지금까지 동거하던 여인과 헤어지고, 정식 결혼을 하고자 하였다. 그런데 그는 약혼한 처녀와 결혼을 기다리는 2년 동안에 다시 다른 여인에게 접근하는 자신의 정욕에 사로잡힌 모습에 절망하게 되었다. "나는 쾌락의 노예로서 한 애인을 택했을 뿐이었고 그녀를 아내로 맞이하려고 한 것은 아니었습니다. 병든 내 영혼은 육체적 쾌락의 노예가 되어 더욱 곪아 갔습니다. 그러나 처음 여자와 헤어질 때 받은 상처는 아물지 않았고 더욱 심하게 곪아갔으며 나의 방탕한 생활은 시간이 흐르면 흐를수록 절망적으로 깊어만 갔습니다."(고백록 6.15.25)

이러한 고통의 시간 속에서도 어거스틴은 진리를 향한 추구를 포기하지 않았다. 그는 로마에 와서 사상적 공허감에 시달리면서 키케로의 『아카데미 학파에 관하여』라는 책을 읽었다. 그는 이 때 플라톤과 접하게 되었다. 아카데미 학파는 회의주의를 주장하면서 우리는 진리에서 최상의 가능성에 도달할 수 있을 뿐 절대적 확실성에 이를 수 없다고 주장하였다. 그는 이러한 회의주의 속에서 출세에 대한 강한 욕망을 가지고 밀라노에 왔는데, 암브로시우스의 설교를 통해 확실하고 영원한 진리에 대한 강한 도전을 받게 되었다. 이러한 진리에 대한 도전을 받고 있을 때 그는 밀라노에서 신플라톤주의자들을 만나게 되었다. 당시 밀라노에 3세기 후반에 활동했던 플로티누스에 의해 발전된 신플라톤주의 사상이 퍼져 있었는데, 386년 초에 어거스틴은 서적들을 통해 이 사상에 접하게 되었다. 그는 플로티누스의 작품들이 라틴어로 번역된 책들을 읽은 것으로 보인다. 이 당시에 마리우스 빅토리누스가 플로티누스와 신플라톤주의자들의 책을 라틴어로 번역하였다. 그는 배교자 율리안 황제가 기독교 신앙을 버리도록 강요할 때 국립 수사학교 교수직을 버리고 기독교인이 되었던 인물이다. 또한 어거스틴의 회심에 직접적으로 영향을 미쳤던 심플리키아누스가 있었다. 그는 암브로시우스의 대부 역할을 했던 인물이고, 그가 죽은 후 397년에 밀라노의 감독이 되었던 인물이다. 이들은 이미 신플라톤주의를 기독교적인 시각에서 받아들이고 있었던 인물들이었고, 어거스틴은 이들이 번역한 신플라톤주의의 책들을 읽으면서 신플라톤주의를 자연스럽게 기독교와 관련시키게 되었다. 당시 신플라톤주의는 진리를 가장 절대적으로 파악하게 해주는 철학이자 그리스도교를 이론적으로 설명하는데 필요한 아주 적절한 논리를 제공하는 것으로 간주되고 있었다. 플로티누스의 신플라톤주의는 어거스틴의 신학적 사상을 형성하는데 큰 영향을 미쳤다. 첫째 플로티누스는 일자, 정신, 영의 유출설을 주장한다. 둘째 영이 물질세계를 창조하였다. 셋째 악은 물질과 관련된 것으로 실재하는 것이 아니라, 선의 부재이다. 이러한 주장들은 어거스틴이 마니교에서 받은 물질주의적인 신관과 함께 악의 문제를 극복하는데 도움을 주었을 뿐만 아니라, 후에 어거스틴의 신학사상이 전개되는데 중요한 영향을 미쳤다. 그는 이 서적들을 읽은 후에 거의 같은 의미가 요한복음 초반에 기록되어 있다는 것을 알게 되었다.(고백록 7.9.13) 그러나 그들의 글을 통해서는 말씀이 육신이 되었다는 요한의 글들을 이해할 수 없었다. 따라서 그는 신플라톤주의에서 발견할 수 없었던 성육신의 진리를 성경에서 발견하였고, 그래서 신플라톤주의를 버리고 성경에게로 나아갔다고 강조한다. 그리고 자신이 사도 바울의 서신들을 열심히 읽었다고 설명한다. 그는 이제 신플라톤주의에서 기독교로 넘어가는 단계에 있었다. 이미 지성적으로는 상당히 기독교를 향하여 나아가고 있었다.

그는 신플라톤주의의 책들을 읽으면서 마니교의 사상적인 영향을 극복하고 회의주의를 벗어나 확실한 진리에 대한 믿음을 가지게 되었다. 신플라톤주의의 사상의 영향과 함께 암브로시우스의 설교를 들으면서 그는 바울에 대해 관심을 가지게 되었다. 그는 철학자가 되는 것보다는 올바른 신앙의 진리를 찾는데 더 관심이 있었다. 그는 어린 시절에 이미 기독교를 접하였기 때문이었다. 그래서 신플라톤주의의 저술들과 성경을 읽으면서 지적인 회심을 체험하고 있었다.

그렇지만 그의 도덕적인 생활은 아직도 과거의 정욕적인 삶의 굴레를 벗어나지 못하고 있었다. 그는 이러한 도덕적인 결단을 위해 고심하고 있을 때 심플리키아누스를 찾아갔다. 그는 이미 노년에 접어들어 풍부한 신앙적 경험과 깊은 학문을 가지고 있어서 그의 상담자 역할을 하기에 적합한 인물이었다. 그의 고민을 듣고 있던 심플리키아누스는 그에게 빅토리누스의 이야기를 해 주었다. 그는 빅토리누스의 이야기를 듣고 그를 닮고 싶다는 생각이 불같이 일어났다고 고백하고 있다.(고백록 8.5.10.) 그렇지만 그것은 뜻대로 되지 않아서 그는 심하게 괴로워하며 번민했다. "옛 것과 새 것이라는 나의 두 의지가 하나는 육에서, 하나는 영에서 나와서 싸울 때 나의 영혼은 분열되었고 나는 한층 더 고통스러운 날들을 보내게 되었다."(고백록 8.5.10) 그는 현세적 안락과 육체적인 쾌락을 추구하고자 하는 내적 욕구를 다스리기가 너무나 어려웠다. 그래서 그는 "조금만 조금만 하면서도 이 잠에서 속히 깨어 날 줄을 몰랐습니다"라고 기록하고 있다.(고백록 5.10.12.) 그의 지성은 이미 기독교의 가르침을 받아들이고 있었으나 그의 마음과 몸은 여전히 세상의 쾌락을 벗어나지 못하고 있었다. 그래서 세상 일에 지치고 힘들 때는 종종 교회를 찾고 하였다. 그는 성서를 가까이 하면서 특히 바울 서신을 열심히 읽었다. 그는 어느 날 폰티키아누스를 통해 이집트의 사막의 수도사인 성 안토니우스의 이야기를 듣게 되었다. 그의 이야기는 어거스틴에게 이제 삶에서의 결단을 촉구하고 있었다. 그가 거주하던 곳에 정원이 하나 인접되어 있었다. 그는 그 정원으로 들어가 기도하며 가슴 속의 응어리진 모든 고통과 고민을 털어놓았다. 그 때의 심경에 대해 그는 "나는 점점 미쳐 죽어가고 있었습니다. 생명과 죽음에 대한 투쟁으로 나는 미쳐 죽어갔습니다"라고 말한다. 이렇게 투쟁이 일어나는 마음에서 하늘로 가는 길은 멀지 않았으나, 배를 타거나 걸어서 갈 수 없고 "오직 그곳에 가고자 하는 강한 의지가 있어야" 가는 곳이었다.(고백록 8.8.19.) 그의 마음속에서 두 개의 의지가 싸우며 분열되어 있었기 때문에 그곳에 갈 수 없었다. 그의 마음속에서 번뇌에 쌓인 기도를 하고 있을 때, 그는 통곡하고 있었다. 그가 정원의 무화과나무 아래 엎드려 "언제까지 입니까? 언제까지 입니까? 내일입니까? 내일입니까? 왜 지금은 아닙니까? 왜 이 순간에 나의 더러운 생활을 깨끗이 끝내지 못하는 것입니까?" 라고 통곡하며 부르짖었다. 그 때 갑자기 이웃집에서 "집어서 읽어라 집어서 읽어라(Tolle et Lege)"라는 어린 아이의 노래 소리가 들려왔다. 그 때 그는 성경책을 펴서 제일 먼저 눈에 띄는 곳을 읽었다. 그곳은 로마서 13장 13-14절로 다음과 같이 기록되어 있었다. "낮에와 같이 단정히 행하고 방탕과 술취하지 말며 음란과 호색하지 말며 쟁투와 시기하지 말고 오직 주 예수 그리스도로 옷 입고 정욕을 위하여 육신의 일을 도모하지 말라." 이 구절을 읽은 후에 즉시 확실성의 빛이 그의 마음에 들어와 의심을 그림자를 몰아 내었다. 이 장면은 그의 고백록의 가장 극적인 장면이고 어거스틴의 회심의 완성의 순간이었다. 그는 이제 진리를 찾아 헤매던 오랜 방황을 끝내고 지적인 회심과 심령의 회심을 완성하고 영혼의 안식을 찾게 되었다. 그는 이 세상의 명예와 부와 감각적 쾌락을 추구하던 삶을 청산하고 주님을 향하여 돌아서는 결단을 하게 되었다. 이 두 회심은 시차를 두고 일어났지만 분리된 것이 아니라 상호의존 되어 전개되었다. 그는 이 때 수사학 교사의 직책을 포기하게 되었다. 그가 수사학 교수직을 포기한 것은 "당신의 면전에서 내 혀를 사용하여 언변을 팔았던 시장에서 물러나려는" 결심을 따른 것이었고(고백록 9.1.2) 건강이 나빠져 호흡하기도 힘들고 폐가 나빠져서 휴식이 필요했기 때문이었다.

2. 카시키아쿰에서의 삶의 정리와 초기 저술들

그는 수사학의 교수직을 그만 둔 후인 386년 9월부터 387년 3월까지 어머니 모니카와 친구인 알리피우스 등과 함께 밀라노의 한 정원에서 토론을 하면서 자신의 삶을 정리하고 세례를 준비하는 시간을 가졌다. 이곳에서의 생활은 후에 어거스틴의 수도원의 모형이 된 측면도 있지만, 이곳 생활의 정수는 헬라적 사유와 히브리적 사유가 만나서 정리되는 토론이었다. 이 토론은 『아카데미학파의 반박』(Contra Academicos) 『복된 삶』(De Beata Vita) 『질서론』(De Ordine) 『독백』(Solioquia) 등의 4권의 책으로 정리되었다. 이 책들은 일반적으로 카시키아쿰의 대화록이라고 불린다. 이 대화록은 초기 어거스틴의 사상을 이해하는데 가장 중요한 자료들이다.

대화록 가운데 첫 번째로 기록된 것이 『아카데미학파의 반박』이었다. 이 책은 당시 회의주의 사상의 대변자였던 키케로의 저술인 『아카데미카』(Academica)를 참고하여 회의주의의 사상을 비판하고 인식의 확실성을 확립하려는 책이었다. 아카데미 학파는 감각기관의 인식이 진실하다는 에피쿠로스학파와 스토아학파의 자연주의적인 인식의 확실성을 비판하고자 하였다. 이 학파는 감각기관이 외부의 사물을 올바르게 인식할 수 없기 때문에 진리의 확실성에 도달할 수 없다는 것이다. 어거스틴은 회의주의자들의 사유에 있어서 어떤 확실성에 도달할 수 없지만 행동에 있어서는 개연성에 도달할 수 있다는 주장을 비판하였다. 개연성에 도달하기 위해서는 진실에 유사해야 하며, 무엇이 진실에 유사한지를 알기 위해서는 진실 자체를 알지 않으면 안되기 때문이다. 잘못된 것이 있다는 판단은 그 이전에 잘못되지 않은 올바른 상태가 있기 때문에 그러한 사유가 가능하다는 것이다. 더구나 윤리도덕의 문제에서 생각하면, 삶이 잘못된 길에 서는 것은 그릇된 길을 가기 때문이기도 하지만 바른 길을 따르지 않기 때문이기도 하다. 그렇기 때문에 부도덕을 논하는 것은 가능하다.

회의주의자들은 감각의 속임성이 근본적인 문제라고 주장하였다. 그러나 어거스틴은 감각을 전적으로 신뢰하는 것은 아니지만, 그렇다고 감각을 전혀 불신해야 하는 것도 아니라고 하였다. 감각은 오히려 이성에 도움을 주는 기관이다. 그는 이성도 절대적으로 신뢰할 수 없으며, 영혼의 도움을 통해야만 바른 지식에 도달할 수 있다는 것이다. 어거스틴은 아카데미학파에 대한 반박을 위해서는 아카데미학파의 대척점에 서 있는 주장, 즉 감각적 개별자들에 관한 무효화할 수 없는 파악이라는 스토아학파의 주장에 의해서가 아니라 믿음의 조명(照明)에 의해서 논의가 완성되어야 한다고 생각했다. 어거스틴은 자신의 전 저작을 통하여 확실성을 위한 근거들과 모든 인간적 앎을 위한 근거들을 기독교에 대한 믿음으로부터 이끌어낸다.

이 시기에 어거스틴은 신앙보다는 이성으로 더 올바른 진리에 도달하려는 입장이 강했다고 볼 수 있다. 30년이 지나 『재고록』(Retractations)을 쓸 때는 신플라톤주의와 그리스도교의 모순 없는 양립보다는 신플라톤주의의 오류와 해독으로부터 그리스도교를 방어해야 한다는 입장을 취하고 있다. 그럼에도 불구하고 중세에는 이성과 신앙을 조화하려는 생각이 지배하고 있었다는 점에서 어거스틴의 초기 사상의 영향이 크다는 것을 알 수 있다.

대화록 책들 가운데 두 번째 책은 『복된 삶』이다. 어거스틴은 자신의 진리 탐구의 삶을 폭풍 속의 항해에 비교하면서 지적인 오만이 진리의 항구에 이르는 가장 큰 방해자라고 선언한다. 그의 논의는 플라톤주의의 영향을 받아 악의 원천인 갈증은 결핍에서 연유한다고 주장한다. 다음으로 덕 있는 사람은 고통과 불행에도 불구하고 지복을 소유하는 반면에 악인은 아무리 부와 명성을 지녀도 그 영혼은 불행할 수 밖에 없다는 것이다. 왜냐하면 전자는 영원한 대상을 갈망하는 대신에 후자는 이 세상적인 추구하는데, 그것을 항상 잃어버릴 가능성이 있어서 이 세상의 걱정과 갈증에서 해방될 수 없기 때문이다. 여기서 그러면 행복한 삶이란 단순히 영원한 대상을 추구하는 것과 동일시되어야 하느냐? 아니면 그것을 소유해야 하느냐 하는 문제가 제기되었다. 아카데미학파는 지혜란 진리 추구와 동일시되므로 그것을 꼭 소유해야 되는 것은 아니었다. 그러나 그리스도인들은 진리를 추구하는 것으로 끝나서는 안 되고 진리를 소유해야만 한다. 어거스틴에게 있어서 행복해지는 길은 하나님의 지혜를 소유하는 길인데, 그 하나님의 지혜는 진리이신 하나님의 아들 그리스도라는 그의 확고한 인식과 선언에 기인한다. 이런 점에서 복된 삶은 진리를 소유하는 자가 행복하다는 그의 기본적인 인식을 기초로 하여 진리 소유 문제와 예수 그리스도와의 연관성을 축으로 한 기독론적 신인식을 통한 행복론이라고 말할 수 있다.

대화록들 가운데 세 번째 책은 『질서론』인데 2권으로 구성되어 있다. 제1권은 인간 의지와 별개로 존재하는 질서를 탐색하는데, 자연 세계의 현상에 대한 합리적 해설, 궁극적 질서(섭리하시는 하나님), 동물 세계의 질서를 다룬다. 제2권은 인간의 자세와 의지에 달린 질서를 다루는데, 현자의 삶에서 관찰되는 질서, 학예론, 철학함을 다루고 있다. 이곳에서 악은 인간의지와 관계없이 일어나는 자연적인 악과 인간의 의지가 개입된 도덕적 악의 두 부류로 분류된다. 자연적인 악의 경우에 그 발현된 악이 목적을 가지고 발생하느냐? 하는 것이 제일 문제가 된다. 대화자들은 자연적인 악도 목적을 가지고 행해지며 신의 섭리 안에 있다고 보았다. 인간에게 부당하게 보이는 악도 인간 중심적인 입장이 아니라 우주 질서 전체 속에서의 악이라는 종합적인 접근 태도를 가져야 올바르게 이해될 수 있다는 것이다. 악에 대한 어거스틴의 기본적인 입장은 악이 하나님의 창조물이 아니고 하나님과 같이 영원한 것이 아니라 일시적이고 잠정적인 비존재라는 것이다. 이런 면에서 악 또한 하나님의 통제 하에 놓여 있다. 그렇기 때문에 어거스틴은 동물의 세계에서 강자와 약자, 승리자와 패배자가 있고 동시에 그 속에서 자연의 질서의 아름다움이 있듯이, 하나님의 섭리 아래에서 악의 문제를 접근한다. 이런 점에서 어거스틴은 하나님의 섭리와 악의 기원에 관한 것을 질서의 측면에서 이해한다. 『질서론』에 따르면 질서는 하나님으로부터 오는 것이다. 그렇기에 하나님과 함께하는 인간은 질서를 따르는 인간이며, 하나님과 함께 있는 사람은 하나님을 인식한다.

  이 책은 마지막 부분에서 도덕적 훈련에 관해 토론한다. 훈련방법은 교육받지 못한 사람에게는 권위의 방법을 사용하고, 교육받은 이들에게는 이성적 방법이 더 효과적이다. 따라서 인문학적 훈련은 세계에 대한 섭리적 질서를 분별하는데 저해요인이 아니라, 신적인 것을 찾는데 적절한 수단이 된다고 보았다. 이러한 어거스틴의 인문학에 대한 자세가 자유 학예의 발전에 기여하였다. 이 질서의 개념을 중심으로 하여 어거스틴이 『질서론』에서 결정적으로 확립한 개념은 하나님의 불변성이었다. 어거스틴은 하나님의 섭리와 악의 문제를 다루면서 하나님의 불변성을 강조하였다. 그리고 하나님을 인식하고 소유함의 두 길로서 신앙과 이성을 제시하고, 이를 기초로 하여 그의 지식론과 인식론의 체계 및 방법론을 설정한다.

대화록들 가운데 네 번째 책은 『독백』이다. 앞에서 살핀 세 권의 책들이 이 모임에 참석한 사람들의 실제 대화를 토대로 작성된 것이었던 데 반해, 독백은 어거스틴이 이성과의 대화라는 형태를 취한 독백의 형태라는 점에서 구별된다. 앞의 책들에서는 믿음은 이성을 통하여 지적, 도덕적 성숙에 점진적으로 도달되는 것이라고 주장하였다. 반면에 이 책에서는 합리적 실천에 이르기 전에 믿음이 영혼을 오염된 신체로부터 정화시켜 주는 예비적 기능을 담당한다고 말함으로써 믿음을 더 강조하고 있다. 믿음이 하나님을 더 잘 보게 해 준다.

어거스틴이 『독백』을 통해 추구한 영혼의 문제는 하나님을 알고 영혼을 아는 것에 관한 것이다. 이와 같이 하나님과 영혼을 아는 것에 주력한 어거스틴은 진리와 함께 영혼의 불멸에 대해 논증을 시도한다. 그리하여 진리가 인간의 영혼에 있는 한, 인간의 영혼은 불멸한다는 추론적 결론을 내린다. 이러한 생각은 하나님조차 형태적인 것으로 생각하는 마니교와 확실성을 의심하는 회의주의를 배격하려는 어거스틴의 입장에서 기인한다. 이런 면에서 『독백』은 영혼의 본질과 불멸성의 문제를 논함을 통해 마니교와 회의주의를 비판하면서 하나님과 진리, 그리고 인간 영혼의 연결점인 영혼불멸의 유추적 확증을 통해 하나님의 불변성을 확고히 하는 신학적 논의이다. 이와 같은 불변성은 신과 진리 그리고 영혼을 연결하는 고리이므로 그는 그것을 확증하고자 끊임없이 시도하였다.

그는 이 토론을 끝내고 세례를 받기 위해 387년 3월에 밀라노로 돌아갔다. 그는 아들 아데오다투스와 친구 알리피우스 등과 함께 세례식에 필요한 교육을 받고 부활절 전날 밤에 세례를 받았다. 그는 세례를 받은 후에 모니카와 아들을 데리고 아프리카로 돌아가려고 여행을 시작하였다. 그들이 오스티아 항에서 아프리카로 출발하려고 했으나 반란이 일어나 어느 귀족의 집에서 머물고 있을 때 갑자기 모니카가 병에 걸려 세상을 떠났다. 어머니가 세상을 떠나기 며칠 전 어거스틴과 모니카는 대화를 나누던 중에 황홀한 환상적 희열을 체험하게 되었다. "우리는 당신이 만드신 모든 것을 명상하고, 말하고, 감탄하면서 오르다가 우리 마음의 가장 영적인 부분에까지 이르렀고, 나중에는 그것마저 초월하여 더 올라가 당신이 진리의 음식으로 항상 이스라엘을 먹이시는 곳, 다함이 없이 넘치는 그 풍부한 영역에 이르게 되었습니다."(고백록 9.10.24) 이 대화 속에서 모니카는 다음과 같은 유언 같은 말을 하였다. "사랑하는 내 아들아, 나는 이제 이 세상에서 해야 할 아무런 일들이 없음을 기뻐해도 될 것 같다. … 내가 그 동안 내 생명이 잠시라도 더 연장되었으면 하고 바랐던 것은 네가 합당한 그리스도인이 되는 것을 보고 죽었으면 했기 때문이다. 이제 나의 하나님께서 이 모든 것을 풍성히 이루어 주셨다."(고백록 9.10.26) 이러한 사랑에 넘치고 신비로운 체험을 한 후에 모니카는 세상을 떠났다. 그녀는 자신의 시신을 어디에 묻어도 좋다고 말하였다. 모니카의 삶은 아들에 대한 기도와 사랑과 헌신으로 이루어졌다. 아들이 참된 그리스도인이 되는 꿈을 이루기 위해 살아온 삶이었는데, 그 꿈이 온전하게 이루어지자 그를 떠나 하나님의 영원한 안식의 품으로 돌아갔다.

그는 어머니가 세상을 떠난 후에 로마로 가서 일 년 가까이 머물렀다. 그는 이곳에 머물면서 로마교회들과 주변의 수도원들을 둘러보았고, 여러 권의 책들을 저술하였다. 그는 밀라노에서 세례를 받은 후에 『영혼불멸론』(*De Immortalitate Animae*)을 저술했는데, 그 후속편이란 할 수 있는 『영혼의 크기에 대하여』(*De Quantitate Animae*)와 『자유의지론』(*De Libero Arbitrio*), 『가톨릭 교회의 관례와 마니교도의 관례』(*De Moribus Ecclesiae Catholicae et Moribus Manichaeorum*)를 저술하였다. 『영혼 불멸론』은 『독백』의 후속편으로 신플라톤주의 철학의 관점에서 저술되었다. 하나님이란 용어는 사용되지 않고 이성, 진리, 존재 등의 용어로 비유하여 사용된다. 영혼은 불멸하는데, 영원하고 불변하는 지식이 영혼 속에 존재하기 때문이다. 불변의 진리를 아는 것은 그것을 아는 자 속에 불변성을 함유할 때 가능하다는 것이다. 이성과 영혼의 관계를 보면 이성은 불변한 것이며, 이성은 영혼으로부터 분리될 수 없다. 그래서 영혼은 결코 소멸될 수 없다. 이성이 진실을 받아들이는 마음의 국면 또는 진실이 최고의 경지에 이르면 신(God)과 동일시할 수 있다는 의미도 지닌다. 이 점에서 이성은 가장 불변하는 것이며, 영혼과 결코 분리될 수 없으며, 그것은 최고의 경지에서 신과 동일시될 수 있는 성질의 것이다. 이러한 논의는 그리스도교의 믿음에 속한다기보다는 플로티누스적인 사유 구조의 성향이 짙게 드러난다.

『영혼의 크기에 대하여』는 에보디우스의 소박한 물질주의에 반대하는 어거스틴의 입장을 밝히려는 의도에서 저술되었다. 이 저술은 신플라톤주의의 색채도 없지 않지만 『영혼 불멸론』보다는 그리스도교의 색채가 강하다. 영혼은 창조되어 하나님과 구별되지만, 그래도 하나님과 유사하여 불변하다는 입장에서 출발한다. 그는 영혼 속의 생명을 그 힘의 등급에 따라 생명, 감각과 장소의 이동, 기억, 도덕적 선, 진리 그 자체에 대한 관조, 관조가 결실에 이르는 순간의 시작, 순간이 아닌 영속하는 상태로서의 시각의 7등급으로 구분한다. 이 마지막의 시각을 가지고 몸의 부활이나, 처녀 잉태, 성육신 등을 알게 된다. 그는 이 책에서 신플라톤주의의 이론에서 벗어나 육체가 신에 의해 창조되어 선하다고 보았고, 영혼과 육체가 다 불멸하며, 영혼과 육체가 다 하나님에 의해 창조되었다고 하였다. 그리고 신체뿐만 아니라 영혼도 죽을 수 있다고 하였다.

『자유의지론』은 1권은 로마에서 썼고, 2권과 3권은 아프리카에 돌아가서 썼는데, 3권은 395년 힙포의 감독이 될 때 마쳤다. 이 책의 저술 목적은 악의 기원을 밝히려는 것이었다. 그는 이 책에서 악의 기원이 하나님께 있는 것이 아니라 인간의 의지에 있다는 논리를 전개한다.

그는 388년 가을, 로마를 떠나 아프리카로 돌아갔고, 고향 타가스테에서 수도원적인 공동체 생활을 하였다. 3년 동안 공동체 생활을 하는 동안 그는 『마니교도에 반대하는 창세기론』(De Genesi contra Manichaeos), 『음악론』(De Musica) 『교사론』(De Magistro), 『참된 종교론』(De Vera Religione) 등을 썼다. 『참된 종교론』은 자신을 후원해 주었으며, 당시까지도 마니교도였던 로마니우스에게 기독교를 참된 종교로 소개하여 기독교로 인도하고자 저술하였다. 그는 이 책에서 신플라톤주의의 사상을 바탕으로 구원의 종교로서의 기독교를 설명하고자 하였다. 이 책의 저술 목적은 사람이 참다운 종교심을 가지고 한 분이신 참 하나님을 성부, 성자, 성령으로 섬기게 하려는 것이다. 참된 종교로서의 기독교는 시간적 경륜을 통해서 인간에게 베풀어졌으며, 사람들은 자신의 삶으로 하나님을 섬기기에 적합한 사람이 되어야 한다는 것을 밝히고자 하였다. 그리고 선악의 두 가지 본성으로 되어 있다는 마니교도들의 주장을 배척하고자 하였다. 참된 종교는 한 하나님을 예배하고 섬기며, 가장 깨끗한 경건함으로 한 분 하나님을 모든 본성들의 원리로 인식하는 데 존재한다.

이 책의 구조에 대해 학자들마다 분석하는 내용이 다르지만, 기독교를 구원론적인 참된 종교로 보는 구조가 가장 적합한 것으로 보인다. 이 책의 주제는 하나님께서 선하게 창조한 영혼이 타락하여 하나님께로부터 이탈했다가 하나님의 은혜를 통해 하나님께로 귀환하는 과정이다. 이 책은 서론, 본론, 결론의 세 부분으로 되어 있다. 서론은 하나님께 돌아가는 수단이 참된 종교인데, 하나님께서 시간적인 경륜 속에서 참된 종교를 전개하셨다. 이러한 하나님의 참된 종교의 전개는 창조, 타락, 구원의 과정으로 되어 있다. 귀환의 전제는 하나님께서 우리를 창조하셨는데, 삼위의 하나님께서 우리 영혼을 하나님을 향하도록 창조하셨다는 것이다. 그런데 이렇게 하나님을 향하도록 창조된 인간이 의지적으로 하나님으로부터 이탈하여 죄를 범하였고 그에 따른 벌을 받게 되었다. 그 결과로 인간은 창조주 대신 피조물을 섬기거나 자기 사고에 매몰될 때는 참된 종교에 이를 수 없게 되었고, 그 결과 하나님께 귀환할 필요성이 생겨났다. 인간이 의지를 사용하여 죄를 범하였고 그에 따른 벌을 받는데 이 죄와 벌이 악의 전체이다. 인간들이 의지를 잘못 사용하여 범죄 하게 되었다.

인간이 이렇게 범죄하고 타락하여 하나님을 벗어난 상태에 있으므로, 이제 하나님께 돌아가는 귀환을 시작해야 한다. 이 귀환은 하나님께서 형언할 수 없는 선하심에서 인간의 영혼을 치료하면서 시작된다. 이 치료의 길은 권위의 길과 이성의 길의 두 길이 있다. 권위의 길은 믿는 이들을 구원의 길로 불러주는 것으로 인간이 믿음으로 응답해야 한다. 그는 이 책에서 사람의 발전과 쇠퇴 과정을 여섯 단계로 나누었는데, 옛 사람과 새 사람으로 구분된다. 옛 사람은 여섯 단계가 있지만 정도의 차이일 뿐 육체를 따라 살고 현세적 사물에 대한 탐욕에 매인 삶을 산다. 반면 영적인 삶을 사는 새 사람은 영적인 진보에 따라 구분한다. 영적 감화가 큰 젖먹이 시기에서 시작하여 여섯째 단계인 하나님의 완전무결한 형상이 되는 시기에 이른다. 인간은 아담 이후 두 부류로 나누어지고, 역사도 두 가지 현상으로 구분된다 하여 신국론의 사상이 형성되기 시작한다.

인간은 믿음으로 응답하는 권위의 길에서 다음의 단계인 이해에 바탕을 둔 이성의 길로 나아가게 된다. 이성의 길은 자연적 생명, 예술에서 아름다움을 지각하는 판단 능력, 판단능력의 규범의 법칙으로서의 진리로 올라간다. 그리고 이 진리가 하나님이라는 인식에 이르게 된다. 이와 함께 인간은 세속적 쾌락의 삶에 매여 있기 때문에 여기서 의지적인 훈련을 통해 육체적 쾌락, 세속적 야심, 눈의 정욕을 극복해야 한다.

참된 종교는 이러한 과정을 통해 행복을 추구하는 길이고, 하나님께 귀환하는 길이며, 이 과정에서 하나님의 은혜가 작용하게 된다. 어거스틴은 이 책에서 자신의 초기 사상의 집약으로 하나님의 선한 창조물인 영혼이 하나님을 의지적으로 이탈하여 범죄한 후에 하나님의 은혜의 도움 속에서 이성적이고 의지적인 훈련을 통해 하나님께 돌아가는 과정을 제시하고 있다.

3. 성직자로서의 활동

그는 391년에 수도원 자리를 물색하러 히포에 잠깐 들렀다가 강요당하다시피 사제가 되었다. 그리고 396년에 히포의 감독 발레리우스가 세상을 떠나가 그를 이어 감독이 되었다. 그가 감독이 되자 성도들이 그의 회심 과정에 관심을 가지자 398년에 저술을 시작하여 400년에 완성한 책이 고백록이다. 그의 회심과정과 기억론과 영원한 안식론을 기록한 책이 고백록이다.

어거스틴은 히포의 감독이 된 후에 여러 개의 신학적인 논쟁을 했다. 그가 9년 동안 몸 담았다 떠났던 마니교도들과 논쟁하였고, 아프리카 지역에서 분립교회를 세웠던 도나투스파들과 논쟁하였다. 도나투스파 논쟁은 이들이 409년 히포에서 소요를 일으켰고 411년에는 유명한 가톨릭과 도나투스파 감독들의 히포 회의가 열리기도 했으나, 412년 1월 황제포고는 이들에게 조종을 울리게 하였다. 그리고 410년에는 로마제국 역사상 결정적인 대변혁을 일으켰던 고트족의 추장 알라릭의 로마 약탈 사건이 일어났다. 이 사건으로 로마의 귀족들이 로마를 탈출하여 히포로 몰려들었다. 이러한 가운데 어거스틴은 도나투스파와의 논쟁이 채 마무리되기도 전에 펠라기우스와의 논쟁에 말려들었다. 그와 함께 이러한 고트족의 약탈 사건이 로마제국이 전통종교를 버리고 기독교를 믿었기 때문에 발생한 것이라는 비난이 발생하자, 이러한 공격을 변호하기 위하여 신국론을 저술하였다. 그리고 교회의 성도들에게 삼위일체에 대한 올바른 신앙을 교육하기 위하여 삼위일체론을 저술하였다. 그는 이러한 다양한 저술들을 통해서 당시의 교회가 직면한 다양한 문제들을 해결하여 나갔다.

4. 『고백록』의 구조와 내용

어거스틴의 사상적 배경은 마니교와 신플라톤주의였으며 신플라톤주의 사상은 그가 마니교의 이원론과 회의주의 극복하고 영적 실재를 발견하는데 기여하였다. 어거스틴은 회심과정에서 신플라톤주의와 암브로시우스의 설교, 안토니우스의 생애, 빅토리누스의 회심, 로마서 13:13절의 독서의 영향을 받았다. 그는 신을 물질적으로 이해하고 있던 상황에서 신플라톤주의의 저술들을 통해 신의 초월성을 이해하게 되었고, 요한복음의 1장을 이해하는데 큰 도움을 받았다. 그는 신플라톤주의에 성육신 사상이 없는 문제점을 지적하지만, 그 이외의 측면에서는 기독교를 이해하는데 큰 도움을 받았다. 그는 밀라노에 도착하여 암브로시우스의 수사학적인 학식에 관심을 가지고 그의 설교를 들으러 갔다가 그를 통해 성경을 문자적인 해석이 아닌 영적인 해석을 하는 것을 알게 되었고, 그러한 과정에서 창세기 1장을 영적으로 이해하게 되었다. 그는 기독교를 지적으로 이해하였고 지적인 회심은 이루어졌으나, 그의 실제적인 삶의 회심은 이루어지지 않고 있었다. 이러한 실제적인 회심은 그의 출세하고자 하는 세속적인 야망과 성적인 탐닉의 생활을 청산하지 못한 것이었다. 이러한 그의 세속적인 출세욕을 포기하는 데는 바로 아타나시우스가 저술한 안토니우스의 생애와 로마원의 원로원 의원이었다가 그 직을 포기하고 기독교인이 되었던 빅토리누스의 이야기가 큰 도전이 되었다. 그와 함께 밀라노의 한 정원에서 고민하고 있을 때, 이웃집에서 들려오는 "들어서 읽어라"(Tolle et lege)라는 말을 듣고 탁자 위에 성경을 펼쳤을 때 그가 읽었던 로마서 13장 13-14절이 결정적인 계기가 되어 자신의 정욕의 삶을 포기하면서 참된 회심을 이루게 되었다. 이 과정을 책으로 쓴 것이 『고백록』이다.

어거스틴의 『고백록』의 내용 분석과 기독교 문학으로서의 특성

『고백록』은 어거스틴의 인생 여정에 관한 전기적 기록이자 회심과 세례라는 극적 전기 과정을 통해 하나님께 나아가는 과정을 그린 신앙의 내적 고백이고, 그의 사상사의 발전 과정에 대한 기록이다. 이 저작은 총 13권으로 구성되어 있다. 1. 어린 시절, 2. 사춘기의 분요함, 3. 카르타고의 학생시절과 마니교 입교, 4. 마니교에 빠짐, 5. 로마와 밀라노에서 마니교와의 결별, 6. 어거스틴의 정신적 방황의 지속, 7. 플라톤주의의 영향, 8. 회심을 위한 마지막 싸움, 9. 세례와 어머니 모니카의 죽음, 10. 기억의 신비, 11. 시간과 영원, 12. 창세기 1장에 나오는 천지의 뜻, 13. 창조주 되신 삼위일체의 하나님(세계 창조와 그 은유적 해석)으로 되어 있다. 이 13장의 제목이 보여주는 바와 같이 이 책은 그 자신이 문제의식으로 가지고 있었던 원죄의 문제, 선악의 본질, 시간과 영원의 문제,

창조와 자유의지, 은혜와 구원 같은 신학적 주제들을 풀어나가고 있다.

이 책은 서양 문학사에서 고백 문학의 원형으로 평가받고 있다. 어거스틴은 자신이 걸어온 삶의 궤적을 회상하면서, 자신의 내면, 사상이 어떻게 변화해 갔는지 가감 없이 기록하고 있다. 이 책은 그런 면에서 단순한 전기적 기록을 넘어선 내면의 진실된 성찰록이라 하겠다.

어거스틴의 글쓰기의 관심사는 과거의 추억이 아니라 현재와 미래에 얻게 될 하나님의 은혜에 있었다. 죄악으로 인한 행동을 영웅담처럼 쓰는 것이 아니라 하나님의 역사하심을 회상하는 것이었다. 일례로 그는 이렇게 쓴다. "이제 지난 날 내가 행했던 추악한 일들과 내 영혼이 빠져들어갔던 육체적 부패에 대하여 추억하고자 하오니, 이는 내가 그런 일들을 사랑해서가 아니라 나의 하나님, 내가 당신을 사랑하기 위함입니다. 내가 이것을 행함은 당신을 사랑하는 까닭이니, 고통스러운 추억을 통하여 나의 지극히 추악했던 과거의 행로를 돌이켜 보는 것은 순전한 기쁨, 복 되고 확실한 기쁨이 되시는 당신만을 나의 기쁨으로 삼으려 함입니다." 이 책은 그 자신의 참회와 고백에 목적이 있는 것이 아니라 버려진 것 같은 자신의 삶 속에서 역사하시는 하나님의 은혜와 함께 그 은혜에 대한 감사와 찬양의 고백이다. 이 고백의 의미는 "하나님이여 주의 백성으로 하여금 주를 고백하게 하시고, 모든 백성으로 하여금 주님을 찬양하게 하소서"(시66:6)에 가장 가깝게 쓰고 있는 것같다.

이 책은 자신의 죄를 고백하고 그 죄를 용서하시고 은혜를 베푸시는 하나님에 대한 찬양의 두 가지로 구성되어 있다. 이 책은 단순한 자신의 죄의 고백의 독백이 아니고 하나님과의 대화이자 기도이다. 이 책은 더 나아가 교회에서 교화를 목적으로 기록된 측면도 있다. 자신과 같이 방황하고 있는 사람들을 올바른 신앙으로 이끌고자 하는 목적도 가지고 있었을 것이다. 이 책은 자신만의 고백이 아니요, 당시 교회 안에서 일어났던 여러 사람들, 즉 빅토리누스와 알리피우스의 회심 이야기와 어머니 모니카의 신앙적인 성숙에 대한 고백도 함께 포함하고 있다. 그는 자신의 과거, 현재의 변화, 미래의 기대를 고백 형식으로 나누어 서로에게 힘을 복 돋우고자 하였다. "내가 주님께 간구하오니 이런 고백을 통하여 얻을 수 있는 이익이란 무엇이 있습니까? …이 같은 과거에 지은 죄악들에 대한 고백을 읽고 들을 때마다 심령이 변화되고 … 오히려 용기를 얻고 당신의 자비로운 사랑과 달콤한 은혜에 힘입어 스스로의 약점이 무엇인지를 깨달아 당신의 은총에 감사하여 과거에 약했던 것이 변하여 강하게 되도록(고후12:10) 힘을 주시고 능력을 주옵소서."(고백록 10.4.6) 그래서 고백록이 죄의 고백, 믿음의 고백, 찬양의 고백이라고 이해할 수 있다.

고백록은 내용과 문체에 따라 세 부분으로 구성되어 있다. 첫 부분은 1-9권까지로 그의 성장 과정과 회심 과정을 서술하였다. 이 부분은 1-4권과 5-9권으로 나눌 수 있는데, 앞부분은 그의 성장 과정이고 뒷부분은 그의 회심 과정이다. 둘째 부분은 10권으로 이 책을 기록할 당시의 그의 심정을 다루고 있는데, 주로 기억의 신비를 중심으로 서술되어 있다. 그는 기억의 신비에서 그의 시간관을 다루고 있다. 그가 다룬 시간관은 심리학적 시간관으로 과거는 기억된 현재이고, 현재는 직관된 현재이며, 미래는 기대하는 현재이다. 그러므로 시간은 마음속에서 기억과 관련되어 일어나는 심리학적 현상이다. 이러한 기억에 대한 논의는 그에게 사람들이 죄 때문에 현재 하나님을 망각하고 있으므로, 그 망각된 하나님에 대한 기억을 살려내어 다시 하나님을 섬기게 하려는 목적도 있었다. 셋째 부분은 11권에서 13권으로 창세기 1장의 주석의 성격을 가지고 있으며, 삼위일체 하나님이신 창조주 안에서 영원한 안식을 기대하고 있다. 이 책은 자신의 과거의 고백, 현재의 상태, 미래의 기대라는 구조를 가지고 있다. 어거스틴 자신은 재고록에서 1-10권에서는 자기 자신을 주제로 삼았고 11-13권은 하나님의 말씀을 다루었는데 전체적으로는 하나님에 대한 찬양의 고백이라고 말한다. 11권에서 13권을 삼위일체 하나님과의 대화의 구도로서, 11권은 창세기 1장 1절을 중심으로 천지를 창조한 성부 하나님과의 대화이고 12권은 천지가 어떻게 창조되었는지를 묻는데, 태초를 원리(principium)로 해석하여 세상 창조의 원리인 성자와 나누는 대화이며, 13권에서는 창세기 1장 2절을 중심으로 세상의 재창조의 완성자이신 성령 하나님과의 대화라고 해석할 수도 있다.

5. 마니교와의 논쟁과 악의 기원

어거스틴이 마니교에 빠져들었던 것도 악의 기원에 대한 이해 때문이었고, 거기에서 빠져 나오는 것도 그들의 선악 이원론의 문제점 때문이었다. 그러므로 어거스틴은 마니교와의 싸움의 과정에서 악의 기원의 문제와 씨름하였다. 392년에 가톨릭교회와 도나투스파 교회가 연합으로 어거스틴에게 마니교 지도자 포르투나투스와 논쟁해 줄 것을 요청하자 수용하였다. 그는 그와의 논쟁에서 완전하게 승리를 거두었으며 그는 다시 히포로 돌아오지 않았다. 이 논쟁의 기록이 『마니교도 포르투나투스 반박』이고, 감독이 된 후에 『마니교도 펠렉스 반박』, 『마니교도 파우스투스에 대한 논박』(400)등을 썼다.

그는 마니교도들과 논쟁하여 마니교의 유물론적인 선악의 이원론을 극복하는 과정에서 악을 선의 결핍이자 부재라고 정의하는 신플라톤주의 사상의 도움을 받았다. 마니교는 악을 물질적인 실체로 이해하여, 선악이 물질 속에 깃들여 있으며 무한하다는 범신론적인 사고체계를 형성하였다. 그는 이러한 마니교의 물질주의적인 선악관을 신플라톤주의의 사상을 접하면서 벗어나게 되었다. 신플라톤주의는 일자에서부터 만물이 나오고 그에게로 돌아간다는 사상을 가지고 있었고, 선한 일자로부터 떨어져서 멀어지는 것을 악이라고 이해하였다. 어거스틴은 이러한 신플라톤주의 사상을 수용하여 물질주의적인 선악관을 벗어나 악이 선의 부재라고 이해하게 되었다. 악이 선의 부재라는 말은 악의 세력이 힘이 없다는 말이 아니라 악이 하나님과 같은 실질적인 원리가 아니라는 의미이다.

그는 회심 후에는 창조론과 의지론에서 악을 이해하게 되었다. 하나님은 창조자로서 선한 분이고, 그러므로 하나님이 창조한 세계는 선한 세계이다. 그러므로 하나님의 창조 세계에는 악이 존재하지 않는다. 그런데 인간의 의지의 왜곡에서 악이 생겨나게 되었다. 아담이 자신의 의지를 오용하여 하나님께 불순종함으로 죄와 악이 생겨나게 되었다. 악은 자유의지 자체가 아닌 그것의 잘못된 사용에서 비롯된 행동을 말한다. 이러한 악의 유래는 '탓할 욕망'이 된다. 사람이 탓할 욕망을 품게 되는 까닭은 그가 오만해졌기 때문이다.

6 교회관: 도나투스 논쟁

도나투스파는 4세기 초반의 박해 때 배교했던 사람들을 교회 안으로 받아들이는 것을 거부하는 엄격주의자들에 의해 생겨났다. 이들은 배교자들을 교회가 용서하여 받아들일 권한이 없다고 주장하면서 기존의 교회에서 분리하여 나갔고, 자신의 교회에 들어오려는 사람들은 재세례를 받도록 하였다. 어거스틴은 자신의 시대까지 지속되었던 이러한 도나투스파의 분리주의를 극복하고자 노력하였고, 그러한 과정에서 보편적 교회관을 정립하였다. 그와 도나투스파의 논쟁은 395년경에 시작되어 이들이 이단으로 공식적으로 정죄받은 411년까지 주로 이루어졌다. 이 논쟁에서 가장 중요한 것은 성례의 효력과 참된 교회가 무엇인지 하는 것과 국가 권력의 사용문제였다.

그는 성례관에서 이단들이 시행한 성례의 효력을 부정하던 키프리안의 입장을 극복하고 로마 교회의 성례관, 즉 성례의 효력은 성직자의 자격이 아닌 하나님의 약속에 의존한다는 입장을 수용하였다. 그는 로마 교회의 성례의 객관성과 키프리안의 가톨릭 교회관을 통합하였다. 다시 말해 이단들이 시행한 세례의 효력은, 그들이 보편교회로 돌아올 때, 이단들이 성부, 성자, 성령의 삼위일체의 이름으로 시행한 세례의 효력이 발생한다는 것이다. 이단들의 세례는 보편 교회 밖에 있을 때는 효력이 없지만, 그들이 보편 교회 안으로 들어오면 그들의 세례의 효력이 발생한다는 것이다. 이 과정에서 그는 성부, 성자, 성령의 이름으로 시행한 성례는 이단이 시행한 것이라도 말씀에 근거하여 객관적인 성례의 효력을 가진다는 로마 교회의 입장을 수용한다. 그렇지만 그 세력의 효력은 보편 교회 밖에서는 발생하지 않는다는 키프리안의 가톨릭 교회관을 수용하였다. 그러므로 어거스틴의 교회관은 기본적으로 제도로서의 가톨릭교회를 중심으로 형성되었고, 중세의 제도적인 가톨릭 교회를 형성하는 원천이 되었다. 그는 교회의 머리는 그리스도이고, 교회는 그리스도의 몸이라고 보았으며, 따라서 그리스도의 몸인 교회는 하나라는 입장이었다. 그는 일시적 배교보다 분파가 더 큰 죄라고 주장하였다. 그는 도나투스파의 분파성을 비판하면서 교회의 통일성과 일치성을 강조했다. 그는 남은 자들만의 거룩한 교회를 주장하는 도나투스파를 비판하면서 교회 안에 죄인들이 있지만, 그래도 교회는 그리스도의 몸이기 때문에 거룩하다고 보았다. 그는 초기에는 양심의 자유를 인정하여 도나투스파들을 설득하여 가톨릭 교회로 인도하려 했으나 그들이 끝까지 저항하자,

강권하여 내 집을 채우라는 성경말씀에 근거하여 국가권력을 동원하여 도나투스파를 진압하고자 하였다. 그는 국가권력을 사용하고 분리된 교회들을 가톨릭 교회에 통합시키고자 하였다.

7. 펠라기우스 논쟁

펠라기우스는 영국 출신의 평신도 수도사였으며, 당시의 도덕적 부패에 크게 실망하여 이를 개혁하고자 하는 강한 열망과 의지를 가진 인물이었다. 그는 380년경에 로마에 도착하여 법률을 공부하다가 기독교로 개종한 후에 도덕적인 개혁을 주장하여 명성을 얻었다. 펠라기우스 논쟁의 발단은 405년에 펠라기우스가 어거스틴의 고백록 10권에 있는 "주님께서 명령하시는 것을 주시고, 주님께서 뜻하시는 것을 명령하소서"라는 기도문이 인간을 하나님의 은혜에 의해 결정되는 꼭두각시로 만든다고 분노한 것이었다고 한다. 그는 이 때 바울서신을 설교하면서 의지의 자유로운 선택을 주장하고 아담의 원죄를 부정하고 자력 구원을 주장하였다. 그는 알라릭이 로마를 침공하기 시작하자 410년에 히포로 왔으나, 이 때 어거스틴이 이곳에 없어 만나지 못하였다. 그러나 그는 1년을 넘기기 전에 이곳에서 팔레스타인으로 떠나갔다. 그러므로 어거스틴과 직접적으로 논쟁을 한 것은 그의 충실한 추종자였던 켈레스티우스였다. 그는 카르타고에 남아서 감독직을 얻기를 희망하고 있었다. 이 때 밀라노의 감독 파울리누스가 켈레스티우스를 이단으로 정죄하고 7가지 항목으로 고발하였다.

1) 아담은 그가 범죄 하지 않았다 할지라도 죽을 운명으로 창조되었다.
2) 아담의 타락은 그 자신에게만 손상을 주고, 그 후손들에게는 무관

하다.

  3) 어린아이들은 타락 이전의 아담과 같은 상태로 출생한다.

  4) 인류는 아담의 타락의 결과로 인해 죽지 않을 뿐 아니라, 그리스도의 부활의 결과로 인해서 부활하지 않는다.

  5) 세례 받지 않은 어린아이도 구원받는다.

  6) 복음과 마찬가지로 율법도 인간을 하나님 나라로 인도한다.

  7) 그리스도 이전에는 이미 무죄한 인간은 존재하였다

  따라서 412년 카르타고에서 켈레스티우스가 이단으로 정죄되었고, 그의 주장의 핵심사상은 원죄의 부정이었다. 어거스틴은 412년에 『죄에 대한 형벌과 면제』와 『유아세례에 대하여』, 그리고 『영과 의문에 대하여』를 썼다. 전자에서는 인간의 타락과 세례의 역할에 관해 쓰면서, 유아의 원초적 무죄를 주장하는 펠라기우스의 주장을 비판하였다. 후자에서는 하나님의 은혜를 통해서만 구원받을 수 있으며 죄 없는 사람은 없음을 거듭 밝혔다. 그렇지만 이 정죄가 펠라기우스 자신에 대한 정죄는 아니었다. 413년에 펠라기우스는 수녀가 되려고 결정했던 귀족출신 처녀인 데메트리우스에게 보낸 편지에서 인간의 자유의지를 주장하면서 인간은 하나님의 은혜의 도움 없이 인간의 노력으로 완전에 도달할 수 있다고 주장하였다. 이 글은 원죄를 받아들인다면 인간에게 죄를 짓지 않도록 하는 능력을 동시에 빼앗아 버리는 모순에 빠지게 된다고 주장하여 원죄와 은혜를 함께 부인하였다. 이러한 주장은 로마 귀족들에게나 동방교회에 별로 위협으로 다가오지 않았다. 그러나 펠라기우스의 자유의지에 대한 주장의 위험성을 충분히 파악하고 있었던 어거스틴은 415년에 『본성과 은혜에 관하여』를 저술하여 그의 주장의 문제점들을 맹렬하게 논박하였다. 따라서 415년 6월에 예루살렘의 감독 요한에 의해 소집된 회의에서 서방 신학자 제롬과 오로시우스에 의해 펠라기우스가 이단으로 고소당했다. 그러나 펠라기우스는 이곳에서 열린 두 번에 회의에서 하나님의 은총을 공격하는 교리를 주장함에도 불구하고 이단으로 정죄되지 않았다. 동방교회는 서방교회보다는 자유의지에 관해서 좀 더 관대한 입장이었다. 그렇지만 북아프리카의 교회는 펠라기우스에 대한 팔레스타인의 재판결과를 받아들이지 않았다. 오로시우스는 제롬이 쓴 편지와 함께 두통의 편지를 가지고 416년 6-7월에 열린 카르타고 회의에 제출해서, 이곳에서 펠라기우스와 켈레스티우스가 함께 이단으로 정죄당했다. 펠라기우스는 417년에 믿음에 대한 소책자(Libellius fidei)를 저술하였다. 북아프리카의 지도자들은 당시 로마 감독 이노센트에게 이들을 정죄해 달라고 요청했다. 이노센트는 이들이 정통으로 돌아올 때까지 출교 처분을 하였다. 그러나 417년에 로마 감독이 된 동방출신의 조시무스는 펠라기우스를 공격했던 인물들을 오히려 교회 분열자라고 출교 처분 하였다. 이에 항의하여 아프리카 교회는 418년에 다시 카르타고에 모여 그를 정죄하고 조시무스의 결정에 항의하였으며 황제 호노리우스의 지지를 받아냈다. 카르타고 종교회의에서는 다음과 같은 판결이 내려졌다. 즉 아담이 사멸적으로 창조되었다는 견해와 유아들이 스스로 아담의 원죄의 어느 것도 소유하고 있지 않다는 것과 그러므로 그들의 세례는 죄사함을 위해 존재하는 것이 아니라는 펠라기우스의 사상을 정죄하였고, 오히려 아담의 범죄로 말미암아 모든 인류에게 죄가 전달되었다는 어거스틴의 사상을 받아들였다. 그러자 조시무스도 418년에 펠라기우스와 켈레스티우스를 이단으로 정죄하였고, 이에 반대한 18명의 감독들이 축출되었는데, 그 가운데 한 명이 에클라눔의 줄리안이었다. 그리고 431년에 열린 에베소 공의회에서 이들은 다시 이단으로 정죄 당했다.

펠라기우스와 어거스틴 사이의 논쟁은 크게 세 가지 주제들, 즉 자유의지의 본질과 원죄론과 은혜론과 관련되어 있다. 펠라기우스는 의지와 관련하여 세 가지를 주장했다. 의지는 가능성, 의욕, 실행의 세 국면을 가지고 있다는 것이다. 펠라기우스는 의지의 가능성은 하나님께서 인간을 창조할 때 선물로 주셨다는 것이다. 그리고 의지의 의욕과 실행은 인간이 독립적인 능력에 속한다. 그러므로 인간은 의지로 실패하더라도 교육을 통해 수정해 나가면 올바르고 완전한 의를 성취할 수 있다는 것이다. 이에 대해 어거스틴은 인간은 창조 시에는 인간이 죄를 안 지을 수 있는 자유의지의 능력을 가지고 있다고 하였다. 그러나 인간이 범죄한 후에는 인간은 선을 행할 자유의지의 능력을 상실하여 죄를 안 지을 수 없는 상태에 있다는 것이다. 그러므로 인간은 범죄한 후에는 선을 의욕은 할 수 있으나 그것을 실행할 능력은 없다고 보았다. 어거스틴에게 있어서 인간의 자유의지란 의욕의 능력이 아니라 선을 실행할 수 있는 능력인데, 이러한 능력이 인간에게 없다는 것이다.

그러면 인간에게 있어서 악이란 어디에서 오는가? 펠라기우스는 인간이 선과 악을 선택하여 실행할 능력이 있는 것이 의지의 자유라고 보았다. 그러므로 그는 인간은 잘못을 범하여 죄를 저질러도 다시 그것을 고쳐서 선을 행할 능력이 인간에게 있다고 보았다. 펠라기우스는 인간에게 선악을 선택하여 실행할 능력이 없다면 그 결과에 대해 인간의 책임을 물을 수 없다고 주장하였다. 그러므로 펠라기우스에게 있어서 의지를 교정하기 위해 은혜가 아니라 자기 교정노력이 필요하다. 이에 대해 어거스틴은 아담이 범죄한 후에는 인간의 의지는 타락하여 선을 행할 능력을 상실하였다고 보았다. 그는 죄는 아담이 의지를 오용하여 잘못된 선택을 한 결과이며, 이 원죄는 인간들에게 전이된다고 보았다. 그리고 이러한 죄는 인간의 욕정과 연결되어 있다. 인간이 욕정에 매여 죄를 범하게 된다.

그리고 인간이 죄에 매여 인간의 의지가 스스로 선을 선택하여 하나님께 돌아설 수 없으므로, 인간은 하나님의 은혜에 의해서만 믿음을 소유하여 하나님께 나아간다. 그러므로 어거스틴은 인간의 구원에서는 하나님의 은혜가 필수적이다. 이 하나님의 은혜가 없이는 인간은 구원받을 수 없다. 하나님의 은혜가 주어져야 믿음을 가지게 되므로, 여기서 그의 예정론이 나온다. 하나님이 예정한 자들에게 믿음을 은혜로 주시고 그들이 구원을 받게 된다. 그러므로 하나님께서 주시는 은혜는 하나님의 뜻대로 주어지는 불가항력인 은혜이다.

8. 자유의지 사상

어거스틴의 자유의지에 관한 사상은 두 단계를 거치고 있다. 첫 단계의 사상은 펠라기우스 이단이 나타나기 전의 사상으로 그가 388-395년에 저술한 『자유의지론』(*De libero arbitrio*)이란 저서에 잘 나타나 있다. 이 『자유의지론』은 악을 실체로 보는 마니교의 작품을 반박하기 위해 세 권으로 저술되었다. 따라서 자유의지론의 사실상 주제는 악의 본질과 기원이다. 그러나 악의 기원은 이성적 피조물의 자유의지 안에 있는 것이므로 『자유의지론』이라는 제목이 붙여졌다. 그의 자유의지에 관한 저서는 플라톤적인 무기를 폭넓게 사용하여 마니교를 논박하였다. 여기서 그는 악에서 인간의 자유의지의 책임을 부정하는 마니교를 반박하기 위하여 악에서 인간의 자유의지의 존재를 주장한다.

어거스틴의 자유의지에 관한 두 번째 사상은 펠라기우스가 등장한 이후 본격적으로 드러난다. 펠라기우스와의 논쟁을 통해 그의 자유의지에 대한 사상은 체계를 이룬다. 펠라기우스에 있어서 하나님의 은총은 인간들의 구원에서 반드시 필요한 것은 아니다. 은총은 창조 시에 제공된 돕는 힘에 지나지 않는 것이며, 그러므로 은총은 절대적 의미에서가 아니라 단지 상대적 의미에 있어서만 필요한 것이다. 펠라기우스는 인간이 창조될 때 하나님께서 인간에게 자유의지의 가능성을 제공한 것을 은혜라고 주장하였다. 그리고 자유의지의 의도와 실행은 인간에게 주어진 능력이라고 주장하였다. 그러므로 그는 은총은 창조 시에 주어진 것이지, 인간의 구원에 필요한 것이 아니었다.

이에 대해 어거스틴은 개종하기 이전의 그의 생애 초기에 있어서 마니교의 주장에 대항하여 인간의 자유의지를 옹호하였다. 그러나 후에 자기 자신의 개종을 회고하여 볼 때마다, 그는 점점 더 자연적인 상태의 인간은 개종에 있어서 하나님의 은총과의 어떠한 적극적 협동도 불가능하며 신앙의 촉발도 전적으로 하나님의 은총에만 의존한다는 확신에 이르게 되었다. 그는 스스로 자신의 의지를 변화시킬 수 없었다는 것을 깨달았으며, 이제 그러한 의지의 변화는 은총의 선물로 주어진 것이라고 믿게 되었다.

결국 어거스틴은 타락 이전의 자유의지를 인정하였다. 그러나 아담이 타락한 결과로 죄를 피하고 선을 행할 수 있는 아담이 향유하던 의지의 자유를 상실하였다. 그러므로 인간은 하나님의 은총 없이 죄를 피할 수 없고, 게다가 한층 특별한 은총 없이는 선을 성취할 수 없다. 어거스틴은 이런 말을 했다고 해서 우리가 자유의지를 박탈당했다는 뜻은 아니다. 그의 말은 때때로 이런 것을 암시하는 것 같으나, 그의 정상적인 교리는 우리가 자유의지를 간직하고 있지만 중생하지 못한 상태에서는 그 자유를 쓰는 유일한 용도는 잘못을 저지르는 것뿐이라는 것이라고 하였다. 그러기에 인간이 잃어버린 의지 자유를 되찾고, 죄로부터 온전히 자유롭고 의롭게 되기 위해서는 은총이 필요하다는 것이다. 결국 은총이란 자연적인 어떤 것이 아니고 인간의 본성의 회복과 치료를 위해 하나님께서 주시는 선물이다.

9. 은총론

어거스틴은 펠라기우스의 사상을 반박하면서 무엇보다도 하나님의 은총을 강조하였다. 그런데 어거스틴의 은총론은 펠라기우스와의 논쟁 이전인 396/7년경에 저술한 『심플리키아누스에게 다양한 질문들에 대하여』에서 결정적으로 바뀌었다. 그는 후에 『재고록』과 『성도의 예정에 관하여』에서 자신이 『심플리키아누스에게 다양한 질문들에 대하여』를 저술하기 이전에는 은총에 대해 잘못된 이해를 가지고 있었다고 고백한다. 그 이전에는 하나님의 말씀이 선포될 때에 그 말씀을 받아들이는 것이 인간의 자유의지에 속한다고 보았다. 그리고 인간의 장래에 믿을 사람을 하나님께서 예지하시고 예정하였다고 이해하였다.

그러나 심플리키아누스가 로마서 7장과 9장에 대하여 질문한 것을 답변하면서 자신의 견해가 바뀌었다는 것이다. 그는 특히 키프리안의 글을 읽으면서 고린도전서 4장 7절의 "네게 있는 것 중에 받지 아니한 것이 무엇이냐?"라는 말씀을 근거로 우리가 가지고 있는 모든 것, 즉 믿음도 하나님께서 주시는 것이요 하나님의 선물이라고 하였다. 그는 이 견해를 받아들여 우리가 가지고 있는 믿음도 하나님께서 선물로 주시는 것이라는 것을 강조하게 되었다. 따라서 우리가 가지는 믿음은 하나님이 주시는 선물이라는 것이다. 따라서 그에게 있어서 은총은 절대적 필연성이었다. 인간의 회심에서 주도권이 인간의 의지에 있는 것이 아니라 하나님에게 있다. 인간의 의지가 아니라 하나님의 부르심에 주도권이 있다.

그는 『은총과 자유의지에 관하여』에서 인간의 자유의지를 부정하는 사람들에게 하나님께서 인간에게 계명을 주신 것은 인간의 자유의지의 존재를 증명하는 것이라고 하였다. 그러나 인간의 자유의지가 있지만, 계명을 지키는 데에는 하나님의 은혜가 작용해야 한다는 것이다. 인간의 회심, 선행, 영생(보상)의 단계에서 은혜는 어떻게 작용하는가? 회심에서는 하나님의 은혜만이 작용한다. 은총이 주어지면 공로가 쌓이는데, 이 공로는 은총의 결과이지 원인이 아니다. 공로에 대해 상이 주어지는데, 이 상은 인간의 선행의 결과가 아니라 하나님의 은총의 결과이며, 하나님이 상을 가능하게 하시는 분이시다. 따라서 선행의 열매로서 주어지는 영생도 결국은 하나님의 은혜의 선물이다. 은혜의 본질은 인간의 선한 의지보다 선행하고, 우리의 믿음과 기도도 은혜의 결과로 주어진다.

그러므로 어거스틴은 펠라기우스와 논쟁하면서 그와 상반되는 입장에서 은총을 이해했던 것이다. 즉 인간의 모든 행동, 특히 인간이 선행을 할 수 있는 것에 대해 펠라기우스는 하나님의 은총이 없어도 인간 스스로 얼마든지 할 수 있다고 주장하지만 어거스틴에게 있어서 인간이 그 선행에 전제하는 것은 하나님의 은총인 것이다. 즉 하나님의 은총이 아니면 인간 자유의지로써는 악에 대한 유혹에 굴복할 수 밖에 없다. 어거스틴에게 있어서 은총이라는 단어는 어떤 때에는 성령, 바로 그분을 의미하기도 한다. 즉 성령의 내재이다. 그리고 어떤 때에는 무료로 얻는 선물(Donum), 즉 하나님께서 우리 안에서 나타낸 효과를 뜻한다. 이 선물 중에서 가장 큰 것이 사랑(caritas)이다. 이 사랑은 하나님이 우리를 사랑하시는 사랑이 아니라 우리가 하나님을 사랑하게 하는 사랑이다. 이 그리스도의 은총은 이것이 없으면 갓난아이나 어른이라고 할지라도 구원을 얻을 수 없는 것이지만, 어떠한 공로에 기인하는 것이 아니라 값없이 주어지는데, 이것을 또한 은총이라고 부르기도 한다.

어거스틴은 은총을 두 가지로 구별했다. 그 첫째가 선행 은총(Gratia praeveniens)이다. 이 선행 은총은 하나님께서 선행적 은총으로 말미암아 우리가 무슨 선을 생각하거나 열망하거나 혹은 의욕하도록 우리 영혼 속에서 시작하신다는 것이다. 즉 모든 움직임 안에 있어서 시작은 언제나 하나님에게서 나온다는 것이다. 우리 인간이 원하면 계명을 지키는 것은 사실이다. 그러나 의지는 하나님이 준비해 주시는 것이기 때문에 원함으로써 넉넉히 행할 수 있게 만드는 의지력을 하나님이 주시도록 기도해야 한다. 우리가 원할 때 원하는 것이 우리인 것은 사실이다. 그러나 우리가 선한 일을 원하게 만드는 것은 하나님이다. 이 선행 은총은 인간이 선을 행하거나 계명을 지키는 데 있어서 가장 원초적으로 작용하는 것이라고 할 수 있다. 이 은총으로 인해 인간이 계명이나 선을 행하는 것이 된다. 둘째 협동하는 은총(Gratia cooperans)이다. 하나님께서 일단 우리 의지가 분발하게 되면 협동하는 은총으로 말미암아 우리의 의지를 도와주시고 협동하신다. 협동 은총이라는 것은 신앙이라는 행위를 인간 측에서 보거나 시간적인 면에서 볼 때 그것은 우리에 의해서 받아들여지게 되고 또한 믿음이란 은총에 의해서 항상 자라나기 마련이기 때문이다. 믿음이란 일정한 성장 과정이 있다. 회개, 중생, 죄의 용서, 의인, 성화 등 이러한 과정에 따라 성장하는 것이다. 이 성장에 있어서 사람의 주체적인 결단이 없이는 안 된다. 그러나 이 주체적인 결단도 하나님의 은총이 없이는 안 된다. 이 협동하는 은총은 인간을 도와주는 효율적인 은총이라고도 할 수 있다. 그러나 어거스틴이 이 은총을 두 가지 뜻으로 해석하였다 하더라도 이 은총은 결국 그리스도를 통하여 타락한 인간을 의롭게 만드시는 은총이라고 종합적으로 볼 수 있다. 그리스도의 은총은 타락한 인간을 의롭게 만들어서 정의와 선에 대한 애착적 자유를 회복하게 된다.

어거스틴의 은총은 인간의 공로로 인해 얻어지는 것이 아니다. 이 은총은 인간의 행위 이전에 이루어지는 하나님의 진정한 선물이다. 즉 선행 은총이다. 모든 인간의 행위는 하나님의 은총이 없이는 실행 될 수 없는 것이다. 그러나 어거스틴은 인간의 자유, 즉 자유의지와 하나님의 은총이 어떻게 서로 마찰 없이 작용하는지에 대해서 상세하게 설명하지 않았다. 다만 하나님의 은총이 자유의지를 파괴하지 않는다고 설명하고 있다.

10. 『신국론』에 나타난 역사 이해

『신국론』의 저술 배경은 410년 알라릭의 로마 침공의 충격이었다. 이러한 침공 속에서 많은 귀족들이 히포로 피난을 왔는데, 이들은 기독교에 대한 비난의 목소리를 높이면서 로마 쇠퇴 이유에 대해 열띤 논쟁을 벌였다. 이들의 기독교에 대한 비판의 내용은 첫째 기독교 교리가 이 세상을 거부하라고 가르쳤기 때문에 이러한 가르침이 국가에 대한 봉사를 소홀히 하는 결과를 가져왔다는 것이었다. 둘째 기독교가 공인되고 국교화되면서 로마의 전통종교가 섬기던 신들을 배반하여 그 신들이 노하여 로마 멸망의 징벌을 받았다는 것이었다. 이러한 질문들에 대한 답변은 이교도들에 대한 기독교 변증의 차원에서도 필요하였지만, 기독교인들 자신들에게도 정리가 필요한 상황이었다. 이 책을 저술하게 된 직접적인 계기는 이러한 필요를 절감하고 있던 북아프리카의 독실한 기독교 관리인 마르켈리누스가 412년에 이 책의 저술을 요청한 것이었다. 이 책의 저술은 413년에 시작되어 13년이 걸려 426년에 완성되었다. 그리고 1년 뒤에 쓴 『재고록』에서 이 책을 쓰게 된 이유에 대해 다음과 같이 설명하고 있다.

그 무렵 로마는 고트족의 왕 알라릭의 침입과 그에 뒤따르는 거대한 재난의 물결에 당혹해 하고 있었다. 다양하게 거짓 신들을 섬기는 자들, 우리가 지금 적절하게 이교들이라고 부르는 사람들은 로마 전복의 책임을 기독교에 돌리고, 진정한 신에 대한 모독을 더욱 격렬하고 혹심하게 퍼붓기 시작했다. 이것이 나로 하여금 하나님의 성전을 향한 나의 열망에 불을 지르게 하였고, 저들의 독신과 오류를 논박하기 위해 신국론을 저술하기 시작하였다.

그리고 나서 그는 자신이 22권으로 된 『신국론』을 어떤 구도를 가지고 어떤 내용을 저술했는지를 설명하고 있다.

처음 다섯 권의 책은 번영이나 고난을 제신들의 숭배나 그 의식의 금지에 돌리려는 사람들을 반박하려는 것이다.[6] 다음 다섯 권은 그들 숭배를 통해 재난들이 면제되는 것은 아니지만, 죽은 후의 미래 세계에서 도움을 받을 수 있다고 생각하는 사람들에 대한 반론이다. 두 번째 부분에 속하는 12권은 다시 세 부분으로 나눌 수 있다. 첫 번째 네 권은 두 도성, 하나는 하나님의 도성, 다른 하나는 지상의 도성의 탄생을 서술하였다. 두 번째 네 권은 두 도성의 진행 과정의 이야기이고, 나머지 세 번째 네 권은 두 도성의 종결에 대해 기술하고 있다.

그러므로 『신국론』은 당시 로마제국의 쇠퇴 원인에 대한 논쟁에서 이교신앙의 금지가 원인이라는 주장을 반박하고, 오히려 역사 가운데서 하나님의 도성과 지상의 도성이 어떻게 전개되어 가고 있는지를 설명하고자 하였다. 이 책은 성경 역사의 해설 속에 일반 역사들을 일부 삽입하여 서술하고 있다. 그러므로 이 책은 일반 역사책으로 보기 어려운 면이 있고, 어거스틴은 하나님의 구원 계획을 설명한다고 생각했을 수도 있다. 이 점에서 그가 역사적 접근을 시도한 것이 아니라, 성경을 역사적으로 서술한 점이 지적되기도 한다.

앞의 10권의 내용 가운데 전반부는 현생의 불행이 기독교 때문이고 다른 신들이라면 불행을 면하게 할 수 있는 것이라는 비난에 대한 응답

---

6) 이것은 382년의 만신전의 폐지를 반대하는 사람들을 가리키는 것이다.

이었다. 이 부분에서 어거스틴은 기독교를 믿기 이전에도 로마의 역사 가운데 수많은 재난들이 일어났다는 것을 기술하면서 로마의 약탈은 그래도 기독교의 영향으로 다른 약탈보다는 피해가 적었다고 설명한다. 그리고 모든 재난도 하나님의 섭리 하에 있다고 해석한다. 후반부 5권은 사후의 인간의 행복을 누가 보장할 것인지에 대한 당시 로마의 종교 논쟁의 서술이다. 그는 이 부분에서 신학을 시인들이 사용한 신화적인 것, 철학자들이 사용한 자연적인 것, 보통 사람들이 사용하는 시민적인 것으로 나눈 바로의 견해의 한계와 애매성을 비판하고 있다. 그는 다른 종교가 섬기는 신들의 오류를 지적하고 따라서 이러한 이교적인 신앙을 버리고 그리스도 유일신에게만 최고의 신적 경배와 희생을 드려야 한다고 설명한다.

어거스틴은 11권에서 22권까지의 후반부에서는 로마제국의 몰락 과정에서 그에 대한 대안으로 두 도성 개념을 제시하였다. 도성은 civitas 인간이 모여 사는 공동체를 의미하며, 그러한 공동체를 지배하는 원리가 무엇이냐에 따라 그 공동체의 성격이 결정된다. 신의 도성의 시작은 하나님의 창조에서 시작된다. 창조는 삼위일체인 절대 선의 작업이기 때문에 선한 세계가 생겨났고 거기에 악의 원리가 없었다. 창조와 시간은 기원이 같은 것이다. 신의 도성과 지상의 도성의 가장 첨단의 기원이 되는 천사는 하늘이나 빛의 창조 속에 포함되어 있다. 또한 빛과 어두움이 나누는 순간 선한 천사와 악한 천사가 나누어져 신의 도성과 지상의 도상이 시작되었다. 천사들도 선하게 창조되었으나 의지를 잘못 사용하여 타락했다. 그리고 이러한 천사들의 모습은 인간에게도 적용된다. 선하게 창조된 인간이 의지를 잘못 사용하여 타락하였다.

타락한 이후 역사의 과정에서 하나님의 나라와 지상의 나라의 대립은 종말까지 지속된다. 하나님의 나라는 하나님을 사랑하는 사람들로 구성되어 있고, 지상의 나라는 인간의 자기 사랑이 지배하는 나라이다. 이 나라의 진행 과정을 초기 성경 역사에 기초하여 서술한다. 그는 두 나라의 진행 과정을 아담에서 노아(유년기), 노아에서 아브라함(소년기), 아브라함에서 다윗(청년기), 다윗에서 바벨론 유수(성년기), 바벨론에서 예수의 탄생(장년기), 예수탄생부터 마지막 심판(노년기)으로 구분하여 서술한다. 이 과정에서 15권에서 17권까지는 신국만을 서술하는데, 성경의 이스라엘 역사를 서술하기 때문에 일어나는 현상이다. 지상국도 함께 진행되지만 그늘에 가리워져 잘 드러나지 않아 실질적으로 서술하는데 어려움에 봉착한다. 18권에서는 지상국인 역사적 국가들의 진전을 서술한다.

그는 신의 도성의 마지막 부분에서 지상의 행복과 평화가 얼마나 헛된 것인지를 밝혔다. 인류 종말에 심판이 있을 것이며, 지상의 도성의 사람들에게는 심판이 그리고 신의 도성의 사람들에게는 진정한 평화와 행복이 있으리라는 것을 믿음으로 알 수 있다고 강조한다.

그는 이 책의 저술을 통해 로마 제국이 망하는 것이 로마의 다신교를 버리고 하나님을 섬기기 때문이라는 주장에 대해, 로마가 망하는 것은 로마의 도덕적 타락에 대한 하나님의 심판으로 망하는 것이라고 비판하였다. 오히려 세상 나라인 로마 제국은 망해도 하나님의 나라인 교회는 지속적으로 발전할 것이다. 물론 교회와 하나님의 나라가 동일한 것은 아니지만, 하나님의 나라를 구현하는 가장 중요한 제도이다. 세속적인 국가들은 하나님께서 인간이 타락한 이후에 세상의 질서를 유지하기 위해 세운 제도이다. 그래서 세상의 국가에서 정의가 지배할 때에는 하나님의 도구가 되지만, 인간의 욕망이 지배할 때에는 세상의 나라가 될 수 있다. 그러므로 어거스틴의 두 왕국 사상에서 왕국은 눈에 보이는 세상의 제도나 질서가 아니라, 사랑에 의해 지배되는 내면적인 것이다. 그러므로 교회와 국가는 하나님에 대한 사랑과 정의가 지배할 때 하나님의 나라를 구현하지만, 인간의 탐욕과 욕망이 지배할 때에는 지상의 나라로 타락할 수 있다. 어거스틴의 하나님의 나라라는 개념은 시편 46편과 87:3을 비롯한 성경에서 끌어온 개념이다. 시편 기자들이 예루살렘의 하나님의 도성이라고 표현하고 있는데서 끌어온 명칭이다.

  그는 이 책을 저술하여 당시까지의 헬라와 로마의 순환사관을 극복하고 하나님의 목적이 역사에서 실현되어 간다고 보는 목적 사관, 그리고 역사는 하나님의 창조에서 종말을 향하여 나아간다는 직선 사관, 역사는 하나님의 주권이 작용하여 전개된다는 주권 사관을 정립하였다. 그가 『신국론』을 통하여 정립한 기독교 역사 철학과 역사관은 이후 기독교인들에게 많은 영향을 미쳤고, 특히 두 왕국 사상은 중세와 루터와 칼빈 같은 종교개혁자들에게 지속적으로 영향을 미친다.

11. 인식론과 삼위일체론

  어거스틴의 인식론은 신플라톤주의와 기독교 전통을 수용하여 종합하였다. 그는 인식론에서 이성과 신앙의 조화를 추구하여 이해하기 위하여 믿는다(credo ut intelligam)는 입장으로, 신앙적으로 믿는 진리들을 합리적으로 설명하고자 노력하여 신앙과 이성을 대립적으로 이해했던 터툴리안의 입장을 극복하였다. 그는 이성을 통해 신앙을 설명하고자 하였다. 신앙은 찾고, 지성은 발견한다. 진리 인식에 대하여 플라톤의 회상설을 기독교적으로 변형하여 영적 조명설을 주장하였다. 하나님(삼위일체)을 이해하기 위해서는 먼저 믿어야 하고, 그 믿음을 밝히는데 이성이 필요하다. 그는 삼위일체론에서 "나는 내가 믿는 것을 나의 지성으로 보기 위하여 많이 희구하였다"고 하였다. 그의 인식론은 『독백』, 『참된 종교론』, 『자유의지론』, 『삼위일체론』 등에 나타나 있다.

어거스틴은 400년을 전후한 시기부터 419년에 걸쳐서 『삼위일체론』을 저술하였다. 그의 『삼위일체론』은 초대교회의 삼위일체론 논쟁이 완성된 후에 기록되었다. 물론 당시에 아프리카에서 아직도 유사파들이 세력을 유지하고 있었으므로 논쟁적인 성격도 없지 않으나, 교회의 성도들을 교육하려는 목적으로 저술된 것으로 보인다. 어거스틴은 이 작품에서 하나님은 각 위격에 있어서는 구별되지만 본질에 있어서는 하나라는 삼위일체의 기본 개념을 받아들인다. 이 책은 15장으로 구성되어 있다. 1부인 1권에서 7권까지는 삼위일체론의 본질적인 내용을 다룬다. 그는 믿음을 무시하고 이성과 철학적 사유를 통해 인간 언어로 하나님을 기술하여 알 수 있다는 주장을 비판한다. 그는 오히려 성경과 교회 전통에 근거하여 삼위일체론을 논하고자 한다. 1-4권은 성경에 근거하여 파송 받은 성자가 파송한 성부보다 작다는 유사론자들의 주장들을 반박하면서 성부와 성자가 동일한 하나님이시라는 것을 논증한다. 어거스틴이 유사론자들을 반박해야 했던 이유는 동방은 381년 콘스탄티노플 신조 작성으로 삼위일체 논쟁이 종식되었지만, 서방에서는 아리우스주의를 믿는 게르만족들의 이동이 시작되면서 유사론자들이 일정한 세력을 계속 유지하고 있었다. 그러므로 그는 성자가 성부보다 못하여 유사할 뿐이라는 이들의 주장을 반박하기 위하여 성부와 성자의 동일한 하나님이라고 주장하였다.

5-7권은 당시의 삼위일체 논쟁에서 제기된 위격과 본질의 문제를 논의하면서 삼위일체를 조직신학적으로 논의한다. 이 부분이 성부, 성자, 성령의 본질의 통일성을 단순성, 영원성, 그리고 불변성을 통해 설명하여 유노미안파와 유사파들을 비판하는 측면과 함께 부정 신학을 통해 하나님을 인식하여 8-15권의 후반부와 연결된 신인식의 방법론을 제시하

는 측면도 가지고 있다. 유사파들은 성부는 나지 않으신 분(ingenitus)이고 성자는 독생한 분(unigenitus)이라는 명칭을 가지고 있어 본질이 다르다고 주장하였고, 이에 대해 어거스틴은 이 명칭은 위격의 관계를 나타내는 것이며 본질은 동일하다고 주장하였다.

이와 함께 어거스틴은 『삼위일체론』을 저술하면서 우리가 어떻게 신을 알 수 있는지에 관심을 가지고 저술하였다. 그는 하나님은 인간의 이성을 초월하여 하나님의 본질은 알기 어렵고 표현할 수 없다는 부정 신학의 방법으로 표현한다. 하나님의 본질은 우리가 알 수 없는 신비이다. 그러므로 변하고 유한한 인간은 무한하고 불변하는 하나님을 이해하고 표현할 수 없으므로 하나님이 아닌 것으로 표현하는 부정 신학의 방법이 사용된다. 그와 함께 어거스틴은 하나님을 알기 위하여 하나님의 도우심을 구하는 기도의 필요성을 강조한다. 그러므로 그의 부정 신학은 하나님을 알 수 없다는 불가지론으로 가는 동방 신학과 달리 기도와 성경과 교회의 전통을 기반으로 하나님을 알아가려는 과정이다. 이것은 유추와 경건을 통해 끊임없이 신을 알아가야 하는 그리스도인의 삶으로 안내하고 있다. 그는 『삼위일체론』 7권에서 인간이 하나님의 형상이라는 것을 토대로 신의 속성들을 인식할 수 있다고 보았다. 인간이 소유한 하나님의 형상은 성자가 소유한 하나님의 형상과는 다르지만 유사성이 있어서, 성자의 형상을 닮아가면서 신에 접근할 수 있다고 보았다. 인간 내의 신의 형상은 신의 속성들과 연속성이 있고, 이를 통해 인간은 신을 인식할 수 있을 뿐만 아니라 신 안에서 살아 갈 수 있다고 보았다.

이러한 논의는 8-15권에서 삼위일체의 형상으로서의 인간과의 유비를 통해 하나님을 인식하려는 노력의 토대가 되고 있다. 8권에서 15권에서는 유비를 통해 삼위일체의 흔적을 논하면서 궁극적으로 삼위일체의 형상으로 지어진 인간이 하나님을 망각하고 있는 상태에서 벗어나 하나님의 조명으로 다시 하나님을 기억하게 하려는 교육적 목적으로 후반부가 구성되어 있다.

『삼위일체론』에 대한 어거스틴의 독창적인 공헌은 인간 영혼의 구조로부터 끌어낸 유비를 다루는데 있다. 이 유비(Analogy)의 기능은 하나님께서 삼위일체라는 것을 증명하는 것이라기보다는 그의 절대적인 유일성과 삼위의 진정한 구별에 대한 신비를 우리가 보다 낫게 이해할 수 있도록 심화시키는 것이다. 엄격히 말해서 그는 어디에나 삼위일체의 흔적(Vestigium)이 있다는 것이다. 왜냐하면 피조물이 존재하는 한에 있어서는 그 피조물들이 하나님의 관념 속에 참여함으로써 존재한다는 것이다. 형언할 수 없고 비물질적이고 변함이 없는 최고의 존재를 이해력으로 식별하기 위해서는 사람의 마음을 신앙 규범의 지도하에서 단련해야 하며, 그 단련을 위해서는 사람의 본성에 있는 그 마음보다 나은 것이 없다. 마음은 동물에는 없는 것이며, 사람 자신의 영혼에서도 가장 우수한 부분이다. 그것은 보이지 않는 것들을 볼 능력을 받았으며, 더 높고 더 내면적인 곳에서 주관하듯이 신체 감각들의 모든 보고를 얻어 판단을 내리며, 하나님 이외에는 마음보다 높거나 지배하는 것이 없다.

그는 후반부에서 인간의 마음은 자체를 기억하고 이해하고 사랑하는 구조로 되어 있다. 그런데 이러한 인간의 마음이 하나님의 조명을 받아 하나님을 기억하고 이해하고 사랑하는 구조로 변화되어야 한다는 것이다. 어거스틴은 이러한 인간의 마음의 변화가 일어나 하나님을 올바르게 알고 섬기는 사람들이 되기를 염원하는 것이다.

12. 어거스틴의 공헌

어거스틴은 고대 철학 사상과 기독교 사상을 종합하여 이교 사상을 기독교로 재해석하는 중요한 업적을 남겼다. 동시에 동방 교회 전통을 수용하고 서방 교회의 신학을 집대성하여 중세의 스콜라 철학, 교황제와 교회 제도 정립의 토대를 구축하였다. 뿐만 아니라 그의 삼위일체론, 교회론, 죄론과 은총론, 기독교 역사 철학은 종교개혁 신학과 정통주의 형성의 주요한 원동력이 되었다. 더 나아가 그의 영향은 17-8세기의 철학자들뿐만 아니라 현대 종교철학에까지 미치고 있다. 그의 신학은 이단과의 논쟁을 통해 집대성되었다. 마니교와의 논쟁을 통해 악의 본질을, 신플라톤주의 사상을 통해 인식론을, 도나투스파와의 논쟁을 통해 교회론을, 펠라기우스파와의 논쟁을 통해 죄와 은총론을, 『신국론』을 통해 기독교 역사 철학을 발전시켰다. 그는 『교사론』과 『초신자를 위한 교육론』을 쓴 교육학자였다. 그는 "교육은 모방이 아니라 예술이다"라고 하여 모방과 구별하였다. 폴틸리히는 그의 『기독교 사상사』에서 "그의 사상은 서구 기독교가 말했던 모든 것의 기초를 이룩하고 있다. 그는 354-430년에 걸쳐 살았으나 그 이후 천 년뿐만 아니라 모든 시대에 걸쳐서 결정적인 영향을 미쳤다. 중세기에 아리스토텔레스에 의존했던 도미니크회 사람들도 그를 자주 인용하였고, 아퀴나스도 그를 긍정적으로 그리고 많이 인용하였다. 어거스틴은 종교개혁자들도 가장 많이 인용했고, 플라톤 전통에 서 있는 현대철학, 예를 들면, 데카르트와 스피노자를 포함한 그의 학파와 현대 신학에 영향을 끼쳐왔다. 내 자신이나 내 모든 신학은 토마스적인 전통보다는 어거스틴의 사상 계열에 서 있다는 것이다"라고 하였다.

어거스틴의 이렇게 커다란 영향의 원인은 1) 기독교 사상의 형성기에 서 있던 인물로 교부들의 신학사상을 이어 받아 신학적 토대를 구축하여 중세에 전달한 인물이다. 그는 이 과정에서 단순한 다리 역할을 한 것이 아니라 교부들의 풍부한 신앙 전통을 신플라톤주의 철학을 통해 새롭게 소화하고, 내면화하고, 명료하게 해석하여 동시대들과 후대인들에게 전해주었다. 그럼으로써 중세와 종교개혁 시대뿐만 아니라 지금까지도 영향을 미치고 있다. 이처럼 어거스틴은 기독교 신앙을 이해하는 고전적 패러다임을 형성한 사람이기 때문에, 후대 학자들은 그에게 머물든지, 통과해가든지, 초극해가든지 간에 그를 중요시 할 수밖에 없게 되어 있다. 그래서 과정주의 신학자였던 다니엘 윌리엄즈(Daniel Williams)는 어거스틴의 중요성을 지적하면서 "화이트헤드(Whitehead)가 서구 철학은 플라톤을 계속 인용하는 주밖에 안된다고 말했다면, 우리도 똑같이 서방 기독교 신학은 어거스틴을 계속 인용하는 것밖에 안된다고 말하겠다"고 하였다. 그의 영향은 중세뿐만 아니라 신정통주의와 실존주의 신학자들, 바르트, 부르너, 틸리히 그리고 니이버 형제들에게도 나타난다. 2) 그는 200여권의 저서에서 무로부터의 창조, 선과 악, 은총과 자유, 타락과 구원, 이성과 계시, 시간과 영원, 삼위일체론, 사랑의 질서, 교회와 국가, 성례론, 정의의 본질 등 기독교 신앙과 신학의 문제를 포괄적으로 다루었다. 3) 그의 신학사상이 열린 체계(open system)이기 때문이다. 닫힌 체계는 아리스토텔레스, 토마스 아퀴나스, 칸드 등의 경우이고, 열린 체계는 소크라테스, 플라톤, 파스칼, 키에르케고르 같이 위대한 학문의 자극자, 생의 문제와 씨름하며 그 문제의 해결을 위하여 심각한 암시를 남긴 경우이다. 어거스틴의 저술들은 논리적인 체계를 가지고 사상의 체계를 시도한 것이 아니라 특출한 역사적 경험과 상황의 요청에 의하여 해답을 찾아간 과정이었다. 그는 인간의 실존 문제에 해답하되, 그 해답이 최종적인 것이 아니고 새로운 문제를 제기하는 해답이었다. 이렇게 그의 사상이 열려 있기 때문에 많은 사람들이 계속해서 그에게서 문제 해결에 대한 암시와 통찰을 얻을 수 있었다. 이것은 그가 신학적인 결론을 내리지 않았다는 말이 아니라, 그의 신앙의 본질 이해는 잠정적인 것으로 수정 가능한 것이었다. 이런 측면은 그가 말년에 자신의 저술들을 일일이 검토하여 두 권으로 된 출판했던 『재고록』(Retractationes)에서 잘 드러난다.

더 읽어야 할 책들.

어거스틴. 선한용 역. 『고백록』. 서울: 대한기독교서회, 1990.
어거스틴. 조호연 역. 『하나님의 도성』. 서울: 크리스챤다이제스트, 1992.
어거스틴. 김종흡 역. 『삼위일체론』. 서울: 크리스챤다이제스트, 1993.
로이 배튼하우스편. 현채규 역. 『아구스티누스: 연구핸드북』. 서울: 크리스챤다이제스트, 1994.
이석우. 『아우구스티누스』. 서울: 민음사, 1995.
유지황. 『어거스틴의 신학사상 이해』. 서울: 땅에 쓰신 글씨, 2005.
필립 샤프편. 차종순 역. 『어거스틴의 은총론』 1-4권. 서울: 한국장로교출판사, 1998.

제18장
알렉산드리아 학파와 안디옥 학파의 기독론논쟁

(Cyril of Alexandria, 375-444)

(Nestorius of Andioch, 385-451)

기독론 논쟁은 아폴리나리우스의 기독론이 이단으로 정죄 당하면서 발생하였다. 그는 예수님의 하나의 인격을 보장하려면 예수님의 영은 로고스가 대치했다고 보아야 한다고 주장하여 예수님의 인성을 완전하게 주장하지 못하였으므로 이단으로 정죄되었다. 이후에 안디옥 학파의 네스토리우스는 예수님의 인성과 신성의 구별에 치중하여 십자가의 수난에서 인성만이 고난을 받았다고 주장하였다. 이러한 주장은 예수님의 인격 안에서 신성과 인성의 유기적인 연합(union)이 아닌 기계론적 연결(conjunction)을 주장한 것이었으므로 431년에 에베소 공의회에서 정죄되었다. 이후에 알렉산드리아 학파의 유티키스는 예수님의 성육신 이후에는 신성이 인성을 흡수했다는 단성론을 주장하는 데까지 나아가 이단으로 정죄되었다. 이 때에 451년 칼케돈 종교회의를 열어 이 기독론에 대한 신조를 작성했는데, 로마의 감독인 레오1세가 자신의 교리적 입장을 적은 토메를 보내어 올바른 교리 결정에 영향을 미쳤다.

1. 알렉산드리아 학파와 안디옥 학파의 기독론

삼위일체론에서 콘스탄티노플 신조의 작성으로 그리스도의 완전한 신성이 확정되어 가는 과정에서 발생한 기독론 논쟁은 예수 그리스도 안에서 신성과 인성의 관계를 결정하는 과정에서 발생했다. 기독론 논쟁이 진행되는 과정에서 알렉산드리아 학파와 안디옥 학파는 서로 다른 유형의 기독론을 주장하였다. 알렉산드리아 학파는 로고스-육신 기독론을 주장하였고, 안디옥학파는 로고스-인간 기독론을 주장하였다.

로고스-육신 기독론은 신인이신 예수 그리스도의 인격적 주체가 로고스라는 것을 강조한 반면에, 인간 예수의 인성에 대해서는 큰 관심을 기울이지 않았다. 알렉산드리아의 기독론은 아타나시우스, 아폴리나리우스, 키릴, 유티케스 등으로 계승되었다. 이 학파는 그리스도의 인격의 주체가 말씀 즉 로고스라는 것과 함께 말씀이 육신이 된 것을 강조한다. 다시 말해 말씀이 인간이 된 것이 아니라 인성을 취했다고 강조한다. 이러한 가르침은 교회의 정통적 교부들에 의하여 계속되어 왔고 특히 아리우스주의와의 논쟁과정에서는 아타나시우스에 의하여 교리적으로 표현된 것이었다.

아타나시우스는 그리스도의 완전한 인성을 강조하였는데, 그러한 인성은 로고스의 신성과는 본질적으로 다른 상태를 말하는 것이었다. 고난 당하고 높임 받은 것은 그리스도의 인성에만 해당되는 것이다. 로고스는 동정녀 마리아에게서 영혼과 육체를 취해 자기 것으로 삼아 진정으로 '육신'이 되었다(요1:14). 그 결과 신성과 인성의 두 성질은 항구적 결합에 의해 한 인격이 되었다. 그리스도의 사역에는 그의 신성과 인성이 다 같이 참여하였는데, 이는 그것이 모두 한 인격의 사역이었기 때문이다. 신성은 그리스도의 수난에도 참여하였으나, 수난 받은 것은 물론 신성이 아니라 육체였다. 몸의 수난은 로고스 자신에게도 전달되었다. 왜냐하면 육체는 로고스 자신의 몸이었기 때문이다. 아타나시우스는 마리아를 '하나님의 어머니'($\theta\varepsilon o\tau o\kappa\acute{o}\varsigma$)라고 불렀다.

알렉산드리아 학파의 신학은 카파도기아의 교부들, 그 중에도 특히 두 그레고리에 의하여 체계화되었다. 이러한 체계화는 알렉산드리아의 키릴(d. 444)에 의하여 완성되었으며, 유티케스(Eutyches)의 단성론(Monophysitism)에 이르러서는 이단적 경향으로 탈선되었다. 이 학파는 그리스도의 구속의 타당성을 보호하는 수단으로서 두 성질의 유기적 연합과 한 인격을 강조하였다.

로고스-인간 기독론은 인간 예수의 인성의 완전성과 실재성은 강조하는 반면에 신인인 그리스도의 인격적 주체가 로고스라는 것을 강조하지 않았다. 안디옥학파는 디오도루스, 몹수에스티아의 테오도르, 크리소스톰, 네스토리우스, 테오도렛(Theodoret)으로 계승되었다.

안디옥 학파는 형이상학적 사변과 기독교의 심오한 신비적 요소를 배격하였다. 그들은 성경에 대한 우의적 해석 방법을 배격하고 문법적 역사적 해석 방법을 채택하여 가현설과 아폴리나리우스주의를 반대하였다. 그들은 그리스도의 신성을 부정하지 않는 범위 안에서 그의 인성을 주로 강조하였다. 그 결과 안디옥 학파는 그리스도 안에 있는 두 본성의 관계를 연결이라는 말로 표현하였다. 그러한 연결은 유기적인 인격적 통일이 아니다. 안디옥 학파의 견해대로 하면 그리스도의 인성은 신성과는 독립된 것이었으며, 따라서 신성이 인간 생활의 경험에 진정으로 참여하는 일은 어렵게 된다. 그러므로 마리아는 문자 그대로 인간의 어머니($ἀνθρωτόκος$)에 지나지 않았으며 하나님의 어머니($θεοτοκὸς$)라는 칭호는 단지 비유적으로만 사용된 것이었다.

따라서 서로 다른 강조점을 가진 양 학파들은 그리스도의 신성과 인성의 관계에 대한 이해에서 충돌하게 되었다. 기독론 논쟁에서 가장 핵심은 요한복음 1장 14절의 "말씀이 육신이 되어"라는 표현을 어떻게 이해할 것인지의 문제였다. 이 성경 말씀을 토대로 그리스도의 신성과 인성이 어떻게 한 인격을 이루는지의 문제를 다루는 것을 기독론 논쟁이라고 한다. 이 기독론 논쟁에서 쟁점이 된 것은 1) 그리스도의 인격의 주체가 누구인가? 2) 육신이 되었다는 말의 의미가 무엇인가? 하는 것이었다.

2. 아폴리나리우스의 가르침과 이단정죄

아폴리나리우스는 성부와 성자의 동일 본질을 주장하여 아타나시우스를 지지하는 입장이었다. 그는 360년에 라오디게아 감독이 되었는데,

기독론에서는 그리스도의 신성과 인성의 두 본성론을 주장하는 안디옥 학파에 반대하여 알렉산드리아 학파의 로고스-육신 기독론의 과격한 형태를 제시하였다. 그는 삼위일체론에서는 반 아리우스적 입장을 취하고 있었으나, 기독론에서는 그리스도의 신성을 옹호하려는 의도가 지나쳐 실제적으로 그리스도의 인성을 무시하는 아리우스의 사상을 받아들이고 있었다. 그는 그리스도가 사람이 되신 것이 아니라 육신이 되신 것이라는 아리우스의 가르침을 받아들였다.

그는 그리스도가 우리의 구속자가 되려면 하나님인 동시에 인간이어야 한다는 확신을 가졌다. 그러나 그는 "완전한 신성과 완전한 인성이 어떻게 한 인격 안에서 유지될 수 있느냐?"하는 문제에 봉착했다. 그는 이 문제를 인간의 구성 요소를 육($\sigma\tilde{\omega}\mu\alpha$)과 영혼($\psi\upsilon\chi\eta$)과 이성($\nuo\tilde{\upsilon}\varsigma$)으로 삼분하는 아리스토텔레스와 고린도전서 5장 3절에 의해서 제시된 견해로부터 추론하여 해결하고자 하였다. 그는 자신의 입장을 정당화하기 위해 요한복음 1장 14절, 로마서 8장 3절과 같은 성경구절을 인용하였다. 그는 그리스도에서 완전한 신성과 완전한 인성이 있으면 그리스도는 두 개의 인격이 된다고 보았다. 그리고 그리스도가 완전한 인간이 되면, 아담의 범죄 이후에 그 완전한 인간 안에는 죄가 존재한다고 보았다. 따라서 그리스도는 완전한 인간을 취한 것이 아니라, 말씀이신 로고스가 인간의 로고스인 이성($\nuo\tilde{\upsilon}\varsigma$)의 자리를 대신하였고, 인간의 나머지 부분인 육($\sigma\tilde{\omega}\mu\alpha$)과 영혼($\psi\upsilon\chi\eta$)만을 취했다고 주장하였다. 그는 이러한 견해를 통해 그리스도가 하나의 인격이 되면서 죄와 관련된 인간의 이성의 부분은 취하지 않는다고 주장하였다. 그는 "그 어느 것도 이겨낼 수 없는 단 하나의 하나님의 영, 그 어느 것에도 양도될 수 없는 한 하나님 의지와 단 하나의 하나님의 능력이 그리스도의 육신 가운데 영혼으로 들어감으로써 육신을 무죄한 것으로 만든다는 사실에 인간의 구원 전체가 달려 있다"고 보았다. 그는 그리스도의 완전한 신성과 무죄성을 주장하려다가, 그의 진정한 인성을 부정한 결과가 되었다. 그는 단성론(Monophysitism)을 위해 길을 열어 놓은 셈이었다.

카파도키아의 교부들에 의하여 그의 오류가 지적되었는데 그리스도의 완전한 인성을 부인하여 가현설에 기울었고, 그가 주장하는 그리스도는 온전한 인간이 아니므로 우리의 구속을 성취할 능력이 없다고 하였다. 특히 나지안주스의 그레고리는 로고스가 취하지 않은 것은 구속받을 수 없다고 비판하였다. 그리스도께서 인간의 이성을 취하지 않았다면, 그리스도는 인간의 이성을 구원할 수 없다는 것이다. 그러므로 나지안주스의 그레고리는 그리스도가 인간의 이성, 영혼, 육체를 온전히 취했다는 견해를 주장하였다.

아폴리나리우스와 그의 추종자들은 362년 알렉산드리아 교회회의에서, 381년에는 콘스탄티노플에서 열린 제2차 공의회에서 이단으로 정죄 받았다. 그는 교회로부터 배척을 받고 단성론자들의 대열에 참가하였다. '칼케돈신조'(451)는 아폴리나리우스주의를 배격하는 태도를 분명히 하였다.

3. 네스토리우스 논쟁

네스토리우스(안디옥학파, 콘스탄티노플)와 키릴(알렉산드리아학파) 사이에 벌어진 교권적 대립이 이 논쟁 전체의 중요한 부분을 차지한다. 그는 428년 안디옥의 수도사로서 콘스탄티노플 총대 감독에 즉위하였다. 그는 정통주의를 위한 열심에서 아리우스파, 아폴리나리우스파, 노바티안파, 마케도니우스파 등을 박해하였을 뿐만 아니라, 마리아를 '하나님의 어머니'라고 주장하는 자들을 비판하였다. 그는 마리아는 그리스도의 어머니(Christokos)에 지나지 않는다고 하였다.

    네스토리우스는 기독론에서 아폴리나리우스의 잘못된 기독론을 비판하면서, 신성과 인성을 강조하는 양성론적인 입장에서 기독론을 풀어나갔다. 그는 그리스도 안에는 신성과 인성의 두 본성이 연합되어 있는데, 이 연합은 우시아에 따른 것도 아니고 휘포스타시스에 따른 것도 아니라고 하였다. 그의 주장은 신성과 인성이 혼합되지도 않고 합성되지도 않으며, 각각의 본성은 나름의 고유한 행동과 속성을 지켜나간다는 것에 근거하고 있었다. 그는 이렇게 신성과 인성의 고유성을 강조하면서 양자의 연합에 대해 위격적이거나 본성적인 연합이 아니라 의지적인 연합이라고 하였다. 이 의지적 연합은 삼위일체에서 삼위가 구별되면서도 서로에게 침투하여 교제하는 것과 같이 신성과 인성이 구별되면서도 서로에게 침투하여 교제하는 것이라고 하였다. 이러한 의지에 따른 연합에서 그리스도의 신성과 인성은 각자의 고유성을 가지고 있으므로 예수님 안에서의 연합은 신성도 인성도 아닌 제3의 본성으로 나타나야 한다는 것이다. 네스토리우스는 신성과 인성은 각각의 인격이나 본성의 수적인 상응성을 가져야 한다고 보았다. 네스토리우스는 이러한 입장을 가지고 있었으므로 마리아에 대해 신성에 따른 인격을 나타내는 테오토코스(Theotokos)도 아니고 인성에 따른 인격을 나타내는 안드로토코스(Anthrotokos)도 아닌 제3의 용어로 신인이신 그리스도를 낳은 어머니인 크리스토코스(Christokos)라고 부르자고 제안하였다. 이러한 네스토리우스의 견해에 대해 그리스도의 신성과 인성이 인격적인 연합을 이루지 못하고 단순한 연결 혹은 결합(synapheia)이라거나, 로고스가 인간 예수를 취하여 그 안에 내재하는 것이라는 비판이 제기되었다.

    알렉산더의 감독이었던 키릴이 볼 때, 테오토코스라는 용어를 사용하지 않으려는 네스토리우스는 그리스도의 신성을 부정하는 바와 다른 바

없는 것으로 보였다. 이미 325년에 작성된 니케아 신조에서 그리스도는 육신을 취하여 사람이 되신 하나님이라고 고백되었다. 여기서 의미상으로 이미 테오토코스라는 용어가 사용되었는데, 이것을 사용하지 않고 크리스토코스라는 용어를 사용한다면, 이것은 "예수 그리스도께서 사람이 되신 하나님임을 부인하는 것이며, 그의 한 인격을 하나님의 아들과 사람의 아들로 나누는 것이며, 하나님의 신성이 거주하기를 기뻐하였던 영감을 입은 한 사람이 있다"고 말하는 바와 다를 바가 없었다. 따라서 키릴은 신인이신 그리스도 안에는 궁극적으로 인격적 연합을 통한 하나의 인격적 주체가 있다고 하였고, 그 주체가 로고스라는 것이다. 키릴이 인격적 연합으로 말하고자 하는 것은 주님의 인성이 말씀의 위격 안에서 하나의 인격이 되었다는 것이다. 따라서 그에게 있어서 그리스도의 인성은 독립적 존재를 갖지 못하였다. 키릴의 견해는 성육신하신 로고스의 단 하나의 위격이라고 말할 수 있다.

　이와 달리 네스토리우스는 예수 그리스도에게는 하나님이신 로고스와 사람이신 예수의 두 프로소폰들이 있었다. 이 두 프로소폰이 연합하여 하나의 연합된 프로소폰이라고 말하는데, 이것은 키릴이 말하는 하나의 인격적인 연합과는 상당히 다른 의미이다. 키릴은 네스토리우스와 같이 신성과 인성의 수적인 상응성이란 형이상학적 원리를 고려하지 않았다. 키릴에게 있어서 신성과 인성의 교류가 일어나는데, 이 신성과 인성의 교류는 성육신하신 말씀의 위격에게 돌려진다. 키릴에게서 두 속성의 교류는 인격적 연합을 토대로 두 본질들이 직접 교류하는 것이 아니고 성육신하는 하나님의 말씀의 위격을 통하여 이루어진다. 그러므로 마리아는 신을 낳으신 어머니라는 테오토코스라는 용어를 사용하여 묘사할 수 있다. 여기서 주의해야할 것은 테오토코스라는 용어는 마리아 숭배와는 아무런 관련이 없다는 것이다. 여기서 테오토코스라는 용어가 사용된 것은 그리스도의 인격의 주체가 말씀이신 로고스라는 것을 표현하려는 것이다. 성육신하신 말씀이 하나의 인격이므로 여기서 사람이 되신 하나님을 나신 것이므로 마리아는 테오토코스라고 부를 수 있는 것이다. 참 하나님이신 말씀이 그리스도의 위격이시기 때문에, 그는 하나님으로 경배를 받으실 수 있으며, 하나님과 사람 사이의 참다운 중보자가 되실 수 있다. 로고스 자신은 고난을 받을 수 없지만, 그는 화육을 통해서 자기의 것이 된 인간적 성질로 고난을 당하였다. 이와 같이 키릴은 역사적 그리스도로부터 출발하지 않고, 아타나시우스나 나지안주스의 그레고리와 마찬가지로 인간이 되신 로고스로서의 하나님으로부터 출발하였다. 그는 '신 인간'의 두 본성의 위격적 연합을 강조하였다.

4. 제3차 에베소 공의회(431)

이렇게 서로 다른 견해를 가지고 기독론을 주장하던 상황에서 네스토리우스는 키릴을 신성을 유한자의 영역으로 끌여들였다고 고소하였다. 그러자 키릴은 이집트 수도사들에게 '테오토코스'(하나님의 어머니)라는 단어를 변호하는 글을 써서 보내면서 네스토리우스에 대해 반격하였다. 양편에서 논쟁이 일어나자 동방의 테오도시우스 2세는 이 문제 해결을 위해 431년에 에베소에서 공의회를 소집하였다.

키릴은 먼저 에베소에 도착하여 안디옥 지역의 감독들의 도착이 늦어지자 160여 명의 자신을 지지하는 감독들을 모아 회의를 개최하고 네스토리우스를 이단으로 정죄하고 그의 직책을 박탈하였다. 이들이 회의를 끝낸 후에 도착한 안디옥의 요한을 비롯한 동방의 감독들이 회의를 개최하였고 키릴과 에베소의 감독인 멤논(Memnon)을 직위해제하였다. 마지막으로 로마 감독 켈레스틴의 사절들이 도착하여 키릴의 집회를 승인하여 그를 알렉산드리아 감독직을 회복시켰고, 네스토리우스는 폐위시켰다. 그 후 동방의 황제인 테오도시우스 2세는 키릴과 네스토리우스를 둘 다 공직으로부터 파면하였다. 이러한 교권 논쟁으로 얼룩진 에베소 공의회에서 핵심은 니케아 공의회의 결정에 합당한 그리스도에 대한 해석을 어떻게 할 것인지에 대한 것이었는데, 테오토코스를 부정하는 네스토리우스의 입장은 정죄를 당했고, 인정하는 키릴의 입장은 인정을 받았다는 점이다.

에베소 공의회가 끝난 후 이 회의의 결정을 담아 안디옥의 감독인 요한이 중심이 되어 동방의 감독들이 433년에 모여 「재연합신조」(Formular of Reunion)가 작성되었고, 키릴도 이 문서에 동의하였다. 이 문서는 '테오토코스'라는 용어를 승인하되, 동시에 그리스도를 "완전한 하나님이자 완전한 인간"이라고 서술할 뿐만 아니라, "두 본성들의 연합이 나타남으로 인하여, 신성에 있어서 성부와 똑같은 동일 본질이시며, 인성에 있어서 우리와 동일 본질이신, 우리 주 예수 그리스도를 우리는 고백한다. 그러므로 우리는 한 분 그리스도, 한 분 아들, 한 분 주님을 고백한다"고 하였다. 이와 같이 이 신조는 안디옥 학파와 알렉산드리아 학파의 재연합을 위한 신조로 작성되어 에베소 공의회의 결정을 반영하였다. 이 신조는 위격의 연합이라는 키릴의 용어 대신 '두 본성들의 연합'이라고 표현하여 네스토리우스의 용어를 사용하였지만, 성육신하기 이전의 말씀이 예수 그리스도와 동일한 위격임을 인정하고 속성의 교류와 테오토코스를 인정한 면에서 키릴의 견해가 승리한 것으로 볼 수 있다.

5. 유티케스 소송사건 – 단성론 논쟁

433년에 작성된 재연합 신조에 대해 양파 가운데 어느 편도 전체적으로 만족하지 못해 분쟁은 새로운 국면으로 접어들게 되었다. 알렉산드리아학파는 디오스코루스(Dioscorus)와 유티케스(Eutyches)였고, 안디옥학파(콘스탄티노플)는 플라비아누스(Flavianus)와 도리라이움의 유세비우스였다.

444년에 알렉산드리아의 총대감독인 키릴이 사망하자 알렉산드리아 학파에서 디오스코루스가 그 직을 계승했는데, 그는 433년의 재통합을 무시하고 신학 및 정치적인 대적들에 대한 알렉산드리아의 완전한 승리를 추구하였다. 유티케스는 콘스탄티노플의 수도원장(수도사)으로서, 황궁에 큰 영향력을 행사했는데, 그리스도의 신성이 인성을 흡수했다는 단성론을 주장하였다. 안디옥학파는 네스토리우스 후임이면서도 키릴에 대한 온건한 지지자였던 프로클루스(Proclus)를 이어 안디옥의 견해를 지지하는 플라비아누스가 콘스탄티노플 총감독이 되었다. 도리라이움의 유세비우스는 플라비우누스의 주재로 열린 콘스탄티노플의 '교구 교회회의'에서 유티케스를 그리스도의 인성이 변경되었거나 신성에 흡수되었다고 가르친 혐의로 고소하였다.

유티케스는 알렉산드리아학파의 기독론을 과도하게 밀고 나갔다. 그는 성육신 이후에 그리스도는 오직 신성만을 가지게 되었다고 가르쳤다. 그는 그리스도는 두 본성으로 이루어져 있는 것이 아니라고 하였는데, 이는 "두 본성으로 이루어진 그리스도는 한 분이라"고 한 키릴의 말을 그릇되게 강조한 결과였다. 그는 또 말하기를 하나님의 몸인 그리스도의 몸은 우리의 몸과 동일한 성질의 것이 아니라고 하였다.

그리스도가 신성만을 가지고 있다는 단성론을 주장하던 유티케스는 플라비아누스가 448년에 개최한 콘스탄티노플 교회 회의에서 파면을 당하였다. 유티케스는 이 회의의 심문 과정에서 "그리스도께서 우리와 동일한 본성을 가지고 있는가?"라는 질문에 주님의 육신과 관련하여 우리와 동일한 본성을 가지고 있다는 것을 부정하였다. 그리스도께서 성육신하신 후에 두 본성을 가지고 계신가? 라는 질문에 대해 그는 성육신하기 이전에는 두 본성을 가지고 있었으나 성육신하신 이후에는 하나의 본성만을 가지고 있다고 대답하였다. 이러한 단성론의 입장을 주장한 유티케스는 파면을 당하였다. 로마 감독 레오 1세(Leo I)는 플라비아누스를 지지하였으며, 449년 여름에 플라비아누스에게 보낸 서신(Leo의 Tome) 가운데서 그는 그리스도의 한 위격과 두 본성에 관한 교리를 강조하였다.

그런데 449년 8월에 알렉산드리아의 디오스코루스가 주관한 에베소 교회회의는 난폭한 수단을 써서 안디옥학파의 기독론의 잔재를 교회로부터 제거해 버렸다. 이 회의에서는 레오1세의 의견서를 낭독하는 것도 허용되지 않았고, 그리스도의 양성 교리는 정죄를 당했으며, 유티케스는 회복되었고, 플라비아누스와 유세비우스와 데오도루스는 파면을 당하였다. 레오는 위의 회의를 도적 회의라고 선언하였다.

6. 제4차 칼케돈 공의회(451)과 칼케돈 신조

단성론을 비롯한 기독론 논쟁을 해결하기 위해 451년 칼케돈에서 테오도시우스 2세 황제가 소집한 공의회가 열렸다. 이 회의에서 레오1세가 플라비아누스에게 보낸 편지를 낭독하고, 디오스코루스와 유티케스는 파면되었으며, 그리스도의 두 위격에 관한 교리와 그 옹호자들은 축출 당하였으며, 데오도루스는 다시 복권되었다. 이 회의는 키릴을 정통이라고 선언하였고 레오의 서신(Tome)에 기초하여 기독론적 교리가 형성되었다.

이 공의회는 안디옥 학파의 극단적인 견해인 두 인격을 주장하는 네스토리안주의와 알렉산드리아 학파의 극단적인 견해인 아폴리나리우스주의와 단성론의 유티케스주의 사이에 있었던 논쟁에 대해서 최종적인 판결을 내리는 교리적 발전을 이루었다. 이 공의회는 여러 신학 학파들이 주장했던 진리의 핵심적인 요소들을 끌어내어 기독론에서 귀중한 진보를 이루었다. 칼케돈 신조의 내용은 크게 두 가지로 구성되어 있다. 하나는 예수 그리스도의 인격의 단일성 교리에 대한 것이다. 이것은 그리스도의 신성과 인성의 두 본성이 어떻게 하나의 인격을 이루는가?를 해명하는 것이다. 다른 하나는 그리스도의 신성과 인성의 두 실체 혹은 본성이 온전하게 그 본성을 유지하는가?를 해명하는 것이다. 칼케돈 공의회에서 결정된 신조의 전문은 아래와 같다.

그러므로 거룩한 교부를 따라, 우리는 모두 한 분이신 동일한 아들(ἕν α καὶ τὸν αὐτὸν υἱὸν), 우리 주 예수 그리스도를 고백하도록 가르칩니다. 그 분은 신성에서 동일하게 완전하시고 인성에서 동일하게 완전하시며, 참 하나님이시요, 이성적인 영혼과 육체를 가진 참 인간이시며, 신성을 따라서는 성부와 동일 본질이시고, 인성을 따라서는 우리와 동일 본질이시며, 모든 면에서 우리와 같지만 죄는 없으십니다. 그는 신성을 따라서는 참으로 만세 전에 아버지로부터 나셨고, 인성을 따라서는 마지막 날에 우리를 위해 그리고 우리의 구원을 위해 하나님의 어머니(θεοτόκου)인 처녀 마리아로부터 나셨습니다. 그는 혼합되지 않고(ἀσυγχύτως), 변하지 않으며(ἀτρέπτως), 분할되지 않고(ἀδιαιρέτως), 분리되지 않는(ἀχωρίστως) 두 본성으로 인정되는 한 분이신 동일하신 그리스도, 아들, 주, 독생자이시고, 연합 때문에 본성들의 구별이 결코 없어지지 않으며, 오히려 각자의 본성의 특성이 보존되고, 단일 인격과 실체 안에 존재하십니다. 그는 두 인격으로 나누어지거나 분리되지 않고, 오히려 하나의 동일한 독생하신 아들, 하나님의 말씀, 주 예수 그리스도이십니다. 이것은 선지자들이 전에 그에 대해 가르쳤던 바와 같고, 예수 그리스도 자신이 우리를 가르쳤던 바와 같으며, 교부들의 신앙고백이 우리에게 전해 준 바와 같습니다.

칼케돈 신조는 한 분이신 동일한 아들이라고 표현하여 삼위일체의 제2위격인 아들이자 로고스가 예수 그리스도의 육체 안에 존재하는 분이라는 것을 나타내고 있다. 이러한 표현을 통하여 예수 그리스도는 한 인격이신데, 아들이신 로고스가 인격의 주체임을 나타내고 있어 키릴의 입장을 명확하게 표현하고 있으며, 인격이 두 개로 해석될 소지는 차단하였다. 그리고 그리스도는 인성으로는 이성적인 영혼과 몸을 가진 참 인간이라고 하여 아폴리나리우스의 오류를 방지하였다. 그리고 인격의 주체가 하나님의 아들이라는 것과 함께 네스토리우스의 크리스토코스의 오류를 배제하여 하나님의 어머니인 마리아라는 표현을 공고히 하였다.

신조의 후반부에서는 알렉산드리아의 극단적인 유티케스의 단성론과 함께 네스토리우스의 오류를 명확하게 지적하였다. 그리스도의 한 위격(인격) 안에 있는 두 본성인 신성과 인성은 유티케스의 오류와 같이 하나의 본성으로 혼합되거나 변화될 수 없고, 네스토리우스의 입장과 같이 분할되거나 분리될 수 없다는 것을 명확히 하였다. 그리고 신성과 인성이 교류한다는 속성의 교류를 인정하였다.

이 신조는 그리스도 안에 있는 신성과 인성의 두 본질이 한 인격 안에 연합된다는 것을 고백하였다. 여기서 그리스도의 인격의 주체가 하나님의 아들이신 말씀이라면 인성은 그 실체를 어떻게 구현할 수 있을까? 하는 질문이 제기된다. 이 문제에 대하여 비잔티움의 레온티우스가 엔휘포스타시스(enhypostasis)를 통하여 대답하였다. 당시의 형이상학적 이해에서 본질 혹은 본성은 휘포스타시스가 없으면 구현될 수 없다는 입장이었다. 그리고 이것이 네스토리우스의 강조점이었다. 그러면 그리스도의 인격에서 신성이 그의 인격(휘포스타시스)의 주체라면, 인성은 어떻게 인격(휘포스타티스)가 없이 구현될 수 있는가? 이에 대해 비잔티움의 레온티우스는 엔휘포스타시스를 통해 설명하였다. 그리스도의 인성은 휘포스타시스가 없는 안휘포스타시스(anhypostasis)가 아니라, 로고스의 휘포스타시스 안에서 자신의 본성을 구현한다는 것이다. 로고스의 휘포시스타시 안에서(enhypostasis) 인성이 온전히 그 본성을 구현하여 그리스도는 로고스가 인격의 주체로서 휘포스타시스를 가지고 있으며, 인성은 그의 휘포스타시스 안에서 자신의 본성을 구현하게 된다. 그리하여 예수 그리스도는 말씀이 위격 혹은 인격의 주체가 되시고, 인간의 육신을 취하여 인성의 온전한 요소인 이성적인 영혼과 육체를 가지게 된다. 이 때 말씀이 인간 예수라는 휘포스타시스를 취하는 것이 아니라, 우리와 동일 본질의 인성을 취하여 참된 인간이 되신다. 그리고 그리스도의 로고스의 위격 안에서 인성과 신성의 속성의 교류가 일어난다. 그래서 성경이 말씀하는 바와 같이 고난 받는 그리스도라고 말씀할 수 있고, "하나님이 자기 피로 사신 교회"(행20:28)라는 표현을 할 수 있다.

결론

초대 교부들의 이야기는 2세기부터 시작하여 5세기 중엽까지 교회의 지도자들 가운데 16명을 다루었고, 삼위일체론과 기독론의 주제에 따른 교부들의 사상을 다루었다. 2세기에 속했던 인물들은 2세기 초에 순교했던 안디옥의 감독 이그나티우스, 변증가인 저스틴 마터, 리용의 감독인 이레니우스가 있다. 이그나티우스는 속사도 교부로서 내부의 이단과 외부의 박해 속에서 감독을 중심으로 교회가 단합할 것을 강조하였다. 변증가인 저스틴 마터는 헬라 철학의 로고스론과 성경의 로고스를 연결시키면서 황제와 원로원을 비롯한 로마의 지식인들에게 기독교를 변증하였고, 유대인 트리포와의 대화를 통해 유대교인들과 유대교 개종자들에게 기독교를 설명하고자 하였다. 이레니우스는 영지주의자들에 대해 신구약의 통일성을 토대로 반박하였다.

알렉산드리아 학파는 클레멘스와 오리겐이 3세기에 활동하였다. 클레멘스는 기독교를 참된 영지로 제시하고자 하였고, 오리겐은 『원리론』을 저술하여 기독교와 헬라 철학을 종합하고자 하였다. 라틴 학파는 터툴리안과 키프리안이 있었는데, 터툴리안은 이교도들의 문화 속에서 기독교의 정체성을 지키고자 노력하였고 키프리안은 박해 속에서 발생한 분열들의 혼란 속에서 교회의 통일성을 확보하고자 하였다.

4세기에 동방의 대표적인 교부들은 아타나시우스와 갑바도기아의 3인인 대바질, 나지안주스의 그레고리, 닛사의 그레고리, 그리고 예루살렘의 시릴이다. 이들 가운데서 아타나시우스는 아리우스파의 잘못된 삼위일체의 주장 속에서 니케아 신경을 지키고자 노력하였고, 갑바도기아의 3인들은 성부, 성자, 성령의 일체 속에서 세 위격들의 구별을 명확히 하여 세 위격이 한 실체(본질)이라는 삼위일체의 형식은 381년의 콘스탄티노플 신조에서 완성되었다. 예루살렘의 감독이었던 시릴은 교회에서 세례 지원자들에 대한 교리 교육을 24강으로 체계화시켰다. 이 가운데 1강은 예비교육이고 18강은 세례지원자에 대한 교육이고 5강은 세례받은 자들에게 교회의 신비인 세례와 도유, 성찬을 설명하고 있다.

동방과 서방의 4-5세기 교부들 가운데 4명을 다루었다. 4-5세기 동방 교부인 크리소스톰은 안디옥에서 명설교자로 활동하다가 콘스탄티노플의 총감독이 되어 개혁활동을 전개하였고 목양하는 목회자상을 제시하였다. 암브로시우스는 황제의 권한과 교회의 영적 권한의 올바른 관계의 정립에 기여하였고 서방의 삼위일체론이 정립되는데 기여하였다. 제롬은 라틴어 성경인 불가타를 번역하였고 수도원 운동에 은혜의 금욕주의를 도입하였으며, 어거스틴은 초대교회에서 일어난 다양한 논쟁들을 해결하면서 초대교회의 신학사상들을 종합하였고, 이것이 중세교회에 전달되었다.

초대교회의 가장 중요한 신학사상의 정립은 삼위일체론과 기독론의 정립이었다. 아리우스가 성부와 성자가 동일 본질이 아니라고 주장하면서 발생한 삼위일체 논쟁은 325년에 성부와 성자가 동일 본질이라고 고백하여 성자의 완전한 신성을 주장하였으나, 성부와 성자를 어떻게 구별할 것인지에 대해서 명확한 답변을 하지 못했다. 이후에 성부와 성자의 구별에 대하여 다양한 의견이 개진되었다. 성부와 성자가 동일 본질이라는 입장, 유사 본질이라는 입장, 성부와 성자가 유사하다는 입장, 성부와 성자가 다르다는 입장 등이 등장하여 논쟁하였다. 이러한 과정에서 성령이 피조물이라는 성령 훼방파까지 등장하였다. 이러한 혼란 속에서 동일 본질파와 유사 본질파들이 연합하여 성부, 성자, 성령의 본질은 하나이고, 세 위격은 구별된다는 한 본질에 세 위격이란 이해에 도달하여 381년의 콘스탄티노플 신조가 작성되었다. 그 이후에 성자의 신성이 완전하게 고백되었는데, 그러면 성자의 신성과 인성의 관계를 어떻게 이해할 것인가?에 대하여 논쟁이 발생하였다. 아폴리나리우스는 말씀과 인간 예수가 완전한 두 개의 페르소나가 된다면 한 인격이 될 수 없으므로, 인간의 영혼의 자리에 로고스가 들어가야 한 인격이 된다고 주장하다가 이단으로 정죄당했다. 그 후에 네스토리우스는 그리스도의 신성과 인성의 고유성이 보존되어야 한다는 것을 강조하면서 신성과 인성의 한 인격적인 연합을 제대로 표현하지 못하여 이단으로 정죄되었다. 네스토리우스를 지지하는 인물들 가운데는 두 인격을 주장하는데 이러한 사상을 네스토리우스주의라고 한다. 그 후에 알렉산드리아의 유티케스는 단성론을 주장하는 극단으로 나아갔다. 이러한 극단적인 견해들을 극복하고 451년에 칼케돈 신조가 작성되었다. 이 신조에서는 양성의 연합으로 한 인격을 이루는데, 한 분의 동일한 아들이라고 하여 인격의 주체가 하나님의 아들이신 로고스라는 것을 밝혔다. 하나님의 아들이신 로고스가 인격의 주체가 되면서 그 안에서 신성과 인성이 속성의 교류를 통하여 한 인격이 된다. 이것이 두 본성으로 된 한 인격이란 칼케돈 신조의 기독론의 고백이다. 이렇게 초대교회 교부들은 삼위일체론과 기독론을 정립하여 기독교의 가장 중요한 교리들을 확립하였다.

더 읽어야 할 책들과 논문들

김광채. 『고대 교리사』. 서울: 보라상사, 2003.
김병훈. "초대교회의 기독론 논쟁과 존 필로포누스(John Philoponus)의 삼신론(2)."「신학정론」, Vol.24 No.1 (2006): 147-166.
김병훈. "초대교회의 기독론 논쟁과 존 필로포누스(John Philoponus)의 삼신론(1)."「신학정론」, Vol.23 No.2 (2005): 115-138
박일민. "그리스도에 관한 교리의 발전과정과 그 교훈 : 칼케톤 신조의 기독론을 중심으로."「칼빈論壇」, Vol.2000 (2000): 69-87
신민석. "퀴루스의 감독 테오도레투스의 기독론."「한국개혁신학」, Vol.43 (2014): 130-155
주재용. "칼케돈 신조의 재해석."「신학사상」, Vol.16 (1977): 104-120
한상화. "칼케돈 신조에 대한 비판과 복음주의 신학적 응답 -모르나 D.

후커와 존 힉을 중심으로."「ACTS 신학저널」, Vol.26 (2015): 80-109.